밀교의 성불 원리

이번 생에
바로 성불하는
티베트불교의
수행법

밀교의 성불 원리

중암 선혜 역해

불광출판사

달라이 라마 님의 붓다의 삼신(三身)에 대한 해설

미륵세존께서 『현관장엄론(現觀莊嚴論)』에서, "자성신(自性身)과 보신(報身)과 그와 같이 화신(化身)과 법신(法身)"이라 말씀하셨듯이, 부처님의 3가지 몸(三身)의 특성을 간략히 설명하고자 한다.

여기서 몸이란, 그 원인이 되는 복덕과 지혜의 두 자량을 쌓은 선업의 힘에서 생겨난 공덕이 구경에 이른 뿌드갈라(人) 또는 그 마음의 흐름이 성취한 단증공덕[1]들을 말한다. 몸의 정의 또는 그 원어인 범어 '까야(kāyā)'는 '모여서 쌓임'을 뜻하는 것으로, 과거 유학(有學)의 단계에서 온갖 인(因)과 연(緣)을 짓고 쌓음으로써 붓다의 몸으로 태어나는 것이다. 비록 자성신(自性身)과 같은 것이 영원한 것[2]일지라도 자기의 상속(흐름)을 지닌 그 뿌드갈라(人)가 광대한 인(因)을 쌓아 성취함으로써 또한 몸이 되는 것이다.

---

1 단증공덕(斷證功德)은 번뇌와 소지의 두 장애를 끊은 단덕(斷德)과 제법의 여소유성(如所有性)과 진소유성(盡所有性)을 통달한 증덕(證德)을 말한다.

2 자성신(自性身)은 실체가 없는 공성인 법신의 체(體)인 까닭에 유위의 인연에서 생기는 것이 아니다. 그래서 변화를 여읜 영원한 것으로 말한다. 이 자성신도 세분하면 자성청정신(自性清淨身)과 객진청정신(客塵清淨身) 2가지가 있다. 자성청정신은 붓다 마음의 본성과 같이 자성이 청정한 측면에 의거해서 일컫는 것이며, 객진청정신은 불지(佛地)의 멸제(滅諦)와 같은 객진번뇌와 소지장이 소멸된 청정한 측면에 의거해서 붙인 이름이다. 이것을 수행의 분상에서 말하면, 본각(本覺)과 구경각(究竟覺)과 같은 개념이다.

요약하면, 탐(貪)·진(瞋)·치(痴) 삼독의 노예가 된 한 범부가 연기(緣起)의 바른 견해로써 자비와 보리심을 점차로 닦아 마음을 정화한 뒤, 자기 몸과 마음을 성숙시키는 육바라밀과 타인의 심신을 성숙시키는 사섭법[3] 등을 많은 생애에 걸쳐 닦음으로써, 갖가지 모든 과실들이 깨끗이 소멸되고 모든 공덕들을 완전히 갖추는 것이다.

그와 같은 몸을 미륵세존께서 『경장엄론(經莊嚴論)』에서, "부처님의 몸이 삼신에 거두어짐을 알라."고 말씀하셨듯이, 법신·보신·화신 셋을 설명하면 다음과 같다.

첫 번째 법신[4]은, 부처님의 마음이 소유한 모든 단증공덕들인 까닭에 지혜법신과 자성신 2가지[5]로 구분할 수 있다. 먼저 지혜법신(智慧法身)은 제법의 여소유와 진소유[6]를 여실하게 보고 아는 지혜이다. 그것을 미륵세존께서는 『현관장엄론』에서 21가지 무루지[7]로 말씀하셨으며, 그 뿌드갈라의 마

---

3 사섭법(四攝法)은 대승보살이 중생을 섭수하는 4가지 방법을 말한다. ① 보시섭(布施攝)은 재물과 법을 베풀어서 교화함이며, ② 애어섭(愛語攝)은 좋은 말로 위로해서 교화함이며, ③이행섭(利行攝)은 중생의 심원에 수순해서 유익한 일을 행함이며, ④ 동사섭(同事攝)은 중생의 바람에 수순해서 함께 그 원하는 바를 행해서 이익을 주는 것이다.

4 이 책의 본문에서는 밀교적 입장에서 법신을 "이것[정광명]이 본초부터 존재하는 기본의 법신(法身)인 다르마까야(Dharma-kāyā)이며, 그 비고 고요한 상태가 기본의 자성신(自性身)인 쓰와바와까야(Svabhāva-kāyā)이며, 그것을 경계로 삼는 지혜의 마음을 가리켜서 기본의 지혜법신(智慧法身)인 즈냐다르마까야(Jñādharma-kāyā)라 부른다."고 쉽게 설명하였다.

5 법신을 지혜법신과 자성신의 둘로 나눌 때 각각의 성립 근거는 다음과 같다. 먼저 지혜법신은 이제(二諦)를 일시에 현증하는 구경의 지혜에, 자성신은 번뇌와 소지장이 소멸한 이정(二淨)을 갖춘 청정한 법성의 몸에 각각 근거해서 명칭을 붙인 것이다.

6 여소유(如所有)는 사물의 본성 또는 진실을 뜻하며, 진소유(盡所有)는 세간에 존재하는 일체의 사물을 뜻한다. 이 둘은 모든 사물들의 미세하고 거친 모습을 낱낱이 관찰해서 그 실상을 여실하게 아는 중관정견(中觀正見)을 말한다.

7 지혜법신이 소유한 공덕인 21가지 무루지(無漏智)는 ① 37보리분법(菩提分法), ② 사무량(四無量), ③ 팔해탈(八解脫), ④ 구차제정(九次第定), ⑤ 십편처(十遍處), ⑥ 팔승처(八勝處), ⑦ 무염정(無染定), ⑧ 원처지(願處智), ⑨ 육신통(六神通), ⑩ 사무애해(四無碍解), ⑪ 사청정(四淸淨), ⑫

음의 대비(大悲) 하나로 한순간에 과거·현재·미래의 모든 법들을 혼동함이 없이 분명하게 아는 것이다.

다음의 자성신[8]은 체실공[9]의 자성이 청정함[10]과 객진번뇌(客塵煩惱)인 번뇌장과 소지장 2가지를 여읜 이정(二淨)을 갖춘 구경의 단덕(斷德)[11]을 말한다. 세분하면, 자성청정신(自性淸淨身)과 객진청정신(客塵淸淨身) 2가지가

십자재(十自在), ⑬ 십력(十力), ⑭ 사무외(四無畏), ⑮ 삼무호(三無護), ⑯ 삼염주(三念住), ⑰ 염무실성(念無失性), ⑱ 영단습기(永斷習氣), ⑲ 대비(大悲), ⑳ 18불공법(不共法), ㉑ 일체종지(一切種智)이다. 이것을 줄이면, 대원경지(大圓鏡智)를 비롯한 오성지(五聖智)에 귀속되고, 더욱 줄이면 제법의 여소유성을 통달하는 지혜법신과 제법의 진소유성을 통달하는 지혜법신 둘에 귀속된다.

8 자성신(自性身)이란 가공되지 않은 본래의 몸인 까닭에 그와 같이 부르는 것이다. 빤첸 쏘남닥빠(1478~1554)은 『윰된쌜왜된메(般若經義明燈)』에서 말하였다. "인연(因緣)에 의해서 만들어지지 않은 몸인 까닭에 그와 같이 부른다. 세간에서 조작되지 않음을 자성이라 말하는 것과 같기 때문이다." 또한 같은 논에서 자성신을 얻는 방법에 대해서 다음과 같이 말하였다. "그 자성신을 어떠한 방법에 의지해서 얻는가 하면, 어떠한 임의의 방법에 의지해서 얻는 것이 아니며, 출세간도(出世間道)를 닦은 힘에 의해서 얻는 것이니, 대비와 공성을 현증하는 반야를 수습한 힘으로 얻기 때문이다. 그렇지만 그것은 자성신을 만드는 제조자가 아니니, 『니낭니티남델(般若二萬頌日光釋)』에서, '출세간도가 그것을 얻게 만드나, 제조자는 아니다.'라고 하였다." 『윰된쌜왜된메(般若經義明燈)』, pp.556~557, 빤첸 쏘남닥빠, Drepung Loseling Library Society, Drepung Loseling, 2006, Mundgod, India.

9 체실공(諦實空)은 공성의 뜻으로, 모든 법들은 자성이 실재하지 않는 공성을 말한다.

10 자성신의 5가지 특성에 대하여 『윰된쌜왜된메(般若經義明燈)』에서 다음과 같이 설명하였다. "① 무위(無爲)이다. ② 십력(十力) 등의 공덕과 나누지 못한다. ③ 제법에 대한 증익(增益)과 감손(減損)의 가장자리를 떠났다. ④ 번뇌와 소지, 정장(定障) 셋에서 벗어났다. ⑤ [원초부터 자성이 청정한 까닭에 일체를 보고 앎으로써] 자성이 광명이다." 『윰된쌜왜된메』, pp.554~555.

11 자성신이 소유하는 5가지 공덕에 대해 괴 로짜와(ḥGos lo tsā ba, 1392~1481)는 『귀라마랍쌜멜롱(寶性論眞性明鑑釋)』에서 다음과 같이 설명하고 있다. "① 무량한 공덕을 지니니, 온갖 공덕들을 포함하는 까닭에 지극히 광대하기 때문이다. ② 무수한 공덕을 지니니, 하나의 공덕도 세분하면 무수한 갈래가 있기 때문이다. ③ 불가사한 공덕을 지니니, [있고 없음 따위의] 양극단을 보는 분별론자들의 인식의 경계가 아니기 때문이다. ④ 비교하지 못하는 공덕을 지니니, 자신과 동등한 상대가 어디에도 있지 않기 때문이다. ⑤ 구경의 청정한 공덕을 지니니, 법계에 습기를 비롯한 미세한 장애도 있지 않기 때문이다." 『귀라마랍쌜멜롱(寶性論眞性明鑑釋)』, p.496, 괴 로짜와, edited by Klaus-Dieter Mathes, 2003, Publications of the Nepal Research Centre, kathmandu, Nepal.

있으며, 이 가운데 처음은 변지(遍智)[일체종지(一切種智)]의 본성과 같은 것이며, 다음은 이장(二障)과 습기가 다시 일어나지 않는 도리로 끊어 없앤 구경의 멸제(滅諦)이니, 윤회와 열반의 두 가장자리에 머물지 않는 무주처열반(無住處涅槃)이라 또한 말한다.

두 번째 보신은, 최후유(最後有)에 머무는 보살이 미세한 소지장(所知障)을 실제로 파괴하는 무간도[12]에 의해서, 공성의 경계에 실제로 증입한 삼매의 상태에서 사마[13]를 완전히 제압하여 승리함이니, 모든 현상계의 제법들을 통견할 때 보신을 증득할 뿐만 아니라 사신[14]을 일시에 획득하게 된다.

이것은 보신불의 오결정(五決定)을 갖추는 것이니, ① 권속결정은 오직 보살성자들로 권속을 삼으며, ② 법결정(法決定)은 오직 대승의 법만을 설시하며, ③ 신결정(身決定)은 삼십이상(三十二相)과 팔십종호(八十種好)를 갖추며, ④ 처결정(處決定)은 색구경천(色究竟天)의 보신정토에만 거주하며, ⑤ 시결정(時決定)은 윤회가 다할 때까지 영원히 머무는 것이다. 이상은 밀교에서 말하는 것으로 세부적으로는 상이한 논설들이 존재한다.

세 번째 화신[15]은, 그와 같은 보신불이 색구경천의 밀엄정토에서 교화대상의 심원(心願)에 맞추어 온갖 세상에서 일체에 순응하여 교화하는 갖가지 변화신(變化身)으로 중생의 이익을 실행하는 붓다이다. 이 역시 수생

---

12 무간도(無間道)는 자신이 머무는 수행 단계의 장애들을 실제로 끊는 정대치(正對治)를 얻어서, 수행의 결과인 지혜를 직접 일으키는 데에 다른 것이 방해하지 못하는 무애도(無碍道)를 말한다.

13 사마(四魔)는 성불을 장애하는 번뇌마(煩惱魔)·사마(死魔)·오음마(五陰魔)·천자마(天子魔) 넷이다.

14 사신(四身)은 화신(化身)·보신(報身)·법신(法身)·자성신(自性身) 넷이다.

15 화신(化身)이 출현하는 원인을 괴 로짜와(ḥGos lo tsā ba, 1392~1481)는 『귀라마랍쌜멜롱(寶性論眞性明鑑釋)』에서 다음과 같이 설명하고 있다. "화신이 출현하는 원인은 불세존의 대비와 세간 중생들의 성정과 근기와 신해와 습기들을 남김없이 보고 아는 지혜 2가지에 의해서 나타난다."

화신[16]과 수승화신[17]과 사업화신[18] 셋으로 구분한다.

도사세존(導師世尊)으로 받드는 석가모니 부처님도 역사적으로 대략 2,500년 전에 인도 땅에 탄생하시어 법륜을 굴리시는 행적 등을 차례로 보이신 뒤, 꾸시나가라에서 열반하신 정도로만 단순히 이해해서는 충분하지 않으며, 사신(四身) 자체임을 아는 투철한 안목을 지님이 중요하다.

요약하면, 아사리 나가르주나(龍樹 菩薩)께서, "이 같은 선업으로 일체의 중생들이, 복덕과 지혜의 두 자량(資糧)[19]을 구족하며, 복혜의 자량을 갖춤에서 생겨나는, 청정한 색신과 법신을 얻게 하소서!"라고 말씀하셨듯이, 초학의 단계에서부터 방편의 반려가 되는 무상(無常)과 무아(無我) 등을 관조하는 반야가 지혜의 자량으로 법신의 비공통적 원인이 되고, 반야의 반려가 되는 자비와 보리심 등의 방편이 복덕의 자량으로 색신을 얻게 하는 비공통적 원인이 된다.

그와 같이 붓다의 삼신은 몸을 지닌 유정들이 얻으려는 구경의 성취임을 인식한 뒤, 옳고 그름을 바로 분변하는 반야와 타인을 연민하는 자비 등의 방편과 반야를 함께 겸수해서 삼신을 실현하는 것임을 아는 것이 매우 중

---

16 수생화신(受生化身)은 부처님이 중생을 교화하기 위해서 제석천·사슴·새·나무 등의 갖가지 탄생 장소에 들어가 갖가지 생명체로 태어나서 제도하는 것을 말한다.

17 수승화신(殊勝化身)은 일반 중생들의 눈에 팔상성도(八相成道)의 모습을 보이면서 교화하는 변화신으로 석가모니 부처님이 여기에 해당한다.

18 사업화신(事業化身)은 부처님께서 중생을 교화하기 위하여 특별히 예술가나 장인의 모습으로 나타나는 것을 말한다. 예를 들면, 음악의 신인 건달바왕을 제도하기 위해서 악사(樂士)로 변신하여 비파를 연주하는 것 등이다.

19 복덕과 지혜의 둘은 성불의 필수요소이자, 성불에 이르게 하는 양식과 같기에 자량(資糧)이라 한다. 복덕의 자량은 모든 선행들을 말하며, 육바라밀 가운데 보시·지계·인욕·정진·선정 등의 5가지 바라밀이 여기에 해당하며, 이제(二諦) 가운데는 세속제(世俗諦)가, 부처님의 이신(二身) 중에서는 색신(色身)이 여기에 해당한다. 지혜의 자량은 반야바라밀과 승의제(勝義諦)와 법신(法身)이 여기에 해당한다.

요하다.

그와 같은 삼신의 성취라는 성과를 얻고 나서도, 허공계가 다할 때까지 중생의 이익과 행복을 끊임없이 행하는 것임을, 미륵세존께서는 『보성론(寶性論)』에서 다음과 같이 말씀하셨다.

"타인의 힘으로 출리[20]를 성취하고
자기와 유정들을 동등하게 바라보며,
[중생이 무량하여] 이타행도 끝이 없기에
윤회가 다하도록 교화사업이 쉬지 않는다."[21]

석가세존의 제자 비구 달라이 라마가
티베트 랍중쫍된(十七勝期) 싸지(戊子)년 11월 5일,
서기 2009년 1월 1일 낮에 쓰다.
길상원만!

---

20 출리(出離)는 감옥과 같은 삼계(三界)에서 영원히 벗어나 열반의 안락한 땅에 들어가 머무름을 뜻하며, 세속을 싫어하는 염리(厭離)를 원인으로 얻어지는 수행 결과로 십지보살의 증과를 말한다.

21 『보성론(寶性論)』「여래사업품(如來事業品)」의 구절이다. 이 뜻을 괴 로짜와는, "처음 발심한 뒤 오직 다른 유정들의 이익을 바라는 [염원의] 힘으로 도(道)를 수습하여 불변의 지위에 들어가서 출리(出離)를 얻으며, [윤회에서] 출리한 뒤에도 자신과 유정의 둘을 [진성(眞性)을 아는 지혜공덕의] 보석을 원만히 갖춘 보장(寶藏)으로 동일하게 바라보고, 그들의 이익을 행하는 것 또한 중생이 한량없기에 끝남이 없으며, '이 정도면 족하리라!'는 것 또한 없기에 윤회가 다하고 허공이 다할 때까지 교화사업이 쉬지 않는다."고 『귀라마랍쎌멜롱(寶性論眞性明鑑釋)』에서 해설하였다. 『귀라마랍쎌멜롱(寶性論眞性明鑑釋)』, p.531.

옴 아 훔!

오늘날 우리 불자들이 살아가고 있는 이 시대는 탐·진·치 삼독 등의 번뇌가 치성하고 횡행하는 오탁악세(五濁惡世)의 한가운데이다. 그러한 탓에 해탈과 열반을 추구할지라도 그것을 얻기가 지극히 어렵고, 견탁(見濁)에 크게 물든 탓에 바른 안목을 상실함으로써, 무아의 정견을 내치고 삿된 견해들을 추구해서 붓다의 정견을 내친 뒤, 외도의 해탈과 깨달음을 불법으로 오인하고 찬양하는 것이 우리의 현실이 되었다.

이러한 암울한 현실 속에서도 고개를 돌려 후기 인도불교의 가르침을 신중히 고찰하면, 부처님께서 말세의 불자들을 위해서 비밀리에 설하신 아눗따라 요가딴뜨라(無上瑜伽續)의 수행의 길을 통해서, 말세의 불자들도 단지 한 생애에서 즉신성불(卽身成佛)을 할 수 있는 희망의 빛을 발견할 수 있다. 그리고 그 지고한 비전의 가르침은 후기 인도불교의 충실한 계승자인 티베트불교를 통해서 우리가 문헌적으로 접근할 수 있을 뿐만 아니라, 또한 실제적인 실천 수행법 역시 배울 수가 있다.

본서는 바로 이러한 관점에서 저술되어 이미 2009년에 발간되었으나 널리 전파되지 못한 채, 어느덧 15년이란 많은 시간이 지났다. 그동안 재간의 필요성이 대두되었으나 이런저런 이유로 이루어지지는 못했다. 그러다가 이

번에 불광출판사에서 판형을 바꾸고 미진한 부분들을 수정한 뒤 다시 출간하게 되었다. 본서를 다시 발간할 수 있는 기회를 마련해주신 것에 크게 감사드린다.

위에서 말한 즉신성불의 수행법의 핵심은 이미 본서 가운데 자세히 설하여 놓았으나 간략히 소개하면 다음과 같다.

일반적으로 누구나 필연적으로 겪게 되는 죽음의 정광명을 법신으로 전용하고, 중음(中陰)이라 부르는 바르도(中有)의 몸을 보신(報身)으로 전용하고, 새로운 몸을 받는 재생을 화신(化身)으로 전용하는 삼신(三身)의 성취법에 귀결하나, 본서의 핵심은 이 가운데 바르도에서 보신을 성취하는 법 대신 밀교의 수행자가 생시에 아눗따라 요가딴뜨라의 성취법을 통해서, 육계(六界)를 갖춘 단명의 육신을 칠지화합(七支和合)과 오결정(五決定)의 삼십이상(三十二相)과 육십묘음성(六十妙音聲)과 오독(五毒)이 전변한 오지(五智)와 일체종지 등을 갖춘 장엄한 불신으로 성불하는 법을 구체적으로 제시한 것이다. 이것을 밀교에서 혈육이 없는 홍신(虹身) 또는 환신(幻身)을 성취해서 일생에 성불하는 즉신성불의 법이라 부른다. 길상원만!

2024년 12월 10일
양라쉬의 우거에서
중암 합장

옴 아 훔!

이 책은 초판인 『삶과 죽음, 그리고 바르도의 실체』를 개정해서 한글세대들도 읽기 쉽게 많은 전문 용어들을 한글로 바꾸는 동시에, 초판에서 제대로 다루지 못하였던 몇 가지 부분을 보완하고, 주석도 많이 추가하여 더욱 충실을 기한 것이다. 그리고 책 이름도 알기 쉽게 『밀교의 성불 원리』로 바꾸었다.

특히 초판에서는 무상유가(無上瑜伽) 딴뜨라의 수행핵심인 생기차제와 원만차제에 대해서 그 개념만을 설명하는 정도에 그쳤으나, 이번 2판에서는 많은 시간과 노력을 들여서 생기와 원만차제의 전모를 바르게 이해할 수 있도록 방대한 내용들 가운데서 핵심만을 간추려 크게 증보하였다. 그 결과 몇 차례 끈기 있게 숙독하고 나면, 이 짧은 글을 통해서 평소 우리들이 언어의 장벽과 교리의 난해성 때문에 접근하기 어려웠던 무상유가의 수행 길이 두꺼운 베일을 벗고 그 신비한 모습을 확연히 드러내리라 믿는다.

본래 무상유가 딴뜨라는 대소승의 교학을 바탕으로 단지 한 생에서 즉신성불(卽身成佛)을 구현하기 위해서, 최상의 근기를 타고난 보석과 같은 선근자들에게 비밀방편으로 설해진 부처님의 가르침이다. 이것을 제대로 믿고 이해하고 닦기 위해서는 먼저 대소승의 교리를 올바로 학습하여 삼승(三乘)을 회통하는 지적 능력을 배양하는 것이 절대로 필요하다. 그렇지 않으면 범속한 인식의 한계를 벗어나서 그 개념조차 그려낼 수 없는 심오한 교리를 이해하는 것은 고사하고, 도리어 불신과 사견을 낳게 하거나 아니면 오해와 맹신을 조장해서 자타를 해치고 불법을 망치는 결과를 낳을 수 있기 때문이다.

아눗따라 요가딴뜨라를 닦기 위해서는 그 이론적 배경이 되는, 대승에서 제시하는 성불의 길을 교학적으로 정확하게 이해하고 있지 않으면 안 된다. 아사리 용수 보살께서 『육십정리론(六十正理論)』에서, "이 같은 선업으로 일체의 중생들이 복덕과 지혜의 두 자량을 구족하며, 복혜의 자량을 갖춤에서 생겨나는, 청정한 색신과 법신을 얻게 하소서!"라고 기원하였듯이, 대승의 진정한 성불은 청정한 색신과 법신을 함께 성취하는 데 있는 것이다. 그래서 『구금강상속경(九金剛相續經)』에서, "설령 공성을 이미 증득하여도 단지 그것만으로는 성불하지 못한다. 인과가 전혀 없는 까닭이며, 방편은 공성이 아니기 때문이다."라고 분명히 설시해서, 대승의 성불을 정의하여 놓았다.

이렇게 청정한 색신(色身)과 무위의 법신(法身)을 한 몸에 증득하여 성불하는 것이 대승의 성불임에도 불구하고, 우리들의 수행 길을 곰곰이 되살펴보면 대부분의 불자들이 성불의 진정한 의미도 알지 못한 채, 종파의 견해에 묶여서 습관적으로 닦거나 아니면 기복에 매달려 본말이 전도되어 닦고 있다.

그 뿐만 아니라, 대승을 자처하는 많은 수행자들 역시 그 둘을 함께 얻는 이치를 알지 못한 채, 어리석게 닦거나 아니면 아예 모르거나 또는 고의로 무시하거나, 그것도 아니면 소승의 수행법을 대승으로 오인하여 닦는 등등 대승의 길을 제대로 알지 못한 채 대승을 닦고 있는 실정이다.

이처럼 대소승의 교학에 대한 학습이 절대로 부족한 우리의 현실에서, 범부의 육신에 내재된 금강신(金剛身)의 비의를 바로 깨닫고, 그것을 짜(脈)·

룽(風)·틱레(明点)라 부르는 무상유가의 비밀행법을 통해서 성취하는 지고한 밀교의 가르침을 제대로 수용하지 못한 채, 도리어 무상유가의 가르침을 불설이 아니라고 비방하거나 또는 기공 수련 정도로 이해하는 불행한 일들이 생기지 않을까 걱정되기도 한다.

이 책은 전적으로 밀교의 입장에서 삼신을 성취하는 방법만을 제시하고, 보통 대승에서 설하는 삼신의 내용과 성취 방법에 대해서는 언급하지 않고 있다. 그것은 사전에 현교에 대한 충분한 학습을 전제로 밀교의 가르침을 설하는 분위기 때문이다. 그 결과 삼신에 대한 상세한 설명과 삼신에 대한 학파 간의 논설들이 생략되고, 삼신을 얻는 방법에 있어서 현교와 밀교의 상위한 논설에 대한 적절한 변석이 없는 관계로 독자의 지적 수준에 따라 적지 않은 혼동을 일으킬 소지가 내재되어 있다.

이 점을 인식하면서도 저자 또한 몇 가지 까다로운 문제점 때문에 별도의 보충 설명을 하지 않았는데, 이번에 달라이 라마 님께서 재판의 서문을 써주시면서 현교의 입장에서 논하는 방대한 삼신의 내용들 가운데 그 요점만을 추려서 설명하여 주신 것은 필자로서는 참으로 다행한 일이 아닐 수 없다. 짧은 서문임에도 불구하고, 능숙하게 삼신의 의미를 설명하고, 밀교를 포함하는 모든 대승의 길이 공통적으로 부처님의 세 몸인 법신·보신·화신을 동시에 증득하여 무주처열반을 성취하는 것임을 일깨워서 대승의 바른 길을 제시하고, 또 그것을 얻기 위해서는 반드시 반야와 방편을 함께 닦아야 하는 것임을 설파한 것은, 막연하게 수행과 깨달음만을 강조하는 우리의 수행풍토에 비추어 볼 때, 대승의 바른길을 열어주는 참으로 고마운 말씀이 아닐 수 없다.

그리고 영리에는 전혀 도움이 되지 않는 이 책을 단지 근 사명감 하나로 재판을 허락해준 정우서적에 크게 감사드리며, 또한 이 원고를 일일이 점검해서 읽기 쉽도록 매끈하게 교정을 보아주신 주변의 고마운 분들에게 낱낱이 머리 숙여 고마움을 전한다.

끝으로 오늘날처럼 인간의 정신이 극도로 혼탁한 시절에 태어나서도 사견과 사이비 교설에 물듦이 없이, 옥석을 바로 가려내는 출중한 안목으로 이와 같은 금강승의 성불의 가르침을 제대로 이해한 뒤, 그것을 삶의 목표로 삼아 수행하며 살아가는 크나큰 행운과 선업을 타고난 고귀한 종성들에게 깊이 경의를 표한다. 길상원만!

2009년 5월 2일 부처님오신날
뻐꾹새 우는 양라쉬의 우거에서
중암 합장

옴 아 훔!

밀교가 이 땅에 처음 전래된 것은 신라 때이며, 그 뒤 고려 말에 원나라를 통해서 무상유가(無上瑜伽) 딴뜨라의 가르침이 비로소 전래되었다. 그러나 시절의 쇠퇴로 인하여 제대로 꽃을 피우지도 못한 채, 조선왕조 500여 년간 배불의 압제 아래서 불교 자체가 쇠락하니, 밀교는 단지 예식상에 진언의 형태로 그 자취가 남아 있을 뿐이다.

또한 근자에 일본불교를 통해서 다시 밀교의 가르침이 전래되고 있으나, 이들 대부분은 사부(事部)와 행부(行部), 그리고 유가부의 하위의 밀교에 속하는 것들로서 이론 위주로 되어 있다. 그래서 밀교의 꽃이자 정수라고 할 수 있는 무상유가의 가르침은 아직까지도 우리 불교계에는 제대로 전래되지 못하고 있는 실정이다. 그러한 탓에 이 아눗따라 요가딴뜨라에 대하여 갖가지 편견과 사견, 오해들이 난무하고 있는 것이 또한 우리의 실정이기도 하다.

이 책은 이러한 우리의 현실을 감안해서 1. 무상유가 수행의 원리를 정확히 소개하고, 2. 잘못된 편견과 사견, 오해들을 불식해서 석가세존의 최고의 심요이자 비밀한 가르침인 무상유가의 교의를 올바르게 소개하고 전개시키기 위한 목적으로 저술된 것이다. 그러한 까닭에 여기에는 저자의 작은 사견도 삽입하지 않고, 오로지 티베트불교계에서 준거가 되는 논소들의 교설만을 인용하였음을 밝힌다.

본서에 대하여 간략히 설명하면, 원본은 티베트의 대학승인 양짼 가왜 로되(1740~1827)의 『시이꾸쑴랍쎌된메(因位三身行相明燈)』이다. 이것은 밀교의 난해한 수행 원리를 한눈에 이해할 수 있도록 적은 분량에 그 요점만을 가려 모은 뛰어난 논저인 까닭에, 오늘날 티베트 겔룩빠의 승원에서 보조 교재로 널리 애용되고 있는 유명한 책이다. 그러나 밀교의 지식과 이해가 열악한 우리의 실정을 감안해서 필자가 티베트 각 종파 고승들의 논소들을 열람한 뒤, 그 내용을 발췌해서 다시 해설을 붙인 것이다. 비록 저자의 역량을 다해 최대한 해설을 붙여서 밀교의 수행 원리를 바르게 이해할 수 있도록 도모하였지만, 그래도 너무 전문적인 것에 대해서는 많이 생략하였다. 예를 들면, 무상유가 수행의 핵심이 되는 생기차제와 원만차제에 대해서는 충분히 설명하지 못하고 그 요점만을 밝힌 것 등이다. 이것은 본서의 성격 때문이기도 하지만 우선 그 내용의 방대함 때문이었다. 이 부분에 대해서는 따로 준비 중인 『티베트 밀교 서설』에서 상세히 밝힐 예정이다.

아무튼 이 작은 책자가 무상유가 수행의 근본 목적인 1. 죽음의 정광명을 법신으로 전용하고, 2. 중유의 의생신(意生身)을 보신으로 전용하고, 3. 거친 탄생을 화신으로 전용하는 묘리를 이해하고 깨닫는 데에 작은 도움과 길잡이가 된다면 필자로서는 더 이상 바랄 것이 없다. 또한 이것을 계기로 해서 우리 불교계에 여래의 자비의 결정체인 금강승의 가르침이 함께 융성하고, 최승의 근기를 타고난 선근자들에게 즉신성불의 교의가 우담발라 꽃처럼 피어나길 마음속에 염원해본다.

불기 2550(2006)년 8월 우기에

양라쉬의 들꽃초당에서

중암 적음

티베트에서는 불교를 현교(顯敎)와 밀교(密教)로 양분한다. 현교란 문자 그대로 '겉으로 드러난 가르침'이란 의미로 소승과 대승이 이에 해당하고, 밀교는 '은밀하게 전수된 가르침'이란 의미로 금강승(金剛乘)이라고 불리기도 한다.

소승불교에서는 아라한을 수행 목표로 삼는 반면, 대승에서는 3아승기 100겁 동안 윤회하면서 상구보리 하화중생의 보살도를 닦은 후 성불하는 것을 목표로 삼는다. 모든 고통의 뿌리인 삼독심의 번뇌를 완전히 제거하면 소승불교의 최고성자인 아라한이 된다. 그런데 대승불교에서 지향하는 부처가 되기 위해서는 번뇌를 제거해야 할 뿐만 아니라 부처의 삼신(三身), 즉 법신(法身)과 보신(報身)과 화신(化身)을 성취해야 한다.

법신을 성취하기 위해서는 공성(空性)과 무아(無我)의 이치를 철견(徹見)해야 하고, 보신을 성취하기 위해서는 3아승기겁에 걸친 보살도를 통해 아뢰야식 속에 무량한 공덕을 축적해야 하며, 화신을 성취하기 위해서는 삼십이상(三十二相) 팔십종호(八十種好)를 시현하는 데 필요한 선업의 공덕을 마지막 100겁 동안 더 쌓아야 한다.

현교인 대승보살도를 통한 성불의 길은 이렇게 지고지난하고 요원하다. 그래서 현교 수행을 어느 정도 익힌 수행자는 밀교인 금강승의 수행에 들어간다. 현생에 부처의 삼신(三身)인 법신과 보신과 화신 모두를 성취하여

보다 많은 중생을 빨리 제도하기 위함이다.

사람이 죽으면 중음신(中陰身)이 되어 떠돌다가 자신과 인연이 깊은 모체의 자궁 속으로 들어가 다시 탄생하게 되는데, 금강승에서는 우리 신체의 맥(脈)을 돌고 있는 풍(風)의 흐름을 조절함으로써 이러한 '죽음'과 '중음'과 '탄생'의 과정 각각을 부처의 삼신인 '법신'과 '보신'과 '화신'으로 성숙시키는 방법을 가르친다.

이역만리에서 무소의 뿔처럼 고고(孤高)하게 수행해오신 중암(中庵) 스님의 역저(力著) 『삶과 죽음, 바르도의 실체 – 삼신의 성취원리』에는 티베트 승원에 전승되어 온 금강승의 이러한 수행 비법(秘法)이 잘 정리되어 있다.

중암 스님의 저술 『까말라씰라의 수습차제 연구』가 출간되었다는 소식을 듣고 출판사로 달려가 책을 받아온 일이 엊그제 같은데, 그 인쇄 잉크 냄새가 채 가시기도 전에 스님께서는 다시 엄청난 원고를 탈고하셨다. 스님의 연구 역량과 열정이 다시금 감탄스럽고 감사할 뿐이다.

저자는 먼저 양짼 가왜로되(1740~1827)의 『시이꾸쑴랍쌜된메(因位三身行相明燈)』를 티베트 원전에서 직접 번역 소개한 후, 제2부를 통해 그 내용에 대해 상세하게 설명하는데, 특기할 것은 술이부작(述而不作)의 정신에 충실하다는 점이다. 방대한 티베트 대장경에서 유관(有關) 논소들을 찾아내어 이를 인용하면서 해설하는 '예스러운 주석 방식'을 사용한다. '수행' 관련 연구에서 보여주는 저자의 이러한 신중함은, '독창성'이나 '기발함'을 추구하면서 불교를 자의적(恣意的)으로 요리해온 현대의 불교 연구자들에게 좋은 교훈이 될 것이라고 생각한다.

즉심시불(卽心是佛)을 지향하는 선불교 전통에서 신행생활을 해온 우리들이기에, 본서에 소개된 즉신성불(卽身成佛)의 금강승 수행 기법이 구체적으로 무엇을 의미하는지 막연하기도 하고, 본서에 등장하는 수행과 관계된 전문 용어들 하나하나가 무척 낯설 것이다. 또 스승과 제자 간의 직접적인 전수를 절대시하는 금강승이기에, 일반 독자들이 본서와 같은 '문헌'만을 통해 금강승 수행을 시도하는 것은 위험하기도 하지만 아예 불가능할 것이다. 그러나 일반 독자를 위한 본서의 가치는 삶의 뿌리인 죽음과 우리를 대면시켜 준다는 점이다. 우리가 개념 형성조차 할 수 없었던 '죽음'과 '중음', 그리고 '재생'의 과정에 대한 상세한 묘사와 이를 법보화(法報化) 삼신으로 성숙시키는 금강승의 기법들을 읽다 보면, 그동안 표류하던 우리의 삶의 뗏목에서 죽음의 심연으로 어느새 견고한 닻줄이 드리워져 있음을 발견하게 된다.

경주 동국대 불교학과 교수 김성철

아꺄라마(Akyā bla ma)[1]의 사부로 널리 알려진 로쌍된둡(bLo bzaṅ don grub) 또는 양짼 가왜로되(dByaṅs can. dGaḥ baḥi blo gros)는 겔룩빠의 저명한 고승으로, 암도 지방 착도탕(Phyag rdo thaṅ)의 아꺄(Akyā)라는 마을에서 C.E.[2] 1740년에 탄생하였다.

일곱 살에 출가해서 법명을 로쌍된둡이라 하고, 열다섯이 되는 해에 자큥(Bya khyuṅ)승원[3]에 들어가서 씽싸 빤디따(Śiṅ bzaḥ. Paṇḍita)를 사사해서 불법을 배웠다.

스물일곱이 되던 해에 중앙 티베트로 와서, 대뿡 승원의 고망다창[4]에서 내명학(內明學)을 연찬하였다. 그곳에서 구족계를 받고, 쑴쭈빠(藏語語法三十頌)와 딱끼죽빠(音勢論), 천문과 역산 등의 외오명(外五明)에 통달함으로써 '양짼 가왜로되'로 크게 알려지게 되었다.

---

1 아꺄라마(Akyā bla ma)는 중국 청해성(青海省) 쫑카빠의 탄생지에 있는 겔룩빠의 5대 승원의 하나인 꿈붐잠빠링(塔尒寺, 1588년 창건)의 법주인 아꺄예시 깰쌍 캐둡갸초를 말한다.

2 C.E.는 Common Era의 약자로서 서력 기원을 나타낸다. 이 표현은 종교와 지역에 무관하게 전세계에 퍼졌다는 점을 감안, 종교적 의미를 완전히 제외하고 사용하였다.

3 자큥(Bya khyuṅ)승원은 중국 청해성(青海省)에 있는 겔룩빠의 승원으로 1349년에 창건되었다. 쫑카빠도 16세에 중앙 티베트로 오기 전까지 이곳에서 수학하였다.

4 대뿡(ḥBras spuṅs)승원의 고망다창(sGo maṅ grawa tshaṅ)은 로쎌링다창(Loseling grawa tshaṅ)과 함께 대뿡(積米) 승원을 구성하는 2대 사원 가운데 하나이다.

또한 꾼캔 직메왕뽀(Kun mkhen. ḥJigs med dbaṅ po)와 투우깬 최끼니마(Thuḥu kwan. Chos kyi ñi ma) 등의 저명한 고승들을 사사해서 현밀의 심오한 법들을 통달하였다.

예순넷이 되던 해에 자큥 승원의 승원장으로 취임해서, 1827년 88세로 입적할 때까지 많은 저술과 교화 활동을 하였다.

그는 『게댄렉쌔주(겔룩 格言註)』와 『응악끼쌀람(密教地道論)』 등의 많은 저술들을 남겼다.

법보화 삼신의 구조를 밝히는 진리의 등불(因位三身行相明燈)

부록

일러두기

1. 밀교의 중요한 용어는 우리말 역어와 티베트어, 범어 등을 함께 사용하였다. 이 책의 성격이 밀교의 수행법들을 깊이 해설하는 것이어서, 원어의 의미를 우리말로 완전히 표현하기가 어렵다는 점과 어떤 용어들은 원어를 사용하는 것이 더 자연스럽다는 점 때문이다.
2. 티베트 용어들 가운데 의역함으로써 자칫 오해의 소지가 있는 단어들은 직역을 하였다. 예를 들면, 룽(rLuṅ)의 경우 바람 또는 생명의 바람(風)으로 옮기고 기(氣) 또는 풍기(風氣) 등으로 옮기지 않았다. 밀교를 기공 수련으로 오해할 여지가 있기 때문이다.
3. 인명과 지명인 경우에는 대체로 범어와 티베트 원음대로 표기하였으며, 티베트어 표기법은 일본 도호쿠(東北) 대학의 표기법을 따랐다.
4. [ ] 안의 내용은 저자가 원문의 이해를 돕기 위해서 삽입한 것이며, ( ) 안은 범어와 티베트어를 구분하지 않고 사용하였다.
5. 본서의 대본은 툽땐 노르쌍(Thub bstan nor bzaṅ)이 싸르나트(Sarnat)의 렉쌔떼르캉(Legs bśad gter khaṅ)에서 발행한 인쇄본 『시이꾸쑴랍쌜된메(因位三身行相明燈, gShiḥi sku gsum rnam gshag rab gsal sgron me)』이다.

법보화 삼신의
구조를 밝히는
진리의 등불

(因位三身行相明燈)

귀의의 찬시

성스러운 문수사리보살님께 정례합니다.

정화의 대상인 삶과 죽음, 바르도의 거친 생철을
정화의 방법인 생기와 원만 두 차제의 연금술로,
정화의 결실인 법보화 삼신으로 바꿈에 자재하신
쌍운(雙運)의 바즈라다라(持金剛佛)님께 예배합니다.

【해설】

본서의 티베트 이름은 『시이꾸쑴기남샥랍쎌된메(因位三身行相明燈論)』[1]이다. 그 뜻은 닦지 않은 상태를 뜻하는 인위(因位)의 단계에서, 기본적으로 중생의 마음 흐름(심유주心流注)에 존재하는 부처님의 세 몸인 법신·보신·화신 삼신(三身)의 상태 또는 구조를 여실하게 드러내서 법의 의혹을 제거한 뒤, 그것을 성취하는 심오한 길을 바르게 열어 보임으로써 등불이라 이른

1 『시이꾸쑴기남샥랍쎌된메(因位三身行相明燈論)』의 원문은 'gShiḥi sku gsum rnam gshag rab gsal sgron me'이다.

것이다.

저자가 이 논서를 저술하면서 제일 먼저 우리들에게 문수보살님으로 더 잘 알려진 "성스러운 만주고샤(Mañjughoṣa, 妙音)보살님께 정례합니다."라고 시작한 것은, 이 논서가 경(經)·율(律)·논(論) 삼장(三藏) 가운데서 경전을 주석한 논문들을 모아놓은 논장(論藏)에 속하는 까닭에, 논장의 위대함을 예찬하는 논장권수례(論藏卷首禮)에 따라서 이 문수보살님을 저술의 증명으로 삼아서 예의를 표한 것이다. 이렇게 논소(論疏)들에서 문수보살님을 본존으로 삼아서 찬양하는 것은 문수보살님이 모든 부처님을 낳는 지혜의 아버지인 동시에, 과거·현재·미래의 모든 부처님들의 지혜를 대표하는 보살님이기 때문이다.

문수보살님은 범어로 만주고샤 또는 만주쓰리고샤(Mañjuśrīghoṣa, 妙吉祥)라 부르며, 그 몸은 모든 부처님들의 지혜가 모아진 본성임을 나타낸다. 모습은 과위(果位)의 십지보살(十地菩薩)의 형상을 하고 있으며, 음성이 조악한 언사의 허물을 여의고, 60가지의 미묘한 언어의 공덕을 갖춤으로써 묘음(妙音)이라 부른다.

그러므로 이 문수보살님을 의지하게 되면, 여래의 심원한 의취를 드러내는 3가지 어사업(語事業)인 강설과 변론, 저술에 있어서, 모든 두려움을 벗어나게 됨이 마치 백수의 왕인 사자와 같음으로써, 그를 주존(主尊)으로 삼아서 찬양하는 것이다.

대체로 티베트의 저술들은 이 논장권수례와 함께, 율장권수례(律藏卷首禮)인 "일체지(一切智)에 정례합니다."와 경장권수례(經藏卷首禮)인 "불보살님께 정례합니다."로 시작해서 각자의 논문 내용을 구분하고 있으며, 이것을 통틀어서 삼장식별례(三藏識別禮)라 부른다.

이러한 전통들이 티베트에서 생겨나게 된 것은 법왕 티쏭데짼(Khri sroṅ lde btsan, 755~797 재위)과 티랠빠쌘(Khri ral pa can, 817~836 재위) 등의 구역(舊譯)

시대에, 국가적으로 역경사업을 수행하면서 만들어진 번역조례[2]에서 비롯되었다. 그러나 후일 인도로부터 새로운 밀교의 전적들을 수입하여 번역하는 신역[3] 시대에 들어와서는 이러한 규칙이 엄격하게 지켜지지 않고, 각자의 본존에게 올리는 예찬으로 대신하는 경우가 많이 생겨났다.

여기서 쌍운[4]의 지금강불(持金剛佛, Vajradhāra)의 지위는 밀교 수행의 궁극적인 목표를 상징하며, 이 지금강불은 오종성불(五種姓佛)의 덕성을 하나로 모은 대보신불(大報身佛)로 밀교에서 추구하는 이상적인 부처님이다. 그래서 흔히 바즈라다라(持金剛佛)를 6번째 붓다라고 높여 부른다.

일반적으로 부처님의 비밀한 가르침을 뜻하는 밀교(密教)의 교설은, 보통 대소승 불교를 말하는 현교(顯教)와는 달리 대부분 지금강불의 비밀한 설법에서 유래한다. 가르침의 목적도 일반 불교와는 달리 특별히 무상유가[5]의

---

2 번역조례(飜譯條例)는 티랠빠짼 법왕 시대에 제정된 역경(譯經)에 대한 규정들을 말한다. 여기에는 '다조르밤니(sGra sbyor bam gñis, 聲明要領二卷)'와 '깨째남빠쑴(bKas bcad rnam pa gsum, 譯例三條)'이 있다.
'깨째남빠쑴(譯例三條)'은 역경의 범위를 정한 것으로, "첫째, 이후부터 티베트에서는 설일체유부(說一切有部)의 승단 이외의 다른 부파의 승단의 건립을 허용하지 않으며, 그들의 율장도 번역하지 않는다. 둘째, 모(母) 딴뜨라에 속하는 경전들은 번역하지 않는다. 셋째, 경전 속에 나오는 저울과 되 등의 계량기(計量器)들은 중인도의 마가다국(摩羯陀國)의 것을 표준으로 삼는다."는 내용을 담고 있다.
'다조르밤니(聲明要領二卷)'는 역경의 규칙을 정한 것으로, "첫째, 선대에 번역된 구역 경전(舊譯經典)들을 개정된 자형(字形)으로 고치는 것과, 둘째, 현밀(顯密)의 경전들을 어떠한 식으로 번역하며, 인도의 문법학(文法學)과 티베트 문법의 둘을 어떻게 조화시켜서 이해하기 쉽게 번역할 것인가?" 등을 규정한 일종의 문법서이다.

3 신역(新譯)은 대체로 위대한 역경사인 린첸쌍뽀(寶賢, 958~1055)가 인도로부터 수입한 새로운 밀교 전적들을 번역하는 시기를 기점으로 삼는다. 이 신역 밀교 경전들을 근거해 성립한 종파들로는 까담빠·까귀빠·싸꺄빠·조낭빠·겔룩빠 등이 있다.

4 쌍운(雙運)은 범어 유가낫다(yuganadhda)와 티베트어 쑹죽(Zuṅ ḥjug)의 옮김 말로, 여기서는 방편과 반야 또는 정광명과 환신을 하나로 결합해서 닦는 수행을 말한다.

5 무상유가(無上瑜伽)는 하위의 세 딴뜨라인 끄리야딴뜨라(Kriyā tantra, 事續)·짜르야딴뜨라(Caryā tantra, 行續)·유가딴뜨라(Yoga tantra, 瑜伽續)와는 달리, 생기와 원만차제 수행을 통해서

최고의 법기로 불리는 업과지[6]의 남섬부주 유정들을 위해서, 단지 한 생애에서 성불할 수 있도록 최상의 근기를 대상으로 비밀의 방편도(方便道)로 설시한 것이다. 그러므로 이 아눗따라 요가딴뜨라(無上瑜伽續)의 비밀한 가르침은 대승 가운데 대승이자, 모든 수레(乘)들 가운데서 최고의 수레인 최상승(最上乘)으로 알려졌다.

특별히 이 비밀 금강승[7]의 가르침이 남섬부주에 출현한 것은 오로지 석가모니 부처님의 시대이며, 과거의 연등불이나 미래의 미륵불 때에는 밀교의 가르침이 설해지지 않는다고 하였다. 그 이유는 인간의 수명이 100세에 불과한, 단명하는 오탁악세에 출현한 석가모니 부처님의 교화 대상인 현생의 남섬부주의 인간들이 금강승의 큰 연분을 타고났기 때문이라고 알려졌다.

오늘날 우리들이 잘 발달된 인쇄기술과 매스컴 덕분에 밀교의 가르침을 접하는 기회가 너무나 많은 탓에, 그 만남의 소중함과 어려움을 잊고 대수롭지 않게 여길지라도, 이것은 숙세의 수많은 인연들이 쌓인 결과임을 자각할 필요가 있다. 특히 오늘날과 같이 인간의 영혼이 극도로 타락한 시절에 우리들이 금강승의 가르침을 만나는 것은 참으로 고귀한 인연의 덕택일 뿐이다.

인체의 풍(風)·맥(脈)·명점(明点) 셋을 제어해서 깨달음을 구현하는 유가이다.

6 업과지(業果地)는 업을 짓고 쌓은 힘이 왕성하고 쉽게 성숙해서, 생의 전반에 쌓은 업이 생의 후반에 익는 땅을 말한다.

7 금강승(金剛乘)은 진언비밀승(眞言秘密乘)의 다른 이름이다. 『님빠메똑(掌擲花)』에서, "그것을 금강승이라 부르는 것은, 대승을 남김없이 거두어 모은 것이 육바라밀이며, 그것을 거두어 모은 것이 또한 방편과 반야이며, 그것을 또한 거두어 모아서 일미(一味)를 이룬 것이 보리심이며, 그것을 또한 모은 것이 금강살타(金剛薩埵)의 삼마지이며, 그것이 바로 금강이며, 금강이 또한 그것이며, 수레 또한 그것이므로 금강승인 것이며, 진언승(眞言乘)이라 부른다."고 설함과 같다.

이러한 소중한 인연에 대해 위대한 화신인 구루 빠드마쌈바와(Paḍmasambhava, 蓮花生)께서 티베트 사람들에게 들려준 진실한 말씀을 경청할 필요가 있다. 그는 1,200여 년 전 티베트 설원에 최초로 밀교를 전한 뒤, 밀교의 가르침이 영원히 존속할 수 있도록 터전을 닦은 위대한 화신으로, 지금도 티베트 사람들은 그를 우리 곁에 오신 두 번째 부처님으로 여기며 무한히 존경하고 있다.

그는 당시의 티베트 법왕인 티쏭데짼 왕을 비롯한 수많은 관료와 백성과 제자들에게 들려준 법어에서, 밀교를 만나는 고귀한 법연은 마치 3천 년에 한 번 피어나는 우담발라 꽃과 같이 희유하다고 말씀하셨다.

이 같은 희유한 인연에 대해 그의 전기를 다룬 『빼마까탕(蓮花遺敎)』에서는 다음과 같이 설하고 있다:

"귀담아 잘 들으십시오! 티베트의 선근자들이여!
비밀진언의 금강승이 출현하는 것은 희유한 일이니,
과거의 8억 4천만의 제불여래들도 설하지 않았으며,
연등불께서 법륜을 굴리실 때도 설하지 않았으며,
미래에 오시는 제불여래들도 역시 설하지 않으니,
그 유정들이 밀교의 법 그릇이 못 되기 때문입니다.

과거 겁초에 겁명(劫名)을 일체장엄이라 부르는 때,
현전왕불(現前王佛)의 가르침에 밀법이 출현하였으며,
현재불인 석가세존의 교법에 밀교가 출현하였습니다.
다시 천만 겁을 지나 겁명을 꽃 장엄이라 부르는 때,
문수사리불이 출현하여 현재와 같은 시절이 도래할 때,
그 부처님께서 지금처럼 진언밀교를 선양하게 됩니다.

이 세 겁의 유정들이 밀교의 법기가 되기 때문이며,

이 세 겁이 아닌 시절에는 금강승이 출현하지 않습니다."[8]

8 『빼마까탕(蓮花遺教)』, pp.725~726. 우갠링빠 발굴, 사천 민족출판사, 1993, 성도, China.

제1장

죽음의 은멸차제

죽음과 바르도, 탄생의 구조를 밝힘

여기서 가장 높고 견줄 바 없는 아눗따라 요가딴뜨라(無上瑜伽)의 심오한 비밀법문에 의해서, 다섯 가지 더러움이 치성하는 오탁악세[1]의 짧은 한 생애에서, 일곱 가지 덕성을 하나로 모은 칠지화합(七支和合)의 쌍운(雙運)의 바즈라다라(持金剛佛)의 몸을 성취하는 지름길인 [범속한 자신을 본존의 몸으로 일으키는] 생기차제(生起次第)와 [범속한 자신을 실제로 본존의 몸으로 변화시키는] 원만차제(圓滿次第)의 두 법을 통달함에 있어서, 그 정화의 대상인 [본래부터 누구에게나 기본적으로 있는] 인위(因位)의 삼신(三身)인 다르마까야(法身)·쌈보가까야(報身)·니르마나까야(化身)의 세 구조를 바르게 아는 것이 더없이 중요하다.

---

1 오탁악세(五濁惡世)는 수명탁(壽命濁)·번뇌탁(煩惱濁)·중생탁(衆生濁)·겁탁(劫濁)·견탁(見濁)의 5가지로 더럽혀진 부정한 세상을 말한다. ① 수명탁은 악업을 크게 쌓음으로써 8만 세이던 인간의 수명이 점점 짧아져 100년을 채우지 못하고 50세 전후로 쇠퇴하는 것을 말한다. ② 번뇌탁은 애욕을 비롯한 삼독(三毒)과 오독(五毒)이 치성하여 마음이 번뇌로 더럽혀져서 갖가지 죄업을 지음을 말한다. ③ 중생탁은 견탁(見濁)과 번뇌탁(煩惱濁)의 결과로 인간의 복덕이 쇠퇴하고, 생각과 행위가 더러워지고, 괴로움과 질병은 많아지는 현상을 말한다. ④ 겁탁은 기근, 질병, 전쟁 따위의 여러 가지 재앙이 일어나는 시대를 말한다. ⑤ 견탁은 정견(正見)을 버리고 상견(常見)과 단견(斷見) 등에 집착하는 삿된 견해들이 치성하는 것을 말한다.

그러므로 여기서 생기와 원만 두 차제의 정화 대상인 탄생과 죽음, 그리고 바르도(中有)의 세 구조를 설명하고자 한다.

곧, [죽음이 일어나는 과정을 설명한] 죽음의 은멸차제(隱滅次第)와 [죽음 뒤의 바르도의 세계를 설명한] 바르도(中有)의 성립차제(成立次第)와 [바르도의 상태에서 육도세계(六道世界)에 다시 태어나는] 생유(生有)의 몸을 받는 도리이다.

【해설】

이것은 아눗따라 요가딴뜨라라 부르는 무상유가(無上瑜伽)의 수행 목적과 그 성취행법인 생기와 원만차제 수행의 대상이 무엇인가를 밝힘과 동시에, 수행의 유무에 관계없이 기본적으로 모든 사람들에게 있는 부처님의 세 몸인 법신·보신·화신의 구조를 분명히 드러내서 밀교 수행의 전체상을 나타내 보인 것이다.

여기서 무상유가의 구극의 표상인 쌍운(雙運)의 지금강불(持金剛佛)은 금강저와 금강령[2]을 가슴에 교차해서 잡고 계시는 부처님을 의미하는 티베트어 도제창(rDo rje ḥchaṅ)의 옮김이며, 싼쓰끄리뜨어는 바즈라다라(Vajradhāra)이다. 이것은 공성과 대락(大樂)의 둘이 분리됨이 없이 하나로 합일한 구경의 지혜가 견고하여 파괴되지 않음이 마치 금강석과 같이 단단함을 비유한 것이다. 이것은 열반의 사덕[3]을 함축해서 표현하는 밀교의 용어

---

2 금강저(金剛杵)와 금강령(金剛鈴)에 대한 무상유가의 해석은 다음과 같다. "금강저는 방편의 유가사와 그의 성기, 방편의 대락(大樂) 등의 모든 방편의 지분들을 표시하며, 금강령은 지혜의 수인모(手印母)와 그녀의 성기, 지혜의 공성과 그것을 통달하는 반야 등의 모든 지혜의 지분들을 표시한다."고 제쭌 닥빠쎄둡의 『쌍데직쑴람니끼티(密集勝樂怖畏二次第釋)』에서 말하였다.

3 열반의 사덕(四德)은 상(常)·낙(樂)·아(我)·정(淨)의 4가지 덕성을 말한다.

이기도 하다.

그리고 쌍운(雙運)은 쌍입(雙入)과 병행(竝行)의 뜻으로, 티베트어 쑹죽(Zuṅ ḥjug)과 범어 유가낫다(Yuganadhda)의 옮김이다. 그러므로 공성의 깨달음과 불변의 희열인 대락(大樂)을 함께 닦아서 불이의 하나로 만드는 것을 말한다. 한편 이 쌍운은 티베트불교에서 여러 가지 의미로 사용된다. 예를 들면, 마음의 공한 면과 밝음(지혜)의 결합을 뜻하는 명공쌍운(明空雙運)과 사마타(止)와 위빠사나(觀)의 합일을 뜻하는 지관쌍운(止觀雙運) 등으로 사용된다.

여기서 쌍운의 뜻은, 수행을 통해서 얻는 최종의 결실인 과위(果位)의 색신(色身)과 법신(法身)의 합일체인 지금강불의 경지를 실제로 증득하는 원만차제 수행에서, 색신에 해당하는 청정환신[4]과 법신에 해당하는 승의광명[5]의 둘을 결합해서 지고한 바즈라다라(持金剛佛)를 실현하는 합일의 도를 말한다.

특히 지금강불은 밀교에서 설하는 모든 보신불들의 내면의 깨달음과 공덕들이 하나로 어우러진 최고의 보신불로서, 밀교 수행자들이 수행을 통해서 현생에서 이루고자 하는 부처님의 모습이다. 그러한 까닭에 석가모니 부처님도 금강승의 가르침을 설하실 때는 특별히 이 지금강불과 다른 본존불의 몸을 현시해서 설한 것으로 알려졌다.

이러한 실례로 『깔라짜끄라 딴뜨라(時輪續)』의 경우를 들 수가 있다. 이 경에 의하면, 석가세존께서 세수 81세 되던 해[C.E. 881, 경진(庚辰)년, 짜이뜨라

---

4 청정환신(清淨幻身)은 죽음의 정광명 또는 도위의 승의광명(勝義光明)의 상태에서, 그의 운반체가 되는 극도로 미세한 풍(風)을 본존의 색신으로 일으켜서 얻은 무지개와 같은 미묘한 보신의 몸을 말한다.

5 승의광명(勝義光明)은 죽음의 정광명과 원만차제의 심적(心寂)의 최후 단계에서 증득하는 도위(道位)의 정광명 둘을 말한다.

(Caitra), 인도 음력 정월 보름날][6]에, 남인도의 해안 도시인 아마라와띠(Amarāvatī)[7]에 있는 쓰리다냐까따까(Śrī-Dhānya-kaṭaka)[8]로 불리는 고탑 아래에서, 샴발라(Shambhala)의 법왕 쑤짠드라[9] 등에게 『시륜근본속(時輪根本續)』 등을 설하실 때, 직접 시륜금강불(時輪金剛佛)의 모습을 현시하여 설법한 것과 같은 것이다.

칠지화합(七支和合)은 지금강불께서 스스로 내증(內證)하신 모든 공덕들을 일곱 가지 덕성으로 구별해서 부르는 술어로 ① 수용원만지(受用圓滿支), ② 화합지(和合支), ③ 대락지(大樂支), ④ 무자성지(無自性支), ⑤ 대비편만지(大悲遍滿支), ⑥ 이생무간지(利生無間支), ⑦ 상주무멸지(常住無滅支) 등을 말한다.

---

6 『시륜경(時輪經)』에 따르면, 여래의 입멸연대는 C.E.881, 병진(丙辰)년 장력(藏曆) 4월 보름으로, 같은 해 장력(藏曆) 3월 보름에 『시륜경』을 설하였다고 하였다. 탄생연대는 B.C.E. 961, 경신(庚申)년 장력(藏曆) 4월 7일 정오이며, 성불하신 연대는 B.C.E. 927, 갑오(甲午)년 장력(藏曆) 4월 보름이며, 도리천에서 하강하신 연대는 B.C.E. 921, 경자(庚子)년 장력(藏曆) 8월 22일로 하고 있다. 그러나 이 하강일은 일반적으로 장력(藏曆) 9월 22일로 정해서 기념한다. 이상의 내용은 캐둡 노르쌍갸초(mKhas grub Nor bzaṅ rgya mtsho, 1423~1513)의 『시륜경무구광석장엄론(時輪經無垢光釋莊嚴論)』 등에 의한 것이다.

7 현재 남인도의 해변 도시인 군터(Kunetr) 교외에 있으며, 용수보살의 유적지인 나가르주나콘다와 접해 있다.

8 쓰리다냐까따까는 과거 부처님이신 까쌰빠(Kāśyapa, 飮光佛, 연등불) 시대에, 한 연각불(緣覺佛)이 쌀을 비처럼 내리자 그것을 재료로 천신들이 건립한 것으로 알려진 쓰리다냐까따까(Śrī-Dhānya-kaṭaka)[Tib. 빤댄대뿡(dPal ldan ḥbras spuṅs, 吉祥積米塔)]의 고탑으로 가신 뒤, 그날 중앙아시아의 씨따(Sita)강 북쪽에 존재하는 것으로 알려진 밀교의 이상향인 샴발라 왕국의 쑤짠드라(月賢) 법왕의 간청으로 밀교를 설한 장소이다.

9 법왕 쑤짠드라(Sucandra, 月賢)는 밀교의 정토인 샴발라(Shambhala) 왕국의 초대 법왕이다. 『시륜경』에 따르며, 샴발라의 제25대 꿀리까(Kulika, 法種王)인 짜끄라와르띤(Cakravartin or Rudra Cakrin, 勇武輪王)이 미래에 지상에 출현해서 이슬람을 멸망시키고 불국토를 건설한다고 하였다. 그때 인간의 수명이 잠시 1,500세로 증가한 뒤 점차로 줄어든다고 하였다.

그 내용은 ① 수용원만지[10]는 보신불의 아름다운 상호(相好) 등을 원만히 갖춤을, ② 화합지(和合支)는 자신의 명비(明妃)와 불이의 한 몸을 이룸을, ③ 대락지(大樂支)는 전신의 생명의 바람(風)들이 아와두띠(Avadhūtī, 中脈) 속에 용해되어 몸과 마음에 불변의 희열을 즐김을, ④ 무자성지(無自性支)는 마음이 번뇌가 없는 무루(無漏)의 즐거운 상태에 머물면서 공성을 통달하였음을, ⑤ 대비편만지(大悲遍滿支)는 조건 없는 대자비로 중생을 교화함에 게으름이 없음을, ⑥ 이생무간지(利生無間支)는 윤회세계가 다할 때까지 중생의 이익과 행복을 위해서 열반에 들지 않음을, ⑦ 상주무멸지(常住無滅支)는 여래의 교화사업이 영원히 멈추지 않고 행해짐을 각각 표현한다.

여기서 탄생의 구조를 먼저 말하지 않고 죽음의 은멸차제를 처음에 설한 것은, 삼신의 근본이 법신에 있고, 이 법신의 참 모습이 모든 유정들의 죽음의 과정에서 자발적으로 출현하기 때문에 그러한 것이다. 다시 말해, 자연적으로 출현하는 죽음의 정광명이 기본의 법신에 해당하고, 정광명에서 발생하는 바르도의 의생신(意生身)이 기본의 보신에 해당하고, 그 의생신이 육도세계의 몸을 받는 것이 기본의 화신과 원리가 같은 까닭에, 무상유가의 생기(生起)와 원만차제(圓滿次第)의 수행구조도 그 과정과 일치하게 배대되어 있기 때문에 그렇게 한 것이다.

여기서 밀교의 네 단계 수행과정에서 단지 생기차제와 원만차제 두 가

---

10 수용원만지(受用圓滿支)는 보신불의 소유하는 5가지 특점인 오결정(五決定)을 뜻한다. 곧 ① 처결정(處決定)이니, 색계인 마지막 하늘인 색구경천(色究竟天)의 밀엄정토(密嚴淨土)에 영원히 머문다. ② 신결정(身決定)이니, 원만한 보신불의 삼십이상(三十二相)과 팔십종호(八十種好)를 갖춘다. ③ 권속결정(眷屬決定)이니, 성문과 연각을 제외한 보살성자들로 권속을 삼는다. ④ 법결정(法決定)이니, 소승의 법을 설하지 않고 단지 대승의 교법만을 설한다. ⑤ 시결정(時決定)이니, 윤회계가 다할 때까지 세간에 머무름이다.

지만 말하고 관정 등의 나머지 단계들을 생략한 것은, 실질적으로 이 두 과정에 의해서 생철과 같이 불순하고 녹처럼 부정한 범부의 탄생과 죽음과 바르도의 셋을, 진금과 같이 고귀한 해탈의 삼신으로 바꾸기 때문이다.

이제 밀교의 수행과정을 간단히 살펴보면, 전체적으로 네 단계로 구성되어 있다. 곧, 제자의 근기를 성숙시키는 첫 번째 관정의 단계, 제자의 범속한 몸과 마음을 과위의 해탈신으로 변화시키는 생기와 원만차제의 두 번째 단계, 그것을 견고하게 만드는 세 번째 서언의 단계, 수행을 구경에 이르게 하는 네 번째 사무애행(四無碍行)의 단계이다.

첫 번째 단계인 성숙의 관정[11]은, 농부가 밭을 기름지게 만든 다음 씨앗을 뿌려서 결실을 거두듯이, 본존불의 관정을 통해서 제자의 범속한 몸과 마음의 흐름을 정화한 뒤, 부처님의 네 가지 몸인 사신불[12]의 종자를 심어서 깨달음을 열어가는 단계인 도위(道位)와 더 배움이 필요 없는 무학(無學)의 경지인 과위(果位)의 공덕을 얻도록 하는 것이다.

이 관정은 밀교에 들어오는 첫 관문에 해당하며, 이 관정을 받지 않고 비밀법문을 임의로 강설하고 수행하는 것은 원하는 결과를 산출하지 못할 뿐만 아니라, 모두가 악도에 떨어지는 행위라고 경전에서 설하였다.

이러한 관정의 의미와 목적에 대해 쎄르똑 린뽀체(1845~1909)는 『도제텍빠쌀람템깨(密乘地道行相寶階)』에서 이렇게 설명하고 있다:

"관정이라 부르는 뜻이 있다. [증득의 품계인] 십지(十地)와 [수행의 전체 과정

11 관정(灌頂, Abhişeka)의 문자적 의미는 제자의 머리에 지혜의 감로수를 뿌려서 더러움을 씻는 것이다.

12 사신불(四身佛)은 자성신(自性身)·지혜법신(智慧法身)·수용보신(受用報身)·변화신(變化身)의 넷이다.

인] 오도(五道)의 과위의 공덕을 얻는 몸과 마음을 정화하여 감능케 하고, 교화 대상인 제자의 깨끗한 몸과 마음의 법 그릇에 지혜의 감로수를 부어주며, [일체를 산출하는 터전인] 아뢰야식(阿賴耶識)에 법의 종자를 뿌려서 도과(道果)를 얻게 하는 좋은 습기를 심어주고, 몸·말·뜻 세 가지 장애의 더러움을 씻어서 깨끗하게 하며, 딴뜨라의 가르침을 듣고, 사유하고·강설하고·닦는 행위에 권한을 갖도록 권위를 내리는 것이다."[13]

이 밀교의 관정에는 하위의 세 딴뜨라의 관정과 무상유가의 관정이 있으며 그 내용도 각기 다르다.

예를 들면, 짜르야 딴뜨라(事續)에서 행하는 오관정(五灌頂) 가운데서 감로관정(甘露灌頂)은 오독(五毒) 가운데 성냄의 불길을 없애는 데 있으며, 관면관정(冠冕灌頂)은 아만의 산을 없애는 데, 금강저관정(金剛杵灌頂)은 탐욕의 독을 씻는 데, 금강령관정(金剛鈴灌頂)은 질투의 족쇄를 푸는 데, 명호관정(名號灌頂)은 우치의 어둠을 쫓는 데 목적이 있다. 그러나 무상유가의 감로관정과 관면관정은 각각 부정한 오대원소와 다섯 가지 쌓임인 오온(五蘊)을 정화하여 신금강(身金剛)을 얻게 하고, 금강저와 금강령관정은 음성의 근본인 몸 안의 생명의 바람(風)을 정화하여 어금강(語金剛)을 얻게 하고, 명호관정은 의식의 더러움을 정화해서 의금강(意金剛)의 종자를 심어서 법신을 얻게 하는 까닭에 그 내용이 서로 같지 않다.

뿐만 아니라, 같은 무상유가의 관정들도 경궤에 따라서 그 내용이 조금씩 다르나 일반적으로 사관정(四灌頂)으로 구성되어 있다.

사관정은 곧, 육신의 더러움을 씻고 신금강의 종자를 심어주는 보병관

13 『도제텍빼쌀람템깨(密乘地道行相寶階)』(로쌍공갠 21권), p.47, 쎄르똑 로쌍출팀걀초, Drepung Loseling Educational Society, Drepung Loseling, 1996, Mundgod, India.

정(寶甁灌頂), 언어의 더러움을 씻고 어금강의 종자를 심어주는 비밀관정(秘密灌頂), 의식의 더러움을 씻고 의금강의 종자를 심어주는 반야관정(般若灌頂), 신·구·의 삼문(三門)의 더러움을 씻고 자성신(自性身)의 종자를 심어주는 구의관정(句義灌頂) 넷이다.

이렇게 아눗따라 요가딴뜨라에서 행하는 사관정의 목적과 내용에 대해 상뙨 뙨빠갸초(1825~1900)는 『상뙨갸초쑹붐』에서 다음과 같이 간추려 설명하고 있다:

"무상유가의 사관정 가운데서 첫째 보병관정(寶甁灌頂)은 전체적으로 육신의 더러움을 씻고, 생기차제의 도를 닦을 수 있는 힘을 부여하고, 과위의 화신을 얻게 하는 데에 목적이 있다. 이 보병관정은 다시 7가지 하위 관정들로 구성되며, 그 내용은 다음과 같다.

① 화만(華鬘)관정은 어떤 부족의 부처님으로 성불하는가 하는 부족을 결정하고, 그 본존불께서 거두어 주시는 섭화(攝化)의 인연을 맺는 것이다.

② 감로(甘露)관정은 번뇌의 가림과 지적 가림의 두 가지 장애를 소멸한 단증공덕(斷證功德)[14]을 성취하는 것이다.

③ 관면(冠冕)관정은 일체부주(一切部主)인 지금강불과 육계(肉髻)를 성취한다고 하였으니, 요약하면, 부처님의 색신을 성취하는 것이다.

④ 금강저(金剛杵)관정은 외경과 내심이 둘이 아닌 무이지(無二智)의 원만한 깨달음을 성취하는 것이다.

⑤ 금강령(金剛鈴)관정은 온갖 종류의 미묘한 음성(音聲)[15]을 얻는 것이다.

---

14 '달라이 라마 님의 붓다의 삼신에 대한 해설' 주석 1)번을 참조 바란다.

15 미묘한 음성은 부처님이 소유하신 60가지의 뛰어난 음성을 말한다. "사자의 음성과 같고, 천둥소리와 같고, 범천왕의 음성과 같다."고 『비밀불가사의경(秘密不可思議經)』에서 설하였다.

⑥ 명호(名號)관정은 단지 듣는 것만으로 장애를 맑히고, 해탈의 종자를 발아시키는 이름을 얻는 것이다.
⑦ 아사리관정(阿闍梨灌頂)은 지금강불의 덕스러운 교화에 자재함을 얻음과 불퇴전의 종자를 성취하는 것이다.

둘째 비밀관정(秘密灌頂)은 우유에다 요구르트 효모를 넣음과 같이 인체의 풍(風)·맥(脈)·명점(明点) 셋을 가지해서, 언어의 장애를 정화하고, 세속환신(世俗幻身)과 수용신(受用身)을 얻는 것이다.
셋째 반야관정(般若灌頂)은 대락의 지혜를 자신의 몸과 마음에서 산출시켜서, 의식의 더러움을 정화하고, 정광명과 법신을 얻는 것이다.
넷째 구의관정(句義灌頂)은 쌍운의 의미를 이해하고, 신·구·의 삼문(三門)의 공통적 장애를 정화하고, 유학(有學)과 무학(無學)의 쌍운의 경지를 얻는 것이다."[16]

두 번째 단계인, 성숙을 해탈시키는 생기와 원만차제는 '제4장 기본의 삼신(三身)을 정화하는 법'에서 자세히 다루게 되므로 여기서는 요점만을 설명하고자 한다.

먼저 생기차제의 전체적 의미는, 4가지 탄생 방법인 사생[17]을 통해서 쌓고 익힌 부정한 윤회의 습기를 정화하고, 범속하게 보고 듣고 깨닫고 아는 전도된 굴레에서 벗어나기 위해 본존의 몸과 진언과 지혜의 본성을 닦아서 부처님의 청정한 신·구·의 삼금강(三金剛)을 얻는 것이다.

---

16 『밀승지도선설(密乘地道善說)』, 샹뙨갸초쑹붐 4권, pp.312~313, 샹뙨 뙨빠갸초, 감숙 민족출판사, 2004, 감숙성, China.

17 사생(四生)은 태생(胎生)·난생(卵生)·습생(濕生)·화생(化生)의 4가지 탄생방법을 말한다.

이러한 생기차제의 목적에 대해 걜찹 다르마 린첸(1364~1431)은 『찌끼틱레씬디(春光明点備忘錄)』에서 이렇게 설명하고 있다:

"그러므로 기본의 단계에서 맥(脈)과 풍(風)과 오대원소들이 맨 처음 심장에서 형성되고, 마지막 수렴 역시 심장에서 거두어짐과 같이, 생기차제 단계에서 심장의 삼매살타[18]로부터 [본존과 그 권속들을 법계로부터] 거두어들이고 다시 내보냄을 숱하게 행하고 닦음으로써, 원만차제 단계에서 임종 시에 발생하는 오대원소들의 자연적인 수렴을 기다릴 필요 없이, 그 이전에 삼매의 힘으로 몸의 원소들을 차례로 거두어들여서 이원(二元)의 분별을 여읜 [원초의 빛인] 정광명(淨光明)을 출현시키는 것이다. 그러므로 수많은 무상유가 딴뜨라들에서 생기차제 단계에서 기본의 생사(生死)와 바르도(中有)의 셋을 조합해서 반드시 닦아야 함을 누누이 설명하는 이유 또한, 원만차제 단계에서 발휘하게 되는 그 효과가 여타의 법들과 같지 않은 것임을 고려한 것이다."[19]

다음 원만차제의 전체적 의미는, 금강신(金剛身)의 긍경(肯綮, 급소)을 파지함으로써 발생하는 풍·맥·명점 세 가지의 감능성에 의지해서, 공성을 깨치는 네 단계의 표시인 사공(四空)을 차례로 실현시켜 완전한 공성의 깨침을 뜻하

18 삼매살타(三昧薩埵)는 정존(定尊)이라고 하며, 범어 '싸마디싸뜨와(Samādhi-sattva)'의 옮김이자, 생기차제에서 닦는 삼중살타(三重薩埵)의 하나이다. 수행자가 의궤대로 사유하여 자신을 본존의 몸으로 변화시킨 것이 서언살타(誓言薩埵)이며, 서언살타의 심장에 있는 연화월륜의 보좌 위에 자신과 같은 지혜살타(智慧薩埵)를 법계로부터 맞이하여 하나로 융합한 뒤, 그 지혜살타의 심장에서 종자진언(種子眞言) 등을 출생시켜서 닦는 것이 바로 삼매살타이다.

19 『찌끼틱레씬디(春光明点備忘錄)』(로쌍공갠 15권), p.18. 걜찹 다르마린첸, Drepung Loseling Educational Society, Drepung Loseling, 1996, Mundgod, India.

는 일체공(一切空)에 해당하는 정광명을 증득하여 법신을 성취하고, 사공과 더불어 발생하는 네 가지 극도의 희열인 사희(四喜)를 발생시켜 구극의 즐거움을 뜻하는 구생대락(俱生大樂)의 지혜를 획득해서 보신을 성취한 뒤, 이 둘을 하나로 화합하여 쌍운의 지금강불의 몸을 성취하는 유가 수행을 말한다.

원만차제의 과정은 딴뜨라 경궤에 따라서 조금씩 다르다. 예를 들면, 흔히 비밀집회(秘密集會)라 부르는 구햐싸마자 딴뜨라(Guhyasamāja Tantra)의 성용수(聖龍樹)의 전승에서는 어적(語寂)·심적(心寂)·환신(幻身)·광명(光明)·쌍운(雙運)의 오차제(五次第)로 구분하며, 깔라짜끄라 딴뜨라(時輪續)에서는 수섭(收攝)·선정(禪定)·조풍(調風)·지풍(持風)·수념(隨念)·삼마지(三摩地)의 육지유가(六支瑜伽)로 구분하고 있다. 그리고 헤바즈라(Hevajra, 喜金剛續) 등을 위시한 나머지 딴뜨라들도 각자의 경궤에 따라서 내용을 다르게 설하고 있다.

그렇지만 그 요체는 같은 것이므로 원만차제의 수행을 위해서는, 먼저 범속한 육체 속에 묻혀 있는 금강신의 구조를 바르게 이해한 뒤, 각각의 수행의궤에서 설하는 바대로 여법하게 닦는 것이 매우 중요하다.

이러한 원만차제의 심오하고 난해한 과정을 『쌍뒤림응아쌜된(密集五次第明燈)』에서는 이렇게 간추려 설명하였다:

> "그러므로 [닦지 않은 상태인] 인위의 오차제(五次第)와 같이 행하는 것이다. 심장의 불괴명점(不壞明点)을 수습하고, 심장에 마음을 집중하여 생명의 바람을 일으키고·넣고·머물게 하는 세 가지 금강염송(金剛念誦)을 행하고, 그 수습 끝에 생명의 바람이 안팎으로 이동하는 흐름이 역류해서 심장의 아와두띠 속으로 점차 소멸함으로써, [공성의 단계를 말하는] 사공(四空)이 발생한 뒤, 거친 몸 안에 존재하는 극도로 미세한 풍심(風心)으로부터 극도로 미세한 환신(幻身)을 성취하는 것이다. 이 또한 [죽음의 정광명에 해당하는] 승의광명(勝義光明) 끝에 쌍운의 [청정]환신을 성취하

고, [정광명에 가까운 근득(近得)의] 비유광명(譬喩光明) 끝에 [부정]환신을 성취하는 것이다. 이 미묘한 보신을 범부의 눈으로는 가히 보지 못하므로, 거친 다섯 가지 쌓임(五蘊)의 육체를 가지게 되면, 평범한 육안의 경계에 또한 나타나는 것이니, 이것이 화신이다."

세 번째 견고하게 만드는 싸마야(誓言, Samaya)라 부르는 서언(誓言)의 단계는, 관정을 받을 때 서약했던 계율의 준수와 금강승의 근본과 지분서언들을 수호하는 것을 말한다.

이 뜻을 뺀조르 된둡은 『나로최둑쌜된(那若六法明燈)』에서는 이렇게 간추려 설명하고 있다:

"① 서언의 본질은 반야와 방편 두 가지 본성을 벗어나지 않는 것이다. ② 서언은 구분하면 넷이니, 보병관정(寶甁灌頂)의 서언에 의해서 근본과 지분의 25가지 서언[20]을 준수하고, 비밀관정(秘密灌頂)의 서언에 의해서 근본과 지분의 오육[21]과 오감로[22]를 수습하고, 반야관정(般若灌頂)의 서언에 의해서 보리심[명점][23]을 버리지 않으며, 구의관정(句義灌頂)

20 근본과 지분의 25가지 서언은 음식서언과 수호서언과 교법서언들이 있다. ① 음식서언(飮食誓言)은, 오육(五肉)과 오감로(五甘露)를 직접 먹거나 또는 가지한 뒤 먹는 것이다. ② 수호서언(守護誓言)은, 오부종성(五部種姓)의 모든 서언과 14가지 근본타죄와 8가지 조분타죄 등과 각각의 서언 19가지를 지키는 것이다. ③ 교법서언(敎法誓言)은, 금강저와 금강령과 짱떼우(腰鼓)와 뼈 장신구 등의 밀교 법구를 지니거나, 그림으로 그려서 여법하게 소지하는 것이다.

21 오육(五肉)은 내공(內供)의 재료인, ① 코끼리 고기(象肉), ② 사람고기(人肉), ③ 말고기(馬肉), ④ 개고기(狗肉), ⑤ 공작새 고기(孔雀肉)를 말하며, 내적 의미는 오불모(五佛母)와 오대(五大)와 오독(五毒)을 상징한다.

22 오감로(五甘露)는 내공(內供)의 재료인, ① 대변(大便), ② 소변(小便), ③ 인혈(人血), ④ 인육(人肉), ⑤ 정액(精液)을 말하며, 내적 의미는 오불(五佛)과 오온(五蘊)과 오감(五感)을 상징한다.

23 보리심(명점, 明点)은 무상유가의 관정에서 본존과 명비(明妃)이 백정(白精)과 적정(赤精)과 그

에 의해서 5가지 특별서언을 수호함이다.

③ 서언을 수호하는 법은 넷이니, 계경(契經)과 의궤에서 설함과 같이 수호하는 것이며, 일부에 대하여 때에 맞게 적용하는 개차법(開遮法)으로 수호하는 것이며, 제법의 자성이 없음을 깨달아서 그것을 어기지 않음으로써 수호함이 없는 도리로 수호하는 것이며, 공성과 대비를 어기지 않고 지킴으로써 어김의 의심이 없이 수호하는 것이다.

④ 어김을 회복하는 방법은 근본타죄(根本墮罪)가 발생하면 관정을 통해 회복하고, 지분서언이 깨어지면 회공만다라[24]를 올려서 회복하고, 조분타죄(粗分墮罪)가 발생하면 근본스승에게 참회해서 회복하고, 타죄(墮罪)가 발생하면 적당한 스승에게 참회해서 회복하는 것이다."[25]

네 번째 단계인 수행을 구경에 이르게 하는 격식을 초월하는 사무애행(四無碍行)은, ① 비밀행(秘密行)[26], ② 명지금계행(明智禁戒行)[27], ③ 집회행(集會

화합물을 말한다. 이것의 상징은 불모(佛母)께서 설하시되, "아아! 나의 이 연꽃(女陰)은, 일체의 안락이 머무는 곳, 의궤대로 공경하고 가까이 하는 이가 있으면, 그의 면전에 내가 머문다. (중략) 대락(大樂)의 세존께서는 스스로, 이 연꽃 속에 항상 머무신다. 어리석은 자들은 이것을 버리므로 그들에게는 최승의 실지가 없다."고 함과 같이 비밀의 뜻을 지닌 보리심(명점)에 의지하는 것이다.

24 회공만다라(會供曼荼羅)는 수행자가 5가지 미묘한 욕망(妙欲)을 상징하는 거울·비파·향수·과일·비단 등과 갖가지 음식물들을 번뇌가 멸한 지혜의 감로수로 가지한 뒤, 스승과 본존과 삼보 등에게 올려서 수승한 자량을 쌓는 것을 말한다.

25 『나로최둑쎌된』, pp.167~168. 뻰조르 된둡, 사천 민족출판사, 1995, 사천, China.

26 비밀행(秘密行)은 원만차제를 마친 유가행자가 자신의 명비(明妃)와 함께 시림(尸林) 등에 머물면서, 탐욕을 대락과 화합해서 집착함이 없이 즐기며, 분노를 공성과 화합해서 비실재로 행하며, 우치를 정광명과 화합해서 무분별로 안치하고, 일체의 분별을 지혜와 화합해서 닦는 것이다. 이때 신통과 변화를 타인에게 나타내 보인다.

27 명지금계행(明智禁戒行)은 나체 상태에서 뼈 장식구들을 몸에 걸치고, 자신의 명비와 함께 마을을 유희하면서 선악과 취사의 모든 세간의 분별들을 초월하여, 법성의 상태에 머물면서 신·구·의 삼업(三業)의 모든 행위를 닦는 것을 말한다.

行)[28], ④ 무변승행(無邊勝行)[29] 네 가지이다. 이것은 원만차제를 통해서 성취한 특별한 경계를 견고하게 하고, 완전하게 만드는 과정으로 딴뜨라 행법에서 미친 행위(狂行)를 닦는 단계를 말한다. 이것을 통해서 일체에 걸림 없이 자재한 구경의 경지에 도달하게 된다.

화생의 남섬부주인의 일곱 가지 특성

먼저 [최초의 인간들이 살기 시작한] 현겁(賢劫)의 초기에 남섬부주(南贍部洲)에 탄생한 인간들은 모두가, [매개체가 없이 스스로 탄생하는] 화생(化生)으로 태어나고, 수명이 무량하고, 몸의 기관들이 완전하고, 광명이 온몸을 감싸고, [여래에 버금가는] 아름다운 상호(相好)를 갖추고, 거친 음식인 단식(段食)에 의지하지 않고, [색계(色界)의 천신처럼 삼매의 즐거움(禪悅)과 법의 기쁨(法喜)으로 사는] 희열식(喜悅食)을 하고, 갖가지 신통으로 하늘을 날아다니는 등의 7가지 특성을 완전히 갖추었다.

【해설】

위의 내용들을 차례로 해설하면 다음과 같다. 먼저 겁초(劫初)는 현재의 사바세계가 형성되던 성겁(成劫)이 지난 뒤에, 인간들이 살기 시작한 주겁(住

---

28 집회행(集會行)은 시장과 사람들이 모이는 장소와 하천한 집 등의 모든 곳을 돌며 노래와 춤을 추면서, 무집착의 행위와 무분노의 행위와 무분별의 행위와 두려움을 모르는 행위를 통해서 무애자재를 닦는 것을 말한다.

29 무변승행(無邊勝行)은 모든 견해에서 초월하며, 죽음과 번뇌 등이 없어 사마(四魔)로부터 초월하며, 모든 수레(乘)가 하나임을 깨달아 소승에서 초월하며, 그와 같이 모든 집착에서 초월해서 일체로부터 완전한 승리를 얻은 것을 말한다.

劫)이 시작되는 초기를 말한다. 현재 우리들이 살고 있는 겁은 주겁에 해당하며, 특히 이 주겁에서 1,000명의 부처님들이 출현함으로써 경에서는 광명겁(光明劫) 또는 현겁(賢劫)[현겁(現劫)]이라 부른다. 이 주겁이 끝난 뒤에는 사바세계가 무너지는 괴겁(壞劫)이 도래하고, 괴겁의 뒤에는 생명체가 아예 존재하지 않는 공겁(空劫)이 시작된다. 이렇게 우주는 성(成)·주(住)·괴(壞)·공(空)의 네 과정을 겪으면서 순환한다고 경에서 설하였다.

이제 이러한 의미들에 대하여 조금 더 설명하면, 우리들이 일상에서 사용하는 겁(劫)이란 단어는, 범어 깔빠(Kalpa)의 음역인 겁파(劫波)의 줄임말로, 광대한 시간 또는 장원한 시간(長時)으로 번역되는 긴 시간을 뜻하는 단위이다. 이 겁(劫)의 시간적 한도에 대해서는 계산법[30]에 따라서 서로 다른 여러 가지 학설들이 존재한다.

현재 우리들이 살고 있는 머무는 겁인 주겁은 1대겁으로 구성되고, 1대겁은 처음의 초한겁(初限劫, 겁초장시劫初長時)과 중간의 18중겁(中劫)과 마지막의 말한겁(末限劫, 최후중겁最後中劫)을 합한 20중겁(中劫)으로 구성된다.

주겁의 내용에 대한 9대 까르마빠(1556~1603)의 『응왼죄남쌔(俱舍論精解)』의 논설을 요약하면 다음과 같다:

"머무는 겁인 주겁(住劫)은 20중겁으로 이루어지며, 한 중겁(中劫)의 기간은 인간의 수명이 무량수[31]에서 줄어들어 8만 세에 이르고, 다시 줄

---

30 우주가 성(成)·주(住)·괴(壞)·공(空)하는 기간에 대해 "초대 달라이 라마로 추존하는 겐뒨듑빠(僧成)는 장닥남걜의 질문에 대답하여, 3,397,706,240,000,000,000라고 하였다. 이것을 현대의 숫자로 풀이하면, 339억 7천 7백 6만 2천 4백 년이 되며, 이것을 넷으로 나눈 것이 한 겁의 기간이 된다. 또 각각의 겁은 20중겁(中劫)으로 이루어지고, 이 80중겁(中劫)이 모여서 1대겁(大劫)이 된다."라고 『둥까르칙죄첸모』에서 설명하였다.

31 여기서 무량(無量)은 고대 인도에서 유행하였던 숫자의 하나인 무량수(無量數)를 말한다. 1

어들어 10세에 이르기까지의 [일단의 기간이] 1중겁이며, 이것을 초한겁이라 한다. 여기서 다시 수명이 늘어나서 사람의 나이 8만 세에 이르고, 다시 10세까지 줄어드는 기간이 중간에 오르고 내리는 승강겁(昇降劫)이며, 이 승강겁이 초한겁과 말한겁[32]과는 별도로 18개가 있다. 다시, 그 일체의 끝에 [10세에서] 증가해서 [8만 세에] 이르는 마지막 기간이 말한겁으로 알려진 1중겁이다. 그러므로 주겁은 20중겁으로 이루어진다."[33]

그리고 현재의 주겁을 현겁 또는 광명겁 등으로 부르는 이유는 『비화경(悲華經)』에서 "이 겁에서 1천 명의 부처님이 차례로 출현함으로써 현겁 또는 광명겁이라 한다."고 설한 데서 기인한다.

이 주겁에서 부처님들이 출현하는 시기는 겁초의 인간들의 수명이 무량수에서 8만 세로 감소한 뒤, 4만 세에 구류손불(拘留孫佛)로 음역하는 끄라꾸찬다(Krakuchanda, 滅累佛) 부처님이, 3만 세에 구나함모니불(俱那含牟尼佛)로 음역하는 까나까무니(Kanakamuni, 金寂佛) 부처님이, 2만 세에 가섭불(迦葉佛)로 음역하는 까쌰빠(Kāśyapa, 燃燈佛) 부처님이, 인간의 수명 100세에 석가모니불이 출현한 뒤, 다시 수명이 증가하여 8만 세가 될 때 마이뜨레야(彌勒佛) 부처님이 출현한다. 이와 같이 중겁이 18번 돈 끝에 현겁천불(賢劫千佛)

에서 10배수로 계산하는 십진법의 60단위 가운데 마지막에 해당하는 숫자이다.

32 초한겁과 말한겁 둘은 중간의 승강겁과는 달리 단지 감소와 증가만이 있어서 그 기간이 같지 않다는 논설에 대해 겐뒨둡빠(1391~1475)는, "처음의 초한겁과 마지막의 말한겁 둘은 홑이 되고, 중간의 겁들은 오르고 내리는 것이니 기간의 길고 짧음이 있는 것이 아닌가? 잘못이 없다. 왜냐하면, 처음과 마지막 두 겁은 천천히 가고, 중간의 겁은 빨리 가기 때문이다."라고 변석하였다. 『쬐델타르람(俱舍論要解)』, p.521. 겐뒨둡빠, 민족출판사, 2003, 북경, China.

33 『응왼죄남쌔(俱舍論精解)』, p.223. 까르마 왕축도제, Vajra Vidya Library, 2003, Varanasi, India.

의 마지막 부처님인 선관불(善觀佛)이 출현함과 동시에 말한겁이 시작한다고 논에서 설하고 있다. 그러므로 석가세존은 현겁의 네 번째 부처님이 되는 셈이다.

현재 우리들이 살고 있는 땅인 남섬부주는 범어 잠부위빠(Jambudvīpa)의 음역이며, 이 명칭이 생기게 된 유래에 대하여 위의 『죄델타르람(俱舍論要解)』에서는 이렇게 설명한다:

> "사대주(四大洲)가 있는 가운데 수미산의 남쪽에 자리하고, 잠부나무의 열매가 바다 속에 떨어질 때 '잠부'라고 소리를 내므로 잠부링(贍部洲)이며, 땅 둘레를 바다로 감싼 큰 땅인 까닭에 호잠부링(南贍部洲)이다. 수미산과 접한 면과 좌우 양쪽의 세 면적이 각각 2천 유순(由旬)이며, 수레의 모양과 같은 나머지 한 면은 3.5유순이다."[34]

이와 같이 7가지 특성을 갖춘 인간들이 최초로 남섬부주에 탄생한 연원에 대해 빠오 쭉락텡와(1504~1566)는 『최중캐빼가뙨(智者喜宴)』에서 이렇게 설명하고 있다:

> "그와 같이 유정들이 위에서부터 차례로 출현하여 천계가 남김없이 차게 되었을 때, [색계의] 광음천[35]의 한 천신이 사멸하는 순간 남섬부주의 인간으로 화생(化生)하였으며, 그와 같이 다른 천신들 또한 화생으로 태

---

34 『죄델타르람(俱舍論要解)』, p.509.

35 광음천(光音天)은 색계(色界)의 두 번째 하늘 가운데 제3층의 광음천 또는 극광천(極光天)을 말하며, 이 하늘에 태어난 천신은 자신의 몸에서 발산하는 광명이 여타의 하늘도 밝게 비추므로 광음천의 이름을 얻게 되었다. 『장한대사전(藏漢大辭典)』 하권, p.2534.

어나서 인간들이 많이 출현하였다. 수명은 무량하고 선열식(禪悅食)으로 생활하고, 몸에는 광명이 빛나고, 하늘을 신통으로 날아다니고, 무변한 몸의 덕성들을 지녔다."[36]

이 최초의 인간은 인도철학에서 뿌루샤(Puruṣa)라는 개념으로 등장하는 중요한 술어이다. 당나라 현장 법사는 사부(士夫)라고 번역하고 있으며, 불교철학에서 원인(原人)으로 번역되는 최초의 인간을 뜻하는 쁘라타마뿌루샤(Prathama-puruṣa)가 바로 이 겁초의 완전한 인간을 뜻한다. 그러므로 이 겁초의 인간의 모습을 정확히 이해하는 것이 중요하다.

겁초의 인간들이 지녔던 중요한 신체적 특성에 대하여 살펴보면, 먼저 화생(化生)은 스스로 출생함을 뜻하는 범어 우빠빠두까(Upapāduka, 自現, 自生)의 옮김이다. 이것은 탄생에 필요한 어떠한 매개체도 필요 없이 스스로 변화해서 태어나는 의생(意生)인 까닭에, 출생의 고통이 수반되지 않는 가장 뛰어난 탄생의 방법이다. 예를 들면, 천인과 바르도의 유정, 지옥, 아수라와 대부분의 나찰들과 용과 금시조 등이 화생에 속한다.

광명이 몸을 감싼다는 것은, 색계의 두 번째 하늘인 광음천의 천신들과 같이 자신의 몸에서 발산하는 광명으로 자타를 비춤으로써 해와 달이 필요 없음을 뜻한다. 그래서 겁초에는 해와 달이 출현하지 않았다고 경에서 설하고 있다.

여래에 버금가는 상호(相好)들을 갖춤이란, 마치 전륜성왕[37]이 부처님

---

36 『최중캐빠가뙨(智者喜宴)』, p.11. 빠오쭉락텡와, Vajra Vidya Library, 2003, Varanasi, India.

37 사대주(四大洲)의 인간들 가운데서 가장 지복지락(至福至樂)의 존재인 전륜왕 출현의 시기에 대해 부뙨 린체둡(1290~1364)의 『꾼뛰남썌니외(阿毘達磨集論日光釋)』에서, "국정을 법륜을 돌려서 다스리므로 전륜왕이며, 그들이 출현하는 시기는 인간의 수명 무량수에서 8만 세 사이에 출현하며, 그 이하에는 원만한 세간이 아니므로 출현하지 않는다고 하였다. 인수 6만 세

의 아름다운 상호를 갖추되, 미간의 백호(白毫)와 무견정상(無見頂上, 육계肉髻)의 두 가지가 부족함과 같이 뛰어난 몸을 지녔음을 말한다.

그리고 부처님과 전륜성왕이 소유한 상호의 차이점에 대해 9대 까르마빠는 『응왼죄남썌(俱舍論精解)』에서,[38] "전륜성왕에게 아름다운 상호가 있을지라도, 여래의 상호와의 차이점이 무엇인가? 여래의 상호는 장소가 변하여도 [그 위광이] 쇠퇴함이 없고, 광명과 그 지분들이 밝게 빛나며, [손발에] 천폭륜(千輻輪) 등을 갖추므로 최고로 수승한 것이다."라고 함과 같이, 전륜왕의 상호와 광명 등은 자신보다 더 뛰어난 천계에서는 위광이 줄어드는 등의 변화가 있는 점이다.

거친 단식(段食)에 의지하지 않고 희열식(喜悅食)을 한다는 뜻에는 두 가지 해석이 있다. 하나는 색계의 천인들처럼 선정에서 생기는 선열식을 하였다는 『최중캐빠가뙨』에서의 논설과 다른 하나는 욕계의 천신과 바르도의 유정과 같이 미세한 단식을 하였다는 설이다. 이것은 8대 까르마빠 미꾀도제(1507~1554)의 『죄델찌조(俱舍論廣釋)』[39]에서, "미세한 단식[40]은 바르도의 음식이며, 그들은 향기를 먹는다. 욕계의 천신과 겁초의 인간들 음식 또한 그와 같다."고 설명한 것과 같다.

아무튼 겁초의 인간들은 현대의 인간들과 같이 씹어서 먹는 거친 단식을 취하지 않고, 선정에서 생겨나는 정신적인 희열을 음식으로 삼은 것이 분명하다. 왜냐하면, 초대 달라이 라마의 『죄델타르람(俱舍論要解)』에서,

---

에 윤왕 청연화안(青蓮花顏)이 출현하는 이야기는 대승의 논설이다."라고 하였다.

38 『응왼죄남썌(俱舍論精解)』, p.228.

39 『죄델찌조(俱舍論廣釋)』, p.560.

40 여기서 '미세한 단식은 바르도의 음식'이라 한 것은, 일상적인 의미로 인간과 축생의 바르도를 예로 들어 설명한 것이다. 인간과 축생의 바르도는 거친 단식에서 발생하는 향기를 음식으로 취하는 까닭에 그같이 말한 것으로 본다.

"[이 거친 단식은] 오로지 욕계(欲界)에만 존재하며, [색계와 무색계의 높은 하늘인] 상계(上界)에는 존재하지 않는다. 왜냐하면 단식에 대한 집착을 버린 유정들이 거기에 태어나기 때문이다."[41] 라고 하였다. 그러한 까닭에 겁초의 인간들은 지금의 인간들과는 달리 대소변의 잔재들이 나오지 않는 청결한 몸을 지녔다.

이러한 겁초 인간들이 살았던 시대를 경에서는 원만시(圓滿時)라 규정해서, 후대의 복분이 쇠락한 인간들의 시대와는 구분하고 있다. 이러한 원만시의 특징에 대하여 위의 『죄델찌조(俱舍論廣釋)』에서는 이렇게 설명하고 있다:

> "과거에 출현하였던 인간들은 색계의 천신과 같이 자신의 몸에 광명이 있으며, 의식으로 출생하고, 신통을 구비하고, 희열을 음식으로 취하고, 몸의 기관과 지분들을 완비하고, 모든 유정들이 평등하고, 수명이 장구함 등을 갖추었다."[42]

화생에서 태생으로 바뀐 원인

> 여기서 [씹어 먹는] 단식을 즐기던 과거세의 습기가 되살아난 까닭에,
> 거친 음식을 먹음으로써 그 잔해가 대소변이 되고, 그것을 배출하는
> 문으로 남녀의 기관 등이 나타났다.
> 과거세에 성교하던 습기가 남아 있던 두 사람이 서로를 연모하여 음

---

41 『죄델타르람(俱舍論要解)』, p.504.

42 『죄델찌조(俱舍論廣釋)』, p.646.

행을 함으로써, 자궁에 생명이 잉태되고, 점차로 [화생에서 모태에서 태어나는] **태생(胎生)의 인간으로 바뀌었다.**

【해설】

이것은 겁초의 인간이 태생의 인간으로 타락해가는 과정과 원인들을 개괄적으로 설명한 것이다. 그 타락의 근본 원인도 영적인 음식인 선열식을 버리고 땅의 제호를 먹고, 남녀 사이에 성교를 한 데서 비롯된 것임을 밝힌 것이다.

먼저 모든 유정들의 생명의 원천인 음식의 의미에 대하여 살펴보자. 소승의 『구사론(俱舍論)』에서, "식(食)이란 모든 유정들의 생명을 유지하는 근본이다. 그 성격에 따라서, 단식(段食)·촉식(觸食)·사식(思食)·식식(識食) 4가지로 구분한다."고 하였으며, 다시 이것은 모양이 있고 없음의 둘로 구분하니, 『최응왼뒤빠델빠(阿毗達磨攝論釋)』에서, "두 가지 음식은 유색(有色)과 비색(非色)이다. 유색음식은 단식이며 비색음식은 촉(觸)·의(意)[43]·사(思)·식(識)이다."라고 하였다.

여기서 유정의 생명을 지탱시키는 뜻에 대해 『유가사지론(瑜伽師地論)』(卷第五十七)에서는 "이 4가지 음식(四食)에 의해서 다섯 감관(五根)과 뜻의 감관(意根)과 더불어 감관에 귀속되는 몸의 원소(大種)들을 길러서 보존함이다."라고 설명하였다.

이 식(食)의 정확한 의미를 아사리 아누룻따는 『최응왼뒤빠델빠(阿毗達磨攝論釋)』에서 다음과 같이 설명하고 있다:

---

43 간혹 경론에 따라 '촉(觸)·의(意)·사(思)·식(識)' 넷으로 구분하는 경우도 있으나, 일반적으로 '의(意)·사(思)'를 하나로 묶어 사식(思食) 또는 의사식(意思食)으로 말한다.

"식은 온전하게 지탱하거나 붙잡음의 뜻이다. 이 논서의 인도 원전에 아하르(āhāra)라는 단어가 있으며, 여기서 아(ā)는 완전하게 변화시킴을, 흐리(hri)는 침몰을, 흐라(hra)는 빼앗음을 뜻할지라도, 아(ā) 자의 뜻인 완전하게 변화시킴의 영향으로 온전하게 지탱함과 붙잡음과 증장시킴을 뜻한다. 그러므로 '아하라'는 온전하게 지탱함과 증장시킴이 뜻이니, 그래서 식이라 부른다."[44]

특별히 지상의 인간들이 사는 거친 형상의 몸에, 세속적 욕망을 누리고 사는 낮은 차원의 욕계(欲界)의 음식이자, 우리들 생명의 원천인 음식을 가리켜 단식이라 부르는 것에 대해 위의 『죄델타르람(俱舍論要解)』의 설명을 들어보자:

"[씹어 먹는] 단식의 본성이란 무엇인가? 그것은 향과 맛과 촉감의 세 감각기관이 누리는 대상이다. 어째서 단식인가? 그것은 코·혀·몸의 셋에 의해서 작은 덩어리로 부수어 삼키는 음식인 까닭에 그와 같이 부른다."[45]

그러나 같은 욕계의 생명들일지라도 인간을 비롯한 축생과 아귀 등은 거친 단식을 하고, 욕계의 천신들은 미세한 단식을 한다. 그러므로 『유가사지론(瑜伽師地論)』(卷九十四)에서, "갖가지 단식들이 욕계의 하늘에 있으니, 미세한 단식이라 부른다."고 하였다.

---

44 『최응왼뒤빠델빠(阿毗達磨攝論釋)』 하권, p.227, Ācārya Anuruddha(不滅), Sempa Dorjee 옮김, 1996, Central Institute of Higher Tibetan Studies, Sarnath, Varanasi, India.

45 『죄델타르람(俱舍論要解)』, p.505.

나머지 세 종류 음식의 특성에 대해 아사리 바수반두(世親 菩薩)는 『섭대승론석(攝大乘論釋)』(卷三)에서 이렇게 설명하고 있다:

"[감촉이 음식인] 촉식[46]의 모양은 바깥 대경(對境)에 의지함이니, 물질[色] 등의 여러 대경을 반연함으로써, 몸에 이로운 일[보양]을 일으키는 것이 촉식이다.

[생각이 음식인] 사식[47]의 모양은 기대함이 특성이니, 뜻을 이루길 바라는 것이 몸에 이로운 일[보양]을 일으키는 것이 사식이다. 마치 목마르고 배고픈 사람이 식당에 이르러, 음식을 얻고자 하는 바람이 몸을 죽지 않게 함과 같은 것이 사식이다.

[의식이 음식인] 식식[48]의 모양은 붙들어 유지함이니, 이 식이 몸을 붙들어 유지하는 까닭에 생존이 무너지지 않는다. 만약 식(識)이 붙들어 유지하지 않는다면 곧 죽은 사람과 같아서 사람 몸이 부패하니, 이것이 식식이다. 그러므로 너희들은 마땅히 이와 같은 식식의 의미를 믿고 받아들이도록 하라.

---

46 촉식(觸食)은 좋아하는 대상을 접촉함으로써 몸과 마음을 보양시키는 것이다. 예를 들면, 가무 등에 심취하면 배고픔을 못 느끼는 것과 같다.

47 사식(思食)은 마음에 떠올리는 생각 자체가 몸을 보양시키는 음식이 됨을 뜻한다. 예전에 흉년이 들었을 때, 재가 가득 들어 있는 자루를 짬빠(보리가루)로 생각함으로써 명을 유지하다가, 자루를 열고 재인 줄을 알자마자 죽었다고 함과 같다.

48 식식(識食)은 이것은 일반적인 음식의 개념과는 다르지만 생명 그 자체이자 힘인 까닭에 식(識)을 음식이라 한 것이다. 『최응왼뒤빠델빠(阿毗達磨攝論釋)』(하권)에서, "알음이(識)의 연(緣)에 의해서 '명온(名蘊)이 [유지된다]'고 설함과 같이, [업보의 마음을 뜻하는] 이숙(異熟)의 식(識)으로 알려진 식식(識食) 또한 [수·상·행·식 4가지의] 명색온(名色蘊)의 몸[界]을 부지하고, 항상 머물게 하고, 자체를 증장시킴으로써 그것을 명색온의 음식으로 승인한다."라고 함과 같다. 또 한편, 이 알음이(識)가 단식·촉식·사식을 통해서 생명을 유지하며 지은 갖가지 선악의 번뇌와 업들을 모두 저장한 채, 수명을 마침과 동시에 후생의 다른 몸(有)을 성취하는 뜻에서 알음이(識)를 식식(識食)이라고도 부른다.

능히 몸을 이롭게 하는 일을 행하는 까닭에, 사식(四食) 가운데 촉식은 의식(六識)에 속하고, 사식(思食)은 얻기를 바라는 의(意)에 속하고, 단식(段食)은 마음과 무관한 물질[色]에 속한다.

그러면 식식은 이 셋 가운데 어떤 곳에 속하는가? (중략) 어떤 사람이 수면 중에 꿈도 꾸지 않고 내지는 마음이 혼절하거나, 마음이 멸한 멸심정(滅心定) 등에 들어가면 의식(六識)이 소멸해서, 다시는 단식·사식·촉식의 3가지 음식이 없으니, 어떠한 법이 이 몸을 유지하여 무너지지 않게 하는가? 만약 아뢰야식(阿賴耶識)이 붙들어 유지하지 않는다면, 이 몸은 곧 무너지는 까닭에 아뢰야식이 곧 식식이 됨을 알아야 한다."[49]

비록 이 사식(四食)이 삼계를 지탱하는 음식일지라도 욕계에만 사식이 다 있으며, 색계와 무색계에는 단식을 제외한 촉식·사식·식식 3가지만 존재한다. 그 이유[50]를 『죄델타르람(俱舍論要解)』에서, "[단식은] 오로지 욕계에만 존재하며, [높은 하늘인 색계와 무색계의] 상계(上界)에는 존재하지 않는다. 왜냐하면, 단식에 대한 집착을 버린 유정들이 거기에 태어나기 때문이다."라고 설명하였다.

그러나 예외적으로 욕계 가운데 지옥세계에는 단식이 없다. 그것은 전세의 업력으로 몸을 유지하기 때문이다. 이 뜻을 『유가사지론(瑜伽師地論)』(卷第五十七)에서 다음과 같이 설명하고 있다.

---

49 『섭대승론석(攝大乘論釋)』 卷三, 바수반두(世親 菩薩), 新修大藏經 第31冊 No.1595, CBETA 電子佛典, 2006.

50 아사리 아상가(無着 菩薩)의 『현양성교론(顯揚聖教論)』「섭사품(攝事品)」에서, "지탱하고 유지하는 차별이란, 욕계의 묶임(纏)[욕계의 미혹]과 제온(諸蘊)[오온]은 사식(四食)에 의지하여 거주하고, 색계와 무색계의 묶임(纏)[색계와 무색계의 미혹]과 제온(諸蘊)[오온과 사명온(四名蘊)]은 삼식(三食)에 의지하여 거주한다."고 그 이유를 밝혔다.

"지옥에는 단식이 없다. 결정지[51]와 모든 하늘도 그와 같다. 지옥들 모두는 과거의 업력으로 몸을 지탱해서 오랫동안 머문다. 비록 몸의 감관들과 원소들이 극심하게 손상을 입을지라도 인연의 힘으로 결코 죽지 않는다. 그러나 그들에게는 극도로 미세한 생명의 바람들이 있으며, 그것이 몸의 지분으로 들어가는 것을 음식으로 삼는다. 이것은 알기가 매우 어려운 까닭에 말하지 않는다."[52]

삼계의 유정들이 취하는 이들 4가지 음식의 본성에 대해 『죄델타르람(俱舍論要解)』에서는 다음과 같이 설명하고 있다:

"[단식을 비롯한] 촉식 등의 나머지 음식들의 본성은 어떠한가? 촉식(觸食)·사식(思食)·식식(識食)은 [번뇌를 유발하는] 유루(有漏)의 음식으로 [번뇌가 소진한] 무루(無漏)의 음식이 아니다. 유루의 음식의 효능이 욕계·색계·무색계 삼유(三有)를 유지시키는 것이라면, 무루의 음식은 삼유를 끊어 없애기 때문이다. 경에서, '생겨난 유정들을 유지시키고 생존시키며, 바르도의 유정들을 이롭게 한다.'고 설하고, 또한, '이 4가지 음식인 사식(四食)은 질병과 종양과 통증의 근본[53]이며, 늙음과 죽음의 원인이다.'라

---

51 결정지(決定地)는 성문·연각·보살승의 견도(見道)에 머무는 성자들이 증득한 윤회에 다시 들어가지 않는 불퇴전(不退轉)의 지위를 말한다.

52 『유가사지론(瑜伽師地論)』 卷第五十七, 미륵보살. 新修大藏經 第30冊 No.1579, CBETA 電子佛典, 2006.

53 이들 유루의 음식이 병고의 원인임을『유가사지론(瑜伽師地論)』(卷第九十四)에서 설명하되, "3가지 음식이 원인이 되어 3가지 내고(內苦)를 일으킨다. 첫째는 몸의 내계(內界)가 실조하여 병고를 일으키며, 둘째는 바라고 구하는 고통이며, 셋째는 구하되 채워지지 않는 고통이다. 첫 번째 고통은 단식(段食)이 원인이며, 두 번째 고통은 촉식(觸食)이 원이이며, 세 번째 고통은 뜻이 모인 사식(思食)이 원인이다. (중략) 그러므로 비구들이여, 식식(識食)의 고통이 3백 개의 칼끝으로 후벼 파는 것과 같음을 관찰하라."라고 하였다.

고 하였으나, 무루의 음식은 그와 같은 것이 아닌 까닭이다."[54]

끝으로 삼유의 유루의 음식을 파괴하는 무루식(無漏食)은 무아(無我)와 공성(空性)을 증오하는 법희와 선열[55] 같은 정신적 자양분을 말한다. 이것이 일반적인 음식의 범주에 속하는 것이 아닐지라도, 부처님을 비롯한 성자의 몸을 보양해서 생명을 존속시키므로 또한 음식이 된다.

뿐만 아니라, 성문연각과 대승의 성자들이 사식을 통해서 생명을 영위할지라도, 무루의 마음으로 그것을 섭취해서 유루의 번뇌를 낳지 않는 까닭에 세간의 사식 또한 무루의 음식이 된다.

이와 같이 성자가 먹는 무루식에 대하여 『불지경(佛地經)』에서는 '법미희락(法味喜樂)'의 하나를, 『법화경』에서는 '법희와 선열'의 둘을 말하고, 『증일아함경(增壹阿含經)』에서는 '선열식(禪[悅]食)·원식(願食)·염식(念食)·팔해탈식(八解脫食)·법희식([法]喜食)'의 5가지 출세간식(出世間食)을 말하였다.

이것을 당나라 규기(窺基) 스님은 『묘법연화경현찬(妙法蓮華經玄贊)』(卷第八)에서, "뒤의 5가지 출세간 음식 가운데 선열(禪[悅])·법희([法]喜) 이 2가지 음식이 법신을 양생하되, 돕고 유익함이 뛰어난 까닭에 둘만을 들어 말한 것이다. 나머지 원(願)·염(念)·해탈(解脫)도 역시 실제로 돕고 기르는 뜻이 있으므로 그것을 음식이라 이름한다."[56]라고 설명하였다.

---

54 『죄델타르람(俱舍論要解)』, p.505.

55 색계의 천신들에게도 일반적으로 법희(法喜)와 선열(禪悅)이 있으나, 여기서는 성문의 불환과(不還果) 등을 얻어서 색계에 머물고 있는 성자들이 제법의 공성과 무아를 증득하는 출세간의 선정과 법희를 말한다고 본다. 또 선정을 통해서 얻는 경안락(輕安樂)을 선열식(禪悅食)이라 한다.

56 『대반야경(大般若經)』 卷五百七十六 「제8 나가실리분(第八那伽室利分)」, 新修大藏經 第7冊 No.0220, CBETA 電子佛典, 2006.

이렇게 무루의 음식을 먹고 사는 성자들의 모습에 대해서 『대반야경(大般若經)』(卷五百七十六: 第八那伽室利分)에는 다음과 같이 아름답게 묘사되어 있다:

"사리불 존자께서 말씀하셨다. '대사(大士)시여, 이제 저희들을 위해서 어떠한 음식을 차리고자 합니까?' 묘길상보살께서 답하셨다. '대덕이시여, 가히 나누지 못하며, 가히 삼키지 못하며, 향기와 맛과 감촉도 아니며, 삼계에 거두어지지도 않으며, 역시 얽매이지 않음도 아닙니다. 대덕께서는 아십시오. 이와 같은 미묘한 음식은 부처님의 음식이며 여타가 먹는 음식이 아닙니다.' 사리불 존자께서 말씀하셨다. '이제 저희들이 대사께서 말씀하신 희유한 음식 이름을 듣고서 모두가 배가 부르니 하물며 실제로 먹는다면 더 말해 무엇하리오?' 묘길상보살께서 답하셨다. '내가 말한 이 음식들은 육안과 천안과 혜안(慧眼)으로도 보지 못합니다.' 이때 수보리(善現)와 사리불 존자께서 이와 같은 말씀을 듣고 함께 멸진정(滅盡定)에 들어갔다. 그때 선사(善思)보살이 묘길상 대사에게 물으셨다. '이제 두 상인(上人)께서 어떠한 음식을 먹고, 어떠한 선정에 들어갔습니까? 묘길상보살께서 답하셨다. '두 존자께서 무루식(無漏食)을 먹고, 의지함이 없고 염오(染汚)가 없는 선정에 들어갔습니다. 모든 이들이 이 음식을 먹고, 이 선정에 머문다면, 마침내 삼계의 음식을 다시는 먹지 않게 됩니다.'"[57]

겁초의 인간들이 4가지 복분을 누리며 생활하였던 원만 시대에서 단명하고

---

57 『묘법연화경현찬(妙法蓮華經玄贊)』 卷第八, 규기(窺基), 新修大藏經 第34冊 No.1723, CBETA 電子佛典, 2006.

박복한 인간들의 세상인 투쟁 시대로 바뀌는 과정에 대해 위의 『응왼죄남쌔(俱舍論精解)』의 논설을 간추려 설명하면 다음과 같다:

> "[원만시[58]] 과거의 겁초에 출현했던 인간들은 색계의 천인들처럼 화생으로 태어나고, 씹어 먹는 단식을 하지 않으므로 몸에 광명이 나고, 신통을 갖추고, 무량한 수명을 누렸다.
>
> [삼분시[59]] 그 뒤 서서히 꿀과 같은 땅의 지미(地味, Prithivīparvataka)와 이것과 같은 황색의 지미와 유묘(幼苗, Vanalatā)의 셋을 차례로 먹으므로 몸이 무거워지고, 광명이 소멸하여 어둡게 되고, 그 업력으로 해와 달 등이 출현하였다. 그것을 많이 먹은 사람들은 얼굴빛이 추해지고, 적게 먹은 사람들은 안색이 좋았다. 이로 말미암아 얼굴빛이 좋은 자들이 추루한 자들을 업신여기고, 불선을 행함으로써 그 음식들이 자취를 감추었다.
>
> 그 뒤 자생으로 자라는 천생향도(天生香稻)인 딴두싸팔라쌀리(Taṇḍūsaphalaśāli)가 출현하자, 그 맛을 애착하므로 대소변의 오물 등이 생겨나고, 그와 함께 남녀의 성적 기관들이 각기 다른 모양과 색깔로 나타났다. 그들이 서로를 바라봄으로써 욕정이 일어나 음행을 행하여 타인들이 꾸짖게 되자, 그것을 가려주는 집 등이 생기게 되었다.

---

58 원만시(圓滿時)는 범어로 짜뚜르유가(Caturyuga)라 부르며, 최초의 인간들이 선법(法)·재부(財)·즐거움(慾)·안락(樂) 4가지를 다 누리는 시대를 말한다.

59 삼분시(三分時)는 범어로 뜨레아뜨유가(Treatyuga)라 부르며, 보통 최초의 인간들이 누렸던 4가지 복분 가운데서 셋만을 누리는 시대를 말한다.

[이분시[60]와 투쟁시[61]] 그 천생향도들도 그날 먹을 양만큼 취하던 것이, 게으른 자들이 그것을 쌓아 모음으로써 쌀에 껍질이 생겨나고, 그것을 베자 다시는 자라나지 않게 되었다. 그 뒤 서로 화목하지 못한 채 자기 몫을 차지하고, 땅을 분배해서 각각 살게 되었다.

또 서로의 것을 훔치는 일이 발생하게 되자, 심성이 착한 자를 뽑아서 감독관으로 앉힌 뒤, 각자 수확량의 6분의 1을 거두어 준 것이 [최초의 왕인] 중경왕(衆敬王)이 되었다.

[암흑시(暗黑時)] 그 뒤 업도[62]인 불선의 갖가지 업들을 크게 지음으로써 인간들의 수명이 짧아지고, 최후에는 10세 이상의 수명도 누리지 못하게 된다. 인간의 수명이 10세이면 중겁이 막바지에 다다른 것이며, 최후에는 도병겁(刀兵劫)·질병겁(疾病劫)·기근겁(饑饉劫) 삼겁(三劫)에 의해서 끝나게 된다.

[이 삼겁의 기간에는] 인간들을 칼로 죽이는 7일간과, 질병으로 죽이는 7개월 7일간과, 기근으로 죽이는 7년 7개월 7일이 차례대로 발생한다."[63]

태생의 남섬부주인의 6가지 특성

여기서 땅·물·불·바람의 4가지 원소인 사대(四大)에다 미세한 인체

---

60 이분시(二分時)는 범어로 드와빠라유가(Dvāparayuga)로 부르며, 보통 최초의 인간들이 누렸던 4가지 복분 가운데서 둘만을 누리는 시대를 말한다.

61 투쟁시(鬪爭時)는 범어로 깔리유가(Kaliyuga)로 부르며, 보통 최초의 인간들이 누렸던 4가지 복분 가운데서 하나만을 누리는 암흑의 시대로 이때 석가모니 부처님이 세상에 오셨다.

62 업도(業道)는 심사(心思)의 업에 상응해서 육도(六道)로 나아가게 하는 길을 말한다.

63 『응왼죄남쌔(俱舍論精解)』, pp.228~230.

를 구성하는 요소인 맥(脈)과 명점(明点)을 더한 육계(六界)와 또는 아버지로부터 받은 뼈·골수·정액 셋과 어머니로부터 받은 살·피부·피 셋을 합한 육계를 구비한 생명체를 가리켜서 특별히 남섬부주의 태생의 인간이라 부른다.

또한 아눗따라 요가딴뜨라(無上瑜伽)의 가르침을 처음부터 닦아서 탁세의 짧은 한 생에서 반드시 성불하는 인간이면, 이와 같은 육계를 구비한 남섬부주의 태생의 인간으로 알려졌다.

【해설】

이것은 밀교에서 설하는 남섬부주 사람의 육체적 특성을 말한 것이며, 일반적으로 불교에서 논하는 인체의 구조와는 같지 않은 밀교만의 독특한 교설이다.

이러한 육체적 특성에 의거해서 밀교에서는 통상 대소승이 공통적으로 설하는 깨달음의 중요한 방법인 사마타(止, Śamatha)와 위빠사나(觀, Vipaśyanā)의 수행과는 달리, 소위 티베트 식으로 짜(脈)·룽(風)·틱레(明点)라 부르는 비밀행법을 통해서 공성과 대락의 합일을 실현함으로써, 단지 한 생에서 즉신성불(卽身成佛)할 수 있음을 제시하는 밀교 수행의 이론적 근거가 된다.

다시 말해, 지관(止觀)의 수행이 전적으로 마음을 제어하여 깨달음을 실현하는 것임에 비하여, 이것은 인체의 맥(脈)을 타고 흐르는 생명의 바람(風)과 깨달음을 산출하는 질료인 명점(明点)을 제어함으로써, 범속한 몸과 마음에 씨앗의 상태로 깃들여 있는 인위의 삼신을 과위의 삼신으로 변화시켜 신속하게 불과를 얻게 하는 특수한 방편이다. 그래서 밀교를 가리켜 방편승(方便乘)이라 부른다.

이 방편도는 밀교 안에서도 오직 아눗따라 요가딴뜨라의 가르침에 속하며, 하위의 세 딴뜨라인 사부(事部)·행부(行部)·유가부(瑜伽部)에서는 설하지 않은 최고로 심오한 법문이다.

이러한 밀교의 가르침이 특별히 남섬부주에서 크게 유행하게 된 배경과 그 이유들을 간단히 설명하고자 한다.

먼저 남섬부주에 밀교가 유행하게 된 중요한 원인에 대해 4대 뻰첸라마(1567~1662)는 『쌍뒤께족쌔빠(密集生圓次第注疏)』에서 이렇게 설명하고 있다:

"그와 같은 뿌뜨갈라(人)는 [남녀의] 이근교합(二根交合)에 의거하는 대락(大樂)을 가히 수행의 길로 삼을 수 있으며, 생의 전반기에 쌓은 업이 생의 후반에 결실하는, 무릇 그와 같은 터전은 남섬부주인의 육체를 제외한 다른 모든 유정들의 육체에서는 찾아볼 수 없기 때문이다."[64]

또 밀교가 번창하게 된 배경에 대해 꽁뚤 왼땐갸초(1813~1899)는 『쌈모낭된낭제(金剛身論釋)』에서 이렇게 설명하고 있다:

"육도세계의 유정들이 다 육계(六界)를 구비하고 있을지라도, [동승신주(東勝身洲)와 남섬부주와 서우화주(西牛貨洲)의] 세 주(洲)를 제외한 악도와 천계 등도 역시 금강승의 기틀로서는 하열하다.

[지옥·아귀·축생의] 삼악도(三惡道)의 유정들은 [불법을 닦을 수 있는 조건들인] 가만[65]이 아예 없는 장소에 태어나서 불가하고, 천신과 아수라와 북구

64 『쌍뒤께족쌔빠(密集生圓次第注疏)』(로쌍공갠 48권), p.66, 뻰첸 로쌍최끼걜챈, Drepung Loseling Educational Society, Drepung Loseling, 1996, Mundgod, India.

65 가만(暇滿)은 팔유가(八有暇)와 십원만(十圓滿)을 말한다. 팔유가란 지옥·아귀·축생·변지인(邊地人)·장수천(長壽天)·집사견(執邪見)·불불출세(佛不出世)·바보 등의 8가지의 불법을 배

로주(北俱盧州)의 유정들도 역시 금강승의 기틀로는 하열하다. 왜냐하면, 전생에 지은 선업의 과보를 금생에 누리는 까닭에, 이생에서 선업의 인(因)을 쌓음과 강력한 [번뇌의] 다스림 법을 닦는 인자(因子)가 견고하지 못해서, 별해탈계의 기틀이 되지 못하기 때문이다.

특히 [지옥·아귀·축생의] 삼악도에서는 착한 마음을 일으키는 자체가 희귀하고, 불선의 나쁜 결과인 고통만을 오로지 맛보며, 부끄러움과 참회할 줄 모르고, [불법을 닦을 수 있는 조건들인] 가만이 없다고 설하였다.

비록 천신 등의 셋은 복덕의 좋은 과보를 받아 누릴지라도, 그 행복과 즐거움에 의해서 도리어 마음이 산란하여 [번뇌의] 다스림 법을 일으키는 인자가 하열한 까닭에, 모든 부처님들이 그곳에서는 [탄생 등의 12가지 행적인] 십이상성도[66]를 시현하지 않는 등 금강승을 닦는 복분이 하열하다고 설하였다."[67]

그리고 같은 사대주(四大洲) 안에서 복분이 제일 떨어지는 남섬부주의 인간들이 금강승의 법기로서 더 뛰어난 이유에 대해 위의 『쌍뒤께족쌔빠(密集生圓次第注疏)』에서는 이렇게 설명하고 있다:

울 수 있는 여가가 없음을 말한다. 십원만이란 사람의 몸을 받음·중토(中土)에 태어남·신체가 온전함·무간업을 짓지 않음·불법을 신봉하는 등의 자신에 속하는 5가지 조건과 여래의 출세를 만남·여래의 설법을 만남·세상에 불법이 유행함·불법을 신행함·선지식이 있는 등의 타인에 속하는 5가지 불법을 배울 수 있는 조건을 말한다.

66 십이상성도(十二相成道)는 붓다가 중생을 제도하려 세상에서 나타내 보인 12가지 시현을 말한다. 대승에 의하면, 종도솔천퇴상(從兜率天退相)·입태상(入胎相)·주태상(住胎相)·출태상(出胎相)·출가상(出家相)·성도상(成道相)·전법륜상(轉法輪相)·입열반상(入涅槃相)의 여덟 가지 상에다 소년유희상(少年遊戲相)·수용권속상(受用眷屬相)·취금강좌상(趣金剛座相)·조복마군상(調伏魔軍相)의 넷을 더한 것이다.

67 『쌈모낭된낭제(金剛身論釋)』, pp.96~97.

"[동승신주와 서우화주와 북구로주의] 세 주(州)에도 남녀의 이근교합이 있을지라도, [그로 발생하는] 대락을 수행의 길로 삼는 근기의 날카로움이 없고, 생의 전반기에 쌓은 업이 생의 후반에 성숙되지 못하기 때문이다. 그들의 세계는 [선한 과보를] 받아 즐기는 땅이며, 업과지(業果地)가 아닌 까닭이다. 그러므로 『돔중(勝樂生起)』에서, '동승신주와 서우화주와 북구로주의 세 주(州) 인간들은 광대한 수용으로 윤택하게 생활하며, 분별도 없고 변석의 지혜도 없으며, 갖가지 어리석음도 짓지 않는다.'고 하였다."[68]

또한 바르도의 유정들이 이들 세 주에 탄생하지 못하게 막고 있는 이유를 구루 빠드마쌈바와(蓮花生)는 『바르도퇴돌(中有聞法解脫)』에서 이렇게 설명하고 있다:

"오, 고귀한 가문의 자손이시여! 이제 그대가 태어나게 되는 곳의 상징과 표시가 또한 나타나게 됩니다. 그것을 잘 이해하도록 하십시오. 어느 곳에 태어나게 되는가를 잘 관찰한 뒤 그것을 선택토록 하십시오.

만약 동쪽의 땅인 위데하(東勝身洲, Videha)에 태어나게 되면, 암수의 오리들이 떠 있는 호수를 보게 됩니다. 그곳으로 가지 말고 돌아올 것을 기억하십시오. 그곳에 태어나면 비록 안락과 행복이 있을지라도 불법이 성행하지 않는 땅입니다. 그러므로 그곳에 들어가서는 안 됩니다.

만약 남쪽의 땅인 잠부위빠(南贍部洲, Jambudvīpa)에 태어나게 되면, 마음에 드는 아름다운 저택을 보게 됩니다. 원하면 그곳으로 들어가도록 하십시오.

68 『쌍뒤께족쌔빠(密集生圓次第注疏)』, pp.67~68.

> 만약 서쪽의 땅인 고다니야(西牛貨洲, Godānīya)에 태어나게 되면, 암수의 말들이 있는 호수를 보게 됩니다. 그곳으로 가지 말고 이쪽으로 돌아오도록 하십시오. 그곳은 물질이 풍족한 땅일지라도 불법이 성행하지 않는 땅입니다. 그러므로 그곳에 들어가서는 안 됩니다.
>
> 만약 북쪽의 땅인 꾸루(北俱盧州, Kuru)에 태어나게 되면, 소들이 있는 호수나 또는 나무들이 서 있는 호수를 보게 됩니다. 그곳에 태어나는 상징임을 알도록 하십시오. 그곳으로 가지 마십시오. 비록 장수와 복덕을 누릴지라도 불법이 성행하지 않는 땅입니다. 그러므로 그곳에 들어가서는 안 됩니다."[69]

그러므로 무색계의 사천(四天)과 색계의 십육천(十六天)과 욕계의 육천(六天)과 아수라와 인간과 삼악도를 망라한 중생세계 가운데서 남섬부주 인간들이 금강승을 수행하는 최상의 근기이다. 이 뜻을 『시륜섭략경무구광석(時輪攝略經無垢光釋)』에서 "인간의 유정들에게 제불의 과위를 전적으로 수여하는 딴뜨라의 왕인 것이다. 천신 등 다섯 갈래의 유정들에게는 수여하지 않는다. 왜냐하면, 그들은 업과지가 아닌 곳에 태어난 까닭이다."라고 설하였다.

참고로, 동승신주를 비롯한 나머지 세 주에 대하여 간단히 설명하면 다음과 같다. 먼저 위데하(Videha)로 부르는 동승신주는 남섬부주 사람에 비하여 몸의 크기가 2배가 되는 까닭에 붙여진 이름이며, 수명은 250세이다. 고다니야(Godānīya)로 부르는 서우화주는 소 등을 재화로 이용하므로 붙여진 이름이며, 수명은 500세이다. 꾸루(Kuru)로 부르는 북구로주(惡音州)는 사망 7일 전에 "너는 죽는다."는 불쾌한 소리가 공중에서 들림으로써 붙여진 이름

---

69 『바르도퇴돌(中有聞法解脫)』, pp.126~127, 까르마 링빠 발굴, 샹깡텐마 출판사, 2002, 청해, China.

이다. 수명은 1,000세이며, 사대주 가운데서 가장 복락이 큰 땅이다.

무상유가의 도를 처음부터 닦아서 탁세의 짧은 한 생에서 성불하는 의미에 대해 다르마 린첸은 『찌끼틱레씬디(春光明点備忘錄)』에서 다음과 같이 설명하고 있다:

> "일반적으로 진언승(眞言乘)에서 자질이 뛰어난 상근(上根)은 금생에서 성불하고, 자질이 보통인 중근(中根)은 바르도에서 성불하고, 자질이 무딘 하근(下根)은 다른 생애에서 성불한다고 말한다.
> 이 셋 중에서 처음 금생에서 성불한다는 의미는, 구햐싸마자(비밀집회)의 성용수(聖龍樹)가 전승하는 가르침에 근거해서 말하면, 처음 대승의 보리심을 발하고, 보살계를 수지한 뒤 육바라밀을 학습하고, 하위의 공통적 가르침들로 마음의 흐름을 정화한 다음, 비밀집회와 같은 만다라의 도량에서 관정을 받고, 근본타죄와 중죄 등을 어기지 않고 준수하는 서언과 청정한 율의로써 마음의 흐름을 정화한다.
> 그다음 미세한 명점(明点)에 이르기까지의 생기차제를 견실하게 닦고, 원만차제의 신적(身寂)의 신금강(身金剛), 어적(語寂)의 어금강(語金剛), 심적(心寂)의 의금강(意金剛) 등을 의궤에서 설하는 대로 성취한다. 그 뒤 풍심(風心)의 감능에 의지해서 무지개의 몸 또는 환신(幻身)의 지금강불(持金剛佛)의 몸을 성취하고 정광명을 실현해서, 유학과 무학의 쌍운의 지위를 실현한다.
>
> 두 번째 바르도에서의 성불은, 원만차제의 심적(心寂)에는 세 가지가 있으며, 이 가운데서 밝은 마음(顯明)의 지혜 이하의 생기차제와 원만차제의 표준적인 증과(證果)를 성취해야 한다. 정광명에 가까운 마음인 근득

(近得)의 지혜 성취는 필요하지 않으나, 한층 밝은 마음인 증휘(增輝)의 지혜 성취는 필요하다.

아무튼 그 시기에 필요한 법행(法行)을 행할 조건들을 구비하지 못하거나, 찰토유가녀와 업유가녀[70] 등을 만나지 못한 탓에 시기에 맞게 성적 교합을 행하지 못하면, 그 결과로 임종 시에 삼매의 힘으로 몸 안의 원소들을 거두어들이지 못하게 된다. 만약 그것을 수렴하지 못하면 정광명에 가까운 마음(근득)의 지혜를 실현하지 못한다.

그러므로 그것을 임종 때에 실현하기 위해서 임종 시에 몸의 원소들을 거두어들일 때, 지침서에서 설하는 대로 몸의 원소들을 수렴하는 법을 닦음으로써, 죽음이 완결되는 시점에 정광명에 가까운 마음인 근득의 광명을 성취해서 바르도에 탄생하는 순간 바로 [미묘한 색신(色身)인] 환신(幻身)을 성취한다. 그 뒤 이 환신에다 정광명을 결합하여 [그 둘을 하나로 만드는] 쌍운의 지위를 실현한다.

세 번째의 탄생을 통한 성불은, 금생에서 무상유가의 한 만다라의 도량에서 여법한 관정을 받고, 서언과 율의를 청정히 지키는 하나의 지분이 반드시 필요하다. 생기차제와 신적과 어적 등을 마음의 흐름에 산출하여도 좋고, 못할지라도 무방하다. 만약 이렇게 여실하게 행하면 반드시

---

70 찰토유가녀(刹土瑜伽女)와 업유가녀(業瑜伽女)는 원만차제에서 심적(心寂)의 승의광명(勝義光明)을 닦는 유가행자가, 마지막으로 몸에 남은 편행풍(遍行風)을 심장으로 수렴할 때 반드시 찰토유가녀 등과 교합하는 성유가(性瑜伽)를 통해서 실현하게 되며, 그녀들 역시 원만차제의 단계에 머무는 요기니들이다. 이렇게 하는 이유는 이 편행풍은 임종의 때를 제외하고서는 움직이지 않는 까닭에 인위적으로 그것을 심장으로 수렴하기 위해서이다. 또 이것을 수렴함으로써 생시에 죽음의 정광명을 실현한 뒤, 다음 단계인 청정환신(清淨幻身)과 쌍운의 보신의 경지로 들어가게 되는 것이다. 그러므로 이것은 세간에서 알고 있듯이 그러한 저차원의 성유가가 아니다. 그러한 원리와 요기니의 종류에 대해서 여기서는 생략한다.

16생 안에 성불하는 것이다.

여기서는 금생에서 심적(心寂)의 깨달음인 밝은 마음(현명)과 한층 밝은 마음(증휘)과 정광명에 가까운 마음(근득) 세 가지를 산출할 필요가 없다. 왜냐하면, 만약 그것이 발생하면 이생에서 성불하거나, 혹은 바르도에서 반드시 성불하기 때문이다."[71]

태생의 남섬부주인의 죽음의 의미

이러한 남섬부주 인간의 몸에는 [등골뼈를 따라 위아래로 길게 뻗쳐 있는] 중앙의 아와두띠(中脈)와 [왼쪽의 큰 맥도인] 랄라나(左脈)와 [오른쪽의 큰 맥도인] 라싸나(右脈)의 근본삼맥(根本三脈)과 여기에서 파생된 72,000가지의 수많은 맥도(脈道)들이 존재한다.

임종 시에는 이들 72,000의 맥도들 속에 내재하는 모든 생명의 바람(風)들이 좌우의 두 맥도 속으로 모여들고, 이 두 맥도 속에 모여진 생명의 바람들 또한 아와두띠 속으로 들어가 소멸한다.

다시 말해, 이 아와두띠의 [심장을 경계로 해서] 상부와 하부의 생명의 바람들도 최후에는, 심장 짜끄라(心輪)의 꽃잎(脈瓣)들 중앙에 있는 중맥(中脈) 가운데, [공성과 희열의 결정체이자 구생지혜(俱生智慧)를 산출하는 요소인] 남성의 하얀 보리심(白精)과 여성의 붉은 보리심(赤精)이 마치 종지의 주둥이가 맞붙는 모양으로 존재하는 [생명의 거점인 불괴명점(不壞明点)의] 중앙에 있는, [그 성품을 둘로 나누지 못하는] 극도로 미세한 풍심(風心)의 하나가 되는 불멸의 지명풍(持命風) 속으로 들어가 소멸하는 것

---

71 『찌끼틱레씬디(春光明点備忘錄)』, pp.24~26.

을 통해 임종하게 된다.

만약 몸의 어느 부분엔가 이 극도로 미세한 생명의 바람을 제외하고서, 의식의 의지처가 되는 여타의 생명의 바람들이 조금이라도 남아 있으면 죽음이 일어나지 않는다.

__ 부록의 〈사진 3〉 근본삼맥(根本三脈)의 구조, 〈도표 5〉 근본삼맥(根本三脈)의 위치, 〈도표 7〉 심장팔맥(心臟八脈) 등을 참고할 것.

【해설】

이것은 밀교에서 말하는 인간의 죽음의 과정을 전체적으로 밝힌 것이며, 현대의 의학적인 죽음과는 그 의미가 다르다. 이것은 밀교의 목적이 자연적인 죽음의 과정에서 발생하는 땅·물·불·바람 사대원소의 소멸과 의식의 은멸 과정을 바르게 이해한 뒤, 무상유가의 특수한 방편 내지는 행법들을 통해서 죽음의 과정을 인위적으로 변화시킴으로써, 인간의 죽음의 과정에서 일어나는 현상들을 구경의 깨달음과 해탈의 길로 얼마든지 바꿀 수 있음을 보여준 것이다. 그러므로 무상유가의 심오한 교리를 이해하기 위해서는, 먼저 죽음의 본질과 그 과정에 대하여 바른 지식과 이해를 갖지 않으면 안 된다.

밀교에서 말하는 죽음이 발생하는 직접적 원인은, 전신에 퍼져 있는 생명의 바람들이 그 작용을 멈추고, 심장 안의 큰 맥도인 아와두띠 속으로 철수하기 때문이라 한다. 이것은 태어날 때 심장에 형성된 극도로 미세한 생명의 바람인 대지명풍(大持命風)에서 모든 거친 생명의 바람들이 일어나서 육체를 생성하였듯이, 임종 시에는 거꾸로 몸 안의 모든 생명의 바람들이 모두 심장으로 철수하여 이 대지명풍으로 녹아드는 과정을 통해서 죽음이 일어나기 때문이다.

이와 같이 몸 안의 생명의 바람들이 심장의 아와두띠 속으로 철수하는

과정을 쎄르똑 린뽀체는 『도제텍빠쌀람템깨(密乘地道行相寶階)』에서 이렇게 설명하고 있다:

"인체의 [여섯 감관인] 육근(六根)의 문으로부터 역류하는 생명의 바람들이 몸 안의 중요한 맥들인 이십사처(二十四處)의 맥도[72]들 속으로 철수하고, 이 맥도 속의 생명의 바람들도 심장 짜끄라의 여덟 맥판(脈瓣) 안으로 철수한다. 이 8맥판 속을 흐르는 생명의 바람들도 다시 라싸나(右脈)와 랄라나(左脈)의 두 맥도 속으로 철수하고, 이 두 맥도 속의 생명의 바람들도 다시 심장의 아와두띠 속으로 철수하는 것이다."[73]

이렇게 몸 안의 모든 생명의 바람들이 철수할 때 함께 이동하는 적백의 두 보리심에 대해 뻰조르 된둡(14세기)은 『나로최둑쎌된(那若六法明燈)』에서 이렇게 설명하고 있다:

"하얀 보리심(白精)은 정수리 아와두띠의 상단에 범어 함(Haṃ) 자의 본성으로 존재하며, 붉은 보리심(赤精)은 배꼽 아래 [단전에 해당하는] 쑴도(Sum mdo. 三合處)에 짧은 아(A) 자의 본성으로 존재한다. 이 둘 사이에 아뢰야식과 지명풍이 의지하고 있으며, 유정들이 임종하면 하얀 보리심은 아래로 내려오고, 붉은 보리심은 위로 올라감으로써, 지명풍이 움직여서 의식을 다른 곳으로 이동시키고 머물게 할 때, 이 둘이 지명풍과 의식의 의지처가 된다.

그러므로 『당뾔쌍개(本初佛續)』에서, '몸을 지닌 유정들이 죽으면, 감로

72 이십사처(二十四處)의 맥도에 대해서는 '제3장 탄생의 성립차제'를 참조하면 좋을 것이다.

73 『도제텍빠쌀람템깨(密乘地道行相寶階)』, p.106.

와 달은 아래로 내려가고, 해와 진구(塵垢)와 라후(羅睺)는 위로 올라가고, 의식은 제유(諸有)와 결합한다.'고 설하였다."[74]

이제 금강신(金剛身)의 본질을 이루는 나디(Nāḍī)라 부르는 맥과 바유(Vāyu)라 부르는 생명의 바람(風)과 띨라까(Tilaka)라 부르는 명점(明点)의 내용에 대하여 간략하게 설명하고자 한다. 자세한 것은 '제3장 탄생의 성립차제'에서 해설하기로 한다.

먼저 티베트어 짜(rtsa)는 범어 나디의 번역으로, 우리말로는 맥(脈), 기맥(氣脈), 맥락(脈絡), 맥도(脈道), 맥관(脈管), 혈맥(血脈), 신경(神經) 등의 여러 가지 의미로 이해될 수 있는 용어이다. 이 맥의 기능은 전신을 덮고 있는 신경망과 같이, 미세한 육체를 구성하는 생명의 바람과 명점이 머무는 곳이자, 그 둘이 이동하는 통로이자 길이다.

인체의 모든 맥들은 아와두띠(Avadhūtī)라 부르는 중맥(中脈)과 랄라나(Lalanā)라 부르는 좌맥(左脈)과 라싸나(Rasanā)라 부르는 우맥(右脈)의 근본삼맥에서 파생되며, 이 삼맥이 만나는 장소에 형성된 맥의 그물망이 흔히 짜끄라(Cakra)라 부르는 맥륜(脈輪)이다. 인체에는 크고 작은 짜끄라들이 많이 있으며, 그 가운데서 정수리와 인후와 심장과 배꼽의 짜끄라를 사대맥륜(四大脈輪)이라 부른다. 이들은 의학적으로 인체의 신경총(神經叢)이 자리하는 곳에 존재한다.

인체의 중요한 맥도로는 8맥과 24맥, 32맥 등이 있으며, 인체에는 도합 72,000의 맥들이 있다고 『도제텡와(金剛鬘)』에서 설하였다. 그러나 실제로는 이들보다도 더 미세한 3,500만에 달하는 지맥(支脈)들이 전신의 털끝까지 뻗쳐 있다.

---

74 『나로최둑쌜된(那若六法明燈)』, p.104.

다음 생명의 바람(風)은 티베트 말로 룽(rLuṅ)이라 부르며, 범어 바유(Vāyu)와 쁘라나(Prana)의 옮김이다. 우리말의 풍(風), 기(氣), 기식(氣息), 풍식(風息) 등에 해당한다. 그러나 그 의미가 꼭 일치하는 것이 아닌 까닭에, 여기서는 밀교를 기공수련으로 오해하는 소지를 피하기 위해서 기(氣)로 번역하지 않고 생명의 바람으로 옮겼다.

이 생명의 바람은 유동하는 성품으로 모든 맥도들 속에 존재하며, 명점의 운반을 담당한다. 이 생명의 바람은 여러 가지 의미를 가지고 있어서 문맥에 따라서, 단순히 바람의 원소인 풍대(風大)를 의미하기도 하고, 인체를 지탱하는 5가지 생명의 바람인 근본오풍(根本五風)을, 때로는 명점과 지혜를 의미하기도 한다.

밀교에 의하면, 사람 몸에는 21,600가지에 달하는 무수한 종류의 생명의 바람들이 존재하며, 그 가운데서 근본오풍(根本五風)과 지분오풍(支分五風)으로 부르는 10가지 생명의 바람인 십풍(十風)이 수행의 핵심이 된다. 이들 10가지 바람들도 심장 안에 있는 극도로 미세한 풍심(風心)의 하나가 되는 극도로 미세한 생명의 바람(持命風)에서 발생하며, 나머지 모든 생명의 바람들은 이들 10가지 생명의 바람에서 파생된다.

근본오풍은 생명을 지탱하는 지명풍(持命風), 아래로 내려가는 바람인 하행풍(下行風), 배꼽 부위에 머무는 바람인 등주풍(等住風), 위로 올라가는 바람인 상행풍(上行風), 몸 전체를 감싸는 바람인 편행풍(遍行風)을 말하며, 지분오풍은 용풍(龍風) · 구풍(龜風) · 합개풍(蛤蚧風) · 천수풍(天授風) · 재왕풍(財王風)을 말한다. 그리고 이들의 특성에 대해서는 '제3장 탄생의 성립차제'에서 자세히 설명하기로 한다.

마지막으로 명점(明点, Tilaka)은 우리에게 생소한 밀교 용어로서 정확한 개념을 이해하기가 쉽지 않다. 명점의 티베트어는 틱레(Thig le)이며, 범어 띨라까

(Tilaka)와 빈두(Bindu) 등의 옮김 말이다. 일반적으로 명점의 뜻으로 사용하고 있는 빈두는 힌두 딴뜨라의 용어로 많이 쓰이며, 대부분의 불교 딴뜨라에서는 띨라까를 많이 사용하고 있다.

띨라까의 문자적 의미는 둥근 점 또는 방울 등을 뜻하며, 숨은 의미는 밀교에서 말하는 공성(空性)과 대락(大樂)을 낳게 하는 요소이자 종자에 해당한다. 명점은 몸 안 맥도 속에 거친 형태와 미세한 형태 등 다양한 형태로 존재한다.

그러므로 명점은 거친 육체의 차원에서는 남녀의 물질적인 정액과 경혈을 의미하는 하얀 보리심(白精)과 붉은 보리심(赤精)을 뜻하고, 미세한 차원에서는 순수한 정신적인 요소인 보리심을, 가장 미세한 차원에서는 법신을 의미하는 불괴명점(不壞明点)을 뜻하기도 한다. 그러나 일반적으로 단순히 보리심이라 부른다. 이처럼 다양한 의미로 사용하는 이유에 대해서는 '제3장 탄생의 성립차제'에서 설명하기로 한다.

여기서 인체의 죽음과 직결되는 극도로 미세한 풍심(風心)과 불괴명점(不壞明点)에 대하여 설명하면 다음과 같다.

먼저 불괴명점은 심장 가운데 하얀 보리심과 붉은 보리심이 마치 종지가 맞붙은 모양으로 존재하면서 생사와 해탈의 기반 내지는 터전이 되는 중요한 역할을 한다. 왜냐하면, 기본의 법신에 해당하는 죽음의 정광명도 심장 속에 존재하는 이 불괴명점 속으로 인체의 모든 생명의 바람들과 적백의 보리심들이 모여서 하나로 합일할 때 발생하며, 바르도로 알려진 중음(中陰)의 성취도 극도로 미세한 정광명의 풍심이 불괴명점으로부터 몸 밖으로 빠져나올 때 이루어지고, 또한 바르도의 의식이 모태에 들어와서 생을 받는 장소도 바로 이 불괴명점이기 때문이다.

이처럼 중요한 의미를 지닌 불괴명점에 대해 꽁뚤 왼땐갸초는 『쌈모낭

된낭제(金剛身論釋)』에서 이렇게 설명하고 있다:

"모든 윤회와 열반의 터전이자 근본이 되는 것은 본래부터 존재하는 대불괴명점(大不壞明点)이다. 이것은 시초가 없는 까닭에 원초이며, 견고하여 파괴되지 않는 까닭에 불괴(不壞)이며, 일체의 마음에 깃들어 있는 까닭에 명점(明点)이며, 제법에 미치지 아니함이 없는 까닭에 대(大)이다."[75]

이와 같이 시초와 종말이 없으며, 아래로는 육도의 유정에서부터 위로는 부처님에 이르기까지 차별 없이 동등한 마음의 본성이 바로 불괴명점이다. 이것은 경(經)에서, "여래장(如來藏)이 일체의 중생에게 존재한다."고 함과 『헤바즈라(喜金剛續)』에서, "일체의 유정들은 그대로 붓다이다. 다만 객진번뇌[76]에 덮여 있을 뿐이다. 그것을 제거하면 붓다를 이룬다."고 함과 같이, 이 객진번뇌에 덮여 있는 기본의 여래장을 가리켜서 밀교에서는 또한 불괴명점이라 부른다.

이 뜻을 위의 같은 논에서 다음과 같이 설명하고 있다:

"이것은 유정에서부터 부처님에 이르기까지 차별 없이 동등한 마음의 본성이며, 시초와 종말이 없으며, 영원히 머무름(常住)과 끊어져 없어짐(斷滅)과 가장자리(邊)와 가운데(中) 등의 어떠한 범주로도 그려내지 못하며, 마땅히 끊어버려야 하는 소단사(所斷事)와 다스려 없애는 대치(對

---

75 『쌈모낭된낭제(金剛身論釋)』, pp.85~86.

76 객진번뇌(客塵煩惱)는 본래로 청청한 마음이 홀연히 생겨난 번뇌에 가리고 덮임을 비유한 것이다. 마치 봄철에 중국서 불어오는 모래 바람이 깨끗한 의복을 더럽히고 몸에 병을 일으킴과 같다.

治)와 집착의 대상인 소집사(所執事)의 울타리에 떨어지지 않으며, 어떠한 모양(相)과 분별에도 물듦이 없는 무조작(無造作)이며, 모든 생멸의 변화를 떠난 무위(無爲)의 본성이며, 본래로부터 성취된 것이다."[77]

또 금강처럼 파괴되지 않는 이 불괴명점의 여러 가지 명칭들에 대한 같은 논의 설명은 다음과 같다:

"이 불괴명점의 또 다른 이름들은 마하무드라(Mahāmudra, 大印), 마하쑤카(Mahāsukha, 大樂), 나다[78], 허공편만금강(虛空遍滿金剛), 평상심[79], 지혜

77 『쌈모낭된낭제(金剛身論釋)』, p.86.

78 나다(Nāda, 소리)는 극도로 미세한 풍심(風心)의 둘을 문자로 표현할 때, 마음은 훔(Huṃ)으로, 생명의 바람은 나다(소리) 또는 아(A) 자로 표현한다. 이 형상 없는 마음과 생명의 바람을 이렇게 관상해서 닦는 이유는 바르도의 의생신을 보신으로 바꾸기 위해서이다. 곧, 죽음의 정광명에서 일어나자마자 바르도가 성취되듯이, 도위의 비유와 승의광명으로부터 청정환신과 부정환신을 성취할 때, 나다(소리)가 환신의 질료가 되기 때문이다. 나다(소리)의 모습은 마치 정자(精子)의 모양과 비슷하며, 보통 티베트 탑들 상부에는 반드시 반달과 해와 나다(소리)의 셋을 장식한다. 또 나다(소리)의 모양을 삼곡(三曲, 세 번 굽은 모양)으로 닦는 이유는, 바르도 유정의 신·구·의 셋을 표현하며, 나다(소리)를 허공 속에 안치함은 정화의 대상인 범속한 바르도를 표시하고, 그것을 정화해서 도위와 과위의 환신을 성취하는 원인으로 삼기 위한 것이다.

79 평상심(平常心, Tha mal śe pa)은 선가(禪家)에서도 빈번히 사용되는 용어이나, 잘못 아는 경우도 허다하다. 이 평상심의 의미를 바로 이해할 필요가 있다. 이것을 닥뽀빤첸(1367~1449)의 『착첸다외(大印月光釋)』에서 변석하되, "감뽀빠의 『촉최첸모(大會衆傳法)』에서, '이제 윤회에서 해탈하길 원하면, 제법의 근본인 평상심을 반드시 알아야 한다. 평상심이라 부르는 마음은 어떠한 법에 의해서도 물듦이 없으며, 어떠한 세간의 의식에 의해서도 오염됨이 없으며, 침몰과 혼몽과 분별의 어떠한 것에 의해서도 가림을 입지 않고 본래대로 머문다. 그것을 깨달으면 그것이 [구생의] 명지(明知)이며, 알지 못하면 그것이 구생의 무명(無明)이다. 그것을 깨달으면 마음이라 부르며, 본질이라 부르며, 구생의 지혜라 부르며, 평상심이라 부르며, 본성이라 부르며, 무희론(無戱論)이라 부르며, 광명이라 부른다.'고 설한 것은, 평상심의 본질을 인식함과 이명(異名)과 그것을 알면 보통 공덕에 비하여 크게 뛰어난 도리들을 널리 설한 것이다."라고 하였다.

의 풍맥(風脈), 불멸의 함[80], 띨라까(Tilaka, 明点), 여래장(如來藏)과 반야바라밀다 등의 별명들이 무변하다."[81]

그리고 극도로 미세한 풍심(風心)은, 심장 짜끄라의 중심에 있는 아와두띠(中脈) 속에 융까르(Yuṅ kar)[82]라 부르는 겨자씨 크기의 둥근 점이 있고, 그 둥근 점의 위쪽에는 하얀 보리심이, 아래에는 붉은 보리심이 마치 태극 모양으로 존재하며, 이 둘과 화합해서 하나의 성품을 이루는 것이 바로 불괴명점이다.

그러므로 이 불괴명점은 부모의 정혈(精血) 둘과 바르도의 의식인 미세한 풍심 둘을 합한 넷이 하나로 결합한 둥근 점인 셈이다. 이 불괴명점은 임종의 때를 제외하고는 극도로 미세한 풍심과 분리되지 않는다.

그래서 불괴(不壞)의 뜻에는 두 가지가 있다. 하나는 목숨이 다할 때까지 무너지지 않고 존재한다는 뜻으로 적백의 두 보리심을 말하고, 또 하나는 해탈과 생사의 근본으로서 영원히 파괴되지 않고 존재하는 극도로 미세한 풍심을 뜻한다. 그러므로 이 극도로 미세한 생명의 바람을 밀교에서는 처음부터 본래 존재하는 몸을 뜻하는 원시신(原始身)으로, 극도의 미세한 마음을 원시심(原始心)으로 부르기도 한다.

이러한 까닭에, 아눗따라 요가딴뜨라의 수행에서 풍(風)·맥(脈)·명점(明点)의 셋과 미세한 풍심은, 몸·말·뜻의 삼금강(三金剛)을 실현하고, 법·보·화 삼신(三身)을 성취하는 근본인 까닭에, 그 구조와 의미를 정확하게 이해하는 것이 매우 중요하다.

---

80 불멸의 함(Haṃ)은 몸 안에 구생대락(俱生大樂)의 지혜를 일으키는 까닭에 그렇게 부른다.

81 『쌈모낭된낭제(金剛身論釋)』, p.86.

82 융까르(흰 겨자씨)는 티베트 불교에서 사귀(邪鬼)와 원적(怨敵)을 구축하는 예식에 많이 쓰인다.

인체의 25가지 원소들의 소멸과정

인체를 구성하는 물질의 쌓임인 색온(色蘊)·느낌의 쌓임인 수온(受蘊)·헤아림의 쌓임인 상온(想蘊)·궁굴림의 쌓임인 행온(行蘊)·의식의 쌓임인 식온(識蘊)이 뭉쳐진 오온(五蘊)과 땅·물·불·바람의 네 가지 원소인 사대(四大)와 눈·귀·코·혀·몸·뜻의 여섯 감관인 육근(六根)과 모양·소리·향기·맛·닿음의 다섯 대경인 오경(五境)과 [법계의 참모습을 아는] 법계체성지(法界體性智)·[사물을 거울처럼 비춰보는] 대원경지(大圓鏡智)·[윤회와 열반의 법들의 본래 같음을 아는] 평등성지(平等性智)·[사물의 고유한 차별상을 아는] 묘관찰지(妙觀察智)·[모든 사업을 자연스레 이룰 줄 아는] 성소작지(成所作智)의 기본의 오지(五智) 등을 합한 인체의 25가지 거친 원소들이 소멸하는 과정을 통해서 죽음이 일어나며, 소멸하는 과정은 다음과 같다.

__ 〈도표 1〉 오온(五蘊) 25원소들의 소멸 내용, 〈도표 2〉 사대의 소멸 현상을 참조 바람.

【해설】

본문의 5가지 쌓임을 말하는 오온(五蘊)의 부류에 속하는 25가지 거친 원소들 가운데서, 오경(五境)을 말하는 모양(色)·소리(聲)·향기(香)·맛(味)·닿음(觸)의 5가지는 바깥 대상이 아니며 몸 안의 다섯 대경을 말한다.

뜻 알음이인 의식(意識)에 속하는 몸의 혈규(穴竅)들은 그 본성이 허공 원소일지라도 여기서는 내색(內色)에 거두어진다.

이와 같이 자칫 혼동하기 쉬운 의식의 쌓임(識蘊)에 속하는 다섯 원소들과 그들이 소멸하는 모양에 대해 쎄르뚝 린뽀체는 『도제텍빠쌀람템깨(密乘地道行相寶階)』에서 이렇게 설명하고 있다:

"뜻 알음이에 속하는 다섯 원소는 의식의 쌓임과 법계체성지와 허공 원소와 뜻의 감관(意根)과 [뜻 알음이의 대상이 되는] 법진(法塵)이며, 이 가운데서 법계체성지는 [신·구·의] 삼문(三門)의 가림과 업과 번뇌로부터 완전히 벗어나서, 선과 불선의 분별의 습기가 정화된 것을 말한다고 아르야 데와의 『꾄뒤된마(集行明燈論)』에서 설하였다. 이 단계에서는 완전히 구비되지 않을지라도 업과 번뇌가 완전히 정화된 의식이 있음으로써 갖추는 것이다.

허공 원소(空大)에는 두 가지가 있으며, 이 중에서 몸의 구멍인 허공 원소는 물질(色塵)에 속하므로 [물질의 쌓임(色蘊)이 소멸하는] 첫 단계에서 소멸을 마친 것이다. 생멸의 변화를 떠난 무위법(無爲法)인 허공 원소는 소멸해서 없어지지 않는 까닭에, 은멸차제의 범주에 속하지 않으므로 여기서는 설하지 않는다.

[뜻 알음이의 대상인] 법진을 감수하는 느낌의 쌓임인 수온(受蘊)과 헤아림의 쌓임인 상온(想蘊)과 궁굴림의 쌓임인 행온(行蘊)의 셋은 앞에서 설명하였다. 허공 원소 등의 무위법들은 앞의 설명과 같고, 법계(法界)는 [밝은 마음(顯明) 따위의] 광명으로 소멸의 부류에 속하지 않는다."[83]

물질의 쌓임에 속하는 다섯 원소들의 은멸

먼저 물질의 쌓임인 색온(色蘊)의 부류에 속하는 다섯 원소들인, 물질의 쌓임과 사물을 거울처럼 비춰보는 지혜와 땅 원소와 눈 감관과 마음에 귀속되는 내색(內色)들이 동시에 소멸하며, 각자의 은멸(隱滅)하

---

83 『도제텍빠쌀람템깨(密乘地道行相寶階)』, p.82.

는 현상은 다음과 같다.

첫째, 물질의 쌓임(色蘊)이 소멸하는 외적 현상은 몸의 지분들이 예전에 비하여 줄어들고, 몸이 쇠잔해지고, 근력이 없어지는 것이다.

둘째, 기본의 대원경지(大圓鏡智)는 거울 속에 영상이 나타남과 같이 모든 바깥 사물들을 일시에 분명하게 지각하는 지혜를 말한다. 이것이 소멸하는 외적 현상은 눈의 초점이 풀리고 흐릿해지는 것이다.

셋째, 땅 원소(地大)가 소멸하는 외적 현상은 몸이 크게 건조해지고, 몸의 지분들이 풀어지며, 몸이 땅 밑으로 가라앉는 것과 같은 느낌이 일어나는 것이다.

넷째, 눈 감관(眼根)이 소멸하는 외적 현상은 눈을 감거나 뜨지 못하는 것이다.

다섯째, 마음에 귀속되는 내색(內色)이 소멸하는 외적 현상은 몸의 광택이 죽고, 기력이 고갈됨이다.

이들 다섯 원소들이 모두 은멸하는 내적 현상은, 아지랑이와 같은 마치 봄날에 강변 모래밭에 햇살이 박히면 물이 출렁거림과 같은 현상이 의식 가운데 일어나는 것이다.

【해설】

물질의 쌓임인 색온(色蘊)에 속하는 다섯 원소들이 은멸할 때, 뜻 알음이(意識)에 귀속되는 몸의 구멍들인 허공 원소도 따라서 소멸한다. 이 허공 원소는 내색(內色)에 속하기 때문이다.

느낌의 쌓임에 속하는 다섯 원소들의 은멸

그 뒤 느낌의 쌓임인 수온(受蘊)의 부류에 속하는 다섯 원소들의 은멸이 동시에 일어난다.

첫째, 느낌의 쌓임(受蘊)이 소멸하는 외적 현상은 감관 알음이(根識)에 수반하는 괴로움(苦)과 즐거움(樂)과 비고비락(非苦非樂)의 3가지 느낌을 몸 알음이(身識)가 깨닫지 못하는 것이다.

둘째, 기본의 평등성지(平等性智)는 괴로움과 즐거움과 비고비락의 3가지 느낌을 동시에 억념하는 지혜를 말한다. 이것이 소멸하는 외적 현상은 의식에 수반되는 괴로움과 즐거움과 비고비락의 3가지 느낌을 기억하지 못하는 것이다.

셋째, 물 원소(水大)가 소멸하는 외적 현상은 침과 땀과 소변과 피와 정액들이 대부분 말라버림이다.

넷째, 귀 감관(耳根)이 소멸하는 외적 현상은 안과 바깥의 소리를 듣지 못하는 것이다.

다섯째, 마음에 귀속되는 내부의 소리(內聲)가 소멸하는 외적 현상은 귀 안에서 일어나는 웅~ 하는 소리를 듣지 못하는 것이다.

이들 다섯 원소들이 모두 은멸하는 내적 현상은, 마치 연기가 자욱하게 깔린 가운데 굴뚝에서 연기가 솟아나옴과 같거나, 푸른 연기가 뭉글뭉글 피어오르는 것과 같은 현상이 의식 가운데 일어나는 것이다.

【해설】

여기서 감관 알음이(根識)에 수반하는 3가지 느낌은, 몸 알음이(身識)가 감수하는 3가지 느낌과, 뜻 알음이(意識)가 감수하는 3가지 느낌을 말한다.

또한 의식의 쌓임에 속하는 법진(法塵)을 감수함도 느낌의 쌓임에 속하므로 이때 은멸한다.

헤아림의 쌓임에 속하는 다섯 원소들의 은멸

그 뒤 헤아림의 쌓임인 상온(想蘊)의 부류에 속하는 다섯 원소들의 은멸이 동시에 일어난다.

첫째, 헤아림의 쌓임(想蘊)이 소멸하는 외적 현상은 부모와 친족 등의 의미를 기억하지 못하는 것이다.

둘째, 기본의 묘관찰지(妙觀察智)는 친척 등의 이름을 일일이 기억하는 지혜를 말한다. 이것이 소멸하는 외적 현상은 부모를 비롯한 친족들의 이름을 기억하지 못하는 것이다.

셋째, 불 원소(火大)가 소멸하는 외적 현상은 몸의 열기가 식어서 음식물을 소화하는 힘이 없어지는 것이다.

넷째, 코 감관(鼻根)이 소멸하는 외적 현상은 코로 공기를 들이마심이 약해지고, 배출은 거칠고 길어져서 숨이 쌓이는 것이다.

다섯째, 마음에 귀속되는 내면의 향기(內香)가 소멸하는 외적 현상은 코가 향기의 좋고 나쁨을 전혀 맡지 못하는 것이다.

이들 다섯 원소들이 은멸하는 내적 현상은, 밤하늘에 반짝이는 반딧불과 같고, 굴뚝에서 뭉글뭉글 솟아나는 연기 속에 박혀 있는 빨간 불티와 같으며, 솥 뒤편의 그을음에서 빨간 불티가 튀어 오르는 것과 같은 현상이 의식 가운데 일어나는 것이다.

【해설】

여기서 내향(內香)은 자신의 냄새이다. 또한 법진(法塵)을 분별하는 헤아림(想)도 이때 은멸한다.

궁굴림의 쌓임에 속하는 다섯 원소들의 은멸

그 뒤 궁굴림의 쌓임인 행온(行蘊)의 부류에 속하는 다섯 원소들의 은멸이 동시에 일어난다.

첫째, 궁굴림의 쌓임(行蘊)이 소멸하는 외적 현상은 몸의 행위인 움직임 등이 멈추는 것이다.
둘째, 기본의 성소작지(成所作智)는 세간의 바깥일과 필요한 일들을 기억하는 지혜를 말한다. 이것이 소멸하는 외적 현상은 바깥일과 필요한 일들을 전혀 기억하지 못함이다.
셋째, 바람 원소(風大)가 소멸하는 외적 현상은 [직접 생명을 유지하는] 지명풍(持命風)을 비롯한 몸 안의 열 가지 바람(十風)이 각자의 위치에서 심장으로 이동하고, 호흡이 끊어짐이다.
넷째, 혀 감관(舌根)이 소멸하는 외적 현상은 혀가 부풀고 오므라들며, 혀뿌리가 시퍼렇게 변하는 것이다.
다섯째, 마음에 귀속되는 내미(內味)가 소멸하는 외적 현상은 6가지 맛을 전혀 알지 못하는 것이다.
또한 이때 몸 감관(身根)과 촉감이 함께 소멸하게 되며, 이것이 소멸하는 외적 현상은 거칠고 미세한 감각을 전혀 느끼지 못하는 것이다.
이들 다섯 원소들이 은멸하는 내적 현상은, 촛불의 타오름과 같은 마치 촛불이 꺼지려 할 때 불꽃의 떨림과 같은 현상이 의식 가운데 일어나는 것이다.

【해설】

여기서 내미(內味)는 자신이 속하는 쓴맛·신맛·단맛·매운맛·짠맛·싱거운맛의 6가지를 말한다. 법진(法塵)을 인식하는 의식 작용들도 여기에 속한다.

각각의 원소들의 은멸의 뜻

또한 땅·물·불·바람의 4가지 원소들 가운데서 앞의 원소가 뒤의 원소로 은멸하는 법은, 앞의 원소가 각자의 감관 알음이(根識)를 지탱하는 힘을 거두어들임으로써, 뒤의 원소의 힘이 뚜렷하게 드러나는 것을 가리켜서 앞의 원소가 뒤의 원소로 소멸한다고 말하는 것이며, 앞의 원소가 뒤의 원소 안으로 녹아드는 것이 아니다.

다시 말해, 땅의 원소가 물의 원소로 은멸한다는 것은, 땅 원소의 바람이 의식[눈 알음이(眼識)]을 지탱하는 힘을 상실해서, 의식[귀 알음이(耳識)]을 지탱하는 물 원소의 바람의 힘이 뚜렷하게 드러남으로써, 마치 앞의 원소의 힘이 뒤의 원소로 옮겨감과 같은 현상이 발생하는 것이다. 그래서 땅의 원소가 물의 원소에 소멸하였다고 말하는 것이며, 보통의 땅 원소가 보통의 물 원소에 실제로 녹아드는 것이 아니다. 여타의 원소들도 그와 같은 것임을 알라.

【해설】

인체를 구성하는 원소들이 무너지는 소멸의 뜻과 소멸의 현상과 소멸할 때 일어나는 마음의 어지러운 착란에 대하여 설명하고자 한다.

먼저 인체 원소들이 소멸 또는 은멸하는 뜻에 대해 쎄르똑 린뽀체의 『도제텍빼쌀람템깨(密乘地道行相寶階)』에서, "은멸(隱滅)의 뜻은 의지하는 장소(所依)와 [의지가 되어주는] 그 작용의 힘이 완전히 소멸하는 것을 말한다."고 설명하였듯이, 이 소멸에 대한 티베트 논전들의 설명을 요약하면 다음과 같다.

원소가 소멸하는 의미는, 각각의 원소가 감관 알음이(根識)를 지탱하는 각자의 힘을 거두어들임으로써, 뒤의 원소의 힘이 뚜렷하게 나타나는 것을 가리켜서 앞의 원소가 뒤의 원소로 소멸한다고 편의상 말하는 것이며, 실제로 앞의 원소가 뒤의 원소에 용해되는 것이 아니다.

여기서 은멸 또는 소멸로 번역하고 있는 티베트어는 팀빠(Thim pa)이며, 문자적 의미는 물이 모래 속에 스며들어 없어짐을 뜻한다. 그러므로 이것의 적절한 대응어는 은멸(隱滅), 은몰(隱沒), 소멸(消滅) 등으로 볼 수가 있으며, 분해와 해체 등으로 번역하는 것은 본뜻을 바로 표현한 것이라 볼 수 없다.

이러한 원소들의 소멸의 참뜻을 다르마 린첸은 『찌끼틱레씬디(春光明点備忘錄)』에서 이렇게 설명하고 있다:

> "땅 원소가 물 원소로 소멸한다고 말할지라도, 땅 원소가 완전히 없어지는 것이 아니라, 땅 원소가 감관 알음이(根識)의 의지처가 더 이상 되어주지 않는 것을 가지고서 물 원소로 소멸한다고 말하는 것이다. 물 원소가 불 원소로 소멸하는 도리도 그와 같다.
>
> 바람 원소가 의식 속에 소멸한다고 말하는 것은, 코로 유동하는 거친 바람이 의식의 의지처가 되지 않거나, 또는 그 거친 바람이 심장의 맥의 매듭 안쪽에 위치하는 [탄생과 함께 생긴] 미세한 구생풍(俱生風)으로 소멸하는 것이다. 그때 거친 바람이 의식의 의지처가 되지 않을지라도, 그

미세한 구생풍이 단독으로 그의 의지처가 된다."[84]

또한 위의 네 원소들이 소멸하는 현상의 의미에 대해 본서의 저자이기도 한 양쩬 가왜로되(1740~1827)는 『델빠시닥씬디(四家合注備忘錄)』에서 이렇게 설명하고 있다:

"원소들의 은멸차제 현상인 아지랑이 등은 여름철에 뜨거운 햇빛이 모래에 부딪치면 푸른 기운이 생기는 것이 아지랑이이며, 연기는 방 안에 선향(線香) 또는 훈향(熏香)을 피우고 문을 닫아놓으면 향 연기가 방 안에 가득 퍼져 있는 것과 같으며, 허공의 반딧불은 많은 선향에 불을 붙여 사방에 뿌리는 것과 같으며, 촛불같이 빛남은 촛불을 켠 뒤 종이로 사방을 가리면 위에 둥근 광명이 뜨는 것과 같다."[85]

몸의 원소들이 소멸하는 현상은 앞에서 설명하였지만, 그 의미들을 이해하기 쉽게 뻴뚤 린뽀체(1808~1887)의 『꾼쌍라매섈룽(普賢上師口訣)』의 설명을 빌면 다음과 같다:

"일반적으로 소멸차제에는 여러 가지가 있을지라도 이해하기 쉽게 설명하면, 다섯 감관(五根)과 사대원소(四大)와 밝은 마음(현명)과 한층 밝은 마음(증휘)과 정광명에 가까운 마음(근득)의 3가지 은멸차제가 있다. 처음은, 자신의 베갯머리에 승려의 무리들이 있고, 그들이 독경하는 소리를 들을 때, 단지 웅성거리는 소리 외에 그들의 말소리를 알아듣지 못

84 『찌끼틱레씬디(春光明点備忘錄)』, p.17.

85 『델빠시닥씬디(四家合注備忘錄)』, pp.210~211.

하면 귀 감관(耳根)이 소멸한 것이다. 그와 같지는 않을지라도, 타인의 이야기 소리 등이 단지 멀리서 나는 소리로 들릴 뿐 그 말소리를 알아듣지 못하는 것이다.

이와 같이 눈이 물체를 볼지라도 흐릿흐릿하여서 그것이 무엇인지 제대로 분간하지 못할 때 눈 감관(眼根)이 소멸한 것이다. 이것이 일어난 뒤 코가 냄새를, 혀가 맛을, 몸이 감촉 등을 느끼지 못하는 때가 은멸차제의 후반이다. 이때 [의식전이(意識轉移)의 법을 죽은 자에게] 일러줌이 필요하며, 포와(의식전이)를 거행할 사자가 있으면 그것을 거행하는 적시이다.

그 뒤 근육의 원소가 땅 원소로 소멸함으로써 구덩이에 떨어지고, 산이 내리누름과 같은 무거운 느낌이 일어난다. 현재 죽음의 상태에 빠진 일부의 사람들이 나를 위로 끌어당겨달라고 하거나, 내 베개를 높이 고여달라고 말하는 것이 바로 그것이다.

그 뒤 혈액의 원소가 물 원소로 소멸할 때 침과 콧물 등이 흐르며, 그 뒤 열기의 원소가 불 원소로 소멸할 때 입과 코가 전부 마르고, 몸의 온기가 몸 가장자리에서부터 안으로 모여들면 일부 사람들에게 머리에서 김이 나는 것이 바로 그것이다.

그 뒤 호흡의 원소가 바람 원소로 소멸할 때 [위로 흐르는] 상행풍(上行風)과 [아래로 흐르는] 하행풍(下行風)과 [배꼽 주변에 머무는] 등주풍(等住風)과 [전신을 감싸는] 편행풍(遍行風)들 모두가 심장 속의 [생명을 직접 지탱하는] 지명풍(持命風) 안으로 모여들어, 숨을 안으로 거두기가 어렵고, 숨이 일어나는 장소인 허파로부터 기관지를 거쳐 나가는 숨이 쌓이는 것이 바로 그것이다.

그 뒤 몸의 혈액이 전부 심장의 명맥(命脈) 속으로 모여들고, 심장 가운데서 혈액 세 방울이 차례로 누설되고, 긴 숨이 세 번 밖으로 배출되어 숨이 끊어진다."[86]

이렇게 몸의 원소들이 소멸할 때 사자의 의식 위에 착란의 현상들이 일어나는 시점에 대해 『도제낸졸마포와(金剛瑜伽母破瓦)』에서는 다음과 같이 설명하고 있다:

"생명의 바람이 의식 속에 은멸하게 되면 목에서 꼬르륵 하는 소리가 나고, 눈을 위로 치켜뜨게 되는 그때, 불법을 잘 수행한 뿌뜨갈라(人)에게는 스승과 선신 등의 정결하고 아름다운 갖가지 상서로운 광경들이 나타나고, 악한 자들에게는 염라왕의 사자들의 갖가지 무서운 형상들이 출현하게 된다."[87]

이러한 임종 시의 착란 현상에 대하여 독자의 이해를 돕기 위해, 죽음에서 회생한 티베트의 임사체험자들의 경험을 모은 뚤꾸 된둡의 *Peaceful Death, Joyful Rebirth*에서 하나의 예를 살펴보자:

"링싸최끼(Lingza Chokyi)는 동부 티베트의 캄(Kham) 지방에서 태어났다. 그녀는 병으로 16일 동안 위독한 상태에 빠지게 되었고, 어떠한 종교의식과 약물 치료도 전혀 효과가 없었다. 그녀는 '이제 나는 반드시 죽게 된다. 내가 어렸을 때 출가하기를 원했지만, 식구들이 집 떠나는 것을 막았다. 내가 불법의 가르침을 조금 받기는 하였지만 체험이 보잘것

---

86 『꾼쌍라매섈룽(普賢上師口訣)』, pp.389~390. 뺄뚤 직메최왕, Cho chod Publication, 2000, New Delhi, India.

87 『도제낸졸마포와(金剛瑜伽母破瓦)』, p.621, Sachen International, Guru Lama, KTM, Nepal.

없고, 선정도 최하이다. 뿐만 아니라 달리 보시할 물품도 가지고 있지 않다. 아, 참으로 슬프다! 귀중한 내 삶의 전부를 낭비하고 말았다. 이젠 되살아날 가능성도 거의 없다. 이제 나는 빈손으로 인간 세상을 떠나야 한다. 지금 후회하기에는 너무 늦었다.'고 생각하였다. 또 그녀는 '과거에 내 가족들은 해마다 스무 마리에서 서른 마리의 야크 소들과 양들을 죽인 악업과 연루되어 있다.'고 생각하고는 이것이 걱정스러워졌다.

왜냐하면, 최끼(法喜)는 모든 생명들에게 있어서 살생은 열 가지 죄업 가운데 하나이며, 그 나쁜 업력에 의해서 악행을 저지른 자들이 악도와 지옥에 태어나는 원인이 된다고 불교에서 설하였기 때문이다. 그녀는 더욱 걱정하여, '지금 가족들은 나를 위해서 [공덕을 대신 쌓아주는] 어떠한 추선불사(追善佛事)도 행하지 않을 것이다. 그 결과 나는 어떠한 선근공덕의 도움도 받지 못한 채 반드시 악업의 결과를 받게 될 것이다. 나의 남편과 자식들은 오직 물질적 재산만을 좋아할 뿐, 인색하고 믿음이 별로 없다. 그럴지라도 나는 그들이 나를 위해서 어떠한 추선불사를 행할 것인지를 물어보아야 하겠다.'고 생각하였다. (중략)

이에 대하여 남편은 '만약 우리들이 당신을 위해서 재산 3분의 1을 소비한다면 우리는 무엇을 먹고 살아가는가? 당신의 보석들은 딸들에게 필요하다. 당신이 죽고 나면 가정을 계속 꾸려가기 위해서 나는 재혼할 것이다. 지금 자식들이 너무 어려서 자립할 수 없다. 그래도 나는 당신을 위해서 추선불사를 하겠지만, 얼마큼 할 것인지는 약속할 수 없다.' 고 대답하였다.

그녀는 '지금 남편은 나를 위해서 어떠한 큰 추선불사도 하지 않을 것이다. 어째서 내게 능력과 기회가 있었을 때 스스로 어떠한 공덕도 쌓지 않았던가! 남편은 다시 결혼할 것이고, 그러면 아이들은 고통을 받을 것이다. 참으로 불쌍한지고!'라고 생각하였다.

이것이 링싸최끼를 더욱 슬프게 만들었고, 이 슬픔은 그녀에게 크게 혼란한 감정을 불러왔다. 그 뒤 그녀는 땅 속으로 잡아당기는 느낌을 받았고, 소름끼치는 숱한 경험들을 체험하기 시작하였다. 그녀는 많은 사람들의 강압에 이끌려서 커다란 장소의 이곳저곳을 오가고 있음을 느꼈다. 그리고 얼어붙는 추위 때문에 몸을 부들부들 떨게 되었다. 그녀는 화장터에서 그녀의 몸이 불타고 있는 느낌을 받았으며, 넘실거리는 화염과 불길이 타오르는 소리를 보고 듣게 되자 커다란 공포를 겪게 되었다. 그러한 느낌들이 진정되었을 때 그녀는 거센 폭풍에 휩쓸려갔다. 그러자 그녀의 몸뚱이를 많은 사람들이 칼 등의 연장으로 조각내는 느낌을 받았다. 이러한 모든 재앙의 두려움들은 전적으로 그녀의 몸 원소들이 용해되는 결과로 발생한 것이었다.

이 모든 느낌들을 겪은 뒤에 그녀는 희고 붉고 어두움의 [밝은 마음과 한층 밝은 마음과 정광명에 가까운 마음의 세 가지 의식이 은멸하는] 현상들을 경험하였다. 이것은 무의식 또는 기억이 없는 상태에서 행해졌으며, 그것은 불변의 축복 상태였다. 그 뒤 의식이 소생한 후에 그녀는 그 경험이 얼마 동안 계속되었는지를 기억할 수가 없었다."[88]

이같이 몸 안의 사대원소가 실조해서 발생하는 무서운 현상들을 바르도의 사공포(四恐怖)라 부르며, 『바르도퇴돌』에서는 임종 때에 이들 사대원소와 의식의 쌓임인 식온(識蘊)이 평온하게 소멸되어 공포가 일어나지 않게 막아주는 '딱돌(몸에 걸침을 통한 오온의 자연해탈)'[89]을 설명해서 실제적인 도움을 주

---

88 *Peaceful Death, Joyful Rebirth*, pp.55~56. Tulku Thondup, Shambala, 2005, Boston, USA.

89 '딱돌(몸에 걸침을 통한 오온의 자연해탈)'은 바르도에서 출현하는 정맹백존(靜猛百尊)의 진언들을 하나로 집성한 것으로 이것을 비단 등에 적어서 사자의 몸에 걸어주면 편안하게 임종한다

고 있다.

뿐만 아니라, 이러한 의식의 혼란은 바르도에 들어가서도 일어나게 된다. 이것은 바르도의 유정이 거친 육신이 없는 상태에서, 생시에 지은 선악의 업보에 의해서 심각한 착란 현상을 겪는 것을 말한다.

이 뜻을 구루 빠드마쌈바와(蓮花生)는 『바르도퇴돌(中有聞法解脫)』에서 이와 같이 설명하고 있다:

"오, 고귀한 가문의 자손이시여! 그때 또한 두려움을 견딜 수 없는 시뻘건 업풍이 등 뒤에서 사납게 불어옵니다. 그러나 그것을 두려워하지 마십시오. 그것은 그대의 환영일 뿐입니다. 또한 너무나 무서워 견딜 수 없는 시커먼 암흑이 그대 앞에 다가오고, 그 속에서 '쳐라! 죽여라!' 하는 온갖 고함소리가 들려옵니다. 그것들을 그대는 무서워하지 마십시오.

또 악업을 크게 지은 자들에게는 업력으로 생긴 나찰들이 손에 온갖 무기들을 들고 수없이 나타나서, '쳐라, 쳐! 죽여라, 죽여!' 하는 등의 온갖 괴성을 지르며 다투듯이 달려듭니다. 또한 온갖 무서운 들짐승들이 쫓아오는 두려운 광경도 나타납니다. 거친 눈보라와 사나운 진눈깨비와 짙은 암흑과 수많은 군중들에게 쫓기는 광경도 나타납니다. 산이 무너지는 소리와 바닷물이 솟구치는 소리와 불길이 타오르는 소리와 폭풍이 불어오는 소리들이 들려옵니다. 그것들을 두려워해서 어디론가 달아나보지만, 앞에는 한없이 깊고 무서운 세 절벽이 가로막고 있습니다. 그리고 이 희고 붉고 검은 세 절벽 아래로 끝없이 추락하는 환영이 나타납니다.

고 하였다.

오, 고귀한 가문의 자손이시여! 그것은 또한 실재하는 절벽이 아닙니다. 그것은 분노와 탐욕과 무지가 빚어낸 3가지 환영입니다. 그때 이것이 재생의 바르도임을 깨닫도록 하십시오. 대자대비하신 관세음보살님의 명호를 부르도록 하십시오. 그리고 관세음보살님과 스승님과 삼보님께 자신의 이름을 고한 뒤, '제가 악도에 떨어지지 않게 하소서!'라고 간절하게 기원토록 하십시오. 이것을 결코 잊어서는 안 됩니다.

또 한편, 복덕과 지혜의 자량을 쌓고, 선행을 행하고 진실하게 불법을 닦은 선량한 사람들에게는, 온갖 상서로운 광경들이 나타나서 맞이하게 됩니다. 그래서 온갖 기쁨과 행복을 완전히 체험하게 됩니다."[90]

이와 같이 죽은 자의 의식 위에 나타나는 무서운 업의 환영들과 같이, 깨달음을 열어가는 도위(道位)의 단계에서도 몸의 원소와 의식들을 삼매의 힘으로 수렴하게 되면, 살아 있는 유가행자의 의식 위에도 실제로 이러한 환영들이 나타나게 된다.

이 같은 환영들이 일어나는 원인에 대해 싸꺄빠를 개창하는 싸첸 꾼가닝뽀(1092~1158)는 『람대(道果法)』에서 이렇게 설명하고 있다:

"요약하면, 마음은 나찰 등 팔부신중(八部神衆)의 습기와 함께 아뢰야식에 종자의 형태로 내재하며, 방편의 상속체인 육신에서의 팔부신중의 습기의 근원은 배꼽에서 네 손가락 정도 아래에 있는 맥의 매듭인 범어의 끄샤(Kṣa)의 글자 모양 속에 내재한다.

유가행자가 수행력에 의해서 이 끄샤(Kṣa)의 글자 위에 생명의 바람과 마음을 크게 집중해서 아뢰야식을 가지하는 것이 내적 연기(緣起)이다.

---

90 『바르도퇴돌(中有聞法解脫)』, pp.103~105.

이것에 의해서 외적 연기 상에 실제의 목격과 꿈의 체험 두 가지 분상에서 나찰과 식육귀(食肉鬼)와 나찰녀와 귀신 등 온갖 흉측한 모습과 손에 온갖 무기들을 들고 위협하고, 베고 찌르는 등의 갖가지 환상들이 발생하게 된다.
힘을 더욱 가중하게 되면 자기 자신 또한 그들이라고 생각하는 몸의 느낌이 일어난다고 설하였으니, 잘 관찰토록 하라. 이것에 의해서 의심을 끊는 길을 알도록 하라."[91]

의식의 쌓임에 속하는 다섯 원소들의 은멸

이들 4가지 원소들이 소멸한 다음에는, [범속한 마음에 해당하는] **80자성(八十自性)의 분별의 마음과** [성냄에서 비롯된] **33자성의 밝은 마음인 현명(顯明)과** [탐욕에서 비롯된] **40자성의 한층 밝은 마음인 증휘(增輝)와** [무지에서 비롯된] **7자성의 정광명에 가까운 마음인 근득(近得)과** [원초의 빛인] **죽음의 정광명(淨光明)이 모여진 의식의 쌓임이라 부르는 식온(識蘊)의 다섯 부류의 마음들이 차례로 나타난다.**

__ 〈도표 3〉 의식의 은멸과정을 참조할 것.

【해설】

이들 기본 상태의 33자성의 밝은 마음(현명)과 40자성의 한층 밝은 마음(증휘)과 7자성의 정광명에 가까운 마음(근득) 3가지는, 범부의 임종 시에 자연

---

91 『람대(道果法)』 상편, pp.293~294, 싸첸 꾼가닝뽀, 북경: 민족출판사, 2004, China.

적으로 발생하는 마음들로 수행의 단계에서 얻는 깨달음에 상응하는 미세한 분별의 마음들이다.

밀교에서 현교의 가르침과는 달리 의식의 쌓임인 식온(識蘊)의 상태를 이렇게 자세히 분류하는 이유는, 원만차제 단계에서 죽음의 정광명을 법신으로 바꾸고, 정광명에 가까운 마음(근득)을 환신(幻身)으로 일으켜서 보신을 얻으려는 데 있다. 그리고 이러한 밀교의 교설들은 부처님의 삼신을 성취하는 방법에 있어서 현교의 가르침과는 크게 다를지라도, 내용에 있어서는 상이하지 않으며 동일한 기반 위에 성립되어 있다.

이러한 밀교의 명칭들이 현교의 교설과 구체적으로 어떻게 관련 맺고 있는지에 대해 4대 뻰첸라마는 『쌍뒤께족쌔빠(密集生圓次第注疏)』에서 이렇게 설명하고 있다:

> "먼저 [보통 대승이라 부르는] 바라밀다승과 공통되는 여러 가지 이름들과 진언 비밀승의 비공통의 2가지 명칭 가운데서, 처음의 3가지 밝은 마음(현명·증휘·근득)에 대하여 각각 반야·방편·반야와 방편의 합일 셋과 심(心)·의(意)·식(識) 셋과 의타기(依他起)·변계소집(遍計所執)·원성실성(圓成實性) 셋과 분노·탐착·우치의 3가지 명칭을 붙인다.
>
> 이 3가지 밝은 마음의 법에다 각각 반야·방편·반야와 방편의 합일의 3가지 명칭을 붙이는 이유가 있다. 수도(修道)의 단계에서 그들을 각각 얻을 때, 차례로 희열과 공성 둘 가운데서 공성이 위주가 됨과 희열이 위주가 됨과 공성과 희열이 평등한 이유에 의해서 그와 같이 이름 붙인 것이다.
>
> 또 3가지 법에다 심·의·식 3가지 명칭을 시설하는 이유가 있다. 다른 논전들에서 이 심·의·식 3가지를 염오와 청정의 일체법의 근본으로 설함과 같이, 이들 또한 염오와 청정의 일체법의 근본이 됨을 설하기 위

한 것이다.

또 3가지 법에다 의타기·변계소집·원성실성 3가지 명칭을 붙이는 이유가 있다. 안의 마음과 바깥의 사물을 별개로 보는 망령된 견해의 근원인 의타기와 그것에 의지해서 안의 마음과 바깥의 사물을 별개의 사물로 날조하는 변계소집과 불변의 원성실성을 깨달을 때 그것을 둘로 보지 않음과 같이, 이들 또한 [공(空)·극공(極空)·대공(大空)의] 삼공(三空)의 최초의 근본이 현명의 밝은 마음이며, 이로부터 한층 밝은 마음인 증휘가 발생하고, 정광명에 가까운 마음인 근득이 출현할 때, 이 둘을 보지 않는 것과 같은 동일한 법이 성립되므로 그와 같이 설한 것이다.

또 이 3가지 법에다 분노와 탐착과 우치 3가지의 명칭을 붙이는 이유가 있다. 도위(道位)의 단계에서 작은 희열과 큰 희열과 중간의 희열에 머물게 되는 이유에 의해서 그와 같이 설한 것이다.

그와 같이 [밝은 마음·한층 밝은 마음·정광명에 가까운 마음에다 각각] 공분(空分)의 상태와 현분(現分)의 상태와 이 둘의 균등한 상태라고 설한 이유도 그와 같이 알도록 하라.

또한 이들 대상의 명칭들은 현교와 밀교의 공통된 이름이며, 그 법들에다 3가지 밝은 마음인 현명이란 이름을 붙인 것은 비공통의 명칭이다."[92]

80자성의 분별심의 은멸

이 80자성으로 이루어진 거친 분별의 마음과 그의 운반체인 생명의

92 『쌍뒤께족쌔빠(密集生圓次第注疏)』, pp.193~194.

바람(風) 2가지는, 하얀 광명이 비치는 33자성의 밝은 마음(현명)에 앞서서 반드시 소멸하게 된다. 왜냐하면, 그것과 밝은 마음은 인식의 경계가 같지 않고, 거칠고 미세함의 현격한 차이로 말미암아, 밝은 마음 상태에서는 그와 같은 거친 의식이 존재하지 않기 때문이다.

그러므로 이 80자성의 분별의 마음이 그의 운반체인 생명의 바람과 함께 33자성의 밝은 마음으로 은멸을 시작할 때, 마치 촛불의 타오름과 같은 현상이 의식 가운데 일어난다.

【해설】

아눗따라 요가딴뜨라의 독특한 교설인 80자성(八十自性, Aśoti-prakṛt)의 분별의 마음을 이해하기 위해서는, 먼저 밀교에서 설하는 세 겹으로 구성된 몸과 마음의 구조에 대하여 알아야 한다.

몸과 마음의 세 겹의 구조에 대해 롱될라마(1719~1795)는 『릭진데뇌밍기남당(持明藏異名論)』에서 이렇게 설명하고 있다:

"세 겹으로 형성된 몸의 구조에서, 거친 몸은 살과 뼈들로 된 [업보의 몸인] 이숙온[93]이며, 미세한 몸은 머무는 맥도와 유동하는 생명의 바람과 깨달음을 장엄하는 보리심인 적백의 명점(明点)과 같은 것이며, 극도로 미세한 몸은 극도로 미세한 풍심(風心)의 하나의 자성으로 존재하는 극도로 미세한 바람과 같은 것이다.

세 겹으로 형성된 마음의 구조에서, 거친 마음은 [눈 알음이(眼識) 등의] 다섯 알음이(五識)와 같은 것이며, 미세한 마음은 80자성(八十自性)의 분별

93 이숙온(異熟蘊)은 갖가지 선악의 업을 쌓으므로 갖가지 고락이 성숙되고, 그것을 몸을 통해서 받으므로 업보의 몸을 말한다.

의 마음과 10근본번뇌[94]와 20수번뇌[95]와 같은 것이며, 극도로 미세한 마음은 극도로 미세한 풍심(風心)의 하나의 자성으로 존재하는 극도로 미세한 마음과 같다.

몸과 마음의 공통적 기반은, [생명을 직접 유지하는] 지명풍(持命風)이 되는 극도로 미세한 풍심(風心)의 오광(五光)과 같은 것이다. 이것과 극도로 미세한 바람과 극도로 미세한 마음과 원시심(原始心) 3가지는 의미에 있어서는 하나이나 단지 작용의 면에서 구분한 것이다.

이 극도로 미세한 풍심의 자성을 별개로 나누고 구분할 수 없을지라도, 이 생명의 바람(風)을 극도로 미세한 몸이라고 부르고, 뼈와 살덩이의 몸을 임시의 거친 몸이라 부른다.

그와 같이 극도로 미세한 풍심에서 둘로 나누지 못하는 자성의 하나인 마음을 극도로 미세한 원시심이라 부르며, 이것이 아닌 80자성의 분별 일체를 임시의 거친 마음이라 부른다고 함과 같이, 이 80자성의 분별의 마음은 임종의 단계에서 출현하는 가장 거친 모양의 의식이다."[96]

또한 80자성의 분별의 마음과 밝은 마음 등의 3가지 마음이 출현하는 원인은 각자의 운반체가 되는 생명의 바람들이 소멸하므로 발생한다. 그러므로

---

94 십근본번뇌(十根本煩惱)는 염오혜(染汚慧)에서 생겨난 살가야견(薩迦耶見)·사견(邪見)·변견(邊見)·견취견(見取見)·계금취견(戒禁取見)의 다섯과, 탐(貪)·진(嗔)·만(慢)·무명(無明)·의(疑)의 다섯 비견(非見)을 말한다.

95 이십수번뇌(二十隨煩惱)는 근본번뇌(根本煩惱)를 따라 생기는 소혹(小惑) 또는 수번뇌(隨煩惱)라고 하며, 마음을 뇌란케 하는 간탐 등의 심소생법(心所生法)인 심소(心所)를 말한다. 51심소(五十一心所)에 속하는 분(忿)·한(恨)·복(覆)·뇌(惱)·질(嫉)·간(慳)·첨(諂)·광(誑)·교(憍)·해(害)·무참(無慚)·무괴(無愧)·혼침(昏沈)·도거(掉擧)·불신(不信)·해태(懈怠)·방일(放逸)·망념(妄念)·산란(散亂)·부정지(不正知)의 20가지이다.

96 『릭진데뇌밍기남당(持明藏異名論)』(로쌍공갠 8권), pp.228~229, 롱될라마, Drepung Loseling Educational Society, Drepung Loseling, 1996, Mundgod, India.

의식의 운반체인 바람들의 역할에 대하여 숙지할 필요가 있다.

이러한 생명의 바람들의 작용에 대해 4대 뻰첸라마는 『쌍뒤께족쌔빠(密集生圓次第注疏)』에서 이렇게 설명하고 있다:

"의식이 바깥의 사물을 향해 움직이는 것은 생명의 바람(風)이 수행한다. 그러한 까닭에 모든 유정들을 일컬어 동요하는 세간이라 말한다. 『공빠룽땐빼도(密意懸記經)』에서, '중생은 바깥 사물 등을 쫓아서 업을 지으니, 여기서 그것(風)을 의지한다.'고 설하였다. 아르야 데와의 『쬐뒤된마(集行明燈論)』에서도 '생명의 바람은 감관(根)에 머물며, 감관 알음이(根識)가 바깥 사물을 인식함은 바람에 달린 것이다.'라고 설한 까닭이다. (중략)
그러므로 생명의 바람은 의식의 탈 것이다. 예를 들면, 눈은 있고 다리가 없는 자가 눈은 없으나 다리가 있는 자와 함께 사방을 다니듯이, 의식 또한 생명의 바람에 의지해서 바깥 사물에 다다르기 때문이다. 여기에는 바깥 사물이 나타나고 나타나지 않음의 두 가지가 있다."[97]

밝은 마음(현명)의 출현

이 80자성의 분별이 33자성의 밝은 마음(현명)으로 은멸해서 밝은 마음이 발생하는 현상은, 마치 청명한 가을날에 달빛이 충만한 밤하늘과 같은, 매우 투명하고 텅 빈 고요함 속에 하얀 광명이 비치는 광경이 의식 속에 일어난다.

---

97 『쌍뒤께족쌔빠(密集生圓次第注疏)』, p.172.

이와 같은 현상이 일어나는 원인은, 심장 위쪽의 라싸나(右脈)와 랄라나(左脈)의 두 맥도 속에 있는 모든 생명의 바람들이 아와두띠(中脈)의 상단으로 모여드는 힘에 의해서, 정수리 짜끄라(頂輪)를 묶고 있는 한 겹의 매듭이 풀리면서 그 안에 존재하는 아버지로부터 받은, 머리를 아래로 향한 범어 함(Haṃ) 자의 모양을 한 하얀 보리심(白精)이 물의 성질인 까닭에 아래로 내려오면서, 좌우의 두 맥도인 랄라나와 라싸나가 심장을 여섯 겹의 매듭으로 묶은 지점까지 도달하는 과정에서, 하얀 달빛이 비치는 그와 같은 현상이 의식 속에 일어나는 것이며, 외부에서 달빛 등의 광명이 비치는 것이 아니다. 또한 이것을 밝은 마음(현명)과 [공성의 깊이를 표시하는 사공(四空) 가운데] 공(空)이라 부른다.

【해설】

미세한 의식의 상태를 표현하는 단어로, 밝은 마음인 현명(顯明)은 광명과 현상, 감정과 의식 등을 뜻하는 티베트어 낭와(sNaṅ ba)의 옮김이며, 범어는 알로까(Āloka)이다. 이것은 거친 80분별의 마음이 소멸되고, 비로소 미세한 의식의 상태가 가을밤을 휘덮는 하얀 달빛처럼 밝아오므로 그렇게 이름을 붙인 것이다. 이 밝은 마음의 상태는 공성의 체험을 표현하는 사공(四空, Catur-śūnya) 가운데서, 처음으로 공성을 체험하는 단계인 공(空, Śūnya)에 해당한다.

최초로 공성을 체험하는 밝은 마음의 의미와 원인에 대해 뺀조르 된둡은 『나로최둑쌜된(那若六法明燈)』에서 이렇게 설명하고 있다:

"[닥뽀까귀를 개창하는] 감뽀빠(1079~1153)[98] 존자의 교설에 의하면, 밝은

---

98 감뽀빠(sGam po pa, 1079~1153)는 출가 전에 의사였던 까닭에 닥뽀하제(Dwags po lha rje)라 부른다. 그는 대요기 밀라래빠로부터 마하무드라(大印)를 성취한 뒤, 까담빠의 도차제(道次第)

마음(현명)의 의미는 맥도 속의 거칠고 미세한 생명의 바람들이 좌우의 두 맥도 안으로 들어가고, 그 두 맥도 속의 생명의 바람들 가운데 일부가 아와두띠 안으로 들어감으로써, 분별과 생명의 바람들이 차례로 소멸하게 된다. 이로 말미암아 먼저 분노에서 생긴 33자성의 분별들이 소멸하게 된다. 이로 인해 마음의 본성이 처음으로 조금 밝게 빛남으로써 밝은 마음(현명)이라 부른다."[99]

이 밝은 마음의 33분별의 내용들에 대해 아르야 데와는 『쬐뒤된마(集行明燈論)』에서 이렇게 설명하고 있다:

"여기서 [밝은 마음(顯明, Āloka)의] 반야의 지혜 자성(自性, prakṛti)은, ①~③ 탐욕을 조금 여읨(小離貪, virāga)과 탐욕을 중간쯤 여읨(中離貪, madhyama-virāga)과 탐욕을 크게 여읨(大離貪, adhimātra-virāga), ④ [바깥 사물로] 마음이 나가고 들어옴(去來, āgata), ⑤~⑦ 작은 고뇌(小苦惱, śokā)와 중간 고뇌(中苦惱, madhyama-śokā)와 큰 고뇌(大苦惱, adhimātra-śokā), ⑧ 고요함(寂寥, saumyam), ⑨ 분별(分別, vikalpa), ⑩~⑫ 작은 공포(小恐怖, bhīta)와 중간 공포(中恐怖, madhya-bhīta)와 큰 공포(大恐怖, ati-bhīta), ⑬~⑮ 작은 갈애(小渴愛, tṛṣnā)와 중간 갈애(中渴愛, madhya-tṛṣnā)와 큰 갈애(大渴愛, ati-tṛṣnā), ⑯ 갖기를 원함(取執, upādāna), ⑰ 착하지 않음[100], ⑱ 배고픔과 목마름[101],

---

사상과 마하무드라를 결합한 까귀빠의 수행체계를 정립하였다. 또 삼사도(三士道) 차제에 의거해서 대승의 교학을 설명한 불후의 명저인 『람림타르갠(解脫道莊嚴論)』 등을 저술하였다.

99 『나로최둑쎌된(那若六法明燈)』, p.418.

100 착하지 않음(不善, niḥśubham)은 『쌍뒤림응아쎌된(密集五次第明燈)』의 33자성의 분별에는 빠져 있다.

101 배고픔(kṣut)과 목마름(tṛṣā)은 본문에는 각각 구분되어 있으나, 여기서는 하나로 합하여 번

⑲~㉑ 작은 느낌(小感受, vedanā)과 중간 느낌(中感受, sama-vedanā)과 큰 느낌(大感受, ati-vedanā), ㉒~㉔ 아는 자(能明, vettivit)와 앎(明知, veda)[102]과 앎의 대상(所明, dhāraṇāpadam), ㉕ 좋은 관찰(善觀察, pratyavekṣaṇam), ㉖ 부끄러워 뉘우침(有慚, lajjā), ㉗ 가련히 여김(悲愍, kāruṇyam), ㉘~㉚ 작은 자애(小慈愛, snehatas)와 중간 자애(中慈愛)와 큰 자애(大慈愛), ㉛ 의려(疑慮, cakitam), ㉜ 거두어 모음(收集, saṃcaya), ㉝ 질투(嫉妬, mātsarya)의 33가지 성품이다."[103]

[이상은 『둥까르칙죄첸모』 등의 해설을 참조하여 번역한 것이며, Alex Wayman의 *Yoga of the Guhyasamā jatantra*의 분류[104]와, Jeffrey Hopkins의 *The Stages of Death*의 분류[105]와는 조금 다르며, 여기서 범어의 표기는 Alex Wayman의 표기를 참조하여 삽입한 것임.]

이 33자성의 분별의 의미에 대해 꽁뚤 왼땐갸초는 『쎼자꾼캽(知識總彙)』에서 이렇게 설명하고 있다:

"탐욕을 떠남(離貪)은 본성이 분노이며, 경계를 싫어하는 것으로 여기에는 크고 작음의 구분에 의해 셋이 있다. 싫어함이 미미하여 분명하지

역하였다. 왜냐하면 판본마다 차이가 있어 수목을 정함에 약간의 차별이 있기 때문이다. 예를 들면, 자애의 경우 하나로 처리한 경우와 셋으로 구분한 경우 등이 있다.

102 『쌍뒤림응아(密集五次第)』에는 명지(明知, veda)가 빠져 있다.

103 『쬐뒤된마(集行明燈論)』, pp.239~240, Āryadeva, 2000, Central Institute of Higher Tibetan Studies, Sarnath, Varanasi, India.

104 *Yoga of the Guhyasamājatantra*, pp.185~186, Alex Wayman, Motilal Banardass Publishers, 1999. New Delhi, India.

105 *The Stages of Death*, pp.39~40, Jeffrey Hopkins, Snow Lion Publications, 1987, Ithaca, New York, USA.

않음이 하품이며, 분명할지라도 [지속] 시간이 짧음 등에 의해서 행을 일으키지 못함이 중품이며, 분명하고 장시간 유지되어 행을 일으킴이 상품이다. 마음의 나감은 대상을 향하여 마음을 일으킴이며, 마음의 들어옴은 다시 안을 생각함이니, 양쪽을 사유하는 것이다. 고뇌는 좋아하는 경계와 멀어지는 괴로움이며, 이들 상·중·하 셋은 이탐(離貪)의 3가지로 미루어 알라.

고요함은 안온하고 피곤한 상태와 같이 심신이 풀어짐이니, 바르게 살핌(正知)이 아니다. 분별은 이름과 의미를 헤아려서 모양(相)을 취하는 생각이다. 두려움은 공포이니, 이 또한 상·중·하 셋이다. 좋아하고 사랑함은 과거·현재·미래의 세 때에 발생하는 좋아하는 경계를 반연해서 애착함이니, 이 또한 셋이다. 갖기를 원함(取執)은 애착하는 대상을 소유하길 바람이다. 배고픔과 목마름은 마음이 안락하지 않은 두 가지다. 느낌은 본성이 괴로움과 즐거움과 비고비락의 느낌들로 구분하면 셋이다.

아는 자(能明)는 말 그대로 아는 자이며, 앎(明知)[106]은 아는 그 자체이며, 앎의 대상(所明)은 명지(明知)의 대상들에 대하여 그것이 아닌 것을 그것으로 아는 곡해이다. 그 대상의 구분[107]에 의해서 셋이다. 좋은 관찰은 도리와 비리를 구별하는 분별이다. 부끄러워 뉘우침(有慚)은 자신이 사악함에 떨어짐과 또는 떨어짐을 원치 않음과 또는 부끄러워 후회함(有愧)으로써 경계하여 악행을 방비함이니, 부끄러워 후회함도 이 가운데 속한다.

---

106 원문에는 명지(明知)는 아는 작자로, 능명(能明)은 앎 그 자체로 되어 있으나, 오기로 생각되어 저자가 바꾸어놓았다.

107 쎄르뚝 린뽀체의 『도제텍빠쌀람템깨』에 의하면, 능명(能明)과 명지(明知)와 소명(所明)의 셋을 분별하는 심소(心所)라고 하였다.

가련하게 여김은 타인이 고통에서 떠나기를 바람이다. 자애로움은 좋아하는 유정들이 안락과 만나기를 바라는 자애한 마음으로 상·중·하 셋이다. 좋은 경계와 안락에 머물기를 바람과 해침으로부터 지켜주길 바라는 셋이라고 설하기도 한다. 의심하는 마음은 회의와 연루되어 두려워하는 모양의 견고하지 못한 마음이다. 거두어 모음은 버릴 줄을 모르고 인색하여 쌓고 모으는 것이다. 질투는 타인의 잘 갖춤을 보고서 마음이 뒤틀리는 것이다."[108]

[참고로 여기서는 『쌍뒤림응아쎌된(密集五次第明燈)』에 의거해서 해설한 관계로 『쬐뒤된마(集行明燈論)』에 설해진 '착하지 않음(不善)'의 설명이 빠져 있다.]

한층 밝은 마음(증휘)의 출현

그 뒤 33자성의 밝은 마음과 그의 운반체인 생명의 바람이 40자성의 한층 밝은 마음(증휘)으로 은멸해서 한층 밝은 마음이 발생할 때, 마치 청명한 가을하늘에 햇빛이 충만함과 같은, 앞서보다 더욱 투명하고 텅 빈 고요함 속에 붉은 광명 또는 오렌지 빛이 비치는 광경이 의식 가운데 일어난다.

이것이 일어나는 원인은, 심장 아래쪽 좌우의 두 맥도인 랄라나와 라싸나 속에 있는 모든 생명의 바람들이 중맥인 아와두띠의 하단으로 모여드는 힘에 의해서, 성기 짜끄라(寶珠輪)와 배꼽 짜끄라(臍輪)를 묶고 있는 한 겹의 매듭들이 차례로 풀리면서, 배꼽 짜끄라 가운데에 있

108 『쎼자꾼캅(知識總彙)』, pp.641~642. 꽁뚤 왼땐갸초, 북경: 민족출판사, 2002. China.

는 어머니로부터 받은 범어의 짧은 아(A) 자의 모양으로 존재하는 붉은 보리심(赤精)이 불의 성질인 까닭에 위로 올라가면서, 좌우의 두 맥도가 심장을 여섯 겹의 매듭으로 묶은 지점까지 도달하는 과정에서 그와 같은 현상이 의식 가운데 일어나는 것이며, 외부에서 햇빛 등의 광명이 비치는 것이 아니다. 또한 이것을 한층 밝은 마음(증휘)과 [공성의 깊이를 표시하는 사공(四空) 가운데] 극공(極空)이라 부른다.

【해설】

여기서 밝은 마음보다 더 미세한 의식인 한층 밝은 마음인 증휘(增輝)는 범어 알로까바싸(Ālokābhāsa)의 옮김이다. 이처럼 점점 더 투명해지는 의식 상태에다 밝은 마음(현명)·한층 밝은 마음(증휘)·정광명에 가까운 마음(근득)의 명칭을 붙이는 이유에 대해 4대 빤첸라마는 『쌍뒤께족쌔빠(密集生圓次第注疏)』에서 이렇게 설명하고 있다:

"3가지 밝은 마음의 법, 그대에게 차례로 밝은 마음과 한층 밝은 마음과 정광명에 가까운 마음이란 이름을 붙이는 이유가 있다. 차례로 청명한 가을 밤하늘에 달빛이 두루 비춤과 같이 밝게 빛나므로 밝은 마음(현명)이며, 햇빛이 두루 비춤과 같이 앞서보다 광명이 크게 빛나므로 한층 밝은 마음(증휘)이며, 정광명에 근접하고, 인식의 경계에 어두움이 있으므로 그와 같이 정광명에 가까운 마음(근득)이라 설한다."[109]

밝은 마음에서 한층 밝은 마음으로 의식이 변화하는 원인에 대해 뻰조르 된둡은 『나로최둑쌜된(那若六法明燈)』에서 이렇게 설명하고 있다:

---

109 『쌍뒤께족쌔빠(密集生圓次第注疏)』, pp.194~195.

"감뽀빠 존자의 교설에 의하면, 한층 밝은 마음(증휘)의 의미는 분별의 바람들이 아와두띠(中脈) 안으로 3분의 2 정도가 들어감으로써, 탐욕에서 생겨난 40자성의 분별들이 소멸하게 된다. 이로 말미암아 마음의 본성이 앞의 밝은 마음에 비해서 더욱 밝게 빛남으로써 한층 밝은 마음이라 한다."[110]

이 한층 밝은 마음의 40가지 분별[111]의 내용에 대해 아르야 데와는 『쬐뒤된마(集行明燈論)』에서 이렇게 설명하고 있다:

"방편의 지혜 자성(自性)은, ① 탐착(貪着, rāga), ② 애착(愛着, raktam), ③~⑤ 작은 희열(小喜悅, tuṣṭam)과 중간 희열(中喜悅, madhya-tuṣṭam)과 큰 희열(大喜悅, ati-tuṣṭam), ⑥ 뜻을 채움(滿意, harṣaṇam), ⑦ 적열(適悅, pramodyam), ⑧ 놀라움(稀有, vismaya), ⑨ 희소[112], ⑩ 의족(意足, hlādana), ⑪ 포옹(抱擁, āliṅganam), ⑫ 입맞춤(cumbana), ⑬ 흡입(吸入, cūṣaṇam), ⑭ 견고(堅固, dhairyam), ⑮ 정근(精勤, vīryam), ⑯ 아만(我慢, māna), ⑰ 일을 지음(所作, kartṛ), ⑱ 탈취(奪取, hartṛ), ⑲ 힘(力, bala), ⑳ 흥취(興趣, utsāha), ㉑~㉓ 작은 난행(小難行, sāhasam)[113]과 중간 난행(中難行, madhyama-sāhasam)과 큰 난행(大難行, uttama-sāhasam), ㉔ 만용(蠻勇, raudra), ㉕ 미태(媚態, vilāsa), ㉖

110 『나로최둑쎌된(那若六法明燈)』, p.419.

111 용수의 『림빠응아(五次第)』와 아르야 데와의 『쬐뒤된마』 사이에는 약간의 차이가 있다.

112 희소(喜笑, hasitam) 대신에 용수의 『림빠응아(五次第)』에서는 도거(掉擧, auddhatya)로 나오며, 『도제텍빼쌀람템깨(密乘地道行相寶階)』 등에서도 그 뜻으로 해설하고 있다. 이것은 원어에 희소(喜笑)와 도거(掉擧) 등의 여러 의미가 내재된 까닭이라 생각된다.

113 난행(難行, sāhasam)의 티베트어는 '까왈라조르와(dKaḥ ba la sbyor ba)'이며, 『쌍뒤림응아쎌된(密集五次第明燈)』에는 구생(俱生, sahaja)으로 나와 있으며, 『도제텍빼쌀람템깨』 등에서도 그 뜻으로 해설하고 있다.

원한(怨恨, vairam), ㉗ 선(善, lābha), ㉘ 말의 명료함(明句, vāksphuṭā), ㉙ 진실(眞實, satyam), ㉚ 위선(僞善, asatyam), ㉛ 심지의 굳음(堅定, niścaya), ㉜ 가지지 않음(不取, nirupādāna), ㉝ 베풂(施與, dātṛtva), ㉞ 선동(煽動, codanam), ㉟ 용맹(勇猛, śūratā), ㊱ 부끄러움을 모름(無恥, alajjā), ㊲ 속임(欺騙, dhūrta), ㊳ 악독(惡毒, duṣṭa), ㊴ 불손(不遜, haṭha), ㊵ 교활(狡猾, kuṭila)의 40가지 성품이다."[114]

이 40자성의 분별들의 의미에 대해 쎄르똑 린뽀체는 『도제텍빠쌀람템깨(密乘地道行相寶階)』에서 이렇게 설명하고 있다:

"얻지 못한 경계를 탐착하는 [마음 작용인] 심소(心所)와 획득한 경계를 애착함과 원하는 경계를 보고 즐거워하는 상·중·하 희열의 3가지, 욕구하는 일을 성취하여 마음이 안락한 뜻을 이룸, 그것의 모양을 마음으로 거듭거듭 누리는 즐거움, 일찍이 없었던 일을 보고 놀라워하는 희유, 좋아하는 경계에 마음이 흔들리는 들뜸, 그 경계에 의해서 득의만만해하는 만족, 포옹과 입맞춤과 삼킴을 바라는 마음, 마음의 흐름이 변치 않는 견고함, 선업에 정진함, 스스로 높다고 생각하는 아만, 항시 행하는 일 또는 일을 완성코자 하는 작업, 빼앗기를 원하는 탈취, 타인의 세력을 파괴하길 원하는 힘, 선업에 길들여지길 바라는 취향, 구생(俱生)[115]은 머뭇거림이 없이 오만하게 불선을 감행하려는 마음 작용의 3가지이며, 까닭 없이 올바른 사람과 논쟁하기 바라는 만용, 유희를 바라는 미

114 『쬐뒤된마(集行明燈論)』, pp.237~239.

115 구생(俱生)에 대하여 『쎼자꾼캽(知識總彙)』에서, "이것은 난행(難行)을 행하길 바라되, 또한 위축되지 않는 담력의 상·중·하의 셋이다."라고 하였으며, 이것이 더 본뜻에 가깝다고 보여진다. 이러한 원인은 원어인 범어에 여러 가지의 뜻이 있기 때문이다.

태, 분한을 품는 원한, [선] 선업에 노력하길 바람, [명구] 언사의 명료함, [진실] 생각을 바꿈이 없이 진실을 말하고자 함, [위선] 생각을 뒤집고서 말하는 허위, [견정] 서언이 매우 견고한 마음의 굳건함, 대상을 갖길 원치 않는 가지지 않음(不取), [시여] 재물을 버리는 보시, [선동] 타인이 게으르게 되도록 부추김, 적을 이기길 바라는 용맹, 부끄럼 없이 불선을 자행코자 하는 부끄러움을 모름, 거짓과 꾸밈으로 타인을 홀리려는 속임, [악독] 삿된 견해에 깊이 물든 악독한 마음, 타인을 경시하는 불손, [교활] 정직하지 못한 간사한 마음의 40가지다."[116]

정광명에 가까운 마음(근득)의 출현

그 뒤 40자성의 한층 밝은 마음과 그의 운반체인 생명의 바람이 함께 7자성의 정광명에 가까운 마음(근득)으로 은멸해서 정광명에 가까운 마음이 발생하는 초반에는, 청명한 가을하늘에 짙은 어둠이 덮이듯이 텅 빈 고요함 속에 흑광이 나타난다.

그 원인은 중맥 안의 상부의 생명의 바람과 하부의 생명의 바람들이 심장 안의 아와두띠(中脈) 속으로 모여드는 힘에 의해서, 심장을 감싸고 있는 좌우의 두 맥이 꼬여서 생긴 여섯 매듭이 풀리면서, 상부의 하얀 보리심(白精)은 내려오고 하부의 붉은 보리심(赤精)은 올라가서 심장 속의 아와두띠 가운데 있는, 마치 작은 종지를 맞붙여 놓은 것과 같은 모양으로 존재하는 [생명의 거점인] 불괴명점(不壞明点) 속으로 들어간 뒤, 서로 만남으로써 그와 같은 현상이 일어나는 것이며, 외부에서

116 『도제텍빠쌀람템깨(密乘地道行相寶階)』, p.186.

암흑 등의 광경이 발생하는 것이 아니다. 이것을 정광명에 가까운 마음(근득)과 [공성의 깊이를 표시하는 사공(四空) 가운데] 대공(大空)이라 부른다. 이 7자성의 정광명에 가까운 마음의 초반에는 의식이 경계를 인식함이 일어나나, 후반에는 의식이 경계를 전혀 기억하지 못하는 혼절과 같은 암흑 속에 빠지게 된다.

그 뒤 극도로 미세한 풍심(風心)에서 홀연히 발생하였던 이전의 모든 생명의 바람과 마음들이 소멸되고, 본초부터 존재하는 기본의 극도로 미세한 풍심에서 기억이 소생하는 그때까지, 정광명에 가까운 마음의 후반의 상태인 의식이 없는 상태가 지속된다.

그 뒤 극도로 미세한 풍심의 기억이 소생해서, [원초의 빛인] 죽음의 정광명이 비로소 출현한다.

【해설】

한층 밝은 마음(증휘)에서 정광명에 가까운 마음인 근득(近得)인 알로까빨라디(Ālokōpalabdhi)로 바뀌는 원인에 대해 위의 『나로최둑쌜된(那若六法明燈)』에서는 이렇게 설명하고 있다:

"감뽀빠 존자의 교설에 의하면, 정광명에 가까운 마음(근득)의 의미는 분별의 바람들이 모두 중맥 안으로 들어감으로써, 우치에서 생겨난 7자성의 분별들이 소멸하게 된다. 이로 말미암아 밝고 완전한 마음의 본성이 완연하게 출현하므로 정광명에 가까운 마음이라 한다. 이것은 수행의 분상에서 논하면 사마타(止)이며, 광명의 분상에서 논하면 선정의 광명이다.

이 정광명에 가까운 마음이 [원초의 빛인] 정광명으로 은멸함으로써 외적 현상으로 여명이 밝아옴과, 내적 현상으로 구름 없이 맑고 텅 빈 하늘과 같은 광경이 나타난다. 앞의 선정의 광명과 여기서의 자성의 광명이 하나로 화합한 것을 무분별의 지혜와 무분별의 광명이라 또한 부른다. 이것은 수행의 분상에서 논하면 위빠사나(觀)이다. 광명의 분상에서 논하면 자성의 광명과 기본의 광명이라 또한 부른다. 여기에 머무름으로써 바르도가 없이 법신을 얻는다고 경궤에서 설하였다."[117]

이 정광명에 가까운 마음의 7가지 분별들의 내용에 대해 아르야 데와는 『쬐뒤된마(集行明燈論)』에서 이렇게 설명하고 있다:

"정광명에 가까운 마음의 지혜의 자성은 이와 같으니, ① 중립적인 탐착(貪着, rāga), ② 기억을 잃음(遺忘, vismṛti), ③ 착란(錯亂, bhrānti), ④ 말하지 않음(不言, tūṣṇīṁbhāva), ⑤ 번민(煩悶, kheda), ⑥ 게으름(懈怠, ālasya), ⑦ 의혹(疑惑, dandhatā)이다."[118]

위의 내용을 쎄르똑 린뽀체는 『도제텍빼쌀람템깨(密乘地道行相寶階)』에서 이렇게 설명하고 있다:

"경계를 구하기도 하고 구하지 않기도 하는 중간 상태의 마음작용, 기억을 잃어버림, 신기루를 물로 오해하는 등의 착란, 말하길 원치 않는 마음 작용, [일체의 경계에 대하여] 마음이 괴로운 번민, [선한 일에 흥미가 없는] 게으름, 의심의 7가지이다."[119]

---

117 『나로최둑쎌된(那若六法明燈)』, p.420.

118 『쬐뒤된마(集行明燈論)』, p.237.

119 『도제텍빼쌀람템깨(密乘地道行相寶階)』, p.186.

밝은 마음(현명)의 특성

여기서 [의식의 쌓임(식온)을 구성하는 3가지 부류의 마음 상태를 설명하면] 허망한 분별의 움직임과 은멸 사이에서 발생하며, 청명한 가을 밤하늘에 달빛이 충만함과 같은 텅 빈 고요함 속에 하얀 광명만이 비칠 뿐, 여타의 거친 이원(二元)의 분별들이 전혀 일어나지 않는 의식의 상태가 33자성의 밝은 마음(현명)의 모습이다.

【해설】

80자성의 분별의 마음이 소멸한 뒤 출현하는 첫 번째 미세한 의식인 밝은 마음인 현명(顯明)에 대해 아르야 데와는 『쬐뒤된마(集行明燈論)』에서 이렇게 설명하고 있다:

"여기서 밝은 마음(현명)의 분별의 모습이란 무엇인가? 모양 없음(無相)의 성품이며, 몸과 말이 없음이다. 만월의 달빛이 두루 비춰 하늘을 덮음과 같이, 그 성품이 투명한 모양으로 모든 사물들을 남김없이 비추어 보므로 현명이다. 이것은 승의 보리심, 반야의 광명, [사공(四空) 가운데] 첫 번째 공(空, Śūnya)이며, 암(Aṃ)이라 부르는 입(口門)에 의지하는 종자를 굳게 만드는 원인이다.

적은 믿음과 이해를 지닌 유정들은 여래께서 깊이 생각해서 말씀하심을 깨닫지 못하므로, 그것을 만월의 모양에 의지해서 보도록 하였으며, 연꽃·여인의 모습·왼쪽의 이름·밤의 이름·유연한 사물은 마음에서 생겨난 세속의 모양을 밝힘이다."[120]

---

120 『쬐뒤된마(集行明燈論)』, pp.237~238.

한층 밝은 마음(증휘)의 특성

허망한 분별의 움직임과 은멸의 사이에서 발생하며, 청명한 가을하늘에 햇빛이 충만함과 같은 텅 빈 고요함 속에 붉은 광명만이 비칠 뿐, 여타의 거친 이원의 분별들이 전혀 일어나지 않는 의식의 상태가 40자성의 한층 밝은 마음(증휘)의 모습이다.

【해설】

두 번째 미세한 의식인 한층 밝은 마음인 증휘(增輝)에 대해 위의 『쬐뒤된마(集行明燈論)』에서 이렇게 설명하고 있다:

"한층 밝은 마음(증휘)의 분별의 모습이란 무엇인가? 그 또한 바깥의 사물과 그것을 취하는 내심을 떠난 모양 없음(無相)의 성품이며, 몸과 말이 없음이다. 가을철에 햇빛이 하늘을 덮음과 같이, 매우 투명하며 오염이 없는 상태에서 모든 사물들을 남김없이 비춰보는 [승의] 보리심, 두 번째 싸만따바드라(普賢), 두 번째 차례의 극공(極空, Atyanta-śūnya)의 특성이며, 아(Āh)라고 부르는 입(口門)에 의지하는 종자를 굳게 만드는 원인이다.
작은 믿음과 이해를 지닌 유정들은 여래께서 깊이 생각해서 말씀하심을 깨닫지 못하므로, 둥근 해의 모양에 의지해서 보도록 하였으며, 오고금강저(五股金剛杵)·보배·낮·남자의 모습·오른쪽·거친 모양은 마음에서 생겨난 세속의 모양이다."[121]

---

121 『쬐뒤된마(集行明燈論)』, p.238.

정광명에 가까운 마음(근득)의 특성

허망한 분별의 움직임과 은멸 사이에서 발생하며, 청명한 가을하늘에 짙은 어둠이 덮임과 같은 텅 빈 고요함 속에 흑암만이 비칠 뿐, 여타의 거친 이원의 분별들이 전혀 일어나지 않는 의식의 상태가 7자성의 정광명에 가까운 마음(근득)의 모습이다.

【해설】

세 번째 미세한 의식인 정광명에 가까운 마음인 근득(近得)에 대해 위의 『쬐뒤된마(集行明燈論)』에서는 이렇게 설명하고 있다:

"정광명에 가까운 마음(근득)의 분별의 모습이란 무엇인가? 그와 같이 허공의 특성과 같이 실체가 없는 형상이며, 몸과 말이 없음이다. 그와 같이 저녁의 어둠이 내리는 모양으로 덮임이며, 미세하고 자아가 없음이며, 생명의 바람의 흐름[122]이 끊어지므로 흐름이 없어 무심(無心)과 부동이며, 어종자(語種子)에 의지하는 문(門)의 완전한 성취라 부르는 이것은, 정광명에 가까운 마음의 어두움(無明)의 모습이며, 대공(大空, Mahā-śūnya)이다."[123]

122 바람의 흐름의 티베트어는 쏙쫄(Srog rtsol, 調風)로 바람의 운행 또는 소멸을 뜻하며, 범어의 쁘라나아야마(prāṇa-ayāma)의 역어이다. 여기서의 생명의 바람의 흐름이 정지됨은 라싸나(右脈)과 랄라나(左脈) 안에 들어온 모든 생명의 바람들이 심장의 아와두띠(中脈) 속으로 완전히 들어간 것을 의미한다.

123 『쬐뒤된마(集行明燈論)』, p.239.

죽음의 정광명의 출현

이 정광명에 가까운 마음이 죽음의 정광명(淨光明)으로 은멸해서 [원초의 빛인] 정광명의 마음이 발생할 때, 정광명에 가까운 마음의 후반의 의식 없는 마음이 깨어나서 거친 이원의 분별들이 전혀 일어나지 않는, 청명한 가을하늘을 물들이는 달빛과 햇빛과 어두움의 3가지 영향을 멀리 벗어나서, 마치 여명의 하늘빛과 같은 텅 빈 고요함 속에 극도로 투명한 광명인, 공성을 깨닫는 싸마히따(等引, Samāhita)의 광명과 같은 것이 발생한다.

죽음의 정광명의 출현 원인

그와 같이 발생하는 원인 또한, [심장의 아와두띠 속으로 들어온] 하얀 보리심(白精)과 붉은 보리심(赤精) 둘이 불괴명점(不壞明点) 속에 있는 본래의 하얀 보리심과 붉은 보리심 속으로 각각 녹아들고, 아와두띠 속의 모든 생명의 바람들 또한 극도로 미세한 지명풍(持命風) 속으로 녹아듦으로써, 처음부터 본래로 존재하는 극도로 미세한 풍심(風心)이 실현되어 그와 같은 광명이 발생하는 것이며, 바깥 하늘이 그와 같은 것이 아니다. 이것을 모든 분별이 소멸된 죽음의 정광명과 [공성의 깊이를 표시하는 사공(四空) 가운데] 일체공(一切空)이라 부르며, 이것이 진정한 죽음이다.

【해설】

이것이 밀교에서 말하는 죽음의 정의이다. 이것을 알기 쉽게 다르마 린첸은

『찌끼틱레씬디(春光明点備忘錄)』에서 이렇게 설명하고 있다:

"[몸의 원소들이 법계로] 환원되는 시기에 땅이 물로 소멸하고, 물은 불로, 불은 바람으로, 바람은 밝은 마음으로 소멸하고, 밝은 마음은 한층 밝은 마음으로, 한층 밝은 마음은 정광명에 가까운 마음으로, 정광명에 가까운 마음은 일체공(一切空)인 [원초의] 정광명으로 은멸하는 그것이 죽음의 정광명이며, 실제의 죽음이다."[124]

그러므로 『당뾔쌍개(本初佛續)』에서 설하되, "몸을 지닌 유정들이 죽으면, 감로와 달[125]은 아래로 내려가고, 해와 티끌과 라후(羅睺)는 위로 올라가고, 의식은 제유(諸有)와 결합한다.고 하였다.

이 죽음의 정광명이 발생하는 원인에 대해 뻰조르 된둡은 『나로최둑쎌된(那若六法明燈)』에서 이렇게 설명하고 있다:

"그때 무명에서 생겨난 7가지 분별들이 소멸하게 된다. 그와 같이 분별이 아뢰야식에 거두어지고, 허공처럼 된 뒤에 여섯 대경인 육경(六境)·여섯 감관인 육근(六根)·여섯 알음이인 육식(六識)·다섯 원소인 오대(五大)가 수렴되는 순간에, 아와두띠의 상단에 있는 하얀 보리심과 하단에 있는 붉은 보리심 둘과 대지명풍(大持命風)과 의식이 순식간에 모일 때, 정광명인 기본의 법신이 일순간에 발생한다. 그 또한 무명의 힘에 의해

---

124 『찌끼틱레씬디(春光明点備忘錄)』, p.17.

125 감로의 달은 심장의 불괴명점 속의 하얀 보리심(白精)을 말하며, 해의 티끌은 불괴명점 속의 붉은 보리심(赤精)을 말한다.

서 그것을 인식하지 못한 채, 의식이 몸을 떠난 뒤 곧바로 바르도가 발생한다."[126]

이 심장의 아와두띠 가운데 존재하는 생명을 직접 지탱하는 극도로 미세한 지명풍의 특성에 대해 4대 빤첸라마는 『쌍뒤께족쌔빠(密集生圓次第注疏)』에서 이렇게 설명하고 있다:

"극도로 미세한 지명풍(持命風)의 법, 그대를 불멸의 바람과 광명의 바람과 구생(俱生)의 바람으로 부르는 이유가 있다. 어떠한 조건에 의해서도 파괴됨이 없기 때문이며, 거친 풍심(風心)들이 그대에게 은멸하게 되면 기본[인위]과 도위와 과위의 정광명 셋이 발생하기 때문이며, 극도로 미세한 마음과 분리됨이 없이 존재하는 까닭에 그와 같이 말한다."[127]

정광명의 다른 이름들

이것이 본초부터 존재하는 기본의 법신(法身)인 다르마까야(Dharma-kāyā)이며, 그 비고 고요한 상태가 기본의 자성신(自性身)인 쓰와바와까야(Svabhāva-kāyā)이며, 그것을 경계로 삼는 지혜의 마음을 가리켜서 기본의 지혜법신(智慧法身)인 즈냐다르마까야(Jñādharma-kāyā)라 부른다.

126 『나로최둑쎌된(那若六法明燈)』, pp.420~421.

127 『쌍뒤께족쌔빠(密集生圓次第注疏)』, p.169.

【해설】

이것은 정광명의 속성에 의거해서 붙여진 이름들이며, 여기에는 관점의 차이에 따라서 몇 가지 설이 존재한다.

먼저 구루 빠드마쌈바와(蓮花生)는 『바르도퇴돌(中有聞法解脫)』에서 다음과 같이 설명하고 있다:

"마하무드라(大印)의 삼매를 닦도록 하십시오. 만약 닦을 줄 모른다면 그대에게 두려움을 일으키는 그것(내심)의 본질을 여실히 관찰토록 하십시오. 실체가 전혀 없이 텅 비어 있는 것을 보게 됩니다. 그것이 바로 법신(法身)입니다. 그 텅 비어 있음은 또한 그냥 비어서 없는 것이 아닙니다. 거기에는 텅 빈 상태를 두려워하는 명료하고 투명한 의식이 있습니다. 그것이 바로 보신(報身)의 의취(意趣)입니다. 그 비어 있음과 투명함의 둘이 서로 분리되지 않는 비어 있음의 본성은 투명하고, 투명함의 본성은 텅 비어서 전혀 분리되지 않는 명공일여(明空一如)의 있는 그대로의 생생한 의식이 지금 그대에게 본연의 상태로 존재하고 있습니다. 그것이 바로 자성신(自性身)입니다. 또한 그것의 자기 활력이 조금도 막힘이 없이 일체에 나타나는 그것이 바로 자비의 화신(化身)입니다."[128]

뻰조르 된둡은 『나로최둑쌜된(那若六法明燈)』에서 이렇게 설명하고 있다:

"감뽀빠 존자의 교설에 의하면, 단지 내 호흡(內息)만이 남아 있을 때 정수리에 있는 아버지로부터 얻은 도치된 모양의 함(Haṃ, 하얀 보리심) 자와 배꼽의 어머니로부터 얻은 뚬모(배꼽 불)의 자성(A, 붉은 보리심)인 방편

128 『바르도퇴돌(中有聞法解脫)』, pp.108~109.

과 반야를 뜻하는 그 두 문자가 심장에서 융합함으로써, 광채가 없는 시신 속에 하루 또는 이틀, 3일, 4일, 5일, 6일 등을 머물게 된다.
그 뒤에 외적 현상은 여명의 밝아옴과 같고, 내적 현상은 구름 없는 하늘의 청명함과 같은 과위의 정광명이 출현한다. 거기서 도위의 광명과 과위의 광명을 화합함으로써 그 광명도 역시 자성이 광명이며, 일체의 분별을 여의고, 번뇌가 없는 무루(無漏)의 희열로 충만하고, 의식 또한 희열의 본성으로 나타난다.
그때 가르침을 이해하는 자에게는 광명이 화신이며, 희열이 보신이며, 무분별이 법신이며, 그 셋이 분리됨이 없이 하나로 화합한 것이 자성신(自性身)이며, 그 넷을 다 갖춤으로써 일체의 공덕을 완비한 바르도(中有)라 부른다."[129]

정광명이 유지되는 시간

이 원초의 빛인 죽음의 정광명 상태에 보통 사람들은 대략 3일 동안을 머물게 되며, 그 뒤 하얀 보리심(白精)과 붉은 보리심(赤精)이 몸 밖으로 흘러나오는 현상이 나타난다. 그러나 질병으로 기력이 완전히 말라버린 사람에게는 비록 며칠 동안 그렇게 머물지라도 하얀 보리심과 붉은 보리심이 나오는 현상이 나타나지 않는 경우도 있다.
한편 유가행자는 깨달음이 높고 낮은 차별의 힘에 의해서, 정광명을 법신과 화합시켜 싸마디(三昧)에 머묾으로써, 그 기간의 길고 짧음이 일정하지 않다고 하였다.

---

129 『나로최둑쌜된(那若六法明燈)』, p.421.

【해설】

이것은 정상적인 상태에서 임종하는 경우를 예로 든 것이다. 만약 교통사고와 같은 비정상적인 죽음의 경우에는 이와 같은 현상이 발생하지 않는다.

이와는 달리 수행의 힘에 의해서 죽음의 정광명을 인식하고, 모자광명(母子光明)의 화합을 행한 뒤 자신의 의지대로 임종하는 경우에는 그 기간이 일정하지 않다.

또 임종의 한 방법인 포와(의식전이)의 행법을 통해서 임종하는 경우에는 이와 같은 죽음의 과정이 발생하지 않는다. 먼저 평범한 사자(死者)의 의식이 죽음의 정광명 속에 머무는 기간에 대하여 구루 빠드마쌈바와(蓮花生)는 『바르도퇴돌(中有聞法解脫)』에서 이렇게 설명하고 있다:

> "이때 첫 번째 바르도의 법성광명(죽음의 정광명)이라 부르는 전도됨이 없는 법신의 의취(마음)가 모든 유정들의 의식 위에 나타나게 된다. 그 또한 바깥 숨이 멎고 내호흡이 끊어지지 않고 남아 있는 사이로, 전신의 생명의 바람(風)들이 아와두띠(中脈) 속으로 소멸하는 때이다. 이것을 보통 사람들은 '의식을 잃어버렸다'고 말한다.
>
> 그 상태가 지속되는 시간은 정해짐이 없다. 육신의 좋고 나쁨과 몸의 맥(脈)과 생명의 바람을 수련한 수준[130]에 달려 있다. 일단의 수행 체험이 있거나, 견고한 사마타(선정)가 있거나, 건실한 맥을 지닌 사람들에게는 장시간 지속되는 경우가 또한 있다. 사자가 이것을 확실하게 인식할 수 있도록 그의 몸에서 누런 액체가 흘러나오기 전까지, 이 정광명을 일깨워주는 일을 정성껏 반복해서 행하도록 하라.

---

130 이것은 생기와 원만차제의 수행을 통해서 육신을 정화하고, 바람의 통로인 맥(脈)을 정화하고, 생명의 바람을 파지하여 심신의 감능성(堪能性)을 성취한 정도에 달렸음을 말한다.

큰 죄업을 지었거나, 맥(脈)이 허약한 사람들에게는 단지 손가락 한 번 튕기는 짧은 시간만큼도 지속되지 못하는 경우도 있으며, 어떤 사람들에게는 한 식경 시간만큼 머무는 경우도 있다.

그렇지만 대부분 현밀의 경궤(經軌)에서 3일 반[131] 동안 의식을 상실한다고 설하였다. 그러므로 이 정광명의 상태가 대부분의 사람들에게 3일 반 동안 지속되는 것이므로, 이때 사자에게 정광명의 일깨워줌을 힘써 행하도록 하라."[132]

죽음의 정광명을 법신과 화합해서 삼매 속에 머무는 경우에 대해 14대 달라이 라마는 『낭빼따죄꾼뛰(佛教見行集論)』에서 이렇게 설명하고 있다:

"일생의 수행을 통해서 마음의 본성을 인식하였거나, 그와 같이 짜(脈)·룽(風)·틱레(明点)의 수행에 통달한 소수의 특별한 뿌드갈라(人)는 이러한 죽음의 과정을 인지하고, 견고한 기억과 각성의 상태에서 정광명을 발생시킨다. 그들은 그것을 파지할 수 있는 능력에 의해서, 정광명의 상태에 일주일 또는 한 달 등 자신이 원하는 만큼 머물 수가 있다.

내가 1959년에 인도로 망명한 뒤부터 현재에 이르기까지 티베트 안에서 이와 같은 상황이 대략 열 건 정도 발생하였다. 인도의 무더운 날씨 속에서도 그들이 정광명의 상태에서 마치 잠자고 있는 것과 같이 2주일 동안을 머물렀으며, 그 사이 시체와 같이 숨이 들고 남이 없을지라도

131 '3일 반'의 티베트 원어는 '샥체당시(Shag phyed daṅ bshi)'이므로 '4일 반'이 아닌 '3일 반'인 것이다. 그러므로 영어 번역본들에서 4일 반으로 계산하고 있는 것은 잘못이다.

132 『바르도퇴돌(中有聞法解脫)』, p.33.

시체에서 풍기는 부패한 냄새가 전혀 없었다."[133]

여기서 하나의 예를 더 들면,[134] "초대 달라이 라마로 알려진 겐뒨둡빠(1391~1474)는 세수 여든넷이 되던 갑오년(1474년) 장력(藏曆) 12월 8일 새벽 여명의 무렵에, 금강가부좌를 하고, 선정수인을 맺고, 기본의 임종차제를 도위의 광명과 화합한 다음, 일체공(一切空)의 정광명 상태 속에서 그 달 22일까지 머물렀다."고 『둥까르칙죄첸모』에는 그의 임종을 서술하고 있다.

끝으로 티베트어로 포와(ḥPho ba)라 부르는 의식전이(意識轉移)의 행법을 통해서 임종하는 경우에는 이러한 죽음의 과정이 발생하지 않는다. 그것은 임종의 의식을 순간적으로 상승시켜 정수리의 브라흐마짜끄라(梵穴)의 황금문을 통해서 빠져나가기 때문이다.

이러한 포와의 행법을 통한 임종의 한 예를 들면, 티베트에 쌍빠까귀(Śaṅs pa bkaḥ brgyud)를 개창하는 캐둡 큥뽀낸조르(978~1127)는 포와를 통해서 임종하게 된다.

그의 임종 모습을 『쌍빠까귀라랍남타르(香巴嘎擧先賢傳)』에서 이렇게 설명하고 있다:

> "[제자들이 스승에게 여쭈었다] '이제 스승님께서는 어떠한 정토로 돌아가시며, 저희들은 어디를 향해서 기원해야 합니까?' 답하셨다. '여기서 서방극락정토로 가며, 거기서 성불하게 된다. 그러니 그곳으로 기원토록 하

133 『낭빼따쬐꾼뛰(佛教見行集論)』, pp.248~249, 달라이 라마, Institute of Buddhist Dialectics, 1996, Dharamsala, H.P. India.

134 『둥까르칙죄첸모』, pp.671~672

라. 의심을 끊고 두 마음을 내지 말라'고 세 번을 말씀하였다.

이제 포와의 지혜의 문을 닦지 못한 제자들은 이와 같이 수습토록 하라는 유훈과 함께 손바닥 크기의 정수리 뼈가 허공으로 솟아 올라갔다. 그리고 [그 의식이] 아름다운 소리와 빛과 무지개로 변화한 뒤 서쪽으로 날아갔다."[135]

네 가지 마음의 은멸의 뜻

이 밝은 마음(현명)과 한층 밝은 마음(증휘)과 정광명에 가까운 마음(근득)과 원초의 빛인 정광명의 마음이 은멸하는 법 또한, 앞의 마음의 힘이 소멸되어 뒤의 마음의 힘이 뚜렷하게 나타나는 것을 가리켜서, 앞의 마음이 뒤의 마음으로 은멸한다고 부르는 것이며, 앞의 마음이 뒤의 마음의 성품이 되는 것은 아니다.

가을하늘 비유의 뜻

여기서 청명한 가을하늘을 비유로 든 것은, 여름철에 내린 비로 땅 위에 떠다니는 먼지들이 깨끗이 씻기고, 구름의 가림을 완전히 벗어나는 2가지를 갖추어서 하늘이 극히 청명하게 되는 것이 가을철이기 때문이다.

---

135 『썅빠까귀라랍(香巴嘎擧先賢傳)』, pp.60~61, 남카 쌈둡걜첸, 서장 장문고적출판사, 1996, 서장, China.

거친 장애들이 없어진 그 하늘이 비어서 고요함과 같이, 공성의 깊이를 표시하는 사공(四空) 역시 의식 위에 일어나는 거친 분별들이 소멸한 다음, 텅 빈 고요한 경계가 발생하는 그 둘의 모양새가 같아서 비유와 의미를 접합한 것이다. 그러므로 그 단계에서 실제로 그러한 하늘 등의 광경이 발생하는 것이 아니다.

마음의 운반체인 바람의 존재

그러면 33자성의 밝은 마음 이전의 80자성의 분별의 마음과 그의 운반체인 생명의 바람이 함께 은멸하고 나면, 그다음의 밝은 마음과 한층 밝은 마음과 정광명에 가까운 마음의 세 단계에서는 함께 소멸하는 바람이 없을 것으로 생각할지 모르나, 통상 생명의 바람에는 거친 것과 미세한 것이 허다하게 존재하는 까닭에, 거친 생명의 바람들이 은멸하고 난 뒤에도 미세한 생명의 바람들이 몸 안에 남아 있다.
그러므로 미세한 생명의 바람들이 의식을 단독으로 지탱하는 기간은, 거친 생명의 바람들이 밝은 마음으로 은멸한 다음부터 정광명에 가까운 마음이 죽음의 정광명으로 은멸할 때까지이다.

【해설】

인체의 바람들을 거칠고 미세함에 의해서 구분하면, 거친 생명의 바람은 80자성의 분별의 기반이 되는 바람을, 미세한 생명의 바람은 밝은 마음(현명)과 한층 밝은 마음(증휘)과 정광명에 가까운 마음(근득)의 미세한 의식을 지탱하는 바람들을 말한다.

극도로 미세한 생명의 바람은 죽음의 정광명과 함께하는 극도로 미세한 대지명풍(大持命風)을 말하며, 이것이 오광명풍(五光明風)이다. 이것이 몸을 버린 뒤에는 바르도의 몸을 형성하는 질료가 되고, 모태에 생을 의탁한 뒤에는 근본오풍과 오대원소 등을 비롯한 모든 몸의 구성요소들을 발생시키는 직접적 원인이 된다. 뿐만 아니라, 이 오광명풍은 오종성불의 근본으로서 도위의 단계에서 비로자나불을 비롯한 오불(五佛)의 모양으로 나타나게 된다.

이러한 오풍(五風)을 교의적인 측면에서 양짼 가왜로되는 『뎰빠시닥씬디(四家合注備忘錄)』에서 이렇게 설명하고 있다:

> "기본의 극도로 미세한 [오대(五大)와 오불(五佛)의 근원인] 오광명풍이 서로 분리될 수 없는 하나의 자성인 것과 같이, 과위의 단계에서 또한 오불의 자성도 하나이므로 가히 분리되지 않는다.
> 보생여래를 보석으로 부르는 것은, 그 공덕이 보석의 고귀함과 같이 보생불 또한 청정한 공덕의 측면에 의해서 그와 같이 명칭을 붙인 것이다. 밀교에서 그 자성이 하나인 극도로 미세한 풍심(風心)이 자기라는 자아의 건립처가 되는 이외에 그것을 자아라고 부르는 것을 듣지 못하였다. 만약 그것이 자아라고 생각하여 수행한다면 실유(實有)의 집착을 닦는 것이 되며, 설령 자아를 추구할지라도 아무것도 얻지 못한다고 설하였다."[136]

네 가지 공(四空)의 뜻

공성의 깊이를 표시하는 사공(四空)의 단계에서 그 앞의 마음들의 경계와 의식에 비하여, 뒤의 마음들의 경계와 의식이 더욱더 미세하게

136 『뎰빠시닥씬디(四家合注備忘錄)』, p.217.

바뀌는 힘에 의해서, 의식 위에 거친 세속의 경계가 사라지고 텅 빈 고요한 경계가 발생하는 것이며, 공성을 경계로 삼는 것은 아니다.

그러므로 [생기(生起)와 원만차제(圓滿次第) 등의] 도를 닦지 않은 범부들에게는, 그 단계에서 오로지 그것을 실재하는 것으로 보는 외에 비실재로 보는 인식이 일어나지 않는다.

이 단계의 사공(四空)이 모든 유정들의 죽음의 과정에서 전부 일어나므로, 죽음의 단계에서 공성을 깨닫게 되면 어려움이 없이 해탈한다는 것은 정리가 아니다. 왜냐하면, 수행이 없는 범부들은 원초의 빛인 죽음의 정광명이 나타남을 불확실하게 경험하는 것이지, 확실한 지혜로써 그것을 체험하는 것이 아니기 때문이다.

__ 〈도표 4〉 임종의 사광명(四光明)과 사공(四空), 사희(四喜)를 참조 바람.

【해설】

이것은 임종의 과정에서 자연적으로 발생하는 4가지 공성의 체험인 사공(四空)을 설명한 것이다. 이와는 반대로 유가행자가 원만차제의 단계에서 80자성의 분별의 운반체가 되는 거친 바람들을 삼매의 힘으로 파괴하는 경우, 이 밝은 마음(현명)의 상태가 유가행자의 심신에 발생하게 되고, 공성의 증득을 뜻하는 공(空)과 더불어서, 세속 진리(俗諦)의 측면인 육체의 분상에서 체험하는 4가지 희열(四喜) 가운데 첫 번째 희(喜)가 일어난다.

이와 같이 밝은 마음의 운반체인 바람의 흐름을 소멸시키는 경우, 한층 밝은 마음에서는 극공(極空)과 승희(勝喜)가, 정광명에 가까운 마음에서는 대공(大空)과 수희(殊喜)가, 그리고 정광명의 마음이 출현할 때에는 일체공(一切空)과 구생희(俱生喜)가 동시에 발생하게 된다.

이러한 사공(四空)과 사희(四喜)가 발생하는 원인에 대해 다르마 린첸은

『찌끼틱레씬디(春光明点備忘錄)』에서 이렇게 설명하고 있다:

"네 맥륜(脈輪)에 보리심이 하강하는 것에 의해서 사희(四喜) 또는 16희(喜)가 발생하는 도리는, 뚬모(배꼽 불) 등의 수련에 의해서 [배꼽의] 뚬모가 타오름으로 말미암아 [정수리의] 보리심이 녹은 뒤, 머리에서 흘러내리면서 인후에 도달하는 사이가 사희 가운데 희(喜)인 아난다(Ānanda)이며, 이 희열 가운데도 [세분하면] 희(喜)와 승희(勝喜)와 수희(殊喜)와 구생희(俱生喜)의 넷이 있으며, 이들 역시 일어난다.
이 용해된 보리심이 인후에서 흘러내리면서 심장에 도달하는 사이가 4가지 희열 가운데서 승희(勝喜)인 쁘라마난다(Pramānanda)이며, 이 승희 가운데도 역시 4가지 희열이 있으며, 이들 역시 일어난다.
이 용해된 보리심이 심장에서 흘러내리면서 배꼽에 도달하는 사이가 4가지 희열 가운데서 수희(殊喜)인 위라마난다(Viramānanda)이며, 이 수희 가운데도 역시 4가지 희열이 있으며, 이들 역시 일어난다.
이 용해된 보리심이 배꼽에서 흘러내리면서 성기 끝에 도달하기까지의 사이가 네 가지 희열 가운데서 구생희(俱生喜)인 싸하자난다(Sahajānanda)이며, 이 구생희 가운데도 역시 4가지 희열이 있어서, 이들 역시 일어난다."[137]

그러므로 하나의 희열(喜)마다 4가지 종류가 있으므로 실제로는 16희(喜)가 몸 안에서 발생하게 된다. 이들 사희(四喜)는 위에서 하강하면서 발생하는 까닭에 상강사희(上降四喜)라 부르고, 이 보리심이 다시 성기 끝에서 상승하여 배꼽을 거쳐 정수리에 도달하면서 일으키는 사희(四喜)를 하고사희(下固

137 『찌끼틱레씬디(春光明点備忘錄)』, p.13.

四喜)라 부른다.

이 하고사희의 의미에 대해 꽁뚤 왼땐갸초는 『쌈모낭된낭제(金剛身論釋)』에서 이렇게 설명하고 있다:

"그와 같이 보리심을 파지함으로써 이것이 위로 역류하는 힘에 의해서, [아래서부터 견고해지는] 하고(下固)의 16희(喜)가 최후에 정수리에 도달함과 동시에, 보리심과 함께 삼독(三毒)의 분별들을 또한 장악해서 청정한 지혜로 바꿈으로써 12연기를 역순으로 소멸시켜 청정하게 만든다.

또 16희(喜)는, 보리심을 파지함으로써 발생하는 사희(四喜)를 신·구·의 셋과 지혜의 희열 넷으로 구분한다. 그러므로 정수리에서 희(喜)를 희(喜)·승희(勝喜)·수희(殊喜)·구생희(俱生喜)로 체험하는 것이 몸의 사희이다. 그와 같이 인후에서 승희를 희·승희·수희·구생희로 체험하는 것이 어(語)의 사희이다. 그와 같이 심장에서 수희를 희 등의 넷으로 체험하는 것이 의(意)의 사희이다. 그와 같이 배꼽에서 구생희를 희 등의 넷으로 체험하는 것이 지혜의 사희이며, 모두 16희(喜)가 된다.

그러므로 이 16희(喜) 또는 16대비(大悲)와 16공성(空性)을 분리함이 없이 체득하고, 음부에서부터 하고(下固)를 이룸으로써 풍·맥·명점의 셋과 12연기가 청정해지는 도리를 『시륜무구광석(時輪無垢光釋)』에서 널리 설하였다."[138]

138 『쌈모낭된낭제(金剛身論釋)』, pp.193~194.

모자광명(母子光明)의 화합

원초부터 존재하는 이 죽음의 정광명이 어머니의 광명이며, 깨달음을 열어가는 도위(道位)의 수면과 각성의 단계에서 수행의 힘으로 발생하는 깨달음의 광명들은 아들의 광명이다. 이 둘을 죽음의 정광명 단계에서 융합해서 닦는 것을 또한 모자광명(母子光明)의 화합이라고 부른다.

【해설】

이 죽음의 정광명을 인식한 뒤 모자광명의 화합을 통해서 법신을 성취하는 것에 대해 구루 빠드마쌈바와(蓮花生)는 『바르도퇴돌(中有聞法解脫)』에서,[139] "만약 이 기본의 정광명을 깨닫게 되면, 바르도가 없이 위대한 초월의 길[140]을 통해서 법계와 합일한 뒤 남이 없는 법신을 얻게 된다."고 설명하였다.

또한 임종의 바르도에서 출현하는 정광명을 인식해서 모자광명의 합일을 성취하는 법에 대해 위의 같은 논에서는 이렇게 설명하고 있다:

"지금 그대에게 법성의 청정한 광명이 나타나 있습니다. 그것을 깨닫도록 하십시오. 오, 고귀한 가문의 자손이시여! 지금 그대 마음의 본성이 텅 비어 있습니다. 물질과 형상과 색깔 등 그 어떠한 실질들이 전혀 없이 텅 비어 있는 이것이 바로 법성(法性)의 싸만따바드리(Samanta bhadrī,

---

139 『바르도퇴돌(中有聞法解脫)』, p.31.

140 티베트어 '야르기쌍탤(Yar gyi zaṅ thal)'의 옮김이다. 임종의 바르도에서 죽음의 정광명과 일체가 된 사자의 의식이 바르도의 발생을 기다릴 필요가 없이, 곧장 중맥(中脈)을 경유하여 정수리의 황금 문을 통해서 밖으로 빠져나온 뒤, 허공의 법계와 화합하여 법신을 성취함으로써 '위대한 초월의 길'[돈초(頓超)]이라 부른다.

普賢佛母)[141]입니다.

그대의 마음이 텅 비어 있을지라도 그것은 그냥 비어 있는 공허함이 아닙니다. 그 마음이 막힘이 없이 환히 빛나고, 정결하고 투명한 이것이 바로 각성(覺性)의 싸만따바드라(Samantabhadra, 普賢如來)입니다.

그 마음이 일체의 모양(相)을 여의고 본성이 비어 있음과, 그 마음이 정결하고 투명하게 빛나는 이 두 가지가 서로 분리됨이 없는 이것이 붓다의 법신(法身)입니다.

그 마음이 광명과 공성이 분리됨이 없는 [명공무별(明空無別)의] 큰 광명 속에 머무는 여기에는, 나고 죽음이 없는 까닭에 이것이 불변광명불(不變光明佛)[142]입니다. 이것을 깨닫는 것만으로 충분합니다.

그대 마음의 본성이 맑고 투명한 이것이 바로 부처임을 깨닫게 되면, 그대가 그대 마음의 본래면목을 보는 것입니다. 이것이 모든 부처님들의 마음에 머물게 되는 것입니다."[143]

또한 범부들이 모자광명을 합일시키지 못하는 어려움에 대해 뻰조르 된둡은 『나로최둑쌜된(那若六法明燈)』에서 이렇게 설명하고 있다:

---

141 법성의 두 가지 측면인 체(體)와 용(用)을 밝힌 것으로, 공성과 자비, 방편과 지혜의 불가불리를 설명한 것이다. 이것을 구밀(舊密)에서는 원초불인 싸만따바드리(普賢佛母)와 싸만따바드라(普賢如來)로 표현한다. 이 원초불로부터 대보신불인 지금강불(持金剛佛)이 출현하고, 여기에서 오종성불(五種姓佛)이 출현한 뒤, 100종성의 제불성중들이 출현하여 완전한 하나의 만다라세계를 형성한다.

142 이것은 본각(本覺) 또는 진여(眞如)의 마음에 해당하는 각성(覺性, 本智)이 지닌 본래의 지혜광명이 곧 붓다이며, 광명이 모든 변이를 여읨으로써 불변광명인 것이다. 이 뜻을 『틱레꾼쌜첸뽀(大明点普明續)』에서, "자기의 자성이 더러움이 없고 지혜의 자기 광채가 막힘이 없이 빛나는 그것이, 일체의 앞이 되고, 각성이 자기 광명과 함께 불변하는 까닭에 원초불 불변광명이다."라고 설하였다.

143 『바르도퇴둘(中有聞法解脫)』, pp.35~36.

"앞에서 설명한 첫 번째 바르도의 그 죽음의 정광명이 육체를 지닌 모든 유정들이 갖가지 세계(諸有)로 윤회할 때 분명히 출현할지라도, 가르침의 요지를 알지 못하므로 확실히 인지하지 못한다. 마치 어린 손자가 장엄한 사원을 보는 것처럼, 그와 같이 정광명이 나타날지라도 그것을 인지하는 상태에 머물지 못한다.
그 인연으로 말미암아 [적백의 두 보리심과 풍심(風心)의] 합일체가 각각 분리되어, 해(붉은 보리심)와 달(하얀 보리심)은 각각 위아래로 가고, 대지명풍과 함께 의식은 몸의 아홉 구멍 가운데 어느 한곳을 통해서 밖으로 빠져나가게 된다."[144]

실제로 임종의 정광명을 깨달음의 길로 전환하는 법에 대해 위의 같은 논에서 이렇게 설명하고 있다:

"죽음의 단계에서 [몸의 원소들이] 은멸하는 현상들을 보게 될 때 두려움과 공포를 없앤 다음, '이제 나는 머지않아 광명의 법신을 실현하리라!' 고 사유해서 큰 기쁨을 갖도록 한다. 그와 같이 생시에 정광명을 인지할 때의 깨달음처럼 행함으로써 정광명의 광휘 속으로 들어가게 된다.
만약 자기 수행의 힘이 미치지 못하는 경우에는 도반들이 권유하고 인도하는 등의 도움이 있게 한 뒤, 선정을 방해하는 요소들을 제거하여 머물게 한다. 그와 같이 준비를 마치고서 바르도의 정광명이 출현할 때, 이전에 닦고 익힌 바르도의 참모습을 그대로 인지함으로써, 마치 친숙한 사람을 만나듯이 또는 나그네가 고향에 돌아감과 같이 합일하게 된다.

---

144 『나로최둑쎌된(那若六法明燈)』, p.402.

제법의 참모습인 자성의 대광명 가운데에 머무름이 어머니의 광명이며, [오대원소의 정수인] 오정(五精)이 결합한 인연에 의해서 명징한 삼매가 발생함이 아들의 광명이며, 이 둘을 하나로 화합함이 모자광명(母子光明)의 삼매이다."[145]

죽음의 정광명의 뜻

그렇다면, 이 죽음의 정광명이 일반적으로 진실광명인 것인가? 유가행자가 모자광명(母子光明)을 화합해서 정견상에 안치하는 것이 진실광명이며, 그와 같지 않고 범부에게 자연적으로 발생하는 죽음의 정광명은, 단지 거친 이원의 분별들이 그친 것에다 정광명의 이름을 붙인 것으로 진실광명이 아니다.
일반적으로 광명에는 두 가지가 있다. 미세한 공성(空性) 그 자체를 말하는 경광명(境光明)과 그것을 깨닫는 지혜인 유경광명(有境光明)이다.

【해설】

이 죽음의 광명에다 특별히 정광명(淨光明)의 이름을 붙인 이유에 대해 다르마 린첸은 『찌끼틱레씬디(春光明点備忘錄)』에서 이렇게 설명하고 있다:

"임종 시에 배꼽의 붉은 보리심이 상승하고, 정수리의 하얀 보리심이 하강해서 그 둘이 서로 화합하는 것에 의거해서, 이원의 분별을 여읜 정광명이 실현된다. 그러나 이것은 단지 이원의 분별이 소멸된 것에다 정

145 『나로최둑쎌된(那若六法明燈)』, pp.399~400.

광명의 명칭을 붙인 것이며, 진실한 것은 아니다.

그와 같이 [깨달음을 열어가는] 도위의 단계에서 생명의 바람과 뚬모(배꼽불)의 유가수습을 통해서, 붉은 보리심과 하얀 보리심을 화합시키고, 이 화합이 일어날 때 거친 이원의 분별들이 소멸하게 된다. 그때 공성을 환히 깨침을 명료하게 억념하게 되면, 여타와 같지 않은 공성의 깨달음을 산출함이 있게 되므로, 그것을 고려해서 설한 것이다."[146]

이 정광명의 의미에 대해 꽁뚤 왼땐갸초는 『쎼자꾼캽(知識總彙)』에서 이렇게 설명하고 있다:

"이것에 대하여 선대의 조사들은 말하길, 내외의 방편에 의지해서 생명의 바람을 심장으로 소멸시킴으로써, 특별한 공성인 사공(四空)을 승의광명(勝義光明)으로 일으킴이 진정한 광명이며, 자연적으로 생명의 바람이 소멸해서 발생하는 사공(四空)인 비유광명(譬喩光明)은 수순광명(隨順光明)이라고 하였다."[147]

이 죽음의 정광명을 표현하는 여러 가지 이름들에 대해 쩰레나촉(1608~1681)은 『바르도찌된쎌제(中有總義明鑑)』에서 이렇게 설명하고 있다:

"이것의 다른 이름은 [요건들을 닦아 성불하는] 인승(因乘, 바라밀다승)에서는 '승의(勝義)의 반야바라밀'이라고 부르며, 중관학파에서는 '승의의 진실'이라 부른다. 또한 마하무드라(大印) 학파에서는 '내합(內合)의 무분

---

146 『찌끼틱레씬디(春光明点備忘錄)』, pp.399~400.

147 『쎼자꾼캽(知識總彙)』, p.807.

별'이라 부르며, 마하쌈빠나(大圓滿)의 심부(心部)에서는 '마음의 본성에 당도'라고 부른다."[148]

이 갖가지 지혜의 광명들에 대해 꽁뚤 왼땐갸초는 『쎼자꾼캽(知識總彙)』에서 이렇게 설명하고 있다:

"요약하면, 상주와 단멸 등의 모든 희론의 가장자리를 여읜 기본의 법성이 경광명(境光明)이며, 그 의미를 여실히 깨달아 아는 것이 유경광명(有境光明)이다. 이와 같은 도리는 현교와 밀교에 다 있으므로 공통의 광명이라고 부르며, 무상유가에서 설하는 광명은 밀의(密義)의 광명이라 한다.

이 또한 단계에 따라 여러 가지 이름을 붙이므로 몇 가지가 있다. 관정을 내릴 때 발생하는 광명들은 비유의 지혜이며, 생기차제에서 발생하는 광명들은 수순광명(隨順光明)이며, 원만차제에서 발생하는 광명들은 진실광명(眞實光明)이다."[149]

현밀에서 설하는 갖가지 광명들에 대해 응울추 라마(1772~1851)는 『나로최둑이체공갠(那若六法信解莊嚴)』에서 이렇게 총설하고 있다:

"일반적으로 광명에는 공통과 비공통의 광명, 경광명(境光明)과 유경광명(有境光明), 밀의광명(密義光明)과 구경광명(究竟光明)들이 있다. 이중

---

148 『바르도찌된쎌제(中有總義明鑑)』, p.34, 쩰레나촉(Tse le sna tshogs), 까북마니비린딩(Ka sbug maṇibirinḍiṅ).

149 『쎼자꾼캽(知識總彙)』, pp.848~849.

에서 제법이 상주와 단멸 등의 모든 가장자리를 여읜 공성이 경광명이며, 그와 같이 깨달아 아는 마음이 유경광명이다. 이것은 대소승과 밀교의 사부속(四部續)의 공통의 광명이자 공의(共義)의 광명이다.

구생대락(俱生大樂)의 유경광명으로 경광명의 진실을 통달함이 비공통의 광명이며, 무상유가의 특별법이다.

무상유가의 광명에는 기본의 인위와 도위와 과위의 셋이 있으며, 그 가운데서 수면과 임종의 광명은 모든 범부마다 존재하는 기본의 광명일지라도 그것을 인식하지 못한다.

비유광명(譬喩光明)과 승의광명(勝義光明) 둘은 도위의 광명이며 또한 밀의광명이라 부른다. 이 비유광명에는 수순과 진실의 비유광명 2가지가 있으며, 승의광명 또한 네 번째 차제(광명)와 다섯 번째 쌍운(雙運)의 광명 2가지가 있다.

구경광명(究竟光明)은 쌍운을 성취하는 지분이며, 유학과 무학의 마음이 승의광명이다. 그러므로 승의광명이 무상유가에서 설하고자 하는 근본광명이며, 비유광명은 이것에 수반되는 광명이다. 수순환신(隨順幻身, 不淨幻身)은 비유광명에 의해서 성취되며, 청정환신(淸淨幻身)은 승의광명에 의해서 성취된다."[150]

임종차제 숙지의 중요성

이들 임종의 차제는 아눗따라 요가딴뜨라(無上瑜伽)의 생기차제와 원

---

150 『나로최둑이체공갠(那若六法信解莊嚴)』(로쌍공갠 19권), pp.103~104, 응울추 라마최쌍, Drepung Loseling Educational Society, Drepung Loseling, 1996, Mundgod, India.

만차제에서 죽음을 법신으로 바꾸는 행법과, [정광명에 가까운 마음인] 비유광명(譬喩光明)과 [죽음의 정광명인] 승의광명(勝義光明)을 얻기 위한 주된 정화의 대상이다. 그러므로 이들을 정확하게 숙지하는 것이 무엇보다 중요하다.

【해설】

임종차제를 숙지해야 하는 중요성은 이것이 생기와 원만차제의 수행 대상이 되기 때문이다. 그러므로 기본의 생사와 바르도의 셋을 제대로 이해하지 못하면, 과위의 삼신으로 바꾸는 생기와 원만차제의 법을 수행할 수가 없다.

이 뜻을 뻰첸라마는 『쌍뒤께족쌔빠(密集生圓次第注疏)』에서 이렇게 설명하고 있다:

"마땅히 알아야 할 법인 밝은 마음(현명)과 한층 밝은 마음(증휘)과 정광명에 가까운 마음(근득)의 세 광명을 도위의 본성으로 일으키는 법을 알지 못하면 허물이 매우 크고, 그것을 알면 공덕이 매우 크다.

일으키는 법을 알지 못하면 세 광명으로부터 80자성의 분별이 발생하고, 그로부터 괴취견(壞聚見)[151]이, 그로부터 여타의 번뇌들이 발생한다. 또 이것이 업을 쌓아서 온갖 고통을 맛보게 하는 것이다.

만약 세 광명을 도위의 본성으로 바꾸는 법을 알고서 일으키면, 비유와 승의의 광명이 법신을 만드는 동류인(同類因)이 되고, 그 광명의 운반체인 오광명풍(五光明風)으로부터 환신을 성취하고, 색신의 동류인이 되

---

151 괴취견(壞聚見)은 자아(自我)가 있다고 여기는 유신견(有身見)을 말하며, 흔히 살가야견(薩迦耶見)으로 음역한다. 다섯 쌓임인 오온은 본래 순간순간 변화하여 바뀌는 성품으로 단지 화합체에 불과해서 거기에는 나(我)와 나의 것(我所)이 전혀 존재하지 않는다. 그럼에도 불구하고 그것을 자아로 집착하는 오염된 지혜를 말한다.

어서 한 생에서 성불하기 때문이다."[152]

이 뜻을 부연하여, 쎄르똑 린뽀체의 『도제텍빼쌀람템깨(密乘地道行相寶階)』에서는 이렇게 설명하고 있다:

"자기 수행의 결과인 원만차제에서 비유와 승의광명의 마음을 성숙시키는 것은, 미래에 일어나는 죽음의 정광명과 그 과정이 일치하게 나(我)와 나의 것(我所)으로 어리석게 고집하는 근본인 거칠고 미세한 온(蘊)·계(界) 등의 일체가 비어 있음을 지혜의 마음으로 관찰해서 수습하는, 제일차제의 유가가 죽음을 법신으로 바꾸는 도의 내용이다."[153]

원만차제에서 발생하는 광명인 비유와 승의광명의 차이에 대해 꽁뚤 왼땐 갸초는 『쎼자꾼캽(知識總彙)』에서 이렇게 설명하고 있다:

"그렇지만 이 [밝은 마음(현명)과 한층 밝은 마음(증휘)과 정광명에 가까운 마음(근득)의] 세 가지 광명들은 청정하지 못한 까닭에, 그들은 구경의 승의광명(勝義光明)의 진실을 실제로 보지 못함으로써 비유광명(譬喩光明)임을 알라.

비유와 승의광명 또한, 2가지 선정(삼매)[154] 등으로 풍심(風心)을 심장으

---

152 『쌍뒤께족쌔빠(密集生圓次第注疏)』, p.204.

153 『도제텍빼쌀람템깨(密乘地道行相寶階)』, p.92.

154 2가지 선정(삼매)은 『밀집오차제(密集五次第)』와 『쬐뒤된마(集行明燈論)』에서 말함과 같이, 거울 위의 입김이 엷어지는 비유처럼 일시에 수렴함이 릴진(Ril ḥzin, 全攝)이고, 강물 또는 연못의 얼음이 녹는 비유처럼 점차로 수렴함이 제식(rJes gshig, 隨融)이다. 이 두 선정에 의해서 환신을 광명에 들여놓은 뒤, 다시 거꾸로 발생하는 역순의 몸으로 일어남이, 그 유학환신(有學幻身)을 무학환신(無學幻身)으로 실현하는 것이다.

로 거두어들인 힘에 의해, 수면의 착란에 의지하는 번뇌와 소지의 이장(二障)의 현행(現行, 現前)을 여읨이 비유광명이며, 수면의 착란에 의지하는 견도(見道)와 수도(修道)에서 [끊어야 하는] 소단사[155]인 이장(二障)의 종자 역시 도위(道位)의 광명의 힘으로 끊음으로써, 기본의 광명이 객진번뇌(客塵煩惱)를 여읨이 승의광명이다."[156]

155 소단사(所斷事)는 견도(見道)와 수도(修道)에서 끊는 번뇌와 소지의 두 장애를 말한다. 견도의 단계에서는 모든 변계소집의 번뇌와 거친 소지장을 끊으며, 세분하면 112가지가 있다. 수도의 단계에서는 구생번뇌와 미세한 소지장을 끊으며, 세분하면 16가지가 있다.

156 『쎼자꾼캽(知識總彙)』, p.851.

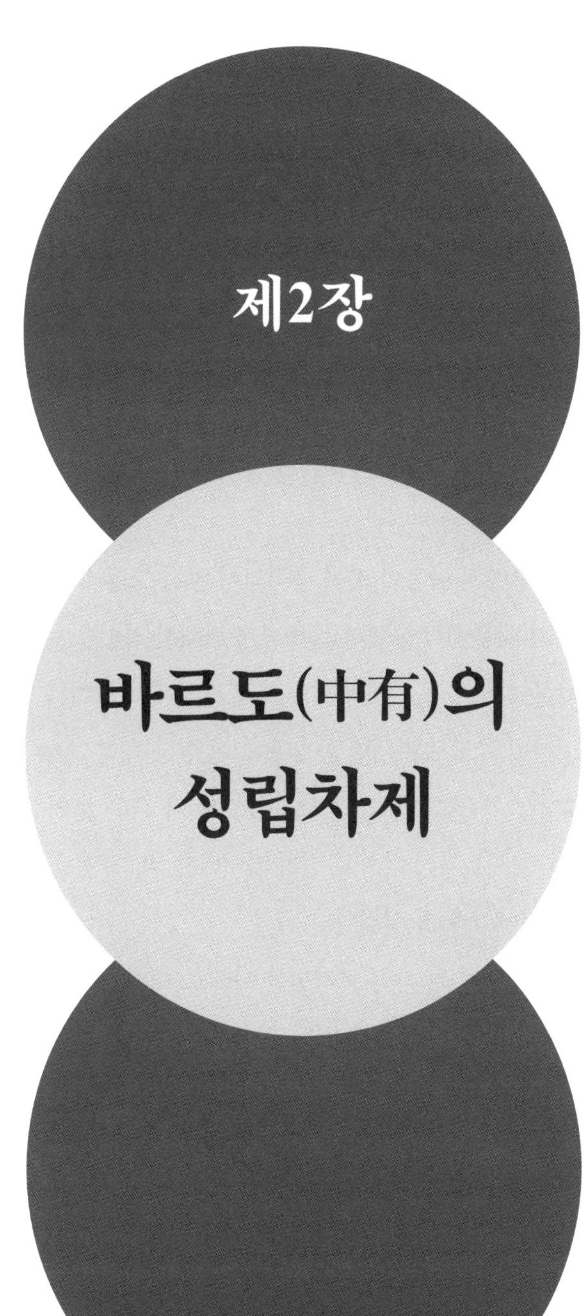

제2장

바르도(中有)의 성립차제

바르도의 생성 원리

그 죽음의 정광명의 마음이 전혀 움직임이 없이 그렇게 얼마 동안 머문 끝에, 자기 내부에서 움찔하는 충격에 의해서 가벼운 움직임이 일어난다. 이것이 발생하는 때가 죽음의 정광명에서 일어나기 시작한 것이며, 그 사이 극도로 미세한 풍심(風心)이 심장 속의 [생명의 거점인 불괴명점(不壞明点) 가운데 있는] 하얀 보리심(白精)과 붉은 보리심(赤精)이 분리된 작은 틈새로부터 밖으로 멀리 뛰쳐나온 뒤, 옛 몸을 버리고 바르도의 의생신(意生身)을 성취한다.

그와 동시에 심장 속의 하얀 보리심은 아래로 내려가서 성기를 통해 밖으로 배출되고, 붉은 보리심은 위로 올라가서 코를 통해 바깥으로 나온다.

【해설】

바르도의 참모습을 해설함에 있어서, 바르도의 의미, 바르도의 종류, 바르도의 실재에 대한 불교 학파 간의 견해들을 간략히 설명하고자 한다.

먼저 우리말로 중유(中有) 또는 중음(中陰)을 뜻하는 바르도의 문자적 의미는 사이, 중간, 가운데를 뜻하는 범어 안따라바와(Antarābhava)의 옮김이다. 이것을 티베트에서는 바르도(Bardo) 또는 바르마도(Bar ma do)와 씨빠바르마(Srid pa bar ma) 등으로 번역하고 있는데, 일반적으로 그냥 바르도라 부른다. 그러므로 여기서 바르도의 뜻은 과거의 옛 몸을 버린 뒤, 새 몸을 얻기 전까지의 사이와 그 상태에 머무는 유정을 함께 부르는 말이다.

이러한 바르도의 정확한 뜻을 쎄르똑 린뽀체는 『도제텍빠쌀람템깨(密乘地道行相寶階)』에서 다음과 같이 설명하고 있다:

> "바르도(中有)의 문자적 의미는, 과거생의 사유(死有)와 내생의 생유(生有)의 중간에서 자기의 실체를 성취하고, 다른 곳에서 생을 얻음으로써 중유와 중간계로 부른다고 하였다. 또한 『돔중(勝樂生起)』에서도, '중간계의 유정은 나그네가 길을 가듯이, 업의 끈에 의해서 육도세계로 반드시 나아간다.'고 하였다."[1]

일반적으로 바르도의 종류는 생유(生有)와 본유(本有)와 사유(死有)와 중유(中有)의 4가지가 있다. 그러나 일체법이 변화하는 현상을 중간 상태로 파악한 뒤, 이것을 수행의 측면에서 구분하여 몇 가지 바르도로 설정하는 경우가 있다.

대표적인 것을 예로 들면, 먼저 구루 빠드마쌈바와(蓮花生)는 『바르도퇴돌(中有聞法解脫)』에서 이렇게 설명하고 있다:

> "바르도에는 6가지가 있습니다. 그것은 ① 자연의 생시[생존]의 바르도, ② 꿈의 바르도, ③ 선정삼매의 바르도, ④ 임종의 바르도, ⑤ 법성의 바

---

1 『도제테빠쌀람템깨(密乘地道行相寶階)』, p.88.

르도, ⑥ [육도에 들어가는] 순류(順流)의 재생의 바르도입니다."[2]

마하무드라(大印)의 행법을 해설한 뻰조르 된둡의 『나로최둑쎌된(那若六法明燈)』에서는 이렇게 설명하고 있다:

> "법주인 밀라래빠(1040~1123)는 바르도에 6가지 종류가 있음을 알게 되면, 그 의미를 쉽게 이해하기 때문이라고 설하였다. 이 또한 ① 승의의 법성의 바르도, ② 자연의 꿈의 바르도, ③ 현상의 생사의 바르도, ④ 수면의 바르도, ⑤ 최후의 제유(諸有)의 바르도[3], ⑥ 탄생의 바르도 6가지로 구분한다."[4]

이 밖에도 학설에 따라서 몇 가지 바르도가 더 존재한다. 그러나 여기서는 우리 불교에도 널리 알려진 『바르도퇴돌(中有聞法解脫)』에 나오는 여섯 가지 바르도에 대하여 설명하고자 한다.

① 자연의 생시[생존]의 바르도는 티베트어 '랑신께내끼바르도(自然生住中有)'[5]의 옮김이다. 정확한 뜻은 자연적으로 태어나서 살아가고 있는 상태에서 모든 현상을 실재하는 것으로 미혹하여 선악의 업을 쌓는 중간 단계를 말한다.

---

2 『바르도퇴돌(中有聞法解脫)』, pp.39~40.

3 '타마씨빠바르도(Tha ma srid paḥi bardo)'의 번역이다. 타마(Tha ma)는 끝 또는 마지막을 뜻하며, 씨빠바르도(Srid paḥi bardo)는 제유(諸有)에 유전하는 때가 가까워졌음을 뜻한다. 그러므로 바르도의 상태에서 육도세계에 태어나길 구하는 단계를 말한다.

4 『나로최둑쎌된(那若六法明燈)』, p.377.

5 원어는 '랑신께내끼바르도(Raṅ bshin skyes gnas kyi bar do)'이다.

그러므로 현재 대부분 사람들이 알고 있듯이 이것을 '탄생의 바르도'로 옮기는 경우, 그 의미가 정확히 전달되지 않고, 오히려 '생성(生成) 바르도'로 옮기고 있는 '씨빠바르도(Srid paḥi bar do)'의 의미에 가깝다고 볼 수 있다.

편저자도 이전의 번역에서는 기존 용어를 존중하는 의미에서 편의상 '탄생의 바르도'로 옮겼으나, 밀교의 심오한 교학을 바로 전하려는 취지에서 바로 잡고자 한다.

이렇게 착오가 생긴 근원을 고찰하면, 『바르도퇴돌』의 첫 영어 번역서인 W.Y. 에반스 웬츠(Evans-Wentz)의 *The Tibetan Book Of The Dead*에서 '께내끼바르도'를 'the natural state of Bardo while in the womb'라고 옮기고, 그 뒤 F. 프리맨틀(Fremantle)의 *The Tibetan Book Of The Dead*에서 'the bardo of birth'로 부정확하게 옮긴 것을 글자 그대로 한글로 옮긴 탓이라 본다.

그러나 2005년 규르메 도제(Gyurme Dorje)의 영어 완역본인 *The Tibetan Book Of The Dead*(2005, Penguin Books, London)에서는 'the intermediate state of living or natural existence'로 정확히 옮기고 있다.

이처럼 에반스 웬츠와 F. 프리맨틀의 영역본에서 'womb'와 'birth'로 각각 번역한 것은, 티베트 목판본에서 '태어나 머물고 있음'을 뜻하는 단어인 '께내(skyes gnas)'를 '탄생의 장소'를 뜻하는 '께내(skye gnas)'로 부정확하게 기록되어 있는 것을 수정하지 않고 번역하였기 때문이라 본다.

② 꿈의 바르도는 티베트어 '밀람바르도(夢幻中有)'[6]의 옮김이다. 정확한 뜻은 수면에 든 뒤 깨어나기 전까지 낮에 익힌 습기 또는 아뢰야식에 축적된 습기가 환상처럼 꿈으로 나타나는 단계를 말한다.

---

6 원어는 '밀람바르도(rMi lam bar do)'이다.

③ 선정삼매의 바르도는 티베트어 '띵에진쌈땐바르도(禪定三昧中有)'[7]의 옮김이다. 정확한 뜻은 하루의 밤낮 동안에 바른 선정의 상태에 머무는 기간을 말한다. 수행의 분상에서 낮과 밤의 모든 현상들을 본존불의 몸·말·뜻 3가지의 나타남으로 인식하여 닦는 현공일여(現空一如)의 선정 상태를 말한다.

④ 임종의 바르도는 티베트어 '치캐바르도(臨終中有)'[8]의 옮김이다. 정확한 뜻은 수명이 다하여 몸 안의 사대원소가 차례로 소멸을 시작한 뒤, 의식의 쌓임인 식온(識蘊)이 차례로 은멸하여 죽음의 정광명이 출현하는 순간을 말한다.

⑤ 법성의 바르도는 티베트어 '최니바르도(法性中有)'[9]의 옮김이다. 정확한 뜻은 죽음의 정광명을 법신으로 변화시키지 못하고, 업과 무명의 힘에 의해서 사자의 의식이 육신을 떠나 바르도의 의생신(意生身)을 성취한 뒤, 원초의 법성광명이 광명과 빛살과 소리의 셋으로 나타나고, 42적정존(寂靜尊)과 58분노존(忿怒尊)들이 차례로 출현하는 바르도(中陰)의 초반에서 중반까지를 말한다.

⑥ [육도세계에 들어가는] 순류(順流)의 재생의 바르도는 티베트어 '룩중씨빠바르도(順流再生中有)'[10]의 옮김이다. 정확한 뜻은 법성의 바르도에서 해탈을 얻지 못하고, 업과 무명에 의해서 다시 육도세계의 어느 한 곳에 태어나고

---

7 원어는 '띵에진쌈땐기바르도(Tiṅ ṅe ḥdzin bsam gtan gyi bar do)'이다.

8 원어는 '치캐바르도(ḥChi khaḥi bar do)'이다.

9 원어는 '랑신께내끼바르도(Raṅ bshin skyes gnas kyi bar do)'이다.

10 원어는 '룩중씨빠바르도(Lugs ḥbyuṅ srid paḥi bar do)'이다.

자, 새로운 몸을 찾고 구하는 바르도의 후반을 말한다. 이것이 우리들이 말하는 중음(中陰) 또는 중유(中有)의 뜻이라 할 수 있다.

그리고 이 '씨빼바르도(再生中有)'를 한글로 '생성의 바르도' 내지는 '저승의 바르도' 등으로 옮기는 것은 정확한 표현이 아니다.

이러한 갖가지 바르도의 의미에 대해 『바르도쌍왜귀(中有秘密續)』에서 다음과 같이 설명하였다:

> "길상하신 세존 금강살타께서, '아! 본초불 꾼뚜쌍뽀(普賢如來) 세존이시여! 비밀진언승의 핵심은 바르도(中有)이니, 바르도의 핵심을 설하여 주시옵소서!'라고 간청하였다. 본초불 꾼뚜쌍뽀께서 '잘 경청하라, 금강살타 세존이여! 바르도의 핵심은 이와 같으니, 자연의 생존[생시]의 바르도는 현재의 시간임을 알라. 삼매의 바르도는 수행의 시간임을 알라. 꿈의 바르도는 습기의 시간임을 알라. 생사의 바르도는 임종의 시간임을 알라. 재생의 바르도는 숨이 끊어진 시간임을 알라.
>
> 여기에는 5가지 바르도의 몸이 있다. 자연의 생존[생시]의 바르도는 착란과 혈육의 몸에 존재한다. 삼매의 바르도는 [지혜를] 일깨우는 각성(覺性)의 몸에서 출현한다. 꿈의 바르도는 쌓고 모으는 습기의 몸에 존재한다. 생사의 바르도는 [현명·증휘·근득·정광명의] 4가지 광명(光明)의 몸 안에 존재한다. 재생의 바르도는 끊어지는 의생신(意生身)에 존재한다.'고 설하였다."[11]

일반적으로 알고 있듯이 바르도의 존재에 대한 대소승 학파들 사이의 논설

---

11 『바르도쌍왜귀(中有秘密續)』, [닝마꾼붐(舊密十萬續, 응아빠 Ṅa pa)], pp.527~528.

이 일치하는 것만은 아니다.

실례로, 소승의 4대 부파의 하나인 대중부(大衆部) 등에서는 바르도의 존재를 인정하지 않고 있으며, 여타의 부파에서는 바르도의 세계를 인정하는 까닭에 학파 간에 논쟁이 발생하였기도 하였다.

소승의 대표적 논서의 하나인 바수반두[12]의 『구사론(俱舍論)』에서는 바르도의 세계를 부정하는 대중부의 학설을 "종자의 흐름(相續)과 동질성인 까닭에, 유(有)가 단절에서 발생하는 것은 아니다."라고 논박하였다.

바르도의 존재를 인정하는 이론적 근거에 대해 먼저 9대 까르마빠는 『응왼죄남썌(俱舍論精解)』에서 이렇게 설명하고 있다:

> "내도(內道)에 속하는 대중부(大衆部)와 화지부(化地部)들이, '사유(死有)가 단절되는 순간에 생유(生有)가 발생하는 것이므로 중유가 없다.'고 말하는 것은 잘못된 주장이다. 욕계와 색계에서 생유의 모양은 종자에서 싹과 줄기 등이 단절됨이 없이 발생하는, 종자의 상속과 그 상속의 결과가 동질한 법에 의해서 유(有)의 상속의 본질이 다른 장소에서 발생하기 때문이다. 사유(死有)의 상속이 참으로 단절되면 다른 장소에서 발생하지 못하는 것이다. 이것은 논리와 비유를 동시에 밝혀서 원인이

---

12 일반적으로 바수반두(Vasubandu, 世親)의 『구사론(俱舍論)』으로 널리 알려져 있으나, 일본의 오따니대학(大谷大學) 교수인 티베트인 캉까르출팀(Kaṅ dkar tshul khrims skal bzaṅ)은 아띠쌰(Atīśa)[(Dipamkara Śrijñāna, 吉祥燃燈智)]의 『우마맨응악(dBu maḥi man ṅag, 中觀教授論)』(D. No.3930, Hi 112b3~6)의 학설을 인용해서, "『구사론자주(俱舍論自註)』를 저술한 경부(經部)의 아사리 선대의 세친[Tib. 익녠(dByig gñen)]은 유식(唯識)의 논전과 그 주석서를 지은 아사리 세친과는 다른 사람임을 분명히 밝혔다. 이와 같은 점에서 현대의 일부 학자들의 학설과 일치한다."고 하였다. 『보리도차제대론(菩提道次第大論. 典據探)』(Lam rim chen moḥi luṅ khuṅs gsal byed ñi ma), p.Ⅷ-ⅩⅨ. 백관계운(白館戒雲), 일장불교문화총서(日藏佛教文化叢書) Ⅵ, 서장불교문화협회(西藏佛教文化協會) 2001.3, Japan.

선행함을 증명한 과인(果因)인 것이다."[13]

또한 위의 같은 논에서 이렇게 설명하고 있다:

"여기서 생유의 법이, 사유와 다른 주원인 두 가지로부터 발생한 것이 아니다. 왜냐하면, 사유를 떠나서 다른 주원인을 찾을 수가 없기 때문이며, 생유의 주원인이 [부모의] 정혈(精血) 등이 아닌 것이니, [매개체가 없이 변화로] 화생하는 유정들은 [남녀의] 정혈(精血) 등이 필요 없이 허공에서 출생하기 때문이다."[14]

또 바르도의 존재에 대해 초대 달라이 라마는 『쬐델타르람(俱舍論要解)』에서 이렇게 설명하고 있다:

"바르도는 존재한다. 세존께서 게송으로 읊으신 『칠유경(七有經)』에서, '일곱 가지 제유(諸有)가 있으니, 지옥의 세계(有)와 [아귀·축생·인간·하늘·바르도(中有)·업유(業有)][15] 등이 있다.'고 설한 까닭이다. 또한 바르도는 존재하는 것이다. 경(經)에서, '삼연(三緣)이 실현되면 모태에 자식이 잉태된다. 어머니가 건강하고 월경이 있고, 부모가 서로를 탐애하여 성교하고, 심향(尋香)이 근접하면'이라고 설한 그것의 심향이 곧 바르도 외

13 『응왼죄남썌(俱舍論精解)』, p.156.

14 『응왼죄남썌(俱舍論精解)』, p.156.

15 이 칠유(七有)의 존재에 대해 『장아함십보법경(長阿含十報法經)』에서도 "마땅히 알라. 일곱 존재가 있으니, ① 불가유(不可有)이며, ② 축생세계이며, ③ 아귀세계이며, ④ 인간세계이며, ⑤ 천상세계이며, ⑥ 행유(行有)이며, ⑦ 바르도(中有)이니라."라고 말씀하셨다.

에 다른 것이 아니기 때문이다."[16]

바르도 형성의 질료

이 죽음의 정광명의 운반체가 되는 [땅·물·불·바람·허공의 다섯 원소의 결정체인 극도로 미세한] 오광명풍(五光明風)이 바르도의 몸(風身)을 만드는 직접적 원인(近取因)이 되고, 바르도의 마음의 조연(助緣)이 되며, 죽음의 정광명의 마음이 바르도의 몸을 만드는 조연이 되고, 바르도의 마음의 직접적 원인이 되는 것에 의해서, 장차 태어나게 되는 그 세계의 유정의 모습을 취한 바르도의 바람의 몸을 이전의 몸(업보로 받은 죽은 몸)에서 떨어져 나와 실제로 성취하는 것이다.

【해설】

이렇게 죽음의 과정에서 자연적으로 발생하는 극도로 미세한 오광명풍(五光明風, rluṅ ḥod zer lṅa)을 질료로 해서 바르도의 풍신(風身)이 만들어지는 것처럼, 똑같은 원리로 원만차제의 유가행자도 심적(心寂)의 단계에서 정광명에 가까운 마음인 근득(近得)의 광명을 일으킨 뒤, 그것을 질료로 삼아 업보의 바르도의 몸 대신 해탈의 환신을 성취한다. 그러므로 이 오광명풍(五光明風)은 바르도의 몸과 부처님의 보신과 환신의 공통적 질료가 된다.

이 뜻을 쎄르뙥 린뽀체는 『도제텍빠쌀람템깨(密乘地道行相寶階)』에서 이렇게 설명하고 있다:

---

16 『죄델타르람(俱舍論要解)』, p.497.

> "죽음의 정광명 끝에 단지 [극도로 미세한] 풍심(風心)으로부터 옛 몸을 버리고 별도로 얻는 바르도의 몸은 환신(幻身)이며, 인위의 보신(報身)이라고 부른다. 이것은 부정환신(不淨幻身)과 청정환신(淸淨幻身) 2가지를 다 표현하는 것이다."[17]

죽음의 정광명 끝에 바르도 상태에 들어가는 극도로 미세한 풍심(風心)의 지분인, 극도로 미세한 대지명풍(大持命風)을 오광명풍으로 부르는 이유는, 이것이 인체의 근본오풍(根本五風)과 오대원소의 자성이자, 무지개와 같은 환신을 산출하기 때문이다. 이 오광명풍의 색깔은 백색이 위주이나, 이 가운데 땅 원소의 풍인 황색의 바람과 물 원소의 풍인 백색의 바람, 불 원소의 풍인 적색의 바람, 풍 원소의 풍인 녹색의 바람, 허공 원소의 풍인 청색의 바람 5가지가 갈무리되어 있다.

이러한 오광명풍이 가지는 교의적인 측면에 대해 꽁뚤 왼땐갸초는 『쌈모낭된낭제(金剛身論釋)』에서 이렇게 설명하고 있다:

> "본래 타고난 구생(俱生)의 오대원소는 대불괴명점과 오대원소의 본성으로 원초부터 존재하는 것이다. 이것은 바라밀다승에서 모든 마음 작용(心所)에 미치는 오편행[18]으로 설함과 구밀(舊密)에서 오광명심(五光明心)의 본성으로 존재하는 것을 오종성불(五種姓佛)로 설함과 대부분 딴뜨라들의 교의에서 오광명풍(五光明風)으로 설함과 3대 까르마빠 랑중도제(1284~1339)가 오정화[19]가 집성된 지혜로 주장한 것들은 모두가 이

---

17 『도제텍빠쌀람템깨(密乘地道行相寶階)』, p.156.

18 오편행(五遍行)은 수(受)·상(想)·사(思)·촉(觸)·작의(作意)의 5가지 마음작용(心所)을 말한다.

19 오정화(五精華)는 오대원소의 정수(精髓)를 말한다.

의미를 말한 것이다."[20]

사유의 소멸과 중유의 성취

그때 밝은 마음(현명)과 한층 밝은 마음(증휘)과 정광명에 가까운 마음(근득)이 앞에서 설명한 차례와는 달리 반대로 일어나니, 정광명에 가까운 암흑의 마음(근득)이 발생하고, 죽음의 정광명이 소멸하고, 바르도가 성취되는 이 셋이 동시에 일어난다.

왜냐하면, 대승의 『아비달마집론(阿毘達磨集論)』과 소승의 『구사론(俱舍論)』과 미륵보살의 『유가사지론(瑜伽師地論)』 등의 많은 논전에서, 죽음이 완결되는 순간인 사유(死有)의 소멸과 바르도의 성취 두 가지는 저울대의 오르내림과 같이 동시적이라고 설하였으며, 바르도는 [매개체가 없이 홀연히 태어나는] 화생(化生)인 까닭에, 몸의 기관과 지분들을 모두 일시에 성취하기 때문이다.

바르도의 최초 마음

그러므로 바르도를 성취하는 순간의 마음은 반대 순서의 정광명에 가까운 마음이며, 그로부터 한층 밝은 마음이, 그로부터 밝은 마음이, 밝은 마음에서 범속한 마음인 80자성의 분별의 마음들이 차례로 발생하며, 그와 동시에 바르도의 유정은 새로운 탄생의 장소와 [음식으

---

20 『쌈모낭된낭제(金剛身論釋)』, pp.100~101.

로] 향기를 구하는 일 등으로 사방으로 다니게 된다.

이들이 발생하는 것은 앞 장에서 설명한 임종의 차례와는 반대이며, 정광명에 가까운 마음에서 [물질의 쌓임이 소멸하는 내적 현상인] 아지랑이 현상에 이르기까지의 여러 가지 소멸 현상들이 차례로 일어난다.

피와 살 등의 물질로 이루어진 거친 육신을 떠나서 단지 생명의 바람 [오광명풍]만으로 이루어진 극도로 미세한 의생신(意生身)의 바르도를 가리켜서, 기본의 보신(報身)과 심향(尋香)이라 부른다.

【해설】

바르도가 발생하는 원인과 특성, 바르도의 상태에서 일어나는 의식의 착란에 대하여 설명하고자 한다.

먼저 바르도의 몸을 받는 근본원인에 대해 쫑카빠(1357~1419)는 『람림 첸모(菩提道次第廣論)』에서 이렇게 설명하고 있다:

"앞에서 말하였듯이, 의식이 몸을 떠나는 그 곳에서 단절됨이 없이 저울대의 오르내림과 같이 죽음과 바르도를 성취하는 것이다. [바르도를 성취하는] 그 원인은 몸에 대한 집착을 일으킴과 과거에 [제법의 상주와 단멸 등을 망령되게 분별하던] 희론(戱論)을 애집해서 익힌 습기와 선·불선의 어느 업에 의한 그 두 가지에 의지해서 성취하는 것이다."[21]

바르도의 특성에 대해 아르야 데와는 『쬐뒤된마(集行明燈論)』에서 이렇게 설명하고 있다:

21 『람림첸모(菩提道次第廣論)』, p.244, 쫑카빠, 청해 민족출판사, 1985, 서닝, China.

"자기 마음의 본연의 진실을 바르게 깨닫지 못하고 업을 논설하는 유정들은, 비롯함이 없는 윤회로부터 마음의 분별에서 발생한 업과 번뇌에 결박되어, 마치 누에고치와 같이 스스로 대고통의 몸을 실현하여, 생과 생을 거듭하며 축적한 선과 불선의 업과(業果)들이 익음을 받으면서, 또한 제일의제(第一義諦)의 만다라[죽음의 정광명]에 들어가는 순서에 의해서 거친 몸(蘊)을 버린 뒤, 단지 바람의 원소만으로 [바르도의 몸을] 일으키되, 감각을 구비하고 갈애로 자신을 결박한다.

법계의 동류의 인자[因子, 극도로 미세한 마음(心)]에서 발생한 억념을 지니고, 선과 불선의 모양을 아는 의식을 갖추되, 다섯 살 어린아이와 크기가 같다. 일체를 보며, 모든 감각기관들을 갖추고, 향기의 섭취를 음식으로 삼으며, 금강석 등으로도 파괴하지 못하며, 모든 형체를 갖추고, 업의 신통력을 지닌다. 7일이 경과하는 사이에 존재하며, 자신의 분별로 발생한 선업과 불선의 업에 의해서 생성되며, 인과 연을 찾아 얻은 뒤 여섯 갈래의 유정세계를 두레박처럼 오르내리고, 반복해서 생을 맺으면서 생사윤회의 괴로움을 향수한다."[22]

또 바르도의 상태에서 발생하는 의식의 착란에 대해 『도제낸졸마포와(金剛瑜伽母破瓦)』에서는 이렇게 설명하고 있다:

"탄생의 장소를 구해 사방으로 돌아다님으로써 몸과 마음이 착란하게 된다. 땅 원소의 바람이 실조해서 산이 무너지고, 조각나고, 절벽이 붕괴하는 소리들과, 물 원소의 바람이 실조해서 바닷물이 허공으로 치솟고, 부딪치고, 험준한 협곡에서 울리는 소리들과 불 원소의 바람이 실

22 『쬐뒤된마(集行明燈論)』, pp.249~250.

조해서 말겁(末劫)에 일어나는 겁화(劫火)의 맹렬한 불길과 삼계가 모두 불타는 광경과 광대한 수림이 불타는 소리들과 바람 원소의 바람이 실조해서 말겁의 시뻘건 겁풍이 사납게 휘몰아치고, 세상만물이 바람에 날리는 깃털처럼 요동치는 소리 등을 비롯한, 온갖 소리들이 천 개의 벽력이 동시에 때리듯이 꽈르릉하는 격렬한 소리들을 듣게 된다."[23]

역시 『맨악닝기공빠(教誡極密意王續)』에 「중유착란품칠(中有錯亂品七)」에서도 의식의 착란에 대하여 이렇게 설명하고 있다:

"그 뒤 착란의 바르도가 일어난다. 몸은 다섯 원소(五大)를 빌림으로써 허공의 광경[현상]이 나타난다. 허공의 광경이 몸을 연마하니 내던짐과 같은 고통이 5일 동안 일어난다. 그 뒤 땅의 광경이 나타나고, 몸이 땅밑에 떨어지는 느낌과 산 아래 깔림과 같은 극심한 고통 속에 5일 동안 지낸다. 그 뒤 물의 광경이 나타나고, 큰 물 속에서 5일 동안 얼어붙어 지낸다. 그 뒤 불의 광경이 나타나고, 큰 불길 속에서 5일 동안 불에 타면서 지낸다. 그 뒤 [바람의 광경이 나타난다.] 큰 바람에 의해서 아주 춥고 내둘리는 광경이 5일 동안 일어난다. 모두 풀이하면, 착란의 바르도가 25일 동안 일어난다. 그 뒤 원만시(圓滿時)의 흑암의 땅에서 밤낮의 현상이 없이 시커먼 어둠이 깔린 속에서 극심하게 고통을 당한다. 해가 진 컴컴한 땅과 같은 어둠 속에서 7일 동안 고통을 당함이 일어난다. [그와 같이] 25일 동안 극심한 고통이 일어난다. 그렇게 원만시의 흑암의 땅에서 7일 동안 머문 뒤 삼악도에 윤회하니, 오르내리는 두레박처럼 윤회

23 『도제낸졸마푸와(金剛瑜伽母破瓦)』, p.624.

속에 유랑한다."[24]

또 같은 경에서 이렇게 설명하고 있다:

"금강수보살이 이와 같이 여쭈었다. '오, 세존이시여! 무명의 어둠에 가림을 입은 뒤, [법성의] 본연의 자기 광경[현상]이 마라(魔羅)로 바뀌어서 그것을 악도의 장소로 착각하는 법은 어떠합니까? 착란을 물리치려면 어떻게 물리쳐야 합니까?'
세존께서 다음과 같이 말씀하셨다. '오, 비밀주여! 그대는 잘 들으라. 내가 말하리라. 윤회에 유랑하는 중생들이 착락의 길에 머물 때, [법성의] 역동적 광명을 다섯 감관의 문(根門)의 광명으로 본다. 그렇게 봄으로써 습기가 크게 일어나고, 그로 말미암아 탐욕으로 착란하고, 각성도 [착란의] 근본에 동시에 떨어진다. [법성의] 자기 광명의 특성을 알지 못함으로써 그것에 대해 성냄을 크게 일으키고, 그로 말미암아 성냄으로 착란한다. [법성의 광경과 자기가] 둘이 아님을 알지 못함으로써 어리석음으로 착란한다. 그것을 나와 내 것이란 대상으로 인식함으로써 교만으로 착란한다. 교만에서 분노가 일어난다. [법성의 광명이] 뻗치는 문에 탐욕이 일어나 자궁으로 들어감으로써 여성으로 착란한다. 어리석음의 문을 통해 [법성의 광경과 자기를] 둘로 인식해 자궁으로 들어감으로써 중성(中性)으로 착란한다. 그로부터 남녀와 중성이 발생한다. 탐착이 일어남으로써 아귀로, 성냄에서 지옥으로, 어리석음에서 축생으로, 분노와 질투에서 아수라와 천신으로 착란한다. 오독(五毒)을 일으킴으로써 육도(六道)

24 『맨악닝기공빠(教誡極密意王續)』[닝마귄붐(舊密十萬續, Pa pa)], pp.820~821. 참닥괸빠(mTsham brag dgon pa)의 목판 영인본, Butan.

로 착란한다.'"[25]

바르도와 몽신(夢身)의 유사성

그러면, 그와 같은 바르도가 실재한다는 비유로는 어떠한 것이 있는가? 현재 우리들이 잠 속에 들면, 수면 단계의 4가지 현상(아지랑이·연기·반딧불·촛불의 떨림)과 사공(四空: 공·극공·대공·일체공)이 임종의 때와 같이 [뚜렷하게 발생하지 않고] 단지 있다는 정도로 짧게 일어난 뒤에 수면의 광명이 발생한다. 이 수면의 광명에서 일어날 때 꿈속의 몸인 몽신(夢身)이 발생하며, 그로부터 일어나면 몽신이 성취되고, 꿈속의 단계에서 갖가지 활동들을 하게 된다.

수면에서 깨어나고자 할 때는 꿈속의 그 [오대원소의 정수로 이루어진 극도로 미세한] 바람의 몸(風身)이 거울 위의 입김이 가장자리부터 엷어져 가운데로 모여 사라지듯이, 심장으로 모여든 뒤에 옛 몸[수면에 든 몸]의 심장 속 아와두띠(中脈) 속에 존재하는, [그 성품을 둘로 나누지 못하는] 극도로 미세한 풍심(風心) 속으로 은멸한 뒤에 잠에서 깨어나게 되고, [각성의 단계에서] 갖가지 활동들을 하게 된다.

【해설】

이것은 생기와 원만차제의 정화 대상인 바르도의 3가지 몸을 말한다. 이 3가지 몸에 대해 꽁뚤 왼땐갸초는 『쎼자꾼캅(知識總彙)』에서 이렇게 설명하고 있다:

---

25 『맨악닝기공빠(教誡極密意王續)』(닝마건붐), pp.826 827.

"여기서 정화의 대상인 바르도의 3가지 몸은, 생사의 바르도와 꿈의 바르도, 중유의 바르도의 몸이다.

처음 생사의 바르도는 태어나서 임종하기까지이며, 이것은 [업의 결과인] 이숙신(異熟身)이다. 어찌해서 이숙신인가? 갖가지 선악의 업을 쌓으므로 갖가지 고락이 성숙되고, 그것을 받으므로 이숙신인 것이다.

두 번째 꿈의 바르도는 잠에 들고 나서 깨어나기까지이며, 이것은 꿈의 바르도의 습기신(習氣身)이다. 어찌해서 습기신인가? 금생의 갖가지 습기들이 꿈으로 나타나기에 꿈의 습기신인 것이다.

세 번째 중유의 바르도는 죽고 나서 탄생을 얻기까지이며, 이것은 중유의 바르도의 의생신(意生身)이다. 어찌해서 의생신인가? 음식으로 향기를 먹고, 마음은 환(幻)과 같고, 감각기관을 갖추고, 일체에 걸림이 없는 까닭에 의생신인 것이다.

이것을 정화하는 법은, 이숙신은 본존불의 색신(色身)의 마하무드라(大印)로 정화하며, 습기신은 꿈을 화신(化身)과 환신(幻身) 등으로 정화하고, 의생신은 정광명으로 정화한다.[26]

이 3가지 몸에 대해 뻰조르 된둡은 『나로최둑쌜된(那若六法明燈)』에서 이렇게 설명하고 있다:

"성취자 나로빠(Nāropa)의 [바르도에 대한] 논지는 다음의 세 가지로 귀결된다. '낮에 경험하는 현상의 착란과 밤에 경험하는 꿈의 착란과 바르도에서 경험하는 업의 착란이다.'라고 하였다. 그러므로 생사의 바르도와 꿈의 바르도, 중유의 바르도 셋에 귀속된다. 낮에는 이들 바깥의 현상에

---

26 『쎼자꾼캽(知識總彙)』, p.872.

착란하지 말며, 밤에는 꿈을 인지토록 하며, 중유에서는 광명을 인지하거나 또는 환상을 닦도록 한다.

또한 낮에는 현상에 착란 당하고, 습기에 착란 당하고, 업에 착란 당할지라도 현상의 착란이 우선한다. 그와 같이 밤에도 현상의 착란·습기의 착란·업의 착란이 있을지라도 습기의 착란이 우선한다. 그와 같이 바르도에서도 현상의 착란·습기의 착란·업의 착란이 있을지라도 업의 착란이 우선한다."[27]

바르도의 5가지 특성

그와 같은 바르도의 [5가지 신체적] 특성은, 몸의 감각기관들이 완전하며, 화생(化生)인 까닭에 몸의 크고 작은 지분들을 일시에 갖추며, 극도로 미세한 몸인 까닭에 금강석에 의해서도 파괴되지 않으며, 어머니의 자궁과 같은 생을 받는 장소를 제외한 수미산 등의 어떠한 물체들도 걸림 없이 통과할 수 있으며, 업력(業力)에서 생긴 신통력에 의해서 한순간에 원하는 대로 날아갈 수 있으며, 부처님들조차 가히 제지하지 못하는 것이다.

【해설】

바르도의 신체적 특성에 대하여 몇 가지 설명하고자 한다.

먼저 몸의 감각기관들을 온전히 갖춘다는 의미에 대해 구루 빠드마쌈바와(蓮花生)는 『바르도퇴돌』에서 이렇게 설명하고 있다:

---

27 『나로최둑쌜된(那若六法明燈)』, p.380.

"오, 고귀한 가문의 자손이시여! 산란함을 버리고 귀담아 잘 듣도록 하십시오. 또한 위에서, '감각기관들을 모두 갖추고, 걸림이 없이 다닌다'는 것은, 그대가 생전에 비록 눈이 멀고, 귀가 먹고, 팔다리가 불구 등이었을지라도, 지금 바르도의 상태에서는 눈으로 물체를 보고, 귀로 소리를 듣는 등의 모든 감각기관들이 결함이 없이 분명하고 온전합니다. 그래서 몸의 기관들이 완전하다고 말하는 것입니다. 또한 이것이 그대가 죽은 뒤에 바르도에 유랑하고 있다는 표시이기도 합니다."[28]

몸이 걸림이 없다는 의미에 대해 역시 같은 논에서 이렇게 설명하고 있다:

"오, 고귀한 가문의 자손이시여! 또한 '걸림이 없이 다닌다'는 것은, 지금 그대의 몸이 의생신(意生身)임을 뜻합니다. 그대의 마음이 몸과 분리된 탓에 거친 살점의 몸뚱이를 가지고 있지 않습니다. 그래서 수미산과 집과 땅과 바위와 산과 암벽 따위의 모든 것들을 걸림이 없이 통과할 수 있는 능력이 현재 그대에게 있습니다. 단지 어머니의 자궁과 보드가야의 금강보좌(金剛寶座)를 제외하면, 설령 그것이 수미산일지라도 막힘없이 관통할 수 있는 힘이 그대에게 있습니다. 또한 이것이 그대가 재생의 바르도에 유랑하고 있다는 표시입니다."[29]

업의 신통력을 지닌다는 의미에 대해 역시 같은 논에서 이렇게 설명하고 있다:

---

28 『바르도퇴돌(中有聞法解脫)』, pp.100~101.

29 『바르도퇴돌(中有聞法解脫)』, p.101.

"오, 고귀한 가문의 자손이시여! 또한 '업(業)의 신통력을 지닌다'는 것은, 지금 그대의 신통력은 [깨달음의] 공덕과 삼매에서 생긴 신통이 아니며, 단지 업력에서 생겨난 것임을 말합니다. 한순간에 사대주와 수미산을 다 돌 수 있으며, 원하는 장소를 단지 생각하는 것만으로 그 즉시 도달하게 됩니다. 단지 어른이 손을 폈다 오므리는 사이에 도달하는 능력이 있습니다. 이러한 갖가지 기이한 신통들을 기억하고 싶지 않으면 잊도록 하십시오. 이것저것 생각하는 모든 것들을 뜻대로 연출할 수 있습니다. 일체를 걸림 없이 시현할 수 있는 능력이 지금 그대에게 있습니다."[30]

바르도에서의 몸의 바뀜

소승의 『구사론』에서, "한번 어떤 세계의 바르도의 몸을 얻고 나면, 반드시 거기에 태어나며, 다른 유정의 몸으로 바꾸지 못한다."고 설하고 있으나, 대승의 『아비달마집론』에서는, "어떤 세계의 바르도를 성취할지라도, 반드시 거기에 태어나지 않고, 다른 유정의 몸을 받음도 있다."고 설하였다. 그러나 대소승의 두 아비달마론(阿毘達磨論)의 논설 또한, 바르도의 상태에서 아라한을 성취하는 중반열반(中般涅槃)[31]이 있음을 설하므로, 일률적으로 반드시 생유(生有)를 받는다는 주장은 인정할 수 없다.

---

30 『바르도퇴돌(中有聞法解脫)』, p.101.

31 중반열반(中般涅槃)은 중유의 상태에서 열반에 드는 것을 말하며, 여기에는 3가지가 있다. 바르도에 탄생하자마자 열반에 드는 경우와, 바르도의 중간쯤에서 열반하는 경우와, 바르도에서 마지막이 열반에 드는 경우이다.

【해설】

대승의 논설에 의하면, 사자가 어떤 세계에 태어나게 되는 바르도의 몸을 얻고 나서도 바뀌는 경우가 있다고 설한다.

그 이유는 첫째, 바르도의 상태에서 열반에 드는 경우이며, 둘째는 바르도의 유정이 스스로 세운 발원에 의해서이며, 셋째는 사자의 가족들이 망자를 위해서 선·불선의 업을 대신 지어주는 경우이다.

첫 번째 경우에 대해 초대 달라이 라마는 『죄델타르람(俱舍論要解)』에서 이렇게 설명하고 있다:

> "범중천(梵衆天)[32]의 바르도를 성취하면 그곳에 태어남이 확정적이지 않다. 거기에서 중반열반(中般涅盤)에 들어감이 있기 때문이다."[33]

두 번째의 경우, 바르도의 상태에서 획득하는 중반열반이 아니더라도 다른 몸으로 바뀌는 것에 대해 8대 까르마빠는 『죄델찌조(俱舍論廣釋)』에서 이렇게 설명한다:

> "인간과 같은 바르도를 얻고 나면, 하늘 등의 다른 유정으로 결코 바뀌지 못한다고 설할지라도, 대승의 『아비달마집론』에서는 바뀜이 있다고 설한다. 그것은 후생수업(後生受業)[34]의 업인(業因)과 상계에서 임종할

---

32 범중천(梵衆天)은 초선(初禪)의 세 하늘 가운데 아래층이 범중천이며, 중간이 범보천(梵輔天), 상층이 범왕(梵王)이 거주하는 대범천(大梵天)이다. 범중천에 태어나는 유정은 죄업을 정화해서 사범주(四梵住)에 머물며, 범천왕의 권속이 된다.

33 『죄델찌조(俱舍論廣釋)』, pp.487~488.

34 후생수업(後生受業)의 티베트원어는 'Lan graṅ gshan la myoṅ ḥgyur gyi las'이며, 순후수업(順后受業)으로 한역되며, 내생부터 비로소 그 과보를 받게 되는 업을 뜻한다.

때, 하계의 번뇌를 일으킨 사견이 원인이 되어서 상계의 바르도 등이 바뀐다고 설한다.

그때 축생과 같은 바르도가 스스로 인간으로 태어나는 업을 쌓은 뒤에 사람으로 태어나는 등과 사자를 목적으로 선·불선의 어떠한 업을 지어 줌도 역시 바르도의 유정에게 작용하는 업이 되어 그것을 따르게 된다. 그로인해 그 유정이 선악의 업을 쌓게 되는 까닭에 좋고 나쁜 탄생의 장소로 옮겨가게 되는 것이다.

『보은경(報恩經)』에서도, '죽은 뒤에 추념(追念)을 행하는 것으로도 또한 바뀐다.'고 설하였으며, 대승의 『아비달마집론』의 교설에서는 바르도에게 새로운 인업(引業)을 쌓게 함이 있다고 설하였다. 비록 소승의 『구사론』에서는 없다고 설할지라도, 일반적으로 [과보로 받은] 이숙신(異熟身)을 받은 것은 바꿀 수가 없을지라도, 다른 상태로 바꾸는 새로운 업의 지음은 있는 것이다. 그 바르도를 목적으로 선악의 업을 대신 지어줌으로써, 같은 인간일지라도 종성과 신체와 재부의 우열의 조건이 바뀌게 하는 방법이 있는 것이다."[35]

뿐만 아니라, 『바르도퇴돌』에서도 바르도의 유정이 스스로 일으키는 선악의 감정에 의해서 후생이 바뀌는 경우를 이렇게 설명하고 있다:

"만약 그대가 선취에 태어나게 되어서 인간과 천상의 환영들이 나타날 때, 집에 남아 있는 가족들이 사자의 명복을 빌기 위해 가축을 잡아서 공양하고 보시하는 것을 보게 됩니다. 그로 말미암아 그대에게 부정한 감정들이 일어나서 크게 분노하게 됩니다. 그리고 이것에 연계되어 그

35 『죄델찌고(俱舍論廣釋)』, pp.487~488.

대는 선취에 태어나지 못하고 도리어 지옥에 태어나게 됩니다. 그러므로 남은 가족들이 그대를 위해서 어떠한 행위를 할지라도 노여움을 버리고 자애한 마음을 닦도록 하십시오.

또한 그대가 남겨놓은 보석과 재물들에 대하여 애착하는 마음을 내거나, 그대의 패물을 다른 이가 차지하고 사용하는 것을 보고 난 뒤, 그 물건들에 대하여 애착하는 마음을 일으키거나, 가족에게 화를 내게 됩니다. 그리고 이것에 연계되어 비록 선취에 태어날 예정이라도 도리어 지옥 또는 아귀로 반드시 태어나게 됩니다.

설령 그대가 두고 온 물건들에 대하여 애착하는 마음을 낼지라도 이제는 그것을 가질 힘이 없습니다. 그대에게 조금도 도움이 되지 못합니다. 그러므로 두고 온 재물들에 대하여 욕심을 버리고 애착을 끊도록 하십시오. 단호하게 끊도록 하십시오. 그대의 물건들을 누가 사용할지라도 아까운 마음을 내지 말고 흔쾌히 버리도록 하십시오. 스승님과 삼보님께 그것을 바친다는 강렬한 염원을 일으킨 뒤 무욕의 상태에 머물도록 하십시오.

또한 그대를 위해서 승려들이 깜까니(懺罪) 의식[36]을 행하고, 악취를 정화하는 예식 등을 베풀 때, 그들이 청정하지 못하거나, 졸거나, 건성으로 하거나, 서언과 율의가 깨어졌거나, 행위가 고결하지 못한 것들을 그대는 미세한 업의 신통력으로 보게 됩니다. 그래서 그들을 불신하고, 나쁜 생각을 품게 되거나, 두렵고 무서운 생각을 내서 악업 등을 짓게 됩

---

36 깜까니(Kaṁkani, 懺罪儀式)는 금강부동불(金剛不動佛, 阿閦佛)에 의지해서 일체의 죄업과 장애를 정화하는 의식이다. 정화진언은 "나모 라뜨나 뜨라야야, 옴 깜까니 깜까니, 로짜니 로짜니, 뜨로따니 뜨로따니, 뜨라싸니 뜨라싸니, 쁘라띠하나 쁘라띠하나, 쌀와 까르마 빠람빠라니메 쌀와 싸뜨와 냔짜 쓰와하"이다. 이 진언을 정수와 모래 등에 21번 염송한 뒤 사자에게 뿌려준다.

니다. 또한 그 의식과 법행(法行)들이 부정함을 알게 됩니다. 그래서 '아, 이들이 나를 속이고 있구나! 정말로 속이고 있구나!'라고 생각한 뒤, 마음이 허탈하고 크게 언짢게 됩니다. 이와 같이 선한 감정과 존경과 믿음이 없는 상태에서 사견과 불신의 마음이 홀연히 들게 되고, 이것에 연계되어 그대는 반드시 악도에 떨어지게 됩니다. 그래서 득보다도 해가 더 크게 됩니다.

그러므로 그대의 집에서 법사들이 그대를 위해 의식을 법답게 행하지 못할지라도 이렇게 생각하십시오. '아무렴 어때! 나의 감정이 불순한 것이야. 부처님의 말씀에 부정함이 어디 있으랴! 몸의 그림자가 거울에 비침과 같이 나의 불순한 감정에서 이것들이 생긴 것이야. 이들의 몸은 승가이며, 이들의 말은 달마이며, 이들의 마음은 붓다의 본성인 것이야. 나는 이들에게 귀의하리라!'고 생각한 뒤, 믿음을 갖고 선한 감정을 강렬하게 일으키도록 하십시오. 그러면 그대의 집안에서 어떠한 의식들을 치를지라도 전부 그대에게 반드시 도움이 됩니다. 이와 같이 선한 감정을 일으키는 것이 매우 중요합니다. 결코 잊지 않도록 하십시오.

또한 그대가 악도에 태어나게 되어서 삼악도의 환영들이 출현할 때, 집에 남아 있는 가족들이 사자를 위해서 죄가 섞이지 않은 정결한 선행들을 쌓고, 스승과 법사들도 역시 깨끗한 몸과 말과 뜻의 셋으로 선법을 행하는 것을 보고 난 뒤, 그대가 단지 기뻐하는 마음만을 가지게 될지라도 그것에 연계되어 비록 삼악도에 떨어지게 되어 있을지라도, 도리어 선취에 태어나는 효과가 있게 됩니다. 그러므로 부정한 감정들을 버리고 오로지 선한 마음과 믿음과 존경을 가지도록 하십시오. 이것은 매우 중요합니다. 잘 살피도록 하십시오.

오, 고귀한 가문의 자손이시여! 요약하면, 지금 그대의 바르도의 마음은 몸이란 의지처가 없는 까닭에 매우 가볍고 유동적입니다. 이 상태에서는 어떠한 선악의 생각들을 일으키더라도 그것은 매우 강력한 힘[37]을 갖게 됩니다. 그러므로 불순한 감정들을 마음에 품지 않도록 하십시오. 만약 그대에게 선한 행위가 있다면 그것을 기억토록 하십시오."[38]

세 번째의 다른 이들이 해주는 추선(追善) 등에 의해 중유의 몸이 바뀌는 경우에 대해 『지장본원경』「이익존망품」에서는 이렇게 설명하고 있다:

"어떤 이가 목숨을 마치려 하면 그 부모와 가족들은 마땅히 복을 베풀어 그의 앞길을 돕도록 하라. 혹은 깃발과 산개(傘蓋)를 달고, 등불을 켜서 올리고, 경전을 돌아가며 독송토록 하라. 또한 불상과 여러 신상들 앞에 공양을 올리고, 불보살님의 명호와 벽지불의 명호를 염송토록 하라. 한 분 한 분의 명호가 임종하는 사람의 귀가를 스치게 하거나, 본인의 의식이 듣게 하라.
이 중생들이 지은 바 무거운 악업에 감응하여 반드시 악취에 떨어지더라도, 가족들이 임종하는 사람을 위하여 이 같은 성스러운 선인(善因)을 닦으면, 그 인연으로 갖가지 죄업들이 모두 소멸하게 된다.
만약 임종한 뒤 49일 동안 다시 갖가지 선업들을 널리 지어주면, 이 중생들이 악취에서 영원히 벗어난 뒤, 인간과 천상에 태어나 뛰어난 즐거움을 받으며, 살아 있는 가족에게도 이익이 헤아릴 수 없이 많다."[39]

---

37 이러한 이유로 인해서 임종 시에 선한 감정을 갖고 죽는 것이 무엇보다도 중요하다. 이때의 감정이 바르도의 상태에서 강하게 작용하기 때문이다.

38 『바르도퇴돌(中有聞法解脫)』, pp.110~113.

39 『지장본원경』「이익존망품 제칠(利益存亡品第七)」, 新修大藏經 第13册 No.0412, CBETA 電子佛典, 2006.

또한 업력의 신통을 지닌 바르도의 유정이 자기의 원력으로 몸을 바꿔는 것에 대해 위의 『바르도퇴돌(中有聞法解脫)』에서 이렇게 설명하고 있다:

"또한 도솔천(兜率天)[뚜시따(Tushita)]에 계시는 미륵(彌勒, Maitreya) 부처님의 회상에 왕생하기를 염원하면, 이와 같이 기원토록 하십시오.

아, 나는 바르도의 상태에서
도솔천의 내원궁에 계시는,
불패의 법왕 미륵 부처님의
발아래 반드시 화생하리라.
이제 그 시기가 도래하였다.
나는 그곳으로 향해 가리라!

이렇게 강렬하게 희원하십시오. 그 즉시 미륵 부처님의 회상에 왕생하여 연꽃 속에 태어나게 됩니다."[40]

끝으로 바르도의 상태를 바뀌게 하는 데에는 바르도의 환영이 발생하지 않는, 첫 주간에 사자를 대신해서 선근을 심어주는 것이 매우 중요하다고 하였다.

이 뜻을 차리 깰쌍톡메는 『보리도차제광론명해(菩提道次第廣論明解)』에서 이렇게 설명하고 있다:

"바르도의 유정이 7일 안에 탄생의 조건을 얻지 못하면, 일주일 마지막

---

40 『바르도퇴돌(中有聞法解脫)』, p.132.

순간에 작은 죽음을 겪으면서 49일간을 바르도에 머물게 된다. 가정에서 49재를 지내는 이유 또한 이 때문이다. 특히 첫 주간에 널리 선근을 심어주는 큰 힘에 의해서, 하천한 곳에 태어나게 될 바르도일지라도 그곳에 태어나지 않으며, 비록 선업의 힘이 적을지라도 그 선근의 연분에 의해서 탄생의 장소가 바뀌게 되고, 좋은 곳으로 태어나는 등의 돕는 작용이 있게 된다."[41]

바르도의 다섯 가지 이름

바르도의 5가지 다른 이름은, 뜻으로 태어나는 의생(意生), 모태 등의 탄생 장소에 몸을 던지는 투생(投生), 향기를 음식으로 먹는 식향(食香), 죽음과 탄생 사이의 존재를 뜻하는 중유(中有), [육도세계 등의 어떤 생명체를 반드시 실현하는] 현성유(現成有) 등으로 부른다고 『구사론(俱舍論)』에서 설하였다.

【해설】

바르도의 갖가지 이름에 대해 9대 까르마빠는 『응왼죄남쌔(俱舍論精解)』에서 이렇게 설명하고 있다:

"외적 요인인 부모의 [정혈(精血)과] 습기(濕氣)와 온기(溫氣) 등에 의지함이 없이 단지 의식만으로 태어나는 까닭에 의생(意生)이라 부른다. 생유

41 『보리도차제광론명해(菩提道次第廣論明解)』, p.390, 차리 깰쌍톡메. 감숙 민족출판사, 2005, 난주, China.

(生有)를 본질적으로 구하는 본성인 까닭에 투생(投生)이라 부른다. 향기를 음식으로 취하므로 심향(尋香)이라 부른다. 죽음과 탄생 사이에 위치하므로 중유(中有)라고 부른다. [고통의 본질인] 몸으로 태어남을 반드시 실현하므로 현성유(現成有)라고 부른다. (중략) 바르도의 유정들은 거친 단식(段食)을 먹지 않고, 단지 향기만을 먹으며, 복덕이 큰 바르도들은 뛰어난 향기를 먹고, 저열한 바르도들은 조잡한 향기를 먹는다."[42]

바르도의 유정은 향기를 주된 음식으로 삼으나, 곁들여 단식을 제외한 나머지 음식들도 취하게 된다.

이러한 바르도의 음식에 대해 『대반열반경(大般涅槃經)』(卷第二十九)에서, "바르도의 중음(中陰)은 3가지 음식을 취한다. 첫째는 사식(思食)이며, 둘째는 촉식(觸食)이며, 셋째는 의식(意食)이다."라고 설하였다.

바르도의 수명과 기간

바르도의 수명은 길어야 7일간이다. 그러나 탄생의 조건들을 갖추게 되면, 바르도를 성취하더라도 곧바로 재탄생에 들어가는 경우도 있으므로, 꼭 정해진 것은 아니다.
만약 7일 동안에 탄생의 조건들을 구비하지 못하면, 7일의 마지막에 작은 죽음을 한 번씩 겪으면서, 그 바르도의 몸을 다시 얻어 머물게 된다.
그와 같이 해서 49일이 지나면 반드시 탄생의 조건을 갖추어서 태어나게 된다고 『유가사지론(瑜伽師地論)』「본지분(本地分)」에서 설하였다.

---

42 『구사론정해(俱舍論精解)』, p.186

【해설】

바르도에 머무는 기간은 부파의 학설이 서로 달라 길고 짧음이 일치하지 않는다.

이 점에 대해 초대 달라이 라마는 『죄델타르람(俱舍論要解)』에서 이렇게 설명하고 있다:

"경부(經部)의 아사리 다르마뜨라니[43]는, '탄생의 조건을 갖추지 못하면 갖출 때까지 머물게 되므로 기간이 정해짐이 없다.'고 하였다. 유부(有部)의 아사리 바쑤미뜨라(Vasumitra, 世友)는, '7일간 머물며 거기서 탄생의 장소를 얻지 못하면, 죽은 뒤에 그 바르도로 태어난다.'고 하였다. 또 [무착 보살 등의] 다른 아사리들은, '77일로서 49일 동안 머문다.'고 하였다.
또 유부에서는, '이 바르도는 탄생을 구하는 본성인 까닭에 오랫동안 머물지 않고 신속하게 탁생하는 것이다. 그 또한 어떤 세계에 태어나는 것이 결정되면, 탄생의 조건이 갖추어지지 않을지라도 업력에 의해서 탄생의 조건들을 끌어 모은 뒤 거기에 태어나며, 만약 거기에 태어나는 것이 확정적이지 않으면 다른 곳에 태어난다.'고 하였다.
또한, '겨울에 소의 바르도를 받게 되면 소는 여름에만 교미를 하고, 들소는 때가 없이 교미를 하므로 대신 들소로 태어나고, 겨울에 말의 바르도를 받게 되면 말은 봄에만 교미를 하고, 나귀는 때가 없이 교미를 하므로 대신 나귀로 태어나고, 여름철에 곰의 바르도를 받게 되면 곰은 겨울에만 교미하고, 마웅(馬熊)은 때가 없이 교미를 하므로 대신 마웅으로 태어나며, 여름에 개의 바르도를 받게 되면 개는 가을에만 교미하고, 이

---

43 아사리 다르마뜨라니(Dharmatrāṇi, 法救)는 세친(世親)의 제자이며, 저서로는 『구사론만증주(俱舍論滿增注)』가 있다.

리는 때가 없이 교미를 하므로 대신 이리로 태어난다.'고 하였다."[44]

쫑카빠는 『람림첸모(菩提道次第廣論)』에서 이렇게 설명하였다:

"바르도의 수명의 한도는 만약 탄생의 조건을 갖추지 못하면, 길어야 7일간을 머문다. 만약 조건을 구비하면 수명이 일정하지 않다. 만약 조건을 얻지 못하면 또한 몸을 바꾼 뒤 49일간을 머물며, 그 안에 탄생의 조건을 반드시 갖추므로 그 이상은 머물지 않는다. 준거가 되는 논전들에서도 역시 그 이상 길게 머물지 않는다고 설하였다. 그러므로 그 이상 길게 머문다고 말하는 것은 옳지 않다."[45]

바르도에서의 작은 죽음

바르도의 유정이 7일마다 한 번씩 작은 죽음을 겪는 도리는, 바르도의 몸인 풍신(風身)은 마치 거울 위의 입김이 가장자리부터 엷어져 가운데로 모이듯이, 몸의 위아래로부터 차례로 심장으로 모여든 뒤, 바르도 상태에서 80자성의 분별의 마음과 그의 운반체인 생명의 바람이 함께 은멸한 뒤, 바르도의 임종의 네 현상과 사공(四空)이 단지 있다는 정도의 짧은 순간에 일어나서, 죽음의 정광명이 발생한다.
그다음 죽음의 정광명의 운반체인 극도로 미세한 생명의 바람이 직접적 원인이 되어서, 반대로 일어나는 정광명에 가까운 마음을 얻음

---

44 『쬐델타르람(俱舍論要解)』, p.498.

45 『람림체모(菩提道次第廣論)』, p.246

과 동시에 바르도의 의생신(意生身)을 예전처럼 성취하는 것이다. 바르도의 몸에 그러한 작은 죽음들이 발생할지라도 그것은 바르도 자체에 속한다.

바르도와 옛 몸의 관계

특히 바르도의 유정이 비록 자기의 옛 몸을 볼지라도 업의 고리가 끊어진 힘에 의해서, 이전의 그 몸이 자기의 몸이라는 생각과 그 속에 들어가고자 하는 욕구가 일어나지 않는다고 『유가사지론』 「본지분」에서 설하였다.

【해설】

죽음에서 회생한 티베트의 임사 체험자들의 기록을 모은 문헌들에 의하면, 사자가 바르도의 상태에서 자신의 시신을 볼 때 각자의 업에 의해서 다르게 보인다고 말하고 있다.

예를 들면, 어떤 사자는 자기의 시신을 개가 누워 있는 것으로, 어떤 사람은 뱀으로, 깨끗한 업을 지닌 사자는 수정의 탑으로 보인다고 기록하고 있다.

바르도에서의 7일의 뜻

일부에서 바르도의 수명 한도를 7일로 말한 것은, 육도세계 각각의 하루를 기준으로 한 것이라고 주장하는 것은 타당하지 못하다. 만약 그와 같다면, 지옥의 유정과 상계의 천신으로 태어나는 그 바르도의 유정들은 그들 세계의 7일간을 머물러야 하는 것이므로, 수천 년의 많은 시간 동안 탄생의 조건을 갖추지 못한 채 바르도 상태에 머물게 됨을 인정하는 것이어서 크게 모순이 생기기 때문이다.

의식이 몸을 떠나는 장소

사자의 의식이 몸을 떠나는 차별상은 다음과 같다. 지옥에 태어나게 되면 그 의식이 항문에서 떠나고, 아귀로 태어나면 입에서 떠나고, 축생으로 태어나면 요도에서 떠나고, 인간으로 태어나면 눈에서 떠나고, [거친 형상에 세속의 욕망을 누리는 낮은 하늘인] 욕계(欲界)[46]에 태어나면 배꼽에서 떠나고, 야차로 태어나면 코에서 떠나고, 둡빼하(天神持明)와 인비인(人非人)으로 태어나면 귀에서 떠나고, [아름다운 육신에 삼매의 희열을 누리는 높은 하늘인] 색계(色界)[47]에 태어나면 미간에서 떠나고, [모든 형상조차 여의고 순수한 의식만으로 존재하는 가장 높은 하늘인][48] 무색계(無色

46 욕계(欲界)에 사는 중생들은 씹어 먹는 단식과 성교를 탐애하고 오욕으로 생활한다. 그러한 중생들이 모여 사는 장소인 까닭에 욕계라고 한다. 욕계는 팔열지옥과 아귀와 축생의 10악취와 인간이 사는 사대주와 욕계의 6천을 합한 20종류의 세계로 구성된다. 무착보살의『현양성교론(顯揚聖敎論)』(동국역경원 간행)에서, "욕계 중에서는 형색[色]이 많은 모양이며, 곱거나 깨끗하지 못한 모양이며, 가지가지가 혼잡된 모양이다."라고 설하였다.

47 색계(色界)는 수미산 정상의 허공 가운데 건립된 세계로 흔히 사선천(四禪天)이라 부른다. 색계도 세분하면 모두 17종류의 하늘로 구성되어 있다. 위의『현양성교론』에는 "색계 중에서는 형색이 적은 모양이며, 곱고 깨끗한 모양이며, 가지가지가 혼잡이 아닌 모양이다."라고 하였다.

48 위의『현양성교론』에는 "무색계(無色界) 중에서는 비록 업으로 생긴 형색이 없으나 정(定)으로 생긴 형색과 무견무대(無見無對), 즉 볼 수 없고 장애도 없는 것이 있다."고 하였다.

界)에 태어나게 되면 그 의식이 정수리에서 떠난다고 『쌈부따 딴뜨라(八品續)』 등에서 설하였다.

【해설】

여기서는 닦음이 없는 평범한 사자의 의식을 기준으로 해서 그 의식이 몸을 빠져나가는 장소 또는 문과 그 문의 좋고 나쁨을 함께 밝힌 것이다. 의식이 빠져나가는 아홉 문은 엄밀히 말하면 보통 말하는 몸의 아홉 구멍과는 다른 것이다.

먼저 의식이 빠져나가는 아홉 문에 대해 『카조르딱빠개빠(相合八品續)』의 '제3장'을 해설한 쫑카빠는 『포와쎄르기고제(意識轉移廣注)』에서 이렇게 설명하고 있다:

> "의식이 빠져나가는 아홉 문은, 널리 알려진 대로 배꼽의 문과 나머지 여덟 또한 문으로 계산한다. 상부의 문인 정수리와 명점(明点)의 문인 미간과 눈과 코의 두 문과 유전(流轉)의 문이라 부르는 입의 문과 귀의 문은 귀의 두 구멍이며, 마시는 문인 소변의 문과 마심이 아닌 문인 항문과 눈과 귀와 코에는 구멍이 둘씩 있을지라도 아홉 문으로 정하면 문이 하나인 것이다. 미간의 살과 피부에는 구멍이 없을지라도 뼈에 구멍이 나 있기에 문으로 시설하니, 정수리와 같다."[49]

사자의 의식이 빠져나가는 문의 좋고 나쁨에 대해 위의 같은 논에서, "그와 같이 정수리의 황금 문이 최상이며, 미간과 눈과 귀와 코와 배꼽의 다섯 문

---

49 『포와쎄르기고제(意識轉移廣注)』, p.9, 쫑카빠, Drepung Loseling Educational Society, Drepung Loseling, 1999, Mundgod, India.

은 중간이며, 항문과 요도와 입의 3가지 문은 최하이다."[50]라고 설하였다.

여기서 몇 가지 보충 설명하면, 먼저 『포와쎄르기고제』에서는[51] "귀의 두 구멍에서 의식이 떠나면 둡빼하(天神持明)로 태어난다고 [본서인 『카조르딱빠개빠(相合八品續)』와] 『도제칸도(金剛空行續)』에서 설하였으며, 또한 『잠뻴샐룽(文殊教誡)』에서는, '지명(持明)의 정토에 탄생한다.'고 설하였으며, 『돔중(勝樂生起)』에서는 '인비인(人非人)으로 태어난다.'고 설하였다."고 하였다.

같은 논에서 아수라에 대하여 설명하되,[52] "다른 경론들에서 아수라들을 축생으로 설함과 일부의 논전에서는 소수의 아수라를 천신으로, 일부는 축생으로 모아서 설함과 의견이 같다."고 하였다.

또한 꽁뚤 왼땐갸초의 『쌈모낭된낭제(金剛身論釋)』에서 설하되,[53] "배꼽에서 의식이 떠나면 욕계의 6천 가운데 어느 한 곳에 태어난다고 알려졌으며, 몇몇의 경궤에서는 아수라에 태어난다고 알려졌다. (중략) 귀에서 떠나면 둡빼하(天神持明)인 33천의 천신의 지명(持明, Vidyadhara)[54]으로 태어난다."고 하였다.

이상은 무상유가의 논설을 기준으로 한 것이며, 하위의 세 딴뜨라(三部續)에서 설하는 것과는 다른 점이 있다. 참고로 하위의 삼부속의 논설을 정리하여 밝힌 『도응악쑹랍닝뽀(密呪寶典)』에서는 이렇게 설명하고 있다:

---

50 『포와쎄르기고제(意識轉移廣注)』, p.11.

51 『포와쎄르기고제(意識轉移廣注)』, pp.10~11.

52 『포와쎄르기고제(意識轉移廣注)』, p.11.

53 『쌈모낭된낭제(金剛身論釋)』, pp.301~302.

54 천신의 지명(持明, Vidyadhara)은 욕계의 지명이며, 밀법을 닦아서 얻는 과위의 하나이다. 공통성취의 가행도의 난위(暖位)를 얻게 될 때, 몸이 욕계의 천신과 동등하게 되는 등의 허다한 신통과 명주(明呪)와 수명자재 등을 얻게 된다.

"항문은 지옥도에, 음도는 아귀도에, 요도는 축생도에 태어난다. 이 셋은 삼악도이다. 배꼽은 욕계의 하늘에, 두 귀는 색계의 하늘에, 오른쪽 비공은 야차로 태어난다. 이 세 문은 보통의 문이다. 왼쪽 비공은 인간에, 두 눈은 금륜왕(金輪王)[55] 으로, 정수리의 문은 다끼니(空行母)의 정토에 왕생한다. 이 세 문은 뛰어난 문이다."[56]

끝으로 포와의 행법을 통해서 의식을 전이하는 경우에는 오직 정수리의 비로자나 문을 통해서만 몸을 떠나게 된다. 이러한 의식전이도 그 내용에 따라 5가지 유형이 있다. 즉 상근은 법신의 광명과 화합하고, 중근은 보신 또는 환신으로, 하근은 화신의 몸으로 정토에 화생하고, 범부는 정토에 왕생하고, 죽은 자를 위한 포와는 범부와 같다.

이 포와를 통한 임종의 실례를 하나 들면, 뚤꾸 된둡은 *Peaceful Death, Joyful Rebirth*에서 이렇게 설명하고 있다:

"쌍개(Sangye)는 동부 티베트의 캄(Kham) 지방에 속하는 참도(Chabdo)와 가까운 곳에서 태어났으며, 14대 까르마빠인 텍촉도제(妙乘金剛, 1798~1869) 등을 비롯한 많은 스승들을 모시고 수학하였다.

55세가 되던 해의 어느 날, 그는 마치 심장에 총알을 맞은 것과 같은 위독한 병으로 쓰러졌다. 그리고 매우 기이한 환상들을 체험하게 되었다. 그는 모든 의지를 상실하였고, 때로는 모든 기관들이 몸에서 이탈하려고 하는 느낌을 받았으며, 팔다리의 신경들이 심장을 향해 오므라드는

---

55 금륜왕(金輪王)은 네 전륜왕 가운데 금륜(金輪)을 갖고 사대주(四大洲)를 다스리는 윤왕을 말한다. 은륜왕(銀輪王) 북구로주를 제외한 삼대주(三大洲)를, 동륜왕(銅輪王)은 서우화주를 제외한 이대주(二大洲)를, 철륜왕(鐵輪王)은 오직 남섬부주만을 다스린다고 한다.

56 『도응악쑹랍닝뽀(密呪寶典)』, p.131, 中華敦都多傑佛學會, 2004, 高雄, Taiwan.

것을 경험하였다.

그는 자신이 곧 죽게 되는 것에 두려움을 느꼈으나, 그 자신의 생존을 위해서 아무런 조치도 취할 수가 없었다. 그는 매사에 민감해졌고, 일어나는 모든 일들로 인하여 마음이 매우 불안하게 되었다. 그의 숨은 점점 가늘어지고 짧아져 갔으며, 마치 사람의 손아귀에 잡힌 새처럼, 마른 땅에 버려진 물고기처럼 그는 불안하고 초조함에 어찌할 줄 몰랐다. 그의 눈빛은 빠르게 어두워지다가 갑자기 모든 광경들이 깜깜하게 변하고 말았다.

여기서 쌍개는 그의 육신의 원소들의 에너지가 흩어지는 엄청난 고통들을 겪게 되었다. 이따금씩 그는 격렬한 갈증을 느끼게 되었다. 마치 자신의 몸 안이 화염에 쌓인 것과 같이, 그는 한 모금의 물을 갈구하였다. 어느 때는 그 자신이 산과 같은 무거운 물체 아래에 깔리는 느낌을 받았으며, 다음 순간에는 자신이 마치 폭풍 속의 깃털처럼 격렬하게 휘날리는 느낌을 받았다. 때때로 그는 태양과 달이 땅으로 떨어지는 느낌을 받았다. 또 천 개의 천둥소리가 동시에 울리는 듯한 커다란 굉음을 들었으며, 천 개의 번갯불이 동시에 연속적으로 땅을 때리는 광경을 목격하였다. 그리고 그는 사실은 자신의 육신인 한 낡은 집이 무너져 내리는 것을 보았다. 그러나 오래지 않아서 그러한 환영들과 느낌들이 그에게 일어나기 전에 마치 신기루처럼 사라졌다.

그리고 그는 마치 어두운 밤하늘의 반딧불과 같은 갖가지 섬광들을 보았으며, 때때로 그것들은 분명하게 나타났고, 어느 때에는 그렇지 못하였다.

그는 상기하였다. '이러한 현상들은 내 몸의 원소들의 에너지가 죽음의 과정에서 소멸되는 결과로 일어나는 것이다.' 그러나 한편, 그것을 필연적으로 받아야 한다는 생각이 들자 두려움이 엄습해왔다. 그리고 많은 의문들이 다투어 일어나기 시작했다. '나의 육신의 네 가지 원소들의 은멸을 경험하고 있는 것이 아닌가? 나의 무수한 과거의 삶에서와 같이, 또다시 나에게 죽음의 중대한 시점이 찾아오고 있는 것이 아닌가? 염라대왕이 나를 데려가기 위해서 오고 있는 것이 아닌가? 나는 조금 더 오랫동안 살 수가 없는 것일까?'라고 자문하였다.

그는 마치 어떠한 빛의 통로조차 발견할 수 없는 짙은 암흑 속에 떨어짐을 느꼈다. 이것은 실은 그 자신의 육체이지만. 그리고 그는 그 어둠 속에서 자신이 벗어날 수 있는 아홉 개의 출구인, 입과 두 귀와 두 눈과 두 콧구멍과 항문과 성기의 구멍들을 보았다. 또 그는 위로 곧게 나 있는 출구를 응시한 뒤, 일찍이 포와의 행법에서 배운 가르침대로 힉(Hik)의 음절을 세 번 크게 외쳤다. 그것을 통해서 그는 열 번째의 통로인 정수리 비로자나의 문을 통해서 밖으로 빠져나갔다.

불교에 따르면, 죽음의 순간에 그 의식이 이러한 몸의 열 가지 문을 통해서 빠져나간다고 하였다. 만약 당신의 의식이 몸의 상부의 문을 통해서 빠져나가게 되면, 이것은 상계에 다시 태어나는 데에 도움이 된다고 하였다.

수행자들은 하부의 아홉 구멍을, 특별히 가장 아래의 구멍을 훔(Hum)의 음절을 관상하는 것에 의해서 폐쇄하는 가르침을 배우게 된다. 그래서 그들은 수행의 힘에 의해서 중맥(中脈)을 통해서 곧장 위로 상승하게 되고, 그리고 정수리의 문을 통해서 몸 밖으로 빠져나간다고 하였다."[57]

57 *Peaceful Death, Joyful Rebirth*, pp.56~58.

의식의 떠남에 대한 변석

그렇다면, 『유가사지론』 「본지분」 등에서, "몸을 버리게 되면 심장에서 그 의식이 떠난다."고 설함과 어긋나지 않는가? 어긋나지 않는다. 몸 안에서 의식이 떠나게 되면 처음 심장에서 떠나는 것일지라도, 그 뒤 몸 밖으로 나올 때에는 각각의 문을 통해서 나온다고 설하고 있기 때문이다.

또 『구사론』에서, "앞에서 말한 순서대로 죽으면 발과 배꼽과 심장에서 그 의식이 사멸한다."고 설하는 것과 『구사론석(俱舍論釋)』에서, "나쁜 세계에 태어나게 되면 발에서, 인간으로 태어나게 되면 배꼽에서, 천신으로 태어나거나 아라한이 죽으면 심장에서 그 의식이 멎는다."고 말한 것은 어떠한 뜻인가? 그것은 그들 장소에서 의식이 멎는다는 뜻으로 주석에서 말한 그대로, 발 등의 그 장소에서 몸의 감관(身根)이 정지하는 힘에 의해서 의식이 멎는 도리를 단지 표현한 것일 뿐, 그들 장소에서 의식이 바깥으로 빠져나감을 말한 것이 아니다. 그러므로 앞서의 설과 어긋나지 않는다.

【해설】

일반적으로 사자의 몸이 차가워지는 법은 선악의 업에 따라서 각각 다르게 나타난다.

이 뜻을 부뙨 린체둡(1290~1364)은 『꾼뛰남쌔니외(阿毘達磨集論日光釋)』에서 이렇게 설명하고 있다:

"선업을 닦은 자는 발에서부터 열기가 식어 심장에 이르고, 불선을 행한 자는 정수리에서부터 식어서 심장에 이른다. 마지막에는 심장에서 그 의식이 떠난다."[58]

사자의 의식과 몸의 감관이 멎는 장소에 대해 8대 까르마빠는 『쬐델찌조(俱舍論廣釋)』에서 이렇게 설명하고 있다:

"몸의 어떤 장소에서 의식이 사멸하는가? 만약 일시에 죽게 되면, 의식과 함께 몸의 감관(身根)이 동시에 사멸하고, 점차로 죽게 되면, 낮은 세계로 떨어지는 악취와 축생의 유정들은 의식이 발에서 사멸하고, 인간으로 태어나는 유정들은 배꼽에서 의식이 멎어서 사멸한다. 천계에 태어나는 유정들의 의식은 심장에서 멎는다. 인간으로 태어남을 통해서 다시 탄생하지 않는 아라한들의 의식도 역시 심장에서 멎거나 혹은 정수리에서 멎는다.

그 의식이 몸에 머물지 않으면 그들 장소에서 어떻게 소멸하는 것인가? 욕계와 색계에서는 의식이 몸의 감관에 의지함으로써, 만약 발 등에서 몸의 감관이 정지하게 되면 의식 또한 그곳에서 멎는 것이다. 즉 사자의 몸의 감관이 불에 달궈진 석판 위에 뿌려진 물방울이 증발하듯이 발 등에서 사멸한다."[59]

한 가지 부연하면, 일반적으로 임종 시에 발생하는 죽음의 고통 또한 사자의 의식이 몸의 어느 부위를 통해서 밖으로 빠져나가느냐와 크게 관련되어 있다. 다시 말해, 떠나는 부위에 따라서 임종의 고통이 각각 다르게 나타나는

58 『꾼뛰남쌔니외(阿毘達磨集論日光釋)』, p.446, 부뙨 린첸둡, 청해 민족출판사, 2001, 서녕, China.

59 『쬐델찌조(俱舍論廣釋)』, p.572.

것이다.

어떤 이는 평화로운 상태에서 임종을 맞이하고, 어떤 이는 육신이 해체되는 단말마 또는 해지절의 고통을 받는 것은, 모두가 사자의 임종의 마음과 생전에 지은 선악의 업과 수행의 힘 등에 의거한다고 하였다.

이러한 임종의 의식과 관련되어 나타나는 죽음의 현상에 대해 쫑카빠는 『람림첸모(菩提道次第廣論)』에서 이렇게 설명하고 있다:

> "임종의 마음에는 3가지가 있다. [첫 번째] 선한 마음으로 임종하는 것은, 자기 스스로 억념하거나 또는 타인이 억념하게 만드는 것이다. 믿음 등의 선한 법을 생각하는 거친 사념들이 일어날 때까지 사유하는 것이다. 선행과 불선을 함께 지은 사람의 죽음은, 선한 법을 자기 스스로 억념하거나 또는 타인이 억념하게 만드는 것이다. 과거에 많이 닦아 익힌 것이 강력하게 작용하게 되고, 그것에 의해서 마음이 거기에 쏠려서 여타를 기억하지 못하게 된다. 그 둘을 균등하게 익혔으면, 처음에 기억한 것에서 빠져나오지 못함으로 마음이 다른 것을 생각하지 못한다.
>
> 선을 행함은 어둠 속에서 밝음으로 향해 나감과 같다. 목숨을 마칠 때 흉측한 광경이 아닌 갖가지 상서로운 광경들이 꿈과 같이 나타나서 평화롭게 임종하게 된다. 그래서 임종 시에 몸에 심한 고통의 느낌이 일어나지 않는다. 선업을 잘 닦고 쌓은 착한 자들에게는 [몸이 분리되는] 해지절(解支節)의 고통이 크게 없다.
>
> [두 번째] 불선의 마음으로 죽음은, 자기 스스로 억념하거나 타인이 억념하게 만드는 것이다. 탐욕 등의 불선을 생각하는 거친 사념들이 일어날 때까지 사유하는 것이니, 임종 시에 몸에 심각한 고통의 느낌을 경험한다. [불선을 닦고 쌓은 자들은] 과거에 지은 불선이 야기하는 업과(業果)의 전조들을 임종 시에 받게 된다. 갖가지 흉측한 모양들이 꿈과 같이 나타나

는 것이며, 밝음에서 어두움으로 향해서 나아감과 같다.

상품의 불선을 행한 자들은, 그러한 흉측한 모양들을 봄으로써 몸에 큰 고통이 발생하고, 털끝이 곤두서며, 손발을 부들부들 떨고, 똥오줌을 싸고, 허공을 움켜잡으려 버둥거리고, 눈알이 뒤집히며, 입에 거품을 품는 등과 같은 망측한 현상들이 일어나게 된다.

중품의 불선을 행한 자이면, 그러한 것들 중에서 일부는 발생하고 일부는 생기지 않아서 완전하게 일어나지 않는다. 악업을 행한 자에게는 극심한 해지절의 고통이 발생하며, 이 해지절의 고통은 천계와 지옥을 제외한 여타의 모든 탄생에 존재한다.

모든 사람들에게 임종 시에 정신이 혼매한 상태에 이르기까지, 오랫동안 익혀온 자아의 집착이 일어나게 된다. 그 뒤 아집(我執)의 영향으로 자신이 소멸한다고 생각한 뒤 더욱 몸에 대하여 애착하게 되고, 이것이 바르도를 성취하는 원인이 된다.

여기서 [소승의] 수다원(須陀洹, 預流)과 사다함(斯多含, 一來)의 현자들에게도 자아의 집착이 발생할지라도, 그들은 반야의 지혜로 관찰해서 집착을 버린 뒤에 다시 애집하지 않는다. 예를 들면, 강력한 힘을 갖춘 자가 그렇지 못한 것을 부숨과 같다. [다시 욕계에 돌아오지 않는] 불환과(不還果)의 현자들에게는 자아에 대한 집착이 발생하지 않는다.

[세 번째] 무기심(無記心)으로 임종함이니, 선과 불선을 행하였거나 혹은 행하지 않았거나 상관없이, 스스로 그 둘을 억념하지 않으며, 타인도 역시 억념하게 만들지 않는다. 그에게는 임종 시에 고통과 평안의 두 가지가 발생하지 않는다.

그리고 선한 마음으로 임종하는 것은 거친 상념들이 남아 있을 때까지이며, 미세한 사념들이 움직일 때는 선한 마음을 벗어나서 무기심(無記心)으로 바뀌는 것이다. 이때 그 의식은 과거에 익혔던 선행을 억념하지 못하며, 타인 역시 기억하게 하지 못한다. 불선 또한 그와 같아서 미세한 사념들이 움직이면, 임종의 마음은 모두 무기심으로 변한다. 『구사론석』에서도, '선·불선의 마음은 모양이 분명해서 임종의 마음이 단절되는 것과는 다르다.'고 하였다."[60]

이와 같이 불선의 악업을 행한 사자에게 반드시 일어나는 단말마의 고통이 생기는 원인에 대해 『구사론』에서는, "단말마(斷末魔)의 원인은, 단말마는 수대(水大) 등이 [만든다]"라고 설명하였으며, 그 자세한 원인에 대하여 8대 까르마빠는 『죄델찌조(俱舍論廣釋)』에서 이렇게 설명하고 있다:

"신체의 일부가 쇠잔해서 죽는 것이 말마(末魔, Marma)이다. 끊는다는 것은, 물 원소 등에 의해서 불과 바람 원소의 일부 또는 전체가 극도의 혼란을 일으킴으로써, 칼로 쪼개는 것과 같은 참을 수 없는 느낌이 일어나는 것이 마치 칼로 자름과 같은 것이며, 나무를 쪼개는 것과 같은 것은 아니다. 사지를 절단함과 같이 회피할 길이 없음으로 해지절(解支節)이라고 한다. (제개장보살除蓋障菩薩에게 공양을 올린 뒤에 진실하게 기원을 올리면, 임종의 해지절의 고통이 발생하지 않는다고 경에서 설하였다. -주석) 땅 원소가 실조해서는 해지절이 없다. 인체의 풍(風)·담즙(膽汁)·연액(涎液) 3가지의 근본이 바람과 불과 물의 원소이며, 이 셋이 화합하거나 또는 하나가 실조해서 발생하는 것이며, 그 외에는 없다."[61]

이와 같은 해지절의 발생은 정상적인 죽음을 기준으로 한 것이며, 그렇지 않

---

60 『람림첸모(菩提道次第廣論)』, pp.242~244.

61 『죄델찌조(俱舍論廣釋)』, pp.572~573.

은 경우는 다른 고통이 있다고 설한다. 이 뜻을 9대 까르마빠는 『응왼죄남쌔(俱舍論精解)』에서 이렇게 설명하고 있다:

> "이것들은 [몸의 원소들이] 차례대로 [소멸하여] 죽어가는 자들을 기준으로 한 것이며, 순간적으로 사멸해서 화생으로 태어나는 자들에게는 단지 신체의 한 곳에서 몸을 버리므로 해지절의 고통이 없다.
> 그러나 욕계의 천신들에게는 단말마는 없을지라도 대신 눈앞의 오쇠상(五衰相)과 미래의 오쇠상이 나타날 때 무량한 고통들을 받는다."[62]

이들 욕계의 천신들이 받는 오쇠상에 대해 8대 까르마빠는 『죄델찌조(俱舍論廣釋)』에서 이렇게 설명하고 있다:

> "의복과 장식물에서 거슬리는 소리가 나고, 몸의 광명이 줄어들고, 몸을 씻은 물방울이 몸에 달라붙고, 본성이 본래 산란함에도 불구하고 생각이 한 곳에 집중되고, 두 눈을 깜박거림과 같은 등의 이러한 전조들이 각자 하늘의 5일 전에 나타난다.
> 그러나 어떤 천신에게는 이들 모두가 일어나지 않기도 하고, 어떤 천신에게는 그와 같이 일어나는 것이다. 이것은 그러한 전조들을 대강 추려서 말한 것이며, 그와 같은 현상들이 발생한 뒤에도 사멸하지 않는 경우도 있기에 이러한 전조들은 착란인 것이다.
> 그러나 가히 막지 못하는 착란이 아닌 5가지 죽음의 징조는, 의복이 더러워지고, 화만(華鬘)이 시들고 마르며, 두 겨드랑이에서 땀이 나고, 몸에서 나쁜 냄새가 나며, 자기의 자리가 싫어지는 것이다. 이러한 징조들

---

62 『응왼죄남쌔(俱舍論精解)』, pp.189~190.

이 발생하면 그 천신은 각자 하늘의 7일 안에 사망한다."[63]

바르도의 보는 법

바르도의 유정들이 보는 법에 대해 "바르도의 유정은 같은 부류를 보며, 청정한 하늘눈으로 본다."고 『구사론』에서 설하였다. 이것은 업의 힘으로 얻는 하늘눈은 깨끗지 못하며, 수행의 힘으로 얻은 하늘눈은 청정한 것임을 말한 것이다. 『구사론석』에서는 "상계의 높은 바르도의 유정은 하계의 낮은 바르도의 유정들을 본다."고 설하였다.

【해설】

여기서 인용하고 있는 『구사론』의 이 구절은 『바르도퇴돌』에서도 나오고 있으나, 문맥이 간결해서 그 의미를 바로 알기가 어렵다. 여기서 바르도의 보는 법에 대하여 두 가지 설명을 인용하고자 한다.

먼저 위의 『죄델찌조(俱舍論廣釋)』에서는 이렇게 설명하고 있다:

"지옥의 바르도는 동류의 지옥을 보고, 천계의 바르도는 동류의 하늘을 보며, 수행으로 얻은 11가지 결점이 정화된 천안통으로 본다. 자연적으로 얻은 하늘눈은 청정하지 못하다.

그 11가지 결점이란, 의심과 부작의(不作意), 몸이 무거움(粗重)과 마음이 어두움(昏昧), 생각이 들뜸(掉擧)과 과격한 정진, 마음의 산란과 겁이 많음, 갖가지 생각과 과다한 언설, 지나친 닦음 등이다.

---

63 『죄델찌조(俱舍論廣釋)』, p.573.

'하늘의 바르도는 다섯 갈래 유정들의 바르도를 보고, 인간과 아귀와 축생의 바르도는 차례로 네 갈래, 세 갈래, 두 갈래의 바르도를 보고, 지옥의 바르도는 단지 지옥의 바르도만을 본다.'고 말하는 이가 있다. 그와 같다면, 초선(初禪)의 바르도는 단지 초선천 이하의 바르도들을 보며, 그 이상의 하늘은 보지 못하는 것이 된다.

요약하면, 이 논설에는 3가지가 있다. 바르도 안에서 동류의 바르도를 보는 하나와 그의 카조르[64]에서 생긴 청정한 하늘눈으로 보는 하나와 하늘의 바르도들 가운데서 상계의 바르도가 하계의 바르도를 보는 것을 별도로 기록한 이 3가지는 경(經)의 안목을 열어주기 위해서 설한 것이다.

티베트의 많은 교도의 지침서들에서 모든 바르도의 유정들에게 깨끗한 천안통이 있다고 하고, 그렇게 적어 놓은 것은 잘못된 것이다."[65]

구루 빠드마쌈바와(蓮花生)의 『바르도퇴돌(中有聞法解脫)』에서는 이렇게 설명하고 있다:

"오, 고귀한 가문의 자손이여! 또한 '동류의 바르도를 보고, 청정한 하늘눈으로 본다'는 것의 동류는, 바르도에 탄생한 동류의 바르도들이 서로가 서로를 보는 것을 말합니다. 그 또한 천계에 태어나는 동류의 바르도일 것 같으면 서로를 보는 것입니다. 그와 같이 육도세계의 어느 곳에 탄생하는 바르도는 그와 동류의 바르도들을 서로 보게 됩니다. 그러나

---

64 카조르(Kha sbyor, 和合瑜伽)는 유가의 수행을 표현하는 용어이며, 유가 수행을 통해서 일정한 증분(證分)을 얻은 바르도를 말한다.

65 『죄델찌조(俱舍論廣釋)』, pp.486~487.

거기에 애착하지 마십시오. 오로지 대자대비하신 관세음보살님을 닦도록 하십시오.

또한, '청정한 하늘눈으로 본다'[66]는 것은, 천신 등과 같이 복덕에서 성취된 하늘눈이 아니라, 바른 선정을 닦아서 얻은 청정한 하늘눈으로서 보는 것을 말합니다. 그 또한 어느 때나 보는 것이 아니며, 보고자 하는 생각을 일으킬 때 보게 되며, 그렇지 않으면 보지 못합니다. 또는 선정이 흩어져서 보지 못하는 경우도 있습니다."[67]

그러므로 위의 내용들을 종합하면, 앞 구절은 범부의 바르도들이 보는 법을 설명한 것이며, 업에서 생긴 유사한 하늘눈으로 보는 것이다. 뒤의 구절은 도과(道果)를 증득하여 현성(賢聖)의 지위에 든 자들이 바르도의 유정을 보는 법을 말한 것으로, 그것은 부정한 하늘눈이 아니고 수행을 통해서 얻은 11가지의 결점을 여읜 청정한 하늘눈으로 보는 것이다.

바르도의 몸 크기

남섬부주의 인간으로 태어나는 바르도의 유정은 크기가, 다섯 살 내지 여섯 살 난 어린아이의 몸과 같다고 『구사론석(俱舍論釋)』에서 설하고 있지만, 하나같이 일률적인 것은 아니라고 하였다.

---

66 이것은 수행을 통해 얻은 극도로 청정한 하늘눈으로만 바르도의 유정을 볼 수 있음을 말한다.

67 『바르도퇴돌(中有聞法解脫)』, p.102.

【해설】

바르도 유정의 몸 크기에 대하여 초대 달라이 라마는 『죄델타르람(俱舍論要解)』에서 이렇게 설명하고 있다:

> "욕계의 천신과 인간의 바르도는 다섯 살 혹은 여섯 살 난 어린아이와 같다. 색계의 바르도는 대부분이 몸의 크기가 원만하고 부끄러움을 알아서 의복을 입고 화생하며, 욕계의 바르도는 대개가 부끄러움을 알지 못하고 나체로 화생한다. 그러나 비구니 까르모(dKar mo, 白衣女)는 [승가에 법복을 공양한] 전세의 서원의 힘에 의해서 의복을 입고 태어났으며, 일생보처(一生補處)의 보살은 상호를 갖춘 동자의 모습에 의복을 입고서 화생한다."[68]

8대 까르마빠는 『죄델찌조(俱舍論廣釋)』에서 지옥에 태어나는 바르도의 크기에 대해 "『정법염처경(正法念處經)』에서, '극열지옥과 무간지옥에 태어나는 바르도는 수명이 8만 4천 세이며, 8세 동자의 크기이다.'라고 설하였다."[69]고 하였다.

바르도의 모습

> 지옥 등의 나쁜 세계(三惡道)에 태어나는 바르도의 유정은 검정 담요를 펴놓은 것과 같거나, 밤에 어둠이 덮인 것과 같으며, 하늘 등의 좋

68 『죄델타르람(俱舍論要解)』, p.498.

69 『죄델찌조(俱舍論廣釋)』, p.485.

은 세계(三善趣)에 태어나는 바르도의 유정은 흰 담요를 펴놓은 것과 같거나 밤에 달빛이 덮인 것과 같은 모양을 한다고 『유가사지론』「본지분」에서 설하였다.

【해설】

이것은 각각의 바르도들을 볼 때 마음에 닿는 느낌을 설명한 것이다. 이것을 위의 『죄델찌조』에서 이렇게 설명하고 있다:

"대승의 『아비달마집론』에서도, '불선을 행한 자가 바르도를 성취하면, 예를 들어, 검정색 담요나 밤의 어두움 모양과 같으며, 선업의 바르도는 예를 들면, 흰색의 담요나 달빛이 비치는 밤처럼 보인다.'고 하였다."[70]

바르도의 색깔

지옥에 태어나는 바르도의 유정은 불에 그슬린 검은 나무토막과 같고, 아귀로 태어나는 바르도의 유정은 푸른 물빛과 같고, 축생으로 태어나는 바르도의 유정은 연기의 빛깔과 같고, 욕계의 천신과 인간으로 태어나는 바르도의 유정은 금색과 같고, 색계에 태어나는 바르도의 유정은 흰색과 같다고 『입태경(入胎經)』에서 설하였다.

【해설】

바르도의 색깔의 차이에 대하여 위의 같은 논에서 이렇게 설명하고 있다:

---

70 『죄델찌조(俱舍論廣釋)』, p.485.

"『사분율(四分律)』「잡사품(雜事品)」에서는 '지옥·축생·아귀·욕계의 천인·인간·색계 천인의 바르도는 차례로 그을린 나무토막·연기·물빛·금빛과 같고, 흰색이다.'라고 한다."[71]

바르도의 형상

"어떤 세계에 태어나는 바르도의 유정은 그 세상에서의 전유(前有)[본유(本有)]의 육신 혹은 형상을 취한다."고 『구사론』에서 설하였다.

사유(四有)의 변석

존재의 네 단계인 사유(四有)는 탄생을 위하여 모태에 들어가는 제일 찰나가 생명이 시작되는 순간인 생유(生有)이며, 그 두 번째 찰나에서 죽음이 완결되는 순간인 사유(死有)가 성취되기까지의 중간이 보통 본유(本有)라 부르는 전유(前有)이며, 죽음의 최후 찰나 또는 죽음의 정광명을 경험하는 때가 사유(死有)이며, 사유와 생유 둘 사이의 존재가 바르도(中有)이다.

간혹 이 전유(前有)라는 글자에 착각을 일으켜서, 그 바르도의 유정이 전생의 몸의 모습을 취한다고 주장하거나, 후생의 몸의 모습을 취한다고 말하는 것을 본 뒤에, 앞의 3일 반은 전생의 모습을, 뒤의 3일 반은 후생의 모습을 취한다고 주장하는 것은 근거 없는 억설이라고 쫑

---

71 『죄델찌조(俱舍論廣釋)』, p.485.

카빠의 『람림첸모(菩提道次第廣論)』에서 설하였다.

그러므로 전유에서의 과거는, 후생의 사유를 기준으로 한 과거인 것이지, 바르도를 기준으로 한 과거가 아니다. 또한 『구사론』에서, "전유에서 생기는 몸의 모습"이라고 하는 생김의 단어는 미래를 뜻하는 것으로서 과거동사가 아닌 까닭이다.

【해설】

이 사유(四有)의 개념 중에서 가장 혼란을 일으키는 것이 바로 전유(前有)의 뜻이다. 이 전유의 정확한 의미를 8대 까르마빠는 『죄델찌조(俱舍論廣釋)』에서 이렇게 변석하고 있다:

> "그 바르도의 존재는, 미래세의 그 전유(前有)[본유(本有)]의 얼굴과 형상이니, 그의 미래의 전유(前有)를 불러오는 하나의 업에 의해서 만들어진 형상의 유정인 까닭이다.
>
> 여기서 어떤 이가 이 전유를 과거의 생이라고 말하는 것은 틀린 것이다. 왜냐하면, 무색계에서 욕계나 색계의 다른 곳에 태어나는 그 바르도는 몸이 없게 되기 때문이며, 또 하나의 결정된 몸 모습을 얻지 못하기 때문이다."[72]

이것을 부연하면, 여기서 전유(前有)로 번역되는 티베트어는 '응왼뒤끼씨빠(sṅon dus kyi srid pa)'로 과거유(過去有) 또는 전유(前有)의 뜻이다. 한역에서는 이러한 전유가 가져오는 혼동을 예방하기 위하여 의역해서 본유(本有)라고 한 것으로 보인다.

---

72 『죄델찌조(俱舍論廣釋)』, p.483.

그러므로 이 전유는 후생의 탁태의 제이찰나(第二刹那)에서부터 몸을 버리지 않고 죽음의 순간까지 이어지는 일단의 기간을 말하는 것으로, 후생의 사유를 기준으로 해서 설명한 것이다. 그러므로 단순히 과거라는 문자에 오해를 일으켜서는 안 된다.

이렇게 혼란을 야기하는 용어를 그대로 쓰는 이유는, 바르도에서 받게 되는 몸이 바로 미래에 태어나게 될 어떤 세계의 유정의 모습을 반드시 취하는 까닭에, 후생의 모습을 기준으로 삼게 된 것이다. 만약 그렇지 않으면 무색계에서 색계나 욕계로 탄생하는 바르도는 몸이 없게 되는 결과가 있기 때문이다.

이 전유의 의미에 대해 뺀조르 된둡은 『나로최둑쌜된(那若六法明燈)』에서 이렇게 설명하고 있다:

> "전유(前有)의 육신이라고 말함과 후생유(後生有)의 육신이라고 말하는 등의 여러 가지로 설할 지라도, 후에 태어나는 곳으로 말하는 것이 합당하다.
>
> 그 이유는 바르도의 상태에서 천계에 태어나게 되면 천계의 모습이 발생하므로 후생이라 하는 것이다. 천계의 모습을 얻게 되면 다른 곳에 태어나지 않고 천계에 태어나게 되는 까닭에 태어남인 것이다.
>
> 그와 같이 아수라와 나찰과 축생 등 육도의 어느 곳에 태어나는 그곳의 모습을 얻게 되면, 그 모습이 생긴 곳으로 태어나게 된다."[73]

---

73 『나로최둑쌜된(那若六法明燈)』, pp.380~381.

바르도의 신체의 완전성

어떤 계취(界趣)에 태어나는 그 유정의 모습을 말함에 있어서, 그와 같다면 몸의 기관이 결여된 유정은 그 바르도의 몸도 역시 감각기관을 갖추지 못한다고 말하는 것은 잘못이다. 왜냐하면, 눈 등이 없는 것은 탄생의 장소에 생을 의탁하고 난 뒤 중간에 생기는 것이며, 경론의 어디에서도 바르도의 신체기관이 결여를 설하지 않은 까닭이며, 어떤 세계에 태어나는 유정의 모습을 단지 설명한 것을 가지고서 바르도의 유정 전체가 같아야 한다고 주장하는 것은 더욱 잘못된 것이다.

【해설】

앞의 『구사론석』에서 눈 등의 기관을 완전히 갖춘다고 한 것과 같이, 바르도의 상태에서는 눈 등의 감각기관들을 결여하는 경우가 없다. 이것은 중성[74]의 경우에도 같아서 수태한 뒤에 업력으로 발생하는 것이지 바르도의 상태에서는 없는 것이다.

바르도의 걷는 모양

"바르도의 유정이 걷는 모양의 차별은, 하늘에 태어나는 바르도는 위로 향해서 걷고, 인간계에 태어나는 바르도는 곧게 걷고, 나쁜 세계에 태어나는 바르도의 유정은 머리를 거꾸로 해서 걷는다."고 『유가사지

74 중성(中性, Paṇḍaka)은 황문(黃門) 또는 중성(中性)으로 번역되는 용어로, 변태적 생리에 의해서 몸에 남여의 성기를 둘 다 가지고 있는 경우를 말한다.

론』「본지분」에서 설하였다.

【해설】

바르도의 유정이 걷는 법에 대해 8대 까르마빠의 『죄델찌조(俱舍論廣釋)』에서는,[75] "천신의 바르도는 상계의 탄생처로 향해 가는 까닭에 자리에서 일어나는 것과 같이 위로 향해서 걷고, 인간과 축생과 아귀들은 각자의 형편과 같이 걷는다."고 설하였으며, 다른 논전에서는, "천신의 바르도는 얼굴을 위로 향한 채 걷는다."고 하였다.

초대 달라이 라마의 『죄델타르람(俱舍論要解)』에서는, "지옥의 중유는 거꾸로 걷는다. 경(經)에서 '고행자와 두타행자와 선인(불보살)들을 훼방한 자들은, 머리를 거꾸로 해서 걸으며 오로지 지옥에 떨어진다.'고 설한 까닭이다. 또 천신의 바르도는 위로 향해 걸으며, 그 밖의 인간 등은 곧게 걷는다. 아사리 다르마뜨라니(法救)도 '아귀의 바르도는 아귀처럼 등지고 걷는다.'고 하였다."[76]고 설하고 있다.

바르도가 없는 경우

[거친 형상에 세속의 욕망을 누리는 낮은 하늘인] 욕계와 [아름다운 형상에 삼매의 희열을 누리는 높은 하늘인] 색계의 두 곳에 태어나는 유정들은 반드시 바르도를 거쳐야 하지만, 크고 작은 2가지 무간업(無間業)을 지은 유정에게는 바르도가 없다고 말하는 것은 정리가 아니라고 쫑카빠의 『람

---

75 『죄델찌조(俱舍論廣釋)』, p.493.

76 『죄델타르람(俱舍論要解)』, p.499.

림첸모(菩提道次第廣論)』에서 설하였다.

그러나 [모든 형상조차 여의고 순수한 의식만으로 존재하는 가장 높은 하늘인] 무색계(無色界)에 태어나는 경우에는 중유가 없으며, 어느 곳이든 그 유정이 임종하는 장소에서 바로 무색의 이름을 붙이는 바탕인 [느낌의 쌓임·헤아림의 쌓임·궁굴림의 쌓임·의식의 쌓임의 정신적 요소들인] 사명온(四名蘊)을 성취하는 것이다.

무색계에 태어나는 유정은 죽음의 정광명 상태에서 무색정(無色定)을 실현해서, 죽음의 정광명으로부터 반대로 일어나는 정광명에 가까운 마음(근득)이 발생하지 않는다. 왜냐하면, 그와 같은 정광명에 가까운 마음은 바르도의 마음이기 때문이다. 이 무색계는 욕계와 색계로부터 장소가 별도로 있는 것이 아니다.

【해설】

일반적으로 가장 극악한 죄인 오무간(五無間) 죄업을 범한 자에게는 바르도가 없다는 주장에 대해 9대 까르마빠는 『응왼죄남쌔(俱舍論精解)』에서 이렇게 변석하고 있다:

"만약 오무간업(五無間業)을 지으면 그 순간에 지옥에 태어난다고 설한 뜻은 무엇인가? 그것은 바르도가 없음을 말하는 것이 아니다. 그 몸에 산 채로 지옥의 불길이 일어나 타죽은 뒤 그 바르도가 지옥에 태어나기 때문이다."[77]

77 『응왼저남쌔(俱舍論精解)』, pp.158 · 159.

일래보살(一來菩薩)의 중유

특별한 바르도의 유정인 [해탈을 위해 마지막 한 생만을 남겨둔] 최후유(最後有)의 일래보살(一來菩薩)이 도솔천에서 운명한 뒤, 어머니의 자궁에 들어가는 바르도는, 동자의 상호를 갖추고, 눈부신 광명이 십억의 사대주를 비춘다고 『구사론석』과 나가보디(龍覺)의 『쌍뒤둡탑남샥(密集成就安立次第)』에서 설하였다.

그렇다면, [석가모니불의 전신인] 일체의성취보살(一切義成就菩薩)이 [여섯 개의 어금니를 가진] 육아백상(六牙白象)을 탄 모습으로 어머니의 자궁에 들어갔다는 것과 어긋나는 것이 아닌가? 그 주장처럼 꼭 인정해야 하는 것은 아니다. 어머니의 꿈과 상응하게 단지 그렇게 설한 것일 뿐, 인간으로 태어나는 바르도가 축생의 모습을 취한다는 것은 준거가 되는 많은 논전들의 설과 어긋나기 때문이다. 소승의 교설에서 그와 같이 논하는 것이며, 대승의 교설에서는 단지 모양을 설명한 것으로 이해할 뿐이다.

【해설】

도솔천에서 인간으로 태어나는 최후유(最後有)[78]의 일래(一來)보살의 바르도가 축생의 모습을 취한 것은, 단지 경에서 마야부인의 꿈과 일치하게 설한 것에 지나지 않는다.

이 뜻을 4가지 탄생(四生)과 관련지어 고찰하면, 보살의 십자재(十自

---

78 최후유(最後有)는 업력에 의하여 다시는 이 세상에 몸을 받지 않은 아라한과 십지보살을 말한다.

在)[79]를 성취해서 태어남에 자재함을 얻은 일생보처(一生補處)의 일체의성취 보살이, 가장 뛰어난 탄생 방법인 스스로 태어나는 화생(化生)을 취하지 않고 고통이 따르는 태생을 선택한 점이다.

이러한 화생의 특성과 결부지어 석가세존께서 굳이 힘든 태생을 선택한 이유에 대해 초대 달라이 라마는 『쬐델타르람(俱舍論要解)』에서 이렇게 설명하고 있다:

> "그렇다면, 그러한 탄생의 장소들 가운데서 어떤 것이 수승한가? 화생·습생·태생·난생 가운데서 앞의 앞에 것이 뛰어난 것이다. 차례대로 자타의 둘에 해를 끼치지 않으며, 남에게 해를 끼치지 않으며, 자신이 한 차례의 고통을 받으며, 고통을 두 번씩 받으면서 태어나는 까닭이다.
> 만약 화생이 뛰어난 것이라면, [보살의 십자재를 얻어서] 탄생에 자재한 최후유의 일체의성취보살(一切義成就菩薩)이 화생을 하지 않고 태생을 취한 것은 무슨 뜻인가? 거기에는 의미가 있다. 친족인 석가종족을 불법에 들여놓기 위함이며, 교화 대상인 인간들에게 용기[80]를 주기 위함이며, 우리의 본사인 세존이 신통이 광대하고 신력이 위대함을 봄으로써, '그가 환사(幻師)인가, 누구인가?' 하는 의구심을 끊어주기 위함이다."[81]

위에서 설한 환사(幻師)에 대해 8대 까르마빠는 『쬐델찌조(俱舍論廣釋)』에서

---

79 보살의 십자재(十自在)는 ① 수명자재(壽命自在), ② 심자재(心自在), ③ 자구자재(資具自在), ④ 업자재(業自在), ⑤ 수생자재(受生自在), ⑥ 승해자재(勝解自在), ⑦ 원자재(願自在), ⑧ 신력자재(神力自在), ⑨ 법자재(法自在), ⑩ 지자재(智自在)이다.

80 인간으로 태어난 열등한 자가 부처의 지위를 얻음으로써 범부에게 용기와 희망을 주었다는 의미이다.

81 『쬐델타르람(俱舍論要解)』, p.496.

이렇게 설명하고 있다:

> "외도 마쓰까리(Maskari) 등의 비난과 [이계파(離系派, 裸體派)의 개조인] 쩨르녠기부(gCer bu gñen gyi bu, 尼健陀若提子)의 저술에서, '환사인 고오따마(Gautama)'라고 말함과, 또 달리 '100겁(劫)에 이 환사와 같은 자가 출현해서 세간을 삼킨다.'고 거짓말을 퍼뜨린 것과 같이, 그렇게 생각하는 잘못된 분별을 끊어주기 위해서이다."[82]

바르도의 구조를 숙지하는 중요성

이 바르도(中有)의 구조는 아눗따라 요가딴뜨라(無上瑜伽)의 생기차제에서 바르도를 보신으로 바꾸는 법과, [원만차제에서] 청정환신(淸淨幻身)과 부정환신(不淨幻身)의 정화 대상인 까닭에 그것을 자세히 숙지하는 것이 무엇보다도 중요하다.

【해설】

이와 같이 밀교 수행자가 바르도의 구조를 정확히 숙지하는 이유도, 생기와 원만차제를 바르게 닦기 위한 목적에 있다. 생원(生圓)의 두 차제를 잘 닦음으로써 바르도의 상태에서 자연적으로 출현하는 법성광명을 법신으로 바꾸거나, 법성광명과 청정환신을 결합하여 보신의 몸을 성취하는 데에 있다.

이 뜻을 쎄르뚝 린뽀체는 『도제텍빠쌀람템깨(密乘地道行相寶階)』에서 이렇게 설명하고 있다:

---

82 『쬐델찌조(俱舍論廣釋)』, p.473.

"자기 수행의 결과인 원만차제에서 비유와 승의광명의 마음을 성숙시키는 것은, 미래에 일어나는 죽음의 정광명과 과정이 일치하게 나와 나의 것으로 미집하는 근본인 거칠고 미세한 온(蘊)·계(界) 등의 일체가 공성 자체임을 지혜의 마음으로 관찰해서 수습하는, 제일차제의 유가가 죽음을 법신으로 바꾸는 도의 내용이다

자기 수행의 결과인 원만차제의 부정환신과 청정환신의 2가지 마음을 성숙시키는 것은, 미래에 얻게 되는 바르도의 몸과 과정이 일치하게 자기 마음을 본존의 색신(色身)·지물(持物)·진언종자(眞言種子)[83]·허공의 나다(Nāda, 소리) 등의 어떠한 모습으로 관상해서 수습하는 제일차제의 유가가, 바르도를 보신으로 바꾸는 도의 내용이다.

자기 결과인 원만차제의 부정환신과 청정환신의 둘을 화신으로 인식하는 마음을 성숙시키는 것은, 미래에 얻게 되는 탄생과 과정이 일치하게 공성과 대락이 둘이 아닌 무이지(無二智)의 경계를, 과위의 지금강불(持金剛佛)의 몸으로 건립하는 것을 관상해서 수습하는 제일차제의 유가가, 탄생을 화신으로 전용하는 도의 내용이다."[84]

이와 같이 밀교의 수행자가 바르도의 구조를 정확히 숙지하는 이유도, 생기와 원만차제를 바르게 닦기 위한 목적에 있는 것이다.

83 불보살들은 신·구·의 3가지 공덕을 표시하는 각자의 고유한 진언들을 가지고 있으며, 그것을 압축하여 한 글자로 표시한 것이 종자진언이다. 예를 들면, 관세음보살의 종자진언은 흐리(Hri)이며, 문수보살의 종자진언은 드리(Dri)이다.

84 『도제텍빠쌀람템개(密乘地道行相寶階)』, p.92.

제3장

탄생의 성립차제

바르도가 생을 받는 법

바르도의 유정이 모태에 태어나는 법은 다음과 같다. 그 바르도가 어머니 자궁에서 생을 맺는 데에는 반드시 3가지 알맞은 조건을 갖추고, 3가지 거슬리는 조건을 여의어야 한다고 『입태경(入胎經)』에서 말하였다.

여기서 3가지 알맞은 조건을 갖춤이란, 어머니가 병이 없고 월경이 있는 때와 심향(尋香, 바르도의 유정)이 생을 갈구해서 자궁에 들기를 원함과 남녀가 서로 성교하는 3가지 조건을 만나는 것이다.

3가지 거슬리는 조건을 여윔이란, 어머니 자궁의 모양이 보리와 같이 가운데가 갈라졌거나, 개미의 허리처럼 가늘거나, 낙타의 입처럼 생겼거나, 풍(風)·담즙(膽汁)·연액(涎液) 3가지에 의해서 자궁이 막히는 등 자궁의 결함이 있거나, 부모 가운데의 어느 한쪽에서 부정(父精)과 모혈(母血)이 나오지 않거나, 혹은 나올지라도 앞뒤로 방출되거나, 동시에 방출되더라도 어느 한편이 부패되었거나 하는 등 정혈(精血)의 결함이 있거나, 그 바르도의 심향(尋香)이 부모의 자식으로 태어나는 업을 쌓지 못하였거나, 혹은 그 남녀가 그의 부모가 될 업을 짓지 못하는 등 업의 결함이 없는 3가지 거슬리는 조건을 반드시 여의는 것이다.

비록 『비나야경(毘奈耶經)』에서 6가지 인연을 반드시 갖추어야 한다고 설하고 있을지라도 그 의미는 같다.

【해설】

이것은 『보적경(寶積經)』「입태장회(入胎藏會)」에 해당하는 『입태경(入胎經)』의 교설을 간추려 설명한 것으로 비교적 이해하기가 쉽다. 다만 3가지 거슬리는 조건 가운데서 업의 결합에 대해 부연하여, 까르마 틴래는 『뤼캄니매녠뽀(經藏醫藥部分集成)』에서 이렇게 설명하고 있다:

> "만약 부모가 카스트(출신계급)가 높고 복덕이 많음에 비해 바르도의 유정이 복덕이 적거나, 또는 바르도의 존재가 [태어날] 카스트가 높고 복덕이 많음에 비하여 부모의 복덕이 적거나, 양쪽이 복덕을 지녔을지라도 서로 만나는 업연을 쌓지 못하였으면 역시 자궁에 들어가지 못하는 것이다."[1]

남녀의 몸을 받는 원인

그와 같이 자궁에 들어오는 3가지 알맞은 조건을 갖추고, 3가지 거슬리는 조건을 여읜 그 바르도의 유정이, 부모가 교합하는 것을 환상처럼 보고서 자신도 성교하고자 하는 욕정에 이끌려, 아들로 태어나게 되면 어머니를 애모해서 아버지가 떠나주길 바라며, 딸로 태어나게 되면 아

---

1 『뤼캄니매녠뽀(經藏醫藥部分集成)』, p.6. 까르마 틴래 편찬, 서장 인민출판사, 1988, 서장, China.

버지를 애모해서 어머니가 떠나주길 바라는 욕망이 일어나게 된다.

【해설】

이것은 바르도의 존재가 모태에 들어가 남녀의 몸을 받는 원인을 밝힌 것이다. 이같이 바르도의 유정이 각자의 탄생 장소에 들어가는 과정에 대해 초대 달라이 라마는 『죄델타르람(俱舍論要解)』에서 이렇게 설명하고 있다:

> "인간의 바르도일 것 같으면, 멀리서 부모가 성교하는 것을 보고 마음이 전도되어, 놀이하고 즐기려는 생각에서 탄생 장소인 위장과 대장 사이의 자궁 안으로 들어간다.
> 남아로 태어나게 되면 어머니의 배 우측에 기댄 채 등을 지고 있고, 여아로 태어나게 되면 어머니의 배 왼쪽에 기대어 앞을 바라보게 된다. 중성으로 태어날 것 같으면 남녀 중성 가운데 어느 쪽의 욕정이 강한가에 달렸다.
> 그 밖에 [습기를 매개체로 삼는] 습생(濕生)으로 태어나는 바르도는 향기를 강렬히 희구해서 탄생 장소에 들어가게 되고, [매개체 없이 스스로] 화생(化生)으로 태어나는 바르도는 장소를 강렬히 희구해서 들어가게 된다."[2]

이 뜻을 부연하면, 8대 까르마빠는 『죄델찌조(俱舍論廣釋)』에서 이렇게 설명하고 있다:

> "[인간의] 바르도는 그 상태에서 업력으로 생긴 하늘눈으로 자기의 태어날 곳을 멀리 떨어져 있을지라도 보게 된다. 그 바르도가 남성이면 어머

2 『죄델타르람(俱舍論要解)』, p.499.

니를 아내와 같이 여겨서 욕정을 일으키고, 그 바르도가 여성이면 아버지를 남편처럼 여겨서 아내의 욕정을 일으키고, 어머니에게 분노를 일으키는 탓에 마음이 전도하게 된다.

그래서 그 남녀의 두 성기 사이에서 유희하고, 성교하길 희망함으로써 탄생의 장소인 자궁의 정혈(精血) 속으로 들어가게 된다. 위장과 대장의 사이에 있는 자궁으로 들어가서는 그 정혈(精血)을 자기[3]로 여기고, 희열 속에 안주한다. 그 뒤 그의 몸은 [수정의 1주인] 깔랄라(Kalala, 凝酪)에서 [수정의 4주째인] 가나(Ghana, 堅肉)로 변하게 된다."[4]

스스로 태어나는 화생 등에 대해 위의 같은 논에서 이렇게 설명하고 있다:

"습생(濕生)은 자기 업과 동분의 깨끗하거나, 불결한 탄생 장소에서 향기를 구하므로 들어간다고 하였으며, 또한 화생(化生)은 장소를 강렬하게 희구하므로 들어간다. 그러면 지옥의 바르도는 그 장소를 어떻게 구하는가? 생각이 크게 전도되어서 자신이 차가운 비바람을 맞아서 몸이 으스스함을 느끼면, 지옥의 불을 보고서 따뜻함을 갈망하여 그리로 달려가게 되고, 뜨거운 바람과 태양에 의해서 번열을 입게 되면, 거기의 [한기의] 시원함을 보고서 그리로 달려가서 생을 맺는다."[5]

여기서 한 가지 부연하면, 위의 설명들은 의식이 전도된 상태에서 탄생 장소

3 『입태경(入胎經)』에 의하면, 남아인 경우는 아버지의 백정(白精; 精液)이 방출될 때 이것이 나의 것이라고 생각하며, 여아인 경우는 어머니의 적정(赤精: 卵子)이 방출될 때 이것이 나의 것이라고 생각한다고 하였다.

4 『쬐델찌조(俱舍論廣釋)』, pp.491~492.

5 『쬐델찌조(俱舍論廣釋)』, p.493.

에 들어가는 범부의 중유들을 기준으로 설명한 것이며, 바르도의 유형에 따라서 그 의식 상태가 같지 않은 것이다.

이 뜻을 초대 달라이 라마는 『죄델타르람(俱舍論要解)』에서 이렇게 설명하고 있다:

> "그렇다면, '생각이 전도되어서'라고 함과 같이, 모든 바르도들이 일률적인 것인가? 반드시 그러한 것이 아니다. 어떤 바르도는 명료한 의식 상태에서 모태에 들어가나 머묾을 알지 못하며, 어떤 바르도는 그뿐만이 아니라 머묾도 알며, 어떤 바르도는 그뿐만이 아니라 탄생도 알며, 어떤 바르도는 모태에 들어가고 머물고 탄생하는 그 전부를 전혀 모른다."[6]

이와 같이 명료한 의식 상태에서 모태에 들어가는 바르도에 대해 8대 까르마빠는 『죄델찌조(俱舍論廣釋)』에서 이렇게 설명하고 있다:

> "명료한 의식 상태에서는 모태에 들어가고·머물고·나오는 그 셋을 분명하게 인식하므로 착란이 일어나지 않는다. 그러한 까닭에 탐애와 분노의 거친 번뇌들은 일어나지 않을지라도, 나의 부모라고 여기는 애착은 일어난다."[7]

명료한 의식을 지닌 상태에서 모태에 들어가는 바르도의 종류에 대해 위의 논에서 이렇게 설명하고 있다:

---

6 『죄델타르람(俱舍論要解)』, p.499.

7 『죄델찌조(俱舍論廣釋)』, p.495.

"모태에 들어감은 알지라도 머묾과 나옴을 알지 못함과 들어감과 머묾의 둘은 알지라도 나옴을 알지 못함과 들어감과 머묾과 나옴의 셋을 알고서 모태에 들어가는 그들 셋은 [의식이] 청정한 것이니, 차례대로 전륜성왕과 벽지불과 여래가 그와 같은 것이다.
전륜성왕은 [백대겁(百大劫)에 걸쳐 쌓은] 선업으로, 벽지불은 [백대겁에 걸쳐 닦은] 지혜로, 여래는 [삼무수대겁(三無數大劫)에 걸쳐 쌓은] 복덕과 지혜의 두 자량이 광대한 까닭에, 차례대로 그와 같은 것이다."[8]

이 뜻을 좀 더 자세하게 꽁뚤 왼땐갸초는 『쌈모낭된낭제(金剛身論釋)』에서 이렇게 설명하고 있다:

"모태에 들어감과 머묾과 나옴의 셋을 기억하지도 알지도 못함은 범부의 유정들이며, 들어감은 기억하고 알지라도 머묾과 나옴을 알지 못함은 세간의 전륜성왕과 출세간의 [성문의] 수다원(預流)[9]들이며, 들어감과 나옴의 둘은 기억하고 알지라도 머묾을 알지 못함은 초학보살(初學菩薩)과 연각(緣覺)들이며, 이 셋을 전부 기억하고 아는 것은 삼정지[10]에 안주하는 보살들의 생을 받는 도리이다."[11]

이와 같이 바르도의 유정이 의식을 지닌 채 모태에 들어가는 것에 대해 『정법염처경』에서도 설하고 있으므로 그것을 참고하길 바란다.

---

8 『죄델찌조(俱舍論廣釋)』, p.495.

9 수다원(預流)은 성문사과(聲聞四果)의 처음으로 들어온 현자를 말한다.

10 삼정지(三淨地)는 아만(我慢)이 소멸한 보살의 팔지(八地)·구지(九地)·십지(十地) 셋을 말한다.

11 『쌈모낭된낭제(金剛身論釋)』, p.105.

위의 논설처럼 모태에 들어가고·머물고·나오는 세 과정을 전부 기억하는 경우를 예로 들면, 댄마잠양은 『까르마빠재남(歷代嘎瑪巴傳)』에서 이렇게 설명하고 있다:

> "4대 까르마빠 롤빼도제(遊戲金剛, 1340~1383)는 전세에 중국 땅[원나라의 수도 북경의 왕궁에서 그의 전신인 3대 랑중도제(自生金剛, 1284~1339)가 세수 56세에 입적함]에서 입멸한 뒤 도솔천에 올라가 머물렀다. 그러자 미륵세존께서 [세간의 교화를 계속할 것을] 권유하므로 다시 [수정으로 만든 계단을 통해서 인간세계로 들어오는 신통을 보이며] 어머니의 자궁 속에 들어올 때, 그 자궁을 청정한 수정궁전으로 변화시키는 등의 불가사의한 신통력을 보였다. 자궁에 머물 때에는 [관음보살의] 육자진언을 염송하는 소리가 들려오고, 요가의 자세를 취하므로 어머니의 몸이 떨리고 흔들리는 일들이 발생하였다."[12]

이것은 아눗따라 요가딴뜨라의 수행에서 범속한 탄생을 화신으로 전용하는 도리를 그대로 보여준 것이다. 그래서 구루 빠드마쌈바와(蓮花生)도 『바르도퇴돌』에서 바르도의 유정이 자궁을 선택하는 마음가짐을 다음과 같이 보여주고 있다:

> "탐착과 분노를 여읜 상태에서 좋은 자궁을 선택하도록 하십시오. 그 또한 강렬한 희원을 일으키는 것이 매우 중요합니다. 그러므로 이와 같이 발원토록 하십시오.

---

12 『까르마빠재남(歷代嘎瑪巴傳)』, p.96, 댄마잠양, 감숙 민족출판사, 1997, 청해, China.

아, 나는 일체중생의 이락을 위하여
가장 지복한 인간인 전륜성왕이거나
사라수왕 같은 바라문의 자손이거나
딴뜨라를 성취한 씻다의 후예이거나
불법을 신봉하는 명문의 후손이거나
신심 깊은 부모님의 아들로 태어나
모든 유정들의 이익과 행복을 행하는
큰 복덕을 지닌 사람 몸을 얻으리라!

이렇게 강렬한 희원을 품고서 자궁 속에 들어가도록 하십시오. 또한 그때 들어가는 그 자궁을 천신들의 무량궁전으로 축복한 다음에 들어가도록 하십시오.
시방세계의 제불보살님과 자신의 본존불의 성중들과 특별히 대자대비하신 관세음보살님께 기원을 올린 뒤, 그들이 베푸는 관정의 축복을 생각하면서 자궁에 들어가도록 하십시오."[13]

이렇게 바르도의 상태에서 탄생을 화신으로 전용한 역사적 실례를 하나 들면, 뒤좀 린뽀체는 『뒤좀최중(杜鈞教史)』에서 이렇게 설명하고 있다:

"대역경사인 바이로짜나(Vairocana)의 말씀의 화신으로 알려진 [닝마빠(古派)의 저명한 고승이자 떼르뙨(伏藏大師)인] 떼르닥 링빠(gTer bdag gliṅ pa, 1646~1714)는 전생에 육신이 죽음의 정광명의 법계 속으로 돌아갔다.
이때 릭당(Rig gdaṅs) 천녀가 찬가를 부르면서 이타사업을 계속 행할 것

13 『바르도퇴돌(中有聞法解脫)』, pp.132~133.

을 권청하였다. 이로 말미암아, 지혜의 몸인 헤루까(Heruka)[14]의 모습으로 변화한 뒤 어머니의 모태에 들어갔다."[15]

바르도의 사멸도리

그 뒤 애착하는 쪽을 포옹하고자 들면, 업력에 의해서 몸의 다른 부분은 보이지 않고, 단지 남녀의 어느 한쪽의 성기만이 보이므로 분노하게 된다. 그리고 이 애착과 분노 2가지가 죽음의 원인이 되어 자궁 속에 들어가게 된다.

그리고 『유가사지론』 「본지분」에서는, 그 바르도의 유정이 부모가 단지 누워 있음에도 불구하고 정혈에 착란을 일으켜서 교합하는 것으로 본다고 하였으며, 『구사론석』에서도 역시 교합하는 것으로 본다고 하였다.

【해설】

이렇게 애착과 분노 2가지 사인으로 자궁에 들어가는 바르도의 의식도 임종의 마음과 같이 번뇌심이다. 이렇게 혼란한 정신 상태에서 모태에 들어가는 바르도는 반드시 의식의 착란을 겪게 된다.

이같이 의식의 착란이 일어나는 모습에 대해 까르마 틴래는 『뤼캄니매녠뽀(經藏醫藥部分集成)』에서 『입태경』을 인용하여 이렇게 설명하고 있다:

---

14 여기서의 헤루까(Heruka)는 피를 마시는 밀교의 본존을 뜻한다. 헤루까에는 많은 종류가 있으며, 대표적인 것으로 『바르도퇴돌』에 나오는 바즈라-헤루까(Vajra-Heruka) 등이 있다.

15 『뒤좀최중(杜鈞敎史)』, pp.495~496, 뒤좀 예시도제, 사천 민족출판사, 1996, 성도, China.

"이와 같이 그 바르도의 유정이 자궁에 들어가기를 원하면 그 또한 두 가지 모양이니, 그 둘이란 어떤 것인가? 복덕이 없는 바르도와 복덕이 큰 바르도이다.

복덕이 없는 그 바르도의 유정이 [바르도에서 겪는 환영의] 광경들을 보고 나서 분별의 마음을 일으키되, '지금 나는 바람과 추위와 짙은 안개와 비와 사람들의 와글대는 소리와 군중의 힘에 핍박을 받고 있다.'고 한 뒤, 스스로 무서움과 두려움을 일으켜서, '이제 나는 초가와 낙엽더미와 담벼락 등 조용한 곳으로 가야만 한다. 또는 산과 수풀과 동굴 등으로 가야 한다.'고 생각한다. 또한 별도의 갖가지 상념들을 일으킨 뒤에, 그와 같이 보는 대로 어머니의 자궁 속에 들어간다.

복덕이 있는 바르도 역시, '지금 나는 바람과 추위와 짙은 안개와 비와 사람들의 와글대는 소리와 군중의 세력에 핍박을 받고 있다.'고 생각한다. 이렇게 스스로 무서움과 두려움을 일으킨 뒤, '높은 건물의 꼭대기로 올라가야 한다거나, 또는 높은 곳으로 올라가야 한다거나, 또는 궁전 안으로 들어가야 한다거나, 또는 높은 자리에 앉아야 한다.'고 생각하거나, 또한 별도의 갖가지 상념들을 일으킨 뒤에, 그와 같이 보는 대로 어머니의 자궁 속에 들어간다."[16]

이 뜻을 구루 빠드마쌈바와(蓮花生)는 『바르도퇴돌』에서 이렇게 설명하고 있다:

"오, 고귀한 가문의 자손이시여! 그때 또한 다리와 사당과 사원과 오두막과 탑 등의 장소에서 잠깐씩 머물게 됩니다. 그러나 길게 머물지 못합

---

16 『뤼캄니매넨뽀(經藏醫藥部分集成)』, pp.7~8.

니다. 마음이 몸과 분리된 탓에 한곳에 오랫동안 머물지 못합니다. 시시로 추위를 느끼고, 화가 치솟으며, 모골이 오싹하고, 정신이 흐릿하고, 초조하고, 불안하게 됩니다.

그때 한 생각 일으키되, '아이고, 정말 내가 죽었구나. 이제 어떻게 하지!'라는 생각에 마음은 침통하고 처량해집니다. 처참한 고통들이 끝도 없이 밀려옵니다. 한곳에 머물지 못하고 어디론가 가야 한다는 압박감에 온갖 생각들이 일어나게 됩니다.

그렇게 해서는 안 됩니다. 마음을 가라앉히고 평정한 상태에 머물도록 하십시오. 이제는 음식 또한 그대에게 바쳐진 음식[17] 외엔 먹을 수가 없고, 친구도 정해져 있지 않은 그러한 때가 옵니다. 이것이 [새 몸을 구하는] 재생의 바르도에서 의생신(意生身)이 유랑하고 있는 표시입니다.

이때의 기쁨과 고통들은 모두가 그대의 업력에 따라서 일어납니다. 그대는 집과 가족과 친지들과 자신의 시신 등을 보게 됩니다. 그리곤 '내가 정말 죽었구나! 어찌하면 좋지!'라고 생각하게 되고, 그 중압감에 의생신은 심한 절망감을 느끼게 됩니다. 그래서 '새 몸을 하나 얻으면 얼마나 좋을까!'라고 생각한 뒤, 사방으로 몸을 구해 돌아다니는 광경이 그대에게 일어납니다.

그래서 자기 시신 속으로 아홉 번을 들어가 볼지라도, 법성의 바르도에서 오랫동안 지낸 탓에, 겨울이면 시신은 얼어붙었고, 여름이면 부패하였고, 그것이 아니면 가족과 친지들이 화장하였거나, 땅속에 묻어버렸거나, 새와 짐승들에게 주어서 들어갈 곳을 얻지 못하자, 크게 낙심하여

---

17 티베트에서는 보릿가루에 우유, 요구르트, 버터와 육류 등의 음식을 섞어서 태워주는 '쑤르(gSur, 焦煙)'라는 풍습이 있다. 이렇게 태워주는 향기를 맡음으로서 바르도의 유정들이 허기와 갈증을 면하게 된다.

바위와 땅과 돌 등의 모든 틈새에 들어가는 광경이 그대에게 나타납니다. 그와 같은 고통들이 일어나는 것이 재생의 바르도입니다. 그러나 비록 그대가 몸을 그렇게 애써 구할지라도 고통밖에 다른 것은 없습니다. 그러니 몸을 애착하는 마음을 버리고 무위의 상태에 편안히 머물도록 하십시오. 산란함이 없이 편안히 머물도록 하십시오."[18]

이와 같이 바르도의 상태에서 정해진 주거가 없이 이리저리 떠도는 것을 바르도의 육부정상(六不定相)이라 말한다.

다시 말해, ① 주거부정(住居不定)이니, 산꼭대기나 평원이나 빈집 등에 잠깐씩 머문다. ② 처소부정(處所不定)이니, 탑과 다리 등에 잠깐씩 의지한다. ③ 행위부정(行爲不定)이니, 한순간에 갖가지 행동을 한다. ④ 음식부정이니, 육도의 갖가지 음식들을 볼지라도 얻지 못한다. ⑤ 친우부정이니, 천신과 귀신 등을 가리지 않고 잠깐씩 어울린다. ⑥ 심사부정(心思不定)이니, 갖가지 괴롭고 즐거운 감정들이 수시로 변화무쌍하게 일어난다.

바르도가 생을 맺는 장소

남녀가 성교하여 몸을 섞게 되면, 두 성기가 마찰하는 힘에 의해서 [음부에 존재하며 대소변과 정액 등을 배출시키는] 아래로 내려가는 하행풍(下行風)이 위로 상승하여, 단전에 해당하는 쑴도(三合處)에 있는 보통의 뚬모(배꼽 불)들을 태우는 열기에 의해서, 몸 안의 하얀 보리심(白精)과 붉은 보리심(赤精)들이 녹은 뒤 72,000의 맥도를 타고 내려옴으로써 심

10 『바르도퇴돌(中有聞法解脫)』, pp.105~107.

신에 희열이 솟아나고 크게 만족하게 된다.

그때 성교가 절정에 이르면 마지막에 짙은 정액이 나오고, 그 뒤 부모로부터 정(精)과 혈(血)이 한 방울씩 반드시 나오게 된다. 이 최후의 두 정혈(精血)이 어머니의 자궁 속에서 화합하여, 마치 끓인 우유에 생기는 얇은 꺼풀과 같은 그 가운데에 죽은 바르도의 의식이 들어가게 된다.

그 바르도의 의식이 몸 안으로 들어가는 법도, 아버지의 입 혹은 머리의 숫구멍, 어머니의 음문 셋 가운데의 어느 하나를 통해서 들어간다.

【해설】

부모의 정혈이 섞인 묽은 점액 속에 들어온 바르도의 의식 상태에 대해 구루 빠드마쌈바와(蓮花生)는 『바르도퇴돌』에서 이렇게 설명하고 있다:

"만약 남자로 태어나면 자신에게 남자의 감정이 일어나서, 내생의 아버지에게 강한 분노의 감정을 품게 되고, 내생의 어머니에게 강한 질투와 애욕의 감정을 일으키게 됩니다. 만약 여자로 태어나면 자신에게 여자의 감정이 일어나서, 어머니에게 강한 질투와 시기심을 품게 되고, 아버지에게 강한 애욕과 연모의 정을 일으키게 됩니다.

이것이 원인이 되어서 자궁의 문[19]에 들어간 뒤, 아버지의 백정(白精)과 어머니의 적정(赤精)이 화합한 그 점액 속에서, 구생의 희열을 맛보면서 편안한 상태에서 의식을 잃고 졸도하게 됩니다."[20]

다음 성교를 통한 보리심의 용해와 육체의 쾌감에 대하여 설명하면, 이것은

19 다른 판본에는 항문으로 되어 있다.

20 『바르도퇴돌(中有聞法解脫)』, pp.120~121.

찰나의 희열이며, 거칠고 조악하며, 진정한 즐거움이 아니며, 생사의 길이다.

이와는 반대로 유가행자가 배꼽에 존재하는 불멸의 지혜의 불인 뚬모(배꼽 불)를 일으켜서, 뇌 속의 하얀 보리심을 용해시켜 얻는 본래로 타고난 구생희열이야말로, 공성의 깨달음과 육체의 환희가 결합한 진실하고 영원한 즐거움이다. 이것을 밀교에서는 공락무별(空樂無別)의 지혜라고 부른다.

그러므로 성교를 통해서 용해된 보리심의 하강과 수행을 통해서 일어나는 보리심의 용해는 그 성격이 비슷하면서 크게 다르다.

이 뜻을 쎄르똑 린뽀체는 『도제텍빠쌀람템깨(密乘地道行相寶階)』에서 이렇게 설명하고 있다:

> "일반적으로 뇌 속의 보리심을 녹이는 데는 반드시 뚬모가 일어나야 한다. 그렇지 않고, 보통 범부들의 보리심이 [성교를 통해서] 뇌 속에서 녹은 뒤, 정수리 짜끄라(頂輪)의 뒤쪽 맥판을 타고 명맥(命脈)의 안을 통과해서 배꼽 아래에 도달하는 것도, 중맥 속에 들어온 까닭에 보리심의 흐름이 되는 것이다. 그 힘에 의해서 성교의 희열인 의식의 혼절과 같은 현상이 일어나는 것이다."[21]

이와 같이 성교를 통한 보리심의 용해는 비록 거친 희열을 수반할지라도 진정한 희열은 아니다. 왜냐하면, 이것은 정수리 짜끄라의 앞쪽의 맥판을 타고 하강하는 유가 수행에 의한 보리심의 용해와는 그 성격이 다르기 때문이다.

본문에서 바르도의 의식이 생을 맺는 최후의 일적(一滴)만이 깨끗한 질료에 속한다고 하는 것은, 교합할 때 남녀의 양쪽에서 몇 번에 걸쳐 방출되는 체액들은 탁한 물질에 속하고, 최후에 나오는 정액과 여혈(女血)만이 깨

---

21 『도제텍빠쌀람템깨(密乘地道行相寶階)』, p.167.

끗한 물질인 까닭에 그렇게 말하는 것이다.

그리고 부모의 정혈 가운데서 바르도의 의식이 처음 생을 맺은 상태를 교학적인 측면에서, 꽁뚤 왼땐갸초는 『쌈모낭된낭제(金剛身論釋)』에서 이렇게 설명하고 있다:

"그와 같이 자궁에서 부모의 정혈과 바르도의 의식이 [극도로 미세한] 생명의 바람과 함께 섞여서 하나로 화합한 그것이 사부(四部) 딴뜨라에서 알려진 [자연 상태의] 인위의 지금강불(持金剛佛) 또는 『쌍와뒤빠(秘密集會續)』에서 설하는 본초불(本初佛)이다."[22]

바르도의 사멸과 생유의 성취

이때 바르도의 의식이 72,000의 맥도를 타고 내려오는 깨달음과 희열을 산출하는 요소인 명점(明点)과 결합하여, 바르도 상태에서의 80자성의 분별의 마음과 유동하는 바람들이 은멸한 뒤에, 밝은 마음(현명)과 한층 밝은 마음(증휘)과 정광명에 가까운 마음(근득)이 차례로 일어나며, 바르도의 죽음의 정광명도 앞장에서 거친 육신을 버릴 때에 설명한 것보다도 그 시간이 극히 짧아서 발생과 동시에 은멸하는 모양으로 일어난다.

그때 [물질의 쌓임(색온)이 소멸하는 현상인] 아지랑이에서부터 정광명 사이의 현상들이 차례로 일어나며, 그 정광명과 동분의 마지막 광명이 부모의 정혈이 화합한 그 가운데에 들어가서 생을 받음과 동시에 정

22 『쌈모낭된낭제(金剛身論釋)』, p.87.

광명에 가까운 마음이 발생한다. 이 정광명에 가까운 마음의 제일찰나(第一剎那)가 생명이 시작되는 순간인 생유(生有)라는 이름을 얻는 근본이자, 모태에 최초로 생을 맺는 마음이다.

【해설】

위에서 말한 단계에서의 분별의 마음과 유동하는 바람들이란, 바로 경(經)에서 갖가지 습기가 훈습된 종자인 아뢰야식(阿賴耶識)과 의식의 동요를 일으키는 궁굴림의 쌓임인 행온(行蘊)이자, 칠식(七識)이라 부르는 염오(染汚)의 말나식(末那識)이다. 궁굴림(行)에다 지명풍(持命風)의 이름을 붙인 것은, 이것이 유정의 목숨을 지탱하는 동시에 의식의 동요를 일으키기 때문이다.

이 뜻을 꽁뚤 왼땐갸초의 『쌈모낭된낭제(金剛身論釋)』에서 이렇게 설명하고 있다:

"이 금강신(金剛身)이 형성될 때 최초로 하얀 보리심(白精)과 붉은 보리심(赤精)이 화합한 묽은 점액 속에 들어온, 아뢰야식에 의지하는 [생각의 궁굴림인] 행(行, 의도작용)의 말나식의 움직임으로부터 대지명풍(大持命風)이라 부르는, 모든 유정들의 몸과 마음과 체온의 의지처가 되는 명(命)이라 부르는 것이 생성된다."[23]

밝은 마음(현명)에서 사대원소가 생김

그로부터 정광명에 가까운 마음의 제이찰나(第二剎那) 이하와, 그로부

23 『쌈모낭된낭제(金剛身論釋)』, p.140.

터 한층 밝은 마음이, 그로부터 밝은 마음이 차례로 일어나고, 그로부터 80자성의 분별의 마음들이 그의 운반체인 거친 생명의 바람들과 함께 발생한다.

이 밝은 마음(현명)의 운반체인 미세한 생명의 바람으로부터 거친 의식의 의지처가 되는 특별한 능력을 지닌 바람 원소가 일어나며, 거기에서 그와 동일한 능력의 불 원소가, 역시 그와 동일한 능력의 물 원소가, 역시 그와 동일한 능력의 땅 원소들이 차례로 발생한다.

【해설】

이것은 자궁의 정혈 속에 생을 맺은 바르도의 의식에서 거친 사념들이 일어나서 몸의 오대원소를 생성하는 법을 말한 것이다. 여기서 거친 사념들을 일으키는 주범은 의식과 함께하는 극도로 미세한 생명의 바람이다.

이 생명의 바람이 오대원소의 본질을 함유한 오광명풍(五光明風)인 까닭에, 몸을 구성하는 다섯 원소들이 자궁 안에서 차례로 발생하는 것이다.

이렇게 몸의 원소들이 발생하는 과정에 대해 꽁뚤 왼땐갸초는 『쌈모낭된낭제(金剛身論釋)』에서 이렇게 설명하고 있다:

"자궁 안의 오대원소는, 부모의 정혈이 밖으로 흐르지 못하게 굳게 하는 견고한 성품이 땅 원소이며, 축축하고 윤택함이 물 원소이며, 따뜻한 혈액이 불 원소이며, 움직임이 바람 원소이며, 몸 안의 구멍들이 허공 원소이다.

자궁에 존재하는 그 생명체의 오대원소는 자궁의 오대원소와 동일한 것이니, 자궁에 존재하는 그 생명체는 정혈과 의식의 세 가지 화합물인 까닭이다. (중략) 아버지의 볼라(Bolla, 父精)와 어머니의 까꼴라(Kakokla, 母精)의 화합물의 감촉에 의지해서, 그 견고한 질료를 자기라고 여기는 완고한 습기에 의해서 몸의 땅 원소가 생장하는 것이다. 보리심의 자성이 되는 그 정액을 자기라고 여기므로 몸의 물 원소가 발생하며, 그 둘의 움직임을 자기라고 여기므로 혈액이 증가하여 열기를 일으켜서 불 원소가 발생하고, 그 둘의 움직임을 자기라고 여겨서 바람 원소가 발생한다고 알려졌다. 그 둘의 즐거움을 자기라고 여기므로 허공 원소가 발생하게 된다.

그와 같이 이 오대원소가 의식을 감싸고 성장함으로써 무명(無明)의 조건에 의해서 [마음의 사유 활동(궁굴림)인] 행(行) 등이 서로 의지해서 일어나는 까닭에, 몸과 마음의 결합체가 만들어짐이 마음의 연기(緣起)이다."[24]

이처럼 어머니 자궁의 정혈 속에 생을 맺은 바르도의 유정은, 본격적으로 무명에서 생명이 시작되는 십이연기(十二緣起)의 길을 따라 생사윤회 속을 전전하게 된다.

이것을 알게 쉽게 『바르도퇴돌』의 가르침에 연계하여 설명하면 다음과 같다.

① 무명(無明)은 바르도의 상태에서 실체가 없는 마음의 본성이, 청정한 빛과 몸과 소리 셋으로 출현함을 알지 못하고 두려워하여 착란을 일으킴이니, 곧 법성의 진실을 알지 못함이다. 이것을 『바르도퇴돌』에서 "그대의 몸과 마음이 서로 분리될 때, 법성의 청정한 광경이 나타납니다. 그것은 미세하고 맑으며, 밝고 눈부시며, 본성이 찬란하고 두려운 광경이 봄날의 들판에서 피어나는 아지랑이와 같이 일렁거리며 나타납니다. (중략) 그 광명의 빛 속에서 법성의 본연의 소리가 격렬하고 사납게 우르릉거리며 들려옵니다. (중략) 그

---

24 『쌈모낭뒤낭제(金剛身論釋)』, p.101

와 같이 그것이 자기 광경(현현)임을 깨닫지 못하면, 비록 인간세상에서 그처럼 수행하였을지라도 지금 이 가르침을 받지 못하면, 소리와 빛과 광선 셋에 의해서 두려움과 무서움과 공포에 떨게 됩니다. 만약 이 가르침의 진실을 알지 못하면, 소리와 빛과 광선의 3가지 의미를 깨닫지 못한 채 육도에 끝없이 유랑하게 됩니다."라고 설명하였다.

② 행(行)은 무명에서 비롯된 분별망상으로 갖가지 업을 짓는 것이다. 신라의 원측(圓測) 스님이 『반야심경찬(般若心經贊)』에서, "생각 등의 마음작용(心法)이 마음을 부려서 선 등을 짓게 함을 행(行)이라 한다."[25]고 하셨듯이, 바르도에서 체험하는 법성의 빛과 몸과 소리 셋이 곧 자기 본성의 표출임을 알지 못함으로써, 그것과 계합하여 법신 또는 보신으로 성불하지 못한 채, 거짓된 자아인 오온(五蘊)을 자기로 고집해서 새로운 몸을 찾아다니며, 갖가지 망상과 분별을 일으키는 마음작용(心所)을 말한다.

③ 식(識)은 자궁의 정혈 속에 들어와 생을 맺은 바르도의 유정이 사멸과 동시에 죽음의 정광명이 짧게 일어난 뒤, 역순으로 그 정광명이 소멸함과 동시에 출현하는 정광명에 가까운 마음(근득)의 제일찰나(第一刹那)가 바로 식(識)이다. 이 정광명에 가까운 마음은 윤회생사를 야기하는 가장 미세한 번뇌의 마음으로 보통 아뢰야식(阿賴耶識)이라 부른다.

④ 명색(名色)은 정신과 물질이 하나로 결합한 상태를 말한다. 명(名)은 곧 느낌(受)·헤아림(想)·궁굴림(行) 등과 눈 알음이(眼識)에서 말나식(末那識)에 이르는 7가지 알음이(識)들을 포함하는 정신적 요소들인 식온(識蘊)을 말하며,

---

25 『반야심경찬(般若心經贊)』, 新修大藏經 第33冊 No.1711, CBETA 電子佛典, 2006.

색(色)은 땅·물·불·바람 등의 물질 요소들인 색온(色蘊)을 말한다. 여기서는 흡사 끓인 우유에 생기는 엷은 까풀 같은 상태인 응락(凝酪)이라 부르는 태위(胎位)의 깔랄라(Kalala)가 색온이 된다. 이 뜻을 아사리 바수반두(世親 菩薩)는 『섭대승론석(攝大乘論釋)』(卷第三)에서, "식(識)은 명색을 의지해 생기고, 명색은 식을 의지해 생긴다. 명(名)은 색(色)이 아닌 사음(四陰)이며, 색(色)은 곧 깔라라(柯羅邏)"라고 하였다.

이 명색이 발생하는 과정은 처음 모태에 들어온 사자의 아뢰야식이 혼절의 상태에서 깨어난 뒤, 염오(染汚)의 말나식이 일어나고, 그와 동시에 아버지의 하얀 보리심과 어머니의 붉은 보리심으로부터 지명풍이 일어나고, 여기에서 업풍(業風)[26]이 발생하여 수정의 첫 주인 깔랄라(凝酪)를 만드는 것이다.

이 깔랄라는 미세한 상태의 사대원소와 의식이 결합한 묽은 점액 같은 결정체로서, 여기에서 거친 육신이 점차로 생겨난다. 다시 말해, 이 깔랄라 안에 있는 땅 원소의 바람이 몸을 지탱하고, 물 원소의 바람이 몸을 흩어지지 않게 거두고, 불 원소의 바람이 부패를 막고, 바람 원소의 바람이 몸을 발달시켜서 완전한 형태의 몸을 만드는 것이다.

⑤ 육입(六入)은 감촉을 받아들이는 눈 감관(眼根) 등의 몸의 여섯 감관인 육근(六根)을 말한다. 이 여섯 감관은 감촉을 받아들이는 뜻에서 입(入)으로, 알음이(識)를 일으키는 장소인 까닭에 처(處)로 번역하기도 한다.

그리고 쫑카빠의 『람림첸모(菩提道次第廣論)』에서, "명색(名色)이 이루어지면, 몸의 근본이 성취된 것이며, 육입(六入)이 이루어지면, 몸의 특성이 성취돼서 [바깥 대경을] 받아 누리는 자가 이루어진다."고 하였다.

---

26 여기서의 업풍(業風)은 태중의 5주간에 발생하는 5가지 생명의 바람을 말한다.

⑥ 촉(觸)은 몸 감관(根)과 바깥 사물(外境)과 몸 알음이(識) 셋이 만나서 일으키는, 좋고 나쁨과 좋지도 나쁘지도 않은 3가지 경계를 가려내는 것이다.

⑦ 수(受)는 접촉을 통해서 몸에 즐거움과 괴로움과 비고비락의 3가지 느낌을 일으키는 것이다.

⑧ 애(愛)는 즐거움은 여의지 않고, 괴로움은 벗어나길 애착하는 마음작용이다.

⑨ 취(取)는 애착의 영향으로 좋은 경계와 즐거움 등을 반복해서 만나고, 갖기를 원하는 것이다. 『람림첸모』에서는 "모양과 소리 등의 즐거움과 괴취견[27]을 제외한 악견(惡見)들과 악견과 연계된 나쁜 계율과 나쁜 금계(禁戒)와 괴취견을 탐착하는 욕취(欲取)·견취(見取)·계금취(戒禁取)·아어취(我語取)의 사취[28]이다."라고 말하였다.

---

27 괴취견(壞聚見)을 약술하면, 다섯 가지 쌓임(五蘊)의 덩어리(聚)가 매 순간순간 무너짐(壞)을 모르고, 실재하는 나와 나의 것으로 고집하는 잘못된 견해로 유신견(有身見)이라고도 한다. 이 괴취견으로 말미암아 상주와 단멸을 보는 변집견(邊執見)과 연기법을 부정하는 사견(邪見)을 비롯한 모든 잘못된 견해들이 일어난다.

28 사취(四取)는 온갖 번뇌를 낳는 4가지 잘못된 견해를 말한다. ① 욕취(欲取)는 외법(外法)에 속하는 욕계의 육진(六塵)을 탐착하는 번뇌에 물든 지혜이다. 천친 보살(天親 菩薩)은 『불성론(佛性論)』에서 "욕취는 욕계의 육진을 탐욕함이다."라고 말하였다. ② 견취(見取)는 괴취견 등에 의지해서 생긴 갖가지 견해(見聚)들을 최고라고 집착하는 번뇌에 물든 지혜이다. ③ 계금취(戒禁取)는 살생과 같이 마땅히 끊도록 경계하고, 행실을 잘못되지 않게 금지하는 금계(禁戒)의 조목들을, 마치 죄업을 맑히고, 미혹에서 벗어나게 하고, 세간에서 벗어나게 하는 최고의 법으로 보는 번뇌에 물든 지혜이다. ④ 아어취(我語取)는 석순륜(釋遁倫)이 집선(集撰)한 『유가론기(瑜伽論記)』(卷二)에는 "아어(我語)는 곧 아견(我見)이다. 그 아견이 계교하는 아(我)는 실체가 없이 단지 말만 있는 까닭에 아어라 한다. 아어를 반연하여 탐착하므로 아어취(我語取)라 한다."고 하였다. 여기서 말하는 아어(我語)는 곧 몸 안의 내법(內法)에 해당하는 선정 등의 일체법을 탐착하는 번뇌에 물든 지혜이다. 또한 위의 『불성론』에서, "내법(內法)을

⑩ 유(有)는 취(取)의 영향으로 몸·말·뜻 3가지를 통해서 후유(後有, 後生)를 실제로 일으키는 업의 힘을 지는 것이다. 『람림첸모』에서는, "과거의 행(行)에 의해서 아뢰야식에 업의 습기가 전염되고, 애(愛)와 취(取)에 의해서 길러짐으로써, 다시 후유(後有, 後生)를 불러오는 큰 세력이다. 이것은 인(因)에다 과(果)의 이름을 붙인 것이다."라고 하였다.

⑪ 생(生)은 [태생·난생·습생·화생의] 네 가지 탄생 가운데서 처음 의식이 모태에 생을 맺는 것이다.

⑫ 노사(老死)의 노(老)는 몸의 쌓임(蘊)이 성숙하고, 다르게 바뀌는 것이다. 사(死)는 몸의 쌓임과 그 동류를 버림이다.

바르도가 들어오는 문

바르도의 의식이 어디를 통해서 몸속으로 들어오는가? 나가보디(龍覺)의 『쌍뒤둡탑남삭(密集成就安立次第)』에서는, 비로자나의 문인 정수리를 통해서 들어온다고 하였으며, 『돔중(勝樂生起)』과 『도제텡와(金剛鬘)』에서는, 아버지의 입을 통해서 들어온다고 하였다. 그러므로 처음에 바르도의 유정이 아버지의 입 또는 숫구멍으로 들어와서 아버지의 성기를 통해서 나온 뒤, 어머니의 음문으로 들어가서 자궁 속의 정혈이 화합한 그 가운데 죽은 바르도의 의식이 생을 맺는 것이다.

탐착함이 아어취(我語取)이다. 색계와 무색계의 선정[사선(四禪)과 사무색정(四無色定)]을 반연하여 내법이 성립하는 까닭에 아어(我語)이다. 이 선정을 탐착함이 취(取)이다."라고 하였다.

또한 『구사론석』에서는 어머니의 음문을 통해서 들어간다고 설하였다. 그러므로 그와 같이 어머니의 음문과 아버지의 입 또는 숫구멍 세 곳이 어머니의 자궁에 들어가는 문임을 알라.

이것은 태생의 인간으로 태어나는 바르도의 유정이 자궁에 들어가는 법에 따른 것이며, 통상 바르도는 걸림이 없는 존재여서 들어가는 문으로 구멍이 필요하지 않다. 왜냐하면, 철광석을 쪼개면 그 속에서도 벌레가 나온다고 『구사론석』에서 설하였으며, 또 단단한 바위와 갈라지지 않은 돌멩이 속에도 생명체가 존재하기 때문이다.

【해설】

바르도의 의식이 들어오는 문에 대한 경론들의 논설을 종합하면, 『바르도퇴돌』에서는 "바르도의 의식이 아버지의 항문(성기)에서 어머니의 음문으로 들어간다."고 하였으며, 『돔중(勝樂生起)』에서는 "그 바르도가 아버지의 입 또는 정수리로 들어온 뒤, 72,000의 맥도를 타고 하강하는 틱레(明点)와 결합하여 어머니의 자궁 속으로 들어간다."고 하였으며, 『맨응악녜마(教授花穗)』에서는 "황금의 문과 입과 다른 곳을 통해서 바르도의 유정이 들어온다."고 설하였다.

또 쫑카빠의 『응악림첸모(密宗道次第廣論)』에서는 "황금의 문은 정수리이며, 나가보디(龍覺)의 『쌍뒤둡탑남샤(密集成就安立次第)』에서 '비로자나의 문을 통해서 바르도가 들어온다.'고 설한 것과 의미가 같다. 또 다른 곳을 통해서 들어온다고 하는 것은, 『구사론』에서 '자궁의 문을 통해서 들어간다.'고 설하였다. 그러므로 들어가는 문은 셋이다."[29]라고 하였다.

---

29 『응악림첸모(密宗道次第廣論)』, p.512, 쫑카빠, The Corporate Body of the Buddha Educational Foundation, 2001, Taipei, Taiwan.

태내오위(胎內五位)

어머니의 자궁에서 사람 몸이 점차로 자라나는 과정은 다음과 같다. 이 자궁은 어머니 위장의 아래와 대장의 위에 있다고 『입태경』에서 설하였다.

여기서 [첫 주의 수정(受精)의 상태인 응락(凝酪)이라 부르는] 깔랄라(Kalala, 凝酪)[30]는 끓인 우유의 얇은 까풀과 같은 것이 표면을 둘러싸고, 그 안은 매우 묽다. 여기서 거친 사람 몸이 형성되니, 죽음에 이르기까지의 거칠고 미세한 몸들이 사대원소로부터 만들어진다. 땅 원소의 바람은 몸을 지탱하고, 물 원소의 바람은 몸이 흩어지지 않게 수렴하고, 불 원소의 바람은 부패를 막고 성숙시키며, 바람 원소의 바람은 몸을 발달시킨다.

[제2주의 막포(膜疱)라 부르는] 아르부다(Arbuda, 膜疱)[31]는 응락이 일주일이 경과하면 새로운 생명의 바람이 일어나고, 그 바람의 힘에 의해서 성숙되어 막포(膜疱)로 바뀐다. 그 상태는 안과 바깥이 둘 다 요구르트와 같이 축축하고 태의(胎衣)를 입게 된다.

[제3주의 혈육(血肉)이라 부르는] 뻬씨(Peśi, 血肉)[32]는 막포가 일주일이 경과하면 새로운 생명의 바람이 일어나고, 그 바람의 힘에 의해서 성숙되어 혈육(血肉)으로 바뀐다. 비록 살이 생겼으나 누름을 견디지 못한다.

[제4주의 견육(堅肉)이라 부르는] 가나(Ghana, 堅肉)[33]는 혈육이 일주일이 경과하면 새로운 생명의 바람이 일어나고, 그 바람의 힘에 의해서 성숙

---

30 원문은 '메르메르뽀(Mer mer po, 凝酪)'이다.

31 원문은 '따르따르뽀(膜疱)'이다.

32 원문은 '고르고르뽀(血肉)'이다.

33 원문은 '탕규르(堅肉)'이다.

되어 견육(堅肉)으로 바뀌며, 그 살이 윤택하고 누름을 견딘다.

[제5주의 지절(支節)이라 부르는] 쁘라싸라와(Praśārava, 支節)[34]는 견육이 일주일이 경과하면 새로운 생명의 바람이 일어나고, 그 바람의 힘에 의해서 성숙되어 지절(支節)로 바뀐다. 두 넓적다리와 두 어깨와 머리 모양의 다섯 돌기가 분명하게 나온다.

이 태내의 다섯 단계는 나가보디(龍覺)의 『쌍뒤둡탑남삭(密集成就安立次第)』에서 설한 것이다. 한편 『구사론석』과 『입태경』에서는, 누르누르뽀(Nur nur po)와 메르메르뽀(Mer mer po)와 그다음 셋의 순서로 설하고 있으며, 『유가사지론』「본지분」에서는, 메르메르뽀와 누르누르뽀의 바뀐 순서로 설하고 있을지라도, 그 명칭의 순서가 같지 않은 점을 제외하곤 그 의미는 어긋나지 않게 설하고 있다.

【해설】

이것은 바르도의 유정이 어머니의 자궁에 들어온 뒤, 생명의 발생하는 5주간의 광경을 묘사한 것이다.

이 태내오위(胎內五位)를 우리 불교에서는 차례로 갈라람·알부담·폐시·건남·발라사거로 번역하여 사용하고 있으며, 이것은 『야차왕청문경(夜叉王請問經)』의 교설이다. 범어는 차례로 깔랄라(Kalala, 凝酪)·아르부다(Arbuda, 膜疱)·뻬씨(Peśi, 血肉)·가나(Ghana, 堅肉)·쁘라싸라와(Praśārava, 支節)이다.

다른 논전에 따르면, 대부분 바르도의 유정들은 자궁 속에 착상된 첫 주간에는 의식이 없는 상태로 지낸다고 하였다. 이러한 첫 주의 수정 상태를 뺀조르 된둡의 『나로쵀둑쎌된』에서 이렇게 설명하고 있다:

---

34 원문은 '깡락귀빠(支節)'이다.

"그와 같이 [바르도의 유정이] 자궁에 들어와 생을 맺은 뒤, 그 다섯 원소들 가운데서 함장(含藏)의 아뢰야식(阿賴耶識)을 제외한 나머지 7가지의 알음이(識)들이 출현하지 않아서 마치 술 취한 상태와 같다.

그 뒤에 아뢰야식에서 염오(染汚)의 말나식(末那識)이 일어나며, 그와 동시에 적백의 두 보리심에서 지명풍이 발생하여 활동을 개시하고, 순식간에 업풍(業風)을 일으켜서 마치 우유가 요구르트로 바뀌듯이 깔랄라(凝酪)로 만들고, 그것을 융화시키고, 수렴하고, 견고하게 하고, 썩지 않게 하고, 성장시킨다. 이것이 아뢰야식에서 의식의 작용이 일어난 것이다."[35]

자궁 속에서 5주간 동안 생명체가 형성되는 과정에 대해 꽁뚤 왼땐갸초는 『쌈모낭된낭제(金剛身論釋)』에서 이렇게 정리하고 있다:

"모태에 수정된 첫 주에는 [거친] 지명풍이 발생하여, 휘젓고 거두어서 깔랄라(凝酪)로 만들고, 2주에는 꾼내뒤빠(Kun nas sdud pa, 全攝)라 부르는 생명의 바람이 휘젓고 거두어서 아르부다(膜疱)로 만들고, 3주에서는 죄까(mdZod ka, 庫藏)라 부르는 생명의 바람이 휘젓고 거두어서 뻬씨(血肉)로 만들고, 4주에는 랍뚜제빠(Rab tu ḥbyed pa, 大行)라 부르는 생명의 바람이 휘젓고 거두어서 가나(堅肉)로 만든다.

그와 같이 4주간에 걸쳐 네 가지 업풍이 일어나 자궁의 생명체를 휘저어서 탁질(濁質)을 걸러내고, 정화만을 거두어 모은다. (중략) 그 뒤 5주에는 양닥빠르뒤빠(Yaṅ dag par sdud pa, 正攝)라 부르는 생명의 바람이 내치고 거두어 모아서 쁘라쌰라와(支節)로 만든다.

35 『나로최둑쎌된(那若六法明燈)』, p.73.

이 쁘라싸라와(支節)의 첫날인 29일째부터 지명풍이 하얀 보리심(白精)과 붉은 보리심(赤精)의 둘을 위아래로 내몰아서, 자궁 안에 있는 생명체의 손가락 열두 개 반 크기의 몸체에 아와두띠와 지명풍과 위아래 두 끝에 적백의 보리심이 함께 형성되며, 한쪽 끝은 어머니의 라싸나(右脈)에 연결된다."[36]

다음은 자궁 속의 생명체를 사대원소(四大元素)가 서로 작용해서 생장시키는 모습을, 『뒤캄니매녠뽀(經藏醫藥部分集成)』에서는 『입태경』을 인용하여 이렇게 설명하고 있다:

"그와 같이, 땅 원소는 견고하게 하는 일을 행하고, 물 원소는 축축하게 하는 일을 행하고, 불 원소는 따뜻하게 하는 일을 행하고, 바람 원소는 가볍고 움직이게 하는 일을 행한다.

만약 이 깔랄라(凝酪)의 몸에 단지 땅 원소만 있고 물 원소가 없으면, 마치 마른 가루와 재를 뭉침과 같아서 뭉쳐지지 않는다. 만약 물 원소만 있고 땅 원소가 없으면, 마치 식용유나 또는 물의 성품처럼 윤기 나고 축축할 뿐, 딱딱함이 없어서 흘러서 흩어진다.

만약 땅 원소와 물 원소만 있고 불 원소가 없으면, 마치 더운 여름날에 살코기를 그늘에 놓고서 햇볕을 쬐지 않는 것과 같이 뭉개지고 부패한다. 만약 땅 원소와 물 원소와 불 원소만이 있고 바람 원소가 없으면 제대로 자라나지 못한다.

예를 들면, 요리사나 그의 제자가 밀가루 반죽을 원하는 대로 만든 다음, 기름에 튀겨서 바람을 불어 넣은 뒤 원하는 갖가지 모양을 만들되,

---

36 『쌈모낭된낭제(金剛身論釋)』, pp.106~107.

만약 바람의 힘이 없으면 그 안을 비게 하지 못한다. 이와 같이 사대원소들 역시 서로 의지하고 결속해서 몸을 만드는 것이다.

그러므로 이 깔랄라(凝酪)의 몸이 부모의 사대원소와 업풍을 원인으로 만들어지는 과정에서, 그같이 허다한 인연들이 작용하는 안 모습은 볼 수 없을지라도, 화합하는 힘에 의해서 몸이 이루어지는 것임을 알라."[37]

또 몸의 육대원소(六大元素)가 화합하여 사람 몸을 생성하는 모습에 대해 위의 같은 논에서 『도간경(稻稈經)』을 인용해서 이렇게 설명하고 있다:

"땅·물·불·바람·허공·의식의 여섯 원소들이 화합해서, [몸을 만드는] 내연기(內緣起)가 조건에 의지하는 것임을 관찰하라. 여기서 내연기의 땅 원소란 무엇인가? 무릇 [생겼다 없어지는] 유위신(有爲身)의 견고한 물질을 만드는 것이 땅 원소이다. 몸을 [흩어지지 않게] 거두어 모으는 일을 행하는 것이 물 원소이다. 무릇 몸이 먹고 마시고 씹고 삼킨 것을 소화하는 것이 불 원소이다. 몸의 호흡을 안팎으로 흐르게 하는 것이 바람 원소이다. 몸 안의 [구멍인] 체강(體腔)이 있게 하는 이것이 허공 원소이다. 창과 집이라 부르는 이름처럼 [정신과 물질의 결합체인] 몸이란 명색(名色)의 싹을 생성하는 [눈·귀·코·혀·몸의 알음이(識)들인] 오식(五識)의 집합과, [번뇌와 업을 짓는] 유루(有漏)의 의식(六識)이라 부르는 것이 식계(識界)이다.

이러한 인연들이 없이는 몸이 만들어지지 않으며, 어느 때 몸 안의 땅 원소가 갖추어지고, 그와 같이 물·불·바람·허공·의식들이 갖추어지고, 그 전부가 하나로 모임으로써 몸이 만들어지는 것이다."[38]

---

37 『뤼캄니매녠뽀(經藏醫藥部分集成)』, pp.9~10.

38 『뤼캄니매녠뽀(經藏醫藥部分集成)』, p.3.

몸의 육계(六界)의 발생

제4주의 기간에 깨달음과 희열을 산출하는 요소인 하얀 보리심(白精)과 붉은 보리심(赤精)이 깨끗하고 무거운 청탁(清濁)의 두 물질로 분화된다. 다시 말해, 하얀 보리심에서 아버지로부터 받은 몸 안의 3가지 보배인 정액과 뼈와 골수가 생성되고, 붉은 보리심에서 어머니로부터 받은 몸 밖의 3가지 보배인 살과 피부와 피가 생성된다.

【해설】

이것은 적백의 두 보리심에서 인체의 구성요소들이 생성되는 것을 간략히 밝힌 것이다. 밀교에서는 이 육계(六界)를 포함하는 인체의 중요한 요소로서 7가지의 맑고 무거운 청탁(清濁)의 두 물질과 36가지 청탁의 물질들이 있음을 말한다.

먼저 인체의 7원기(七元氣)라 부르는 7가지 맑은 청질(清質)들이 발생하는 것은 다음과 같다. 입으로 섭취한 음식물을 위장에서 불의 성품인 등주풍(等住風)과 연마연액[39]과 전색담[40] 셋이 태우고·녹이고·거르는 과정을 거쳐 만들어진 음식물의 영양소가 간을 거쳐서 피로 바뀌고, 피에서 살이 만들어지고, 살에서 지방이, 지방에서 뼈가, 뼈에서 골수가, 골수에서 정액이, 이 정액의 정화가 체력으로 바뀌는 것이다. 다시 이 7가지 청질(清質)에서 7가지 탁질(濁質)들이 발생하게 된다.

이와 같이 인체의 7가지 청탁의 물질들이 만들어지는 과정을, 꽁뚤 왼

---

39 연마연액(研磨涎液)은 인체의 5가지 근본연액의 하나이며, 위장에 있으면서 식물을 갈아서 곱게 만드는 작용을 한다.

40 전색담(轉色膽)은 인체의 5가지 근본담(根本膽)의 하나이며, 간장에 있으면서 음식의 정화, 피, 살 등의 7가지의 정화들의 각자의 색깔들을 만드는 작용을 한다.

땐갸초는 『쌈모낭된낭제(金剛身論釋)』에서 이렇게 설명하고 있다:

"위장에서 청탁(淸濁)의 두 물질로 분화된 음식물의 정화는, 간장에서 큰 혈맥인 쌍마(bZaṅ ma)와 자응왼(Bya sṅon)과 쌰링(bŚaḥ riṅs)과 탠부(mThran bu) 넷을 경유해서 피로 바뀐 뒤에 모든 혈관으로 전달된다.

그 피는 하루 동안에 청탁으로 분화되어 맑은 청질은 살을 만들고, 그 살 역시 하루 동안에 청탁으로 분화되어 청질은 지방으로 바뀐다. 그 지방 역시 하루 동안에 청탁으로 분화되어 청질은 뼈로 바뀌고, 그 뼈 역시 하루 동안에 청탁으로 분화되어 청질은 골수로 바뀐다. 그 골수 역시 하루 동안에 청탁으로 분화되어 정액으로 바뀐다.

그와 같이 음식물의 영양소 등이 7일 동안에 청탁으로 분화해서 정액으로 바뀌기까지의 7가지 정화를 티베트 의학서인 『앤락갸빠(八支集要)』에서는 인체의 칠원기(七元氣)로 부르고, 『시륜경(時輪經)』 등의 경궤에서는 몸 안의 칠생(七生)으로 부른다. (중략)

또한 음식물을 하루 동안에 태우고, 녹이고, 거르는 과정 끝에 생긴 위장의 탁질(濁質)들은 소장 안에서 무겁고 가벼운 [대소변의] 둘로 갈라지고, 무거운 것은 장을 거쳐 항문으로 배출되고, 가벼운 것은 방광에 모인 뒤 요도를 통해서 배출된다.

그와 같이 하루마다 하나의 정화에서 하나의 무거운 탁질이 생겨나는 것이다. 피의 탁질은 간에서 담즙을 만들고, 이 담즙의 정화는 몸의 황수(黃水)를 만들고, 담즙의 탁질은 아래로 내려가서 오줌의 부유물과 대변의 냄새와 황색을 만든다. 살의 탁질은 피부와 냄새이며, 지방의 탁질은 임파선이 되고, 뼈의 탁질은 치아와 손발톱이 된다. 골수의 탁질은 몸의 냄새와 침과 콧물과 가래로 바뀐다. (중략)

이 정액 또한 하루 동안 청탁으로 분화한 뒤, 탁질은 하부의 아와두띠

(中脈)의 하단에서 나와 몸의 기관과 털구멍 등을 통해서 배출되고, 청질은 몸의 원기와 광채와 색깔을 만든다."[41]

이외에도 인체에는 중요한 36가지 청탁의 물질들이 있다. 이 가운데 청질이 12가지이고, 탁질이 24가지이며, 이것을 또한 명점(明点)이라 부른다.

12가지 청질(清質)은 심장의 지분사풍(支分四風)[42]이 흐르는 네 맥도인 눈·귀·코·혀에 있으면서, 눈·귀·코·혀의 알음이(識)들과 결합해서 사물을 보게 하는 등의 [직접적 도움이 되는] 증상연(增上緣)을 수행하는 4가지와 뒤댈마(離魔脈)에서 발생하여 목젖에 머물면서 몸의 하얀 보리심을 조절하고, 감촉을 일으키는 1가지와 근본오풍(根本五風)과 연결되어 생명을 지탱하고, 배설을 맡는 등의 근본오풍의 작용을 함께 수행하는 5가지와 아와두띠의 상단에서 해와 달과 라후(羅睺)의 3가지 생명바람의 일부가 되어 움직이는 1가지와 아와두띠의 하단에서 구생의 안락을 일으키는 하얀 보리심의 지분이 되는 1가지 청질을 말한다.

24가지의 탁질(濁質)은 인체의 24맥에 있으면서 각각의 맥도의 작용을 돕는 24가지 명점(明点) 또는 물질들을 말한다. 예를 들면, 『돔중(勝樂生起)』에서, "머리에 있는 명점은 쑤미라(Sumira)이니, 치아와 손발톱을 만드는 장소[맥도의 이름은 미체마(不裂)]이며, 정수리에 있는 명점은 잘란다라(Jālandhara)이니, 머리털과 몸의 털이 흐르는 장소[맥도의 이름은 타쑥마(細色)]이다."라고 함과 같은 것이다.

---

41 『쌈모낭된낭제(金剛身論釋)』, pp.179~180.

42 이것은 용풍(龍風)·구풍(龜風)·합개풍(蛤蚧風)·천수풍(天授風) 4가지이다.

근본삼맥의 형성

바르도의 의식이 최초로 의탁했던 부모의 정혈(精血)이 엉킨 장소가 뒤에 심장이 되고, 그곳에 극도로 미세한 풍심(風心)의 둘과 하얀 보리심과 붉은 보리심의 넷이 결합한 흰 겨자씨 크기의 둥근 점[불괴명점(不壞明点)] 속에 바르도의 의식이 혼절한 뒤, 그곳에서 아와두띠(中脈)가 생겨나고, 그 좌우에서 라싸나(右脈)와 랄라나(左脈) 둘이 생겨나와 아와두띠를 세 번씩 감고 있는 매듭 모양으로 형성된다.

_ 〈사진 3〉 근본삼맥(根本三脈)의 구조, 〈도표 5〉 근본삼맥(根本三脈)의 위치, 〈도표 6〉 근본삼맥의 맥의 매듭 등을 참조 바람.

【해설】

이렇게 만들어진 범어로 나디(Nāḍī)라 부르는 미세한 맥도(脈道)는 생명의 바람이 이동하는 통로이자, 금강신(金剛身)의 본질로서 육체의 비요를 이해하는 첩경이 된다. 이러한 몸 안의 맥도 숫자에 대해 다르마 린첸은 『찌끼틱레씬디(春光明点備忘錄)』에서 이렇게 설명하고 있다:

"그러기 위해서는 육체의 비요인 나디(脈)와 바유(風)와 띨라까(明点)의 정황을 잘 알아야 한다. 그러므로 먼저 맥의 존재를 간략히 설명하면, 대승의 법상승(法相乘)에 속하는 『입태경』에서는, '육체의 좌우와 앞뒤의 네 면에는, 맥이 각각 2만 개씩 있으므로, 몸에는 모두 8만의 맥도가 있다.'고 하였으며, 밀승(密乘)에서는, '육체에는 7만 2천의 맥도가 있다.'고 하였다."[43]

이제 맥도의 본질과 근본삼맥(根本三脈)의 구조와 작용, 아와두띠의 특성과 삼맥의 별명과 중요성에 대하여 차례로 설명하고자 한다.

먼저 맥도의 본질에 대해 쎄르똑 린뽀체는 『도제텍빠쌀람템깨(密乘地道行相寶階)』에서 이렇게 설명하고 있다:

"생명의 바람과 보리심(명점) 등이 머물고 움직이며, 의식의 의지처가 되는 거점으로, 맥관(脈管)의 모양으로 서로 연결되어 있는 몸의 일부가 되는 것이 움직이지 않는 맥(脈)의 본질이다."[44]

다음 삼맥의 구조와 작용에 대해 다르마 린첸은 『찌끼틱레씬디(春光明点備忘錄)』에서 이렇게 설명하고 있다:

"아와두띠(中脈)와 라싸나(右脈)와 랄라나(左脈) 삼맥의 상태를 조금 설명하면, 이 라싸나와 랄라나 두 맥이 아와두띠를 수갑을 채운 모양으로 끌어안고 있으며, 아와두띠가 가운데 존재한다.

이 아와두띠 안에서 암흑이 발생하고, 정액(精)·혈액(血)·바람(風) 셋 가운데서 생명의 바람이 발생한다. 그러므로 정력(精力)·진구(塵垢)·암흑(暗黑) 셋 가운데서 암흑의 맥이며, 남성·여성·중성 셋 가운데서 중성(中性, Paṇḍaka)의 맥이며, 달·해·라후의 셋 가운데서 라후(Rāhu)의 맥[45]

---

43 『찌끼틱레씬디(春光明点備忘錄)』, p.10.

44 『도제텍빠쌀람템깨(密乘地道行相寶階)』, p.134,

45 라후(羅睺)의 맥인 아와두띠를 심맥(心脈) 또는 명맥(命脈)이라 부른다.

이다.

이 아와두띠의 오른쪽에는 라싸나(右脈)가 있으며, 그 안을 정액과 약간 혼합된 혈액의 대부분이 흐른다. 라싸나의 입구는 상부에 있으며 위아래의 양쪽에 다 구멍이 나 있을지라도, 단지 상부의 구멍만을 입구라고 부르는 이유는, 혈액을 바깥으로 배출하고 안으로 수렴하는 작용을 상부의 인후에서 행하고, 아래의 구멍에서는 행하지 않기 때문이다.

랄라나(左脈)는 아와두띠의 왼쪽에 있으며, 혈액과 약간 혼합된 정액의 대부분이 그 안을 흐른다. 이 맥을 달의 맥, 남성의 맥, 정력(精力, sÑiṅ stobs)의 맥, 방편의 맥과 [신맥(身脈)]이라 부른다. 이것은 정액이 위주로 흐르는 것에 의거해서 붙인 이름이다.

라싸나(右脈)를 해의 맥, 여성의 맥, 진구(塵垢, rDul)의 맥, 지혜의 맥과 [어맥(語脈)]이라 부른다. 이것은 혈액이 위주로 흐르는 것에 의거해서 붙인 이름이다.

이 좌우의 두 맥과 아와두띠 셋은 정수리에서 [단전(丹田)에 해당하는] 쑴도(Sum mdo, 三合處) 사이에 길게 뻗쳐 있다. 다시 여기서 둘로 갈라져서 이 삼맥이 합한 한 가닥은 발바닥까지 내려가고, 다른 한 가닥은 성기의 끝에까지 내려간다. 그래서 두 발바닥과 성기 셋에도 각각 맥이 있는 것과 같다.

랄라나(左脈)의 위아래도 구멍이 각각 나 있으나 단지 배꼽에 입구가 있다고 하는 것은, 정액을 바깥으로 배출하고 안으로 거두어들이는 그 둘을 배꼽에서 행하기 때문이다.

이것은 배꼽 위쪽을 기준으로 설명한 것이며, 배꼽 아래서는 랄라나(左脈)가 중앙에 있으면서 정액을 내보내고, 라싸나(右脈)는 왼쪽에 있으면서 소변을 배출한다.

또한 『돔중(勝樂生起)』에서, 라싸나를 나가는 길로, 랄라나를 들어오는 길로 각각 말한 것은, 의식이 바깥 사물을 인식할 때, 우맥인 라싸나 안에서 생명의 바람과 결합하여 밖으로 나가서 외경을 취하고, 외경을 취한 뒤에는 그 생명의 바람과 동시에 좌맥인 랄라나 안으로 들어옴을 말한 것이다."[46]

다음은 모든 맥도의 근본이 되는 아와두띠(中脈)에 대해 위의 같은 논에서 이렇게 설명하고 있다:

"아와두띠(中脈)는 아축불[악쇼브야]의 맥인 까닭에 청색이며, 라싸나(右脈)는 아미타불의 맥인 까닭에 적색이며, 랄라나(左脈)는 비로자나불의 맥인 까닭에 백색이다. 그러나 이것은 일반적인 것이며, 특별히 뚬모(배꼽 불)가 타오를 때는 모두 참기름 등잔의 불빛처럼 빛난다.

심장의 맥의 매듭 안에 있는 아와두띠 하부의 구멍은 조금 열려 있어서 마치 파초의 꽃과 같다. 이 맥의 매듭 속의 아와두띠 가운데 있는 훔(Hūṃ) 자는 특별히 5가지 특성을 갖고 있다.

곧, [수행을 가로막는] 역연(逆緣)의 분별을 파괴하는 용사(勇士, Vīra)이며, 마음의 소원을 성취하고 누구도 파괴하지 못하며, 뚬모에 의지해서 희열을 산출하는 종자이며, [적백의] 두 보리심을 파괴하며, 크기는 흰 겨자씨와 같다."[47]

이러한 아와두띠의 특성에 대해 롱될라마는 『릭진데뇌밍기남당(持明藏異名論)』에서 이렇게 설명하고 있다:

---

46 『찌끼틱레씬디(春光明点備忘錄)』, pp.12~13.

47 『찌끼틱레씬디(春光明点備忘錄)』, p.28.

"몸 가운데 있는 청색의 아와두띠(中脈)는 4가지 특성을 갖고 있다. ① 수직으로 뻗쳐 있음이 속빈 파초의 줄기와 같다. ② 상단은 뇌막(腦膜) 위와 두개골 아래에서 휘어져 미간으로 비스듬히 뻗쳐 있고, 하단은 남녀의 성기 끝에 닿고, [쑴도(三合處)에서] 갈라진 작은 줄기는 두 발바닥의 중심에 닿는다. ③ 안쪽은 붉고 윤택함이 붉은 연지와 같고, 밝고 빛남은 참기름 등불과 같다. ④ 부드럽고 연함은 연화의 꽃잎 같다."[48]

이들 삼맥의 다른 이름들에 대해 4대 빤첸라마는 『쌍뒤께족쌔빠(密集生圓次第注疏)』에서 이렇게 설명하고 있다:

"좌우와 중간의 삼맥에는 여러 가지 다른 이름들이 있다. 먼저 가운데 맥은 아와두띠·마음의 맥·어둠의 맥·라후(羅睺)의 맥·은몰(隱沒)의 맥·이리맥(二離脈)이라 부른다.
오른쪽 맥은 언어의 맥·[외경을 붙잡는] 능집(能執)의 맥·태양의 맥·지혜의 맥·수용(受用)의 맥·라싸나·진구(塵垢)의 맥이라 부른다.
왼쪽의 맥은 몸의 맥·[외경을 받아들이는] 소집(所執)의 맥·달의 맥·랄라나·방편의 맥·주인의 맥·정력(精力)의 맥이라 부른다."[49]

이들 삼맥의 중요성을 위의 같은 책에서는 이렇게 설명하고 있다:

"그렇다면, 인체의 72,000맥도들 가운데서 무엇이 근본인가? 120맥이 중심이다. 곧, 정수리의 32맥판(脈瓣)과 인후의 16맥판, 심장의 8맥판,

---

48 『릭진데뇌밍기남당(持明藏異名論)』, p.230.

49 『쌍뒤께족쌔빠(密集生圓次第注疏)』, pp.139~140.

배꼽의 64맥판들이 핵심이다.

왜냐하면, 이 맥도들 안에서 생명의 바람과 보리심이 전적으로 흐르기 때문이다. 그러므로 『돔중(勝樂生起)』에서, '20맥과 나머지 100맥을 맥의 근본으로 설한다.'고 하였다.

다시 이 맥도들 가운데서 32처소의 맥들이 핵심이며, 다시 이 가운데서 24처소의 맥들이 근본이다. 왜냐하면, 치아와 손발톱을 생장시키는 등의 24원소가 머물면서 생장시키는 터전인 까닭이며, 맥의 장소와 바깥 장소(24성소)의 수가 24이며, 소의(所依)와 편행(遍行)이라고 설하였기 때문이다.

다시 이 가운데서 아와두띠와 라싸나와 랄라나 셋이 근본이며, 이 가운데서도 아와두띠가 근본이다. 왜냐하면, 라싸나와 랄라나의 생명의 바람들이 아와두띠로 들어오고·머물고·용해되는 세 작용에 의해서 구생의 대락광명(大樂光明)이 일어나기 때문이다.

이 아와두띠 가운데서도 심장의 아와두띠가 최고의 근본이다. 기본 단계에서 의식이 들어오고·머물고·나가는 셋이 여기에서 행해지고, 도위(道位)의 단계에서 비유와 승의 두 광명이 심장에서 일어나기 때문이다."[50]

끝으로 모든 맥도들의 근본인 아와두띠(中脈)가 몸의 짜끄라(脈輪)들과 결합하여 있는 모습을, 3대 까르마빠 랑중도제(自生金剛, 1284~1339)는 이렇게 아름답게 묘사하고 있다:

"몸의 가운데 있으며, 능취(能取)와 소취(所取)의 모양(相)이 없는 불이(不二)이며, 반야와 방편이 분리됨이 없는 하나이며, 여섯 짜끄라들로

50 『쌍뒤께족쌔빠(密集生圓次第注疏)』, p.141.

장엄하고, 정수리에는 함(Haṃ) 자와 배꼽 아래 3맥이 모이는 쑴도(三合處)는 아(A) 자로 장식하고, 상단은 브라흐마의 황금문(黃金門)과 분노명왕들의 [지혜의 눈인] 중안(中眼)으로 장식하고, 하단은 남성의 금강저인 보주(남근)의 끝과 여성의 연화(여근)의 꽃술에 존재한다.
배꼽 위쪽은 생명의 바람으로 가득 채우고, 쑴도의 하부는 반야모(般若母)의 본성인 백월의 보리심으로 가득 채운다. 『깔라짜끄라』에서, '위는 라후(Rāhu)며, 아래는 [뒤메(Dus me, 劫火)로 부르는] 깔락니[51]이다.'라고 설해서 위아래를 말했다.
그 작용은, 하부의 첨단에서 보리심을 내보내고, 구생의 희열을 베풂으로써 꾼다르마[52]로 알려졌으며, 정수리의 함(Haṃ) 자에서 배꼽의 아(A) 자 사이를 라후의 바람 또는 지명풍(持命風)이 머묾으로써, 실제로 모든 업과 지혜의 바람들이 이 아와두띠에 의지하는 까닭에, 사람 몸을 존립시키는 명맥(命脈)인 것이다."[53]

몸의 기관들의 형성

그 뒤 우다나(Udāna)라 부르는 상행풍(上行風)이 위로 이동하고, 아빠나(Apāna)라 부르는 하행풍(下行風)이 아래로 이동하는 힘에 의해서,

---

51 깔락니(Kālāgni, 羅睺尾)는 구요(九曜)의 하나이며, 라후성(羅睺星)과 마주 봄으로써 라후미라 부른다.

52 꾼다르마(Kun dar ma, 遍動脈)는 중맥인 아와두띠를 말한다. 여기에서 인체의 모든 정혈(精血)과 맥들과 생명의 바람들이 발생함으로써 편(遍)이며, 이 맥이 전신에 미침으로써 동(動)이라고 한다.

53 『쌈모낭뒨낭제(金剛身論釋)』, pp.116~117.

아와두띠·라싸나·랄라나 삼맥이 위아래로 자라나, 마치 머리와 하부의 둘은 가늘고, 가운데는 불룩한 물고기 모양과 같게 된다.

그 뒤 몸의 다섯 돌기가 차례로 생겨나고, 그 뒤 머리와 팔다리의 몸의 다섯 부분이 생겨나고, 그 뒤 머리털과 손발톱과 몸의 털 등과 [눈 등의] 감각기관들과 남녀의 성기와 입에서 출입하는 호흡과 혀와 턱 등의 8가지 발음기관[54]들과 바깥 사물을 향해서 움직이는 완전한 기억의 의식들이 차례로 발생한다.

태아의 위치

그와 같이 모태에 착상한 뒤에, 남아인 경우에는 어머니의 오른쪽 허파 아래에서 등을 돌려 척추로 향해서 웅크린 자세를 취하고, 여아인 경우는 어머니의 왼쪽 허파의 아래서 전면을 향해서 웅크린 자세로 자리를 잡는다.

【해설】

남녀의 태아가 자궁 속에서 각자 다른 모양을 취하는 이유에 대해 8대 까르마빠는 『죄델찌조(俱舍論廣釋)』에서 이렇게 설명하고 있다:

"[인간의] 바르도는 그 상태에서 업력으로 생긴 하늘눈으로 자기의 태어날 곳을 멀리 떨어져 있을지라도 보게 된다. 그 바르도가 남성이면 어머니를 아내와 같이 여겨서 욕정을 일으키고, 그 바르도가 여성이면 아버

54 8가지 발음기관은 가슴·인후·턱·혀·코·치아·머리·입술을 말한다.

지를 남편처럼 여겨서 아내의 욕정을 일으키고, 어머니에게 분노를 일으키는 탓에 마음이 전도하게 된다. (중략)
남아이면, 어머니의 배 우측에 기댄 채 등을 지고 보면서 오뚝하게 자란다. 그것은 자신이 성교하였다는 자만심을 가지고 있기 때문이다. 여아이면, 어머니의 배 왼쪽에 기대어 전면을 바라본다. 자신이 아내의 위치에 있다고 강렬하게 믿기 때문이다."[55]

태아의 기간과 출생

태아가 자궁에 머무는 기간에 대해서, 『입태경』에서는 38주를 채우고서 출생한다고 하였으므로 266일이 되며, 『유가사지론』 「본지분」에서는 여기에다 4일을 더해서 270일을 채우고서 태어난다고 하였다. 『돔중』에서는 10개월째에 밖으로 나오는 유정이 있음을 말하였다. 이 셋은 모두 완전한 9개월에다 10일을 더하므로 일치한다. 이 『입태경』과 『유가사지론』 「본지분」에서 말하는 1일은 완전한 하루이며, 1달은 4주(28일)를 한 달로 계산한 것이다.
이 35주째에 몸의 구성요소들인 온(蘊)·계(界)·처(處)와 팔다리·손발가락·머리털·손발톱 등과 발음 기관인 혀와 턱, 바깥 사물을 인식하는 완전한 기억의 의식들이 완비된다.
36주째에는 자궁에 있는 것을 불쾌하게 여겨서 바깥으로 나오고자 하며, 37주째에는 자궁에 대하여 냄새나고 더럽다는 생각을 일으키고, 마지막 38주째에는 과거의 업으로부터 발생하는 '지분(支分)'이라

55 『죄델찌조(俱舍論廣釋)』, pp.491~492.

부르는 바람이 일어나서, 자궁 속의 유정을 머리는 거꾸로, 두 손은 오므리게 해서 자궁 안에서 산문(産門)으로 향하게 만든다.

그 뒤 과거의 업으로부터 발생하는 '시선을 아래로 향함'이란 바람이 일어나서, 머리를 아래로 발을 위로 한 모양의 자궁 속의 유정을 산도로 밀어냄으로써, 38주 끝에는 바깥으로 나와서 사람들의 눈앞에 모습을 드러낸다.

인생의 다섯 주기

그 뒤 동년(童年)·소년(少年)·청년(靑年)·장년(壯年)·노년(老年)의 인생의 다섯 주기가 차례로 발생한다.

【해설】

일반적으로 불교에서는 인생을 여덟 단계로 구분한다. 처음의 주태기(住胎期)에서 차례로 생시(生時)·동년(童年)·소년(少年)·청년(靑年)·장년(壯年)·노년(老年)·잔년(殘年)이다. 여기서 잔년(殘年)은 70세 이상을 말한다.

인체의 맥도 형성

최초로 심장의 아와두띠·라싸나·랄라나 셋과 동쪽에 쑴꼬르마(Sum skor ma)라 부르는 삼전맥(三轉脈)과 남쪽에 되마(ḥDod ma)라 부르는 구욕맥(具欲脈) 둘을 합한 다섯 맥도가 동시에 생겨난다.

그 뒤 아와두띠와 함께 존재하는 뒤댈마(bDud bral ma)라 부르는 이마맥(離魔脈)과 서쪽에 킴마(Khyim ma)라 부르는 가녀맥(家女脈), 북쪽에 뚬모(gTum mo)라 부르는 맹렬맥(猛烈脈) 세 맥도가 동시에 생겨나며, 이것을 심장에 생긴 최초팔맥(最初八脈)이라 부른다.

그 뒤 사방의 4맥에서 2맥씩 분화해서 간방의 4맥[쑥끼짜(見色脈)·디이짜(臭香脈)·로이짜(嘗味脈)·렉재짜(感觸脈)]을 이룬 뒤, 비로소 심장의 근본팔맥(根本八脈)을 형성한다.

그 뒤 이 근본팔맥에서 각각 3맥씩 분화되어 도합 24맥을 형성하고, 다시 여기서 3맥씩 분화되어 도합 72맥을 형성한다. 다시 여기서 각각 1,000맥들이 분화되어 총 72,000의 맥도를 형성한다.

__ 〈사진 2〉 인체의 맥륜도, 〈사진 4〉 배꼽의 십이궁(十二宮)과 12관절맥륜, 〈도표 5〉 근본삼맥(根本三脈)의 위치, 〈도표 7〉 심장팔맥(心臟八脈), 〈도표 8〉 인체의 6맥륜(脈輪), 〈도표 9〉 깔라짜끄라의 6맥륜(脈輪)을 각각 참조 바람.

【해설】

이것은 심장에 형성된 근본팔맥에서 전신에 분포하는 72,000의 맥도들이 발생하는 과정을 개괄적으로 밝힌 것이다.

그리고 유가행자가 인체의 기맥 형성과 작용에 대하여 바르게 알지 못하면, 생기와 원만차제의 도를 제대로 닦을 수 없으므로 잘 이해할 필요가 있다.

이 뜻을 꽁뚤 왼땐갸초는 『쌈모낭된낭제(金剛身論釋)』에서 이렇게 설명하고 있다:

"이 육체 또한 짜(脈)·룽(風)·틱레(明点) 셋에 의해서 형성되고, 기맥을 수행의 방편으로 삼음에 있어서 반드시 맥도의 구조를 통달해야 하고,

육체의 맥도가 어떻게 존재하는가를 알지 못하면 바람의 흐름과 명점의 머무름을 알지 못하기 때문이며, 이 신금강(身金剛)의 질료와 원리를 깨치는 것이 바로 짜(脈)의 진실을 깨닫는 것과 연결되기 때문이며, 방편과 지혜의 딴뜨라에서 마음에서 지혜가 발생하는 것이 몸의 기맥의 작용에 의거한다고 설한 까닭이다."[56]

또한 뻰조르 된둡은 『나로최둑쎌된(那若六法明燈)』에서 이렇게 설명하고 있다:

"이 짜(맥)·룽(풍)·틱레(명점) 셋을 말하는 목적은 5가지이다. ① 정화의 대상과 정화의 방법을 이해하고, ② 육신의 고동(급소)을 파지함으로써 마음을 장악하고, ③ 육신이 [번뇌와 소지의 이장(二障)이 본래 없는] 완전한 붓다임을 깨달으며, ④ 육신이 방편과 반야의 본질임을 깨치고, ⑤ 과위의 의미를 통달하는 것이다."[57]

또 금강신(金剛身)의 본질에 대해 위의 같은 논에서 이렇게 설명하고 있다:

"몸은 맥(脈)의 본질로 귀결되고, 72,000 맥도는 아와두띠(中脈)로 귀결되고, 맥도는 명점(明点)의 본성으로 귀결되고, 모든 명점은 [공성과 대락이 둘이 아닌] 공락무별(空樂無別)의 명점으로 귀결되고, 모든 명점은 바람(風)의 본성으로 귀결되고, 모든 바람들은 지혜의 바람(智風)으로 귀결되며, 지혜의 바람과 80자성의 분별의 일체는 무이지(無二智)에 귀결된

56 『쌈모낭된낭제(金剛身論釋)』, p.114.

57 『나로최둑쎌된(那若六法明燈)』, pp.111~112.

다."[58]

이제 맥도의 형성과정을 좀 더 설명하고, 다음에 중요한 맥도의 이름과 작용을, 마지막에 본문에서 생략된 인체의 짜끄라에 대하여 간단히 설명하고자 한다.

먼저 인체에 분포된 맥도의 형성과 분화과정에 대해 다르마 린첸은 『찌끼틱레씬디(春光明点備忘錄)』에서 이렇게 설명하고 있다:

"모태에서 처음 [나디(nāḍī)라 부르는] 맥(脈)이 형성될 때, 심장의 중심에서 라싸나(右脈)와 랄라나(左脈)와 아와두띠(中脈)의 3맥과 동쪽의 맥인 쑴꼬르마(三轉)와 남쪽의 맥인 되마(具欲) 2맥을 합한 5맥이 동시에 형성된다. 그 뒤 서쪽의 킴마(家女)와 북쪽의 뚬모(猛烈)와 아와두띠와 함께 존재하는 뒤댈마(離魔) 3맥이 형성된다. 이것이 심장에 처음 형성된 최초팔맥(最初八脈)이다.

또한 사방의 4맥과 좌우 맥과 중맥 셋은, 가운데 구멍이 난 상태로 뿌리 내리고 있으며, 간방의 4맥은 사방의 4맥에서 분화된 것이다.

예를 들면, 동쪽의 쑴꼬르마(三轉脈)에서 동남간의 맥인 쑥끼짜(gZugs kyi rsta, 見色脈)가 분화되고, 나머지 간방의 3맥인 [디이짜(Dri yi rsta, 臭香脈)·로이짜(Ro yi rsta, 嘗味脈)·렉재짜(Reg byaḥi rsta, 感觸脈)]들은 차례로 남쪽의 되마(具欲脈)와 서쪽의 킴마(家女脈)와 북쪽의 뚬모(猛烈脈)에서 분화된 것이다.

그러므로 심장의 [바퀴 모양의] 8맥판(脈瓣)은 동쪽의 쑴꼬르마 등의 사방의 4맥과 여기서 분화된 간방의 4맥을 합한 8맥이다. 이것은 심장에 최

---

58 『나로최둑쎌된(那若六法明燈)』, p.128.

초로 형성된 8맥과는 다르다.

이 심장의 8맥에서 신(身)·구(口)·의(意) 3맥씩이 분화해서 생긴 것이 24맥이며, 이 24맥에다 심장에 최초로 형성된 8맥을 더한 그것을 보리심이 흐르는 32맥이라 부른다.

이 24맥에서 각각 3맥씩이 분화하여 도합 72맥을 형성하며, 이것은 신·구·의 셋과 혹은 은몰(隱沒, 中脈)과 수용(受用, 右脈)과 주인(主人, 左脈)의 셋에 의해서 분류하는 것이다. 이 72맥에서 각각 1,000맥씩이 분화해서 도합 72,000맥이 있게 된다."[59]

다음 이들 중요한 맥도들의 이름과 작용에 대하여 설명하면, 이미 근본삼맥에 대해서는 앞에서 설명했고, 차지맥(遮止脈)으로 알려진 뒤댈마(離魔脈)와 아와두띠의 작용에 대해 4대 빤첸라마는 『쌍뒤께족쌔빠(密集生圓次第注疏)』에서 이렇게 설명하고 있다:

"기본 단계에서는 임종의 때를 제외하고 아와두띠(中脈) 안에서는 생명의 바람이 흐르지 않는다. 이유는 좌우의 두 맥인 랄라나와 라싸나가 매듭을 지어서 묶고 있기 때문이다.

기본 단계에서도 임종 시에는 아와두띠 안에 생명의 바람이 흐르게 된다. 이것은 업과 번뇌의 힘에 의해서 심장을 묶고 있는 맥의 매듭이 완전히 풀리기 때문이다.

기본 단계에서는 이뿐만 아니라, 뒤댈마(離魔脈) 안에서도 생명의 바람과 보리심이 흐르지 않는다. 이 뒤댈마는 자신 안에서조차 생명의 바람과 보리심의 둘이 흐르지 못하게 하고, 나머지 맥도에서도 그 둘이 흐르

59 『찌끼틱레씬디(春光明点備忘錄)』, pp.11~12.

는 것을 차단하므로 뒤댈마인 것이다."[60]

또한 다르마 린첸의 『찌끼틱레씬디(春光明点備忘錄)』에서도 이렇게 설명하고 있다:

"그 또한 뒤댈마(離魔脈)에는 임종의 때를 제외한 기본 단계에서는 보리심이 흐르지 않으므로, 이것은 [만다라(曼荼羅)의] 성중들과 배합하지 않는다. 이것을 마라(魔羅)라고 부르는 이유는, 자신과 다른 맥도에도 보리심이 흐르는 것을 차단하기 때문이다.
기본 단계에서 범속한 유정들에게는 임종의 때를 제외하고는 그 안에서 보리심이 흐르지 않을지라도, 도위(道位)의 단계에서 높은 경지에 도달하게 되는 때에는, 비록 임종하기 이전이라도 그 안에 보리심이 흐른다."[61]

다음은 심장 간방의 4맥의 작용에 대해 꽁뚤 왼땐갸초는 『쌈모낭된낭제(金剛身論釋)』에서 이렇게 설명하고 있다:

"세 가지 모양으로 감아 들어가므로 쑴꼬르마(三轉脈)이며, 심장의 중심에서 두 눈에 연결되고, 생명의 바람을 흐르게 하고, 바깥 사물을 보게 한다.
모든 욕락(欲樂)을 갖추므로 되마(具欲脈)이며, 심장의 중심에서 두 귀에 연결되고, 생명의 바람을 흐르게 하고, 소리를 듣게 한다.
집의 안주인인 까닭에 킴마(家女脈)이며, 심장의 중심에서 코에 연결되

60 『쌍뒤께족쌔빠(密集生圓次第注疏)』, pp.141~142.

61 『찌끼틱레씬디(春光明点備忘錄)』, p.16.

고, 생명의 바람을 흐르게 하고, 냄새를 맡게 한다.
[음식을 부수는] 사나운 일을 행하므로 뚬모(猛烈脈)이며, 심장의 중심에서 혀에 연결되고, 생명의 바람을 흐르게 하고, 맛을 알게 한다.
이러한 몸의 감관들 역시 이 맥(脈)들 속에 이동하는 생명의 바람과 이와 함께 생긴 명점(明点)으로부터 발생한다.
마라(魔羅)를 파괴하므로 뒤댈마(離魔脈)이며, 심장의 중심에서 한 가닥 끝은 목젖 가운데 뿌리박은 뒤, 하얀 보리심(白精)을 몸 위쪽으로 흐르게 하고, 다른 한 가닥 끝은 몸 위아래 전체에 퍼져서 촉감을 느끼게 하는 작용을 한다."[62]

인체의 중요한 맥도인 24맥의 이름과 장소에 대해 제쭌 닥빠썌둡은 『쌍데 직쑴람니끼티(密集勝樂怖畏二次第釋)』에서 이렇게 설명하고 있다:

"이 24맥이란 ① 발제(髮際)의 미체마(Mi phyed ma, 不裂), ② 정수리의 타쑥마(Phra gzugs ma, 細色), ③ 오른쪽 귀의 쩨와마(rTse ba ma, 嬉喜), ④ 후골의 왼빠마(gYon pa ma, 左方), ⑤ 왼쪽 귀의 퉁우마(Thuṅ ṅu ma, 短小), ⑥ 미간의 뤼밸께마(Rus sbal skyes ma, 龜生), ⑦ 두 눈의 고마(sGo ma, 修門), ⑧ 두 어깨의 왕마(dBaṅ ma, 授權), 이 여덟 맥은 생명의 바람이 위주로 흐르는 심맥(心脈)이다.
⑨ 두 겨드랑이의 꾄댄마(sKyon ldan ma, 犯過), ⑩ 두 젖꼭지의 죽마(ḥJug ma, 進入), ⑪ 심장의 숄마(gShol ma, 下注), ⑫ 배꼽의 규마마(rGyu ma ma, 幻母), ⑬ 코끝의 챈모마(mTshan mo ma, 夜母), ⑭ 입의 씰진마(bSil sbyin ma, 施涼), ⑮ 인후의 차와마(Tsha ba ma, 暖熱), ⑯ 두 고환의 랑마(Raṅs ma, 狂

62 『쌈모낭된낭제(金剛身論釋)』, p.123.

喜), 이 여덟 맥은 혈액이 위주로 흐르는 어맥(語脈)이다.

⑰ 성기의 끝의 씬뚜쌍모(Śin tu bzaṅ mo, 賢母), ⑱ 항문의 찌와마(lCi ba ma, 大糞), ⑲ 두 넓적다리의 규진마(rGyu byin ma, 施動), ⑳ 두 종아리의 조르탤마(sbyor phral ma, 離合), ㉑ 열여섯 손발가락의 둑구마(sDrug gu ma, 美姬), ㉒ 두 발등의 쿠와마(Khu ba ma, 精液), ㉓ 네 엄지손발가락의 체빠마(ḥTshed pa ma, 燃燒), ㉔ 두 무릎의 이쌍마(Yi bzaṅ ma, 賢意), 이 여덟 맥은 정액이 위주로 흐르는 신맥(身脈)이다."[63]

이들 24맥의 작용에 대해 꽁뚤 왼땐갸초는 『쌈모낭된낭제(金剛身論釋)』에서 이렇게 설명하고 있다:

"이 근본삼맥 가운데 왼쪽 맥인 랄라나(左脈)의 지분으로 발생한 14맥은 다음과 같다. ① 삼금강(三金剛)이 견고하여 불변하므로 미체마(Mi phyed ma, 不裂)이며, 머리의 [발제(髮際) 또는] 숨구멍에 있는 맥이다. ② 분별을 미세하게 만들거나 또는 매우 미세하게 일어나게 하므로, 또는 머리털 끝 등의 부류로 물질을 거두어들이므로 타쑥마(Phra gzugs ma, 細色)이며, 정수리의 범혈(梵穴)에 연결된 맥이다. ③ 기쁘게 하거나 즐겁게 만들므로 쩨와마(rTse ba ma, 嬉喜) 또는 가와마(dGaḥ ba ma, 喜悅)이며, 오른쪽 귀에 있는 맥이다. ④ 몸의 왼편에 의지하므로 왼빠마(gYon pa ma, 左方)이며, 후두골에 있는 맥이다. ⑤ 작고 둥근 까닭에 퉁우마(Thuṅ ṅu ma, 短小)이며, 왼쪽 귀에 있는 맥이다. ⑥ 거북이 모양과 같아서 뤼밸께마(Rus sbal skyes ma, 龜生)이며, 미간에 있는 맥이다. ⑦ 제유(諸有)를 닦으

63 『쌍데직쑴람니끼티(密集勝樂怖畏二次第釋)』, p.384, 제쭌 닥빠섀둡, Sera Mey, 1998, Mysore, India.

므로 곰빠마(sGom pa ma, 修習)이며, 눈의 둘레에 있는 맥이다. ⑧ 관정을 베풀므로 왕꾸르마(dBaṅ bskur ma, 授權)이며, 두 어깨에 있는 맥이다. ⑨ 번뇌로 뇌란케 만들므로 꾄마(sKyon ma, 犯過)이며, 두 겨드랑에 있는 맥이다. ⑩ 몸을 기르고 보호하므로 죽마(ḥJug ma, 進入)이며, 두 젖꼭지에 있는 맥이다. ⑪ 출생시키므로 마모(Ma mo, 本母)이며, 배꼽에 있는 맥이다. ⑫ 일체에 일어나므로 챈모(mTshan mo, 夜陰)이며, 코끝에 있는 맥이다. ⑬ 근심을 없애므로 씰진마(bSil sbyin ma, 施凉)이며, 입 주위에 있는 맥이다. ⑭ 따뜻하게 만들므로 차와마(Tsha ba ma, 暖熱) 또는 되마(Drod ma, 溫熱)이며, 인후에 있는 맥이다.

이들은 반야의 성품인 달의 원소를 흐르게 하는 맥들이며, 모두 랄라나(左脈)에 의거한다. 이들은 마음의 측면에선 반야의 자성이며, 몸의 측면에선 방편의 자성이며, 상승하는 상현(上弦) 달(하얀 보리심)[64]의 청정한 지분이다.

오른쪽 맥인 라싸나(右脈)에 의거하는 방편의 지분이 되는 10맥은 다음과 같다. ① 달과 같으므로 챈마(mTshan ma, 有相) 또는 숄마(gShol ma, 下注)이며, 가슴 한복판(심장)에 있는 맥이다. ② 큰 어둠과 같음으로 낙모(Nag mo, 暗黑) 또는 랑마(Raṅs ma, 狂喜)이며, 방광(고환)에 있는 맥이다. ③ 색법에 귀속되므로 씬뚜쑥짼마(Śin tu gzugs can ma, 妙色)[씬뚜쌍모(Śin tu bzaṅ mo, 賢意)]이며, 성기에 있는 맥이다. ④ 평등한 물질이므로 찌마(sPyi ma, 公共)[찌와마(lCi ba ma, 大糞)]이며, 항문에 있는 맥이다. ⑤ 모든 움직임을 베풂으로 규진마(rGyu byin ma, 施動)이며, 두 넓적다리에 있는 맥이다.

---

64 상현(上弦) 달과 하현(下弦) 달은 각각 몸 안의 하얀 보리심과 붉은 보리심을 표현하며, 이 둘이 밤낮 하루 사이에 여명을 시작으로 증가하고 정오를 기해서 소멸하는 법을 말한다.

⑥ 모든 잇닿음이 없으므로 조르댈마(sbyor bral ma, 離合)이며, 두 종아리에 있는 맥이다. ⑦ 희열을 거두어오므로 둑구마(sDrug gu ma, 美姬)이며, 열여섯 손발가락에 있는 맥이다. ⑧ 성취를 베풂으로 둡마(Grub ma, 成就)[쿠와마(Khu ba ma, 精液)]이며, 두 발등에 있는 맥이다. ⑨ 번뇌를 불태우므로 체빠마(ḥTshed pa ma, 燃燒)이며, 네 엄지손발가락에 있는 맥이다. ⑩ 지혜의 천녀이므로 이쌍마(Yi bzaṅ ma, 賢心)이며, 두 무릎에 있는 맥이다.

이들은 마음의 측면에선 방편의 자성이며, 몸의 측면에선 지혜의 자성이며, 하강하는 하현(下弦) 달(붉은 보리심)의 청정한 지분이다."[65]

그리고 이들 인체의 중요한 자리에 있는 24맥은 밀교에서 설하는 외부의 24성역과 동일시되며, 이 24성역에 존재하는 다까(Ḍāka, 空行)와 다끼니(Ḍākinī, 空行母)들이 인체의 24맥에도 각각 있다고 말한다. 뿐만 아니라, 이들의 호념과 가피를 통해서 밀교행자가 최고의 실지를 성취하게 된다.

그래서 겔룩빠를 개창하는 쫑카빠도 『뎀촉묀람(勝樂祈願文)』에서, "이 묘리의 닦아 얻음에 걸림 없이 자재한, 남섬부주의 24성역(二十四聖域)의, 용사와 요기니와 권속들은, 방일함이 없이 항시 보우하소서!"[66]라고 간절히 기원하였다.

이들 외부의 24성역과 인체의 24처소의 관계에 대해 『돔중(勝樂生起)』에서는 이렇게 설명하고 있다:

---

65 『쌈모낭된낭제(金剛身論釋)』, pp.121~123.

66 『뎀촉묀람(勝樂祈願文)』, p.367, 쫑카빠, Drepung Loseling Educational Society, Drepung Loseling, 1996, Mundgod, India.

"① 머리는 뿔리라말라야(Pullīramalaya)이며, 치아와 손발톱이 흐르는 장소[미체마(不裂)]이다. ② 정수리는 잘란다라(Jālandhara)이며, 머리칼과 털이 흐르는 장소[타쑥마(細色脈)]이다. ③ 오른쪽 귀는 오디야나(Oḍḍiyāna)이며, 피부와 창자가 흐르는 장소[쩨와마(嬉喜脈)]이다. ④ 후두골은 아르부다(Arbudad)이며, 살이 흐르는 장소[왼빠마(左方脈)]이다. ⑤ 왼쪽 귀는 고다와리(Godāvari)이며, 뼈가 흐르는 장소[퉁우마(短小脈)]이다. ⑥ 미간은 라메쓰와라(Ramesvara)이며, 항시 뼈가 흐르는 장소[뤼밸께마(龜生脈)]이다. ⑦ 두 눈은 데비꼬따(Devīkota)이며, 간이 흐르는 장소[곰빠마(修習脈)]이다. ⑧ 두 어깨는 말라와(Mālava)이며, 항시 쓸개가 흐르는 장소[왕꾸르마(授權脈)]이다. ⑨ 두 겨드랑이는 까마루빠(Kāmarūpa)이며, 눈동자와 살 등이 흐르는 장소[뀐마(犯過脈)]이다. ⑩ 두 젖꼭지는 오디쌰(Oḍḍīśa)이며, 항시 쓸개가 흐르는 장소[죽마(進入脈)]이다. ⑪ 배꼽은 뜨리쌰꾸네(Triśakune)이며, 허파가 흐르는 장소[마모(本母脈)]이다. ⑫ 코끝은 꼬쌸라(Kośala)이며, 창자가 흐르는 장소[챈모(夜陰脈)]이다. ⑬ 입은 깔링가(Kaliṅga)이며, 항시 대변이 흐르는 장소[씰진마(施涼脈)]이다. ⑭ 인후는 람빠까(Lampāka)이며, 항시 배꼽이 흐르는 장소[차와마(暖熱脈)]이다. 이상은 랄라나(左脈)에서 분화한 14맥들이다.

⑮ 심장은 깐찌(Kāñcī)이며, 항문이 흐르는 장소[쐅마(下注脈)]이다. ⑯ 고환은 히말라야(Himalaya)이며, 숨구멍이 흐르는 장소[랑마(狂喜脈)]이다. ⑰ 성기는 쁘레따뿌리(Pretapurī)이며, 연액(涎液)이 흐르는 장소[씬뚜쑥짼마(妙色脈)]이다. ⑱ 항문은 그르하데와따(Gṛhadevatā)이며, 항시 고름이 흐르는 장소[찌마(公共脈)]이다. ⑲ 두 넓적다리는 싸우라스따(Saurașṭra)이며, 항시 피가 흐르게 하는 장소[규진마(施動脈)]이다. ⑳ 두 종아리는 쑤와르나드비빠(Suvarṇadvīpa, 金州)이며, 땀이 흐르는 장소[조르댈마(離合脈)]이다. ㉑ 손발가락은 나가라(Nāgara)[빠딸리뿌뜨라(Pāṭaliputra)]이며, 항

시 지방이 흐르는 장소[둑구마(美姬脈)]이다. ㉒ 발등은 씬두(Sindhu)이며, 눈물이 흐르는 장소[둡마(成就脈)]이다. ㉓ 엄지 손발가락은 마루(Maru)이며, 침이 흐르는 장소[체빠마(燃燒脈)]이다. ㉔ 두 무릎은 꾸루따(Kulūtā)이며, 콧물이 흐르는 장소[이쌍마(賢意脈)]이다. 이상은 라싸나(右脈)에 분화한 10맥들이다."[67]

이 24성역이 생겨난 유래에 대해서는 글이 번다해서 여기서는 생략한다. 또 각각의 위치에 대한 상세한 표기는 하지 않는다. 대신 부록의 〈사진 5〉 24성역도(聖域圖)를 참고하길 바란다.

다음은 인체의 맥과 만다라(曼荼羅)의 성중들과의 관계에 대해 다르마 린첸은 『찌끼틱레씬디(春光明点備忘錄)』에서 이렇게 설명하고 있다:

"앞에서 설한 보리심이 흐르는 32맥은 머리 짜끄라(頂輪)의 32맥판이 아니다. 이 안에 심장의 근본팔맥이 포함되기 때문이다.

이 32맥을 짜끄라삼바라(勝樂金剛)의 여신들과 배대하면, 좌우의 두 맥과 아와두띠의 3맥은 명비(明妃)인 바즈라요기니(金剛亥母)이며, 신(身)·구(口)·의(意) 셋을 표시하는 24맥은 내륜(內輪)·중륜(中輪)·외륜(外輪)의 24여신들이며, 심장 동쪽의 쑴꼬르마(三轉脈) 등 네 방위의 4맥은 지(地)·수(水)·화(火)·풍(風) 4맥이므로 맨 안쪽의 원륜(圓輪)인 대락륜(大樂輪)의 4여신에 배합하며, 만다라의 4문(門)과 간방의 8여신은 맥(脈)과 배대하지 않는다.

심장의 아와두띠 속에 있는 훔(Hūṃ) 자는 본존인 짜끄라쌈바라(勝樂金剛)를, 24맥 속의 24명점(明点)들은 안과 중간과 바깥 삼륜(三輪)의 24용

67 『나로최둑쎌된(那若六法明燈)』, pp.105~107.

사(勇士)들에 배대한다.

그리고 이마맥(離魔脈)은 임종의 때를 제외하고는 기본 단계에서는 보리심이 흐르지 않으므로, 이것은 신(神)과 배합하지 않는다."[68]

마지막으로, 본문에서 생략하고 있는 인체의 짜끄라(脈輪)에 대하여 설명하고자 한다. 그 또한 먼저 맥륜의 의미와 종류와 모양 등에 대하여 설명한 뒤, 마지막에 관절 짜끄라(關節輪)에 대하여 설명하고자 한다.

먼저 우리가 맥륜(脈輪)으로 부르는 단어는 티베트어 짜코르(rTsa ḥkhor)이며, 범어는 짜끄라(Cakra)이다. 글자 그대로 짜끄라의 맥판(脈瓣) 혹은 꽃잎에 비유되는 그 맥판의 모양이 마치 수레바퀴와 같아서 그렇게 부른다.

이 뜻을 꽁뚤 왼땐갸초는 『쌈모낭된낭제(金剛身論釋)』에서 이렇게 설명하고 있다:

"여기서 짜끄라(脈輪)로 부르는 뜻은, 맥판의 모양이 수레바퀴와 같아서 그렇게 부른다. 그것의 긍경(급소)을 파지하고 제어해서, 범부의 4가지 의식 상태인 [수면위(睡眠位)·몽환위(夢幻位)·각성위(覺醒位)·선정위(禪定位)의] 사위(四位)의 착란을 없애므로 그렇게 부른다.

또 [전륜성왕이 금륜(金輪) 등의] 바퀴를 굴려서 괴리의 방면을 파괴하는 작용이 법과 일치하기 때문에 짜끄라로 부른다."[69]

그리고 밀교 수행의 비요는 생명의 바람을 다스리고, 이 짜끄라의 긍경(급소)을 제어하는 것에 달려 있다.

---

68 『찌끼틱레씬디(春光明点備忘錄)』, pp.15~16.

69 『쌈모낭된낭제(金剛身論釋)』, p.125.

이 뜻을 응울추 라마는 『나로최둑이체공갠(那若六法信解莊嚴)』에서 이렇게 설명하고 있다:

"육신의 긍경(급소)은 아와두띠(中脈) 위아래의 두 끝과 배꼽·심장·인후·정수리에서, 좌우의 두 맥이 중맥을 감아서 맥의 매듭이 지어진 곳에서 분화된 짜끄라(脈輪)에 존재하는, 짜끄라 각각의 중심에 있는 아와두띠의 내부를 전적으로 수습하는 것이 짜끄라의 진실이다."[70]

이 인체의 짜끄라에는 공통과 비공통의 2가지 설이 있으므로, 먼저 무상유가에서 설하는 일반적인 짜끄라를 설명한 뒤, 깔라짜끄라의 비공통적 논설을 말하고자 한다.

보통 무상유가에서는 인체의 짜끄라에 대해 정수리·인후·심장·배꼽의 짜끄라를 사대맥륜(四大脈輪)으로 말하며, 여기에다 음부의 짜끄라를 더해서 오대맥륜(五大脈輪)으로 설하기도 한다.

또 여기에다 3가지 작은 짜끄라[71]를 추가해서 8맥륜으로 말하는 경우와, 단지 성기 끝의 희선륜(喜旋輪)을 추가해서 6맥륜으로 설하기도 하는 등의 여러 가지 논설이 있다.

여기서 인체의 6맥륜을 예로 들면, 롱될라마는 『릭진데뇌밍기남당(持明藏異名論)』에서 이렇게 설명하고 있다:

"먼저 정수리에는 32맥판의 대락륜(大樂輪)이 있으며, 색깔은 흰색 또

---

70 『나로최둑이체공갠(那若六法信解莊嚴)』, p.78.

71 3가지 작은 짜끄라는 미간의 6맥판의 풍륜(風輪)과 인후와 심장 사이의 3맥판의 화륜(火輪)과 성기 끝의 8맥판의 희선륜(喜旋輪)을 말한다.

는 잡색이다. 짜끄라의 중심과 바깥 모양이 삼각형이며, 얼굴을 아래로 향한다.

인후에는 16맥판의 수용륜(受用輪)이 있으며, 색깔은 붉고, 짜끄라의 중심이 둥글고, 얼굴을 위로 향한다.

심장에는 8맥판의 법륜(法輪)이 있으며, 색깔은 희고, 짜끄라의 중심은 둥글고, 얼굴을 아래로 향한다.

배꼽에는 64맥판의 변화륜(變化輪)이 있으며, 색깔은 붉거나 잡색이다. 짜끄라의 중심은 삼각형이고, 얼굴을 위로 향한다. 이상이 맥도의 근본이며, 맥판의 수가 모두 120개이다.

음부에는 32맥판의 호락륜(護樂輪)이 있고, 색깔은 붉거나 잡색이며, 얼굴을 아래로 향한다고 깔라짜끄라와 성취자 간따빠다(Ghaṇṭapāda)가 설하였다.

성기 끝에는 8맥판의 희선륜(喜旋輪)이 있으며, 색깔은 희고, 얼굴을 위로 향한다고 『맨응악녜마(教授花穗)』에서 설하였다.

이들 여섯 짜끄라들의 가운데는 청색의 아와두띠가 기둥처럼 서 있고, 오른쪽에는 적색의 라싸나가 왼쪽에는 흰색의 랄라나가 있다."[72]

이들 짜끄라(脈輪)의 명칭과 그 유래에 대해 4대 빤첸라마는 『쌍뒤께족쌔빠(密集生圓次第注疏)』에서 이렇게 설명하고 있다:

"정수리의 짜끄라를 대락륜(大樂輪)으로 말하는 이유가 있다. 희열의 근원인 꾼다(Kun da, 白蓮)와 같은 하얀 보리심이 정수리에 머무르므로 그와 같이 말한다.

---

72 『릭진데뇌밍기남당(持明藏異名論)』, pp.229~230.

인후의 짜끄라를 수용륜(受用輪)으로 말하는 이유가 있다. 6가지 맛을 누리는 장소가 목구멍인 까닭에 그와 같이 말한다.

심장의 짜끄라를 법륜(法輪)으로 말하는 이유가 있다. 모든 법의 근원인 극도로 미세한 풍심(風心)의 원천인 불괴명점(不壞明点)이 심장에 있기에 그와 같이 말한다.

배꼽의 짜끄라를 변화륜(變化輪)으로 말하는 이유가 있다. 희열을 드러내거나 발생시키는 원천인 뚬모(배꼽 불)가 대부분 배꼽에 있기에 그와 같이 말한다.

음부의 짜끄라를 호락륜(護樂輪)으로 말하는 이유가 있다. 순차와 역순의 구생희열을 전적으로 비밀의 부위에서 수호하는 까닭에 그와 같이 말한다."[73]

다음은 깔라짜끄라 딴뜨라(時輪續)에서 설하는 비공통의 짜끄라에 대해 다르마 린첸은 『뒤코르림니델람(時輪二次第入)』에서 이렇게 설명하고 있다:

"육체에는 지명(持命)과 하행(下行)의 두 바람이 이동하는 6가지 큰 맥도가 있다.

아와두띠 · 라싸나 · 랄라나의 3맥은 몸 안의 척추 가까이 있으며, 상단은 미간 안에 있고, 하단은 성기의 끝에 있다.

배꼽 상부의 아와두띠는 가운데 있으며, 라후(羅睺)가 흐른다. 라싸나는 오른쪽에 있으며, 붉은 보리심이 흐르고, 랄라나는 왼쪽에 있으며, 하얀 보리심이 흐른다.

배꼽 하부에서 라싸나 맥은 왼쪽으로 꺾어져 소변을 배출시키고, 랄라

73 『쌍뒤께족쌔빠(密集生圓次第注疏)』, pp.140~141.

나 맥은 가운데 있으면서 대변을 배출시키고, 아와두띠(中脈) 맥은 둥짼마(海螺)[74]의 오른쪽에 있으면서 정액을 배출시킨다. 여기서 라싸나와 랄라나가 아와두띠를 감고 있는 것이 짜끄라(脈輪)이다.

정수리 가운데는 4맥판의 [허공 원소의] 우스니샤(Uṣṇīṣa, 頂輪)에는 지혜명점(智慧明点)이 있다.

이마에는 16맥판의 [바람 원소의] 액륜(額輪)이 있다.

배꼽에는 신명점(身明点, 붉은 보리심)이 있으며, 각성위(覺醒位)를 생기시키는 64맥판의 [땅 원소의] 제륜(臍輪)이 있다.

인후의 32맥판의 [불 원소의] 후륜(喉輪)에는 어명점(語明点)이 있으며, 몽환위(夢幻位)를 일으킨다.

심장 8맥판의 [물 원소의] 심륜(心輪)에는 의명점(意明点)이 있으며, 수면위(睡眠位)를 일으키고, 흉간에서 척추 가까운 쪽에 있다.

배꼽의 맥륜은 안쪽이 4륜(輪)으로 되어 있으며, 64맥판의 외륜(外輪)에는 지혜명점이 있으며, 선정위(禪定位)를 일으킨다. 또 배꼽에는 신명점(身明点)이 있으며, 각성위(覺醒位)를 일으킨다.

음부의 32맥판의 [잡색의] 호락륜(護樂輪)에는 어명점(語明点)이 있으며, 몽환위(夢幻位)를 일으킨다.

성기의 중심에 있는 8맥판의 마니아그라(Maṇiagra, 寶珠輪)에는 의명점(意明点)이 있으며, 선정위(禪定位)를 일으킨다."[75]

---

74 둥짼마(Duṅ can ma, 海螺)는 범어로 썅키니(Śaṅkhinī)이다. 근본삼맥이 배꼽 아래서 하나로 합하는 쑴도(三合處)[단전]에 해당하는 장소의 이름이며, 이 이하의 맥을 해라맥(海螺脈)이라고 한다. 그 이유는 모든 맥들을 하나의 흰색의 맥도에 거두어 모아서 아래로 내려가고, 구생의 희열을 생기하는 까닭에 그렇게 부르는 것이다.

75 『뒤코르림니델람(時輪二次第入)』, pp.113~114, 걜찹 다르마린첸, Drepung Loseling Educational Society, Drepung Loseling, 1996, Mundgod, India.

여기서 한 가지 부연하면, 이 깔라짜끄라의 논설은 다른 무상유가의 논설과는 여러 면에서 상위한 점이 있다. 예를 들면, 범부의 사위(四位)를 생기하는 장소와 짜끄라의 맥판의 숫자와 사대의 은멸에 따른 현상에서 그 순서 등이 다르므로 혼동하지 않도록 해야 한다.

이와 같은 이유는, 깔라짜끄라의 교의에 외도의 교설들을 편입해서 설한 까닭에 의도적으로 그렇게 한 것으로 여겨진다.

끝으로, 이들 맥륜들 외에도 팔다리의 크고 작은 관절에도 짜끄라들이 존재한다.

이러한 관절의 맥륜들을 분류하면, 12가지 큰 관절에는 30맥판의 대관절 짜끄라가 하나씩 있으므로, 몸에는 모두 12개의 대관절 맥륜이 있으며, 그 맥판을 합한 수는 360개이다.

손발가락 등 60개의 작은 관절에도 6맥판의 소관절 짜끄라가 하나씩 있으므로, 몸에는 모두 60개의 소관절 맥륜이 존재한다고 하였다. 부록의 〈사진 4〉 배꼽의 십이궁(十二宮)과 12관절맥륜을 참고하길 바란다.

십풍(十風)의 형성

처음 모태에 탁생한 첫 달에는, 쁘라나 그라하(Prāṇa-graha)라 부르는 생명을 지탱하는 극도로 미세한 지명풍(持命風)에서 거친 지명풍이 발생하며, 이때 자궁 속 생명체의 생김새는 물고기 모양과 같다.
둘째 달에는, 이 거친 지명풍에서 아빠나(Apāna)라 부르는 아래로 내려가는 바람인 하행풍(下行風)이 발생하며, 이때 자궁 속의 생명체는 다섯 돌기가 불거져 나와 거북이 모양과 같게 된다.

셋째 달에는, 이 하행풍에서 싸마나(Samāna)라 부르는 배꼽 부위에 머무는 등주풍(等住風)이 발생하며, 이때 자궁 속 생명체는 상부가 조금 굽어져서 멧돼지 모양과 같게 된다.

넷째 달에는, 이 등주풍에서 우다나(Udāna)라 부르는 위로 올라가는 상행풍(上行風)이 발생하며, 이때 자궁 속의 생명체는 상부가 조금 발달해서 사자의 모양과 같게 된다.

다섯째 달에는, 이 상행풍에서 브야나(Vyāna)라 부르는 몸 전체를 감싸는 편행풍(遍行風)이 발생하며, 이때 자궁 속의 생명체는 소인(小人)의 모습을 하게 된다고 하였다.

여섯째 달에는, 눈으로 흐르는 바람인 룽규와(rLuṅ rgyu ba)라 부르는 유행풍(流行風)과 땅 원소가 발생한다.

일곱째 달에는, 귀로 흐르는 룽남빠르규와(rLuṅ rnam par rgyu ba)라 부르는 승행풍(勝行風)과 물 원소가 발생한다.

여덟째 달에는, 코로 흐르는 룽양닥빠르규와(rLuṅ yaṅ dag par rgyu ba)라 부르는 정행풍(正行風)과 불 원소가 발생한다.

아홉째 달에는, 혀로 흐르는 룽랍뚜규와(rLuṅ rab tu rgyu ba)라 부르는 극행풍(極行風)과 바람 원소가 발생한다.

열째 달에는, 몸의 혈규로 흐르는 룽응에빠르규와(rLuṅ ṅes par rgyu ba)라 부르는 결행풍(決行風)과 허공 원소가 발생하며, 그때 몸 안의 공간(內腔)이 형성된다.

비록 모태에서는 [인체의 10가지 생명의 바람인] 십풍(十風)이 형성될지라도, 거기서는 코로 들고나는 숨쉬기를 하지 않으며, 뒤에 출산하자마자 코로 숨을 쉬게 된다고 하였다.

__ 〈사진 6〉 태내오위도(胎內五位圖), 〈도표 10〉 근본오풍(根本五風), 〈도표 11〉 지분오풍(支

分五風), 〈도표 12〉 오풍과 오온과 오지와 오불의 관계를 참조 바람.

【해설】

본문의 뜻을 다음과 같이 몇 가지로 구분하여 설명하고자 한다. 먼저 밀교에서 설하는 생명의 바람의 의미와, 두 번째는 바람의 진실에 대해, 세 번째는 바람의 종류와 작용에 대해, 네 번째는 바람의 이동에 대해, 다섯 번째는 바람의 효능에 대하여 설명하고자 한다.

먼저, 첫 번째 생명의 바람(風)은 밀교 수행의 3가지 요체가 되는 풍(風, Vāyu)·맥(脈, Nāḍī)·명점(明点, Tilaka)의 하나로, 싼쓰끄리뜨어는 바유(Vāyu)이고, 티베트어는 룽(rLuṅ)이다. 일반적으로 생명의 바람 뜻으로 사용하는 쁘라나(Prāṇa)는 지명풍(持命風)을 뜻한다.

이 바람(風)의 의미를 쎄르똑 린뽀체는 『도제텍빠쌀람템깨(密乘地道行相寶階)』에서 이렇게 설명하고 있다:

> "생명과 마음을 장기간 지탱하고 기르며, 생명을 확립하고, 숨을 쉬게 하는 모든 것들을 수행하는 의식의 운반체가 되는 것이 움직이는 바람의 본질이다."[76]

그리고 이 풍·맥·명점 셋의 관계를 비유로 설명하면, 머무는 맥은 집과 같고, 장엄의 보리심은 보배와 같고, 이동하는 풍심(風心)은 주인과 같다. 그러므로 이 셋 가운데 바람의 제어가 밀교 수행의 핵심이다.

두 번째, 바람의 진실은 다음과 같다. 이 생명의 바람은 모든 진언과 음성의

---

76 『도제텍빠쌀람템깨(密乘地道行相寶階)』, p.136.

근원으로 몸·말·뜻 세 진실 가운데 어금강(語金剛)의 근본이며, 원만차제에서 어적(語寂)의 수행 대상이다. 그래서 바람의 진실을 모르면 밀교의 깨달음을 성취할 수가 없다.

이 뜻을 4대 뻰첸라마는 『쌍뒤께족쌔빠(密集生圓次第注疏)』에서 이렇게 설명하고 있다:

"바람의 진실을 깨닫고 수행하면 공통과 최승의 실지를 빠르게 얻는다. 그래서 『도제텡와(金剛鬘)』에서 '유가사가 생명의 바람을 수습하면 신속하게 실지를 성취한다.'고 하였다. 그러므로 바람의 진실을 깨닫지 못하거나, 비록 알지라도 수습하지 않으면 과실이 매우 크다.
『돔중(勝樂生起)』에서 '바람(風)의 유가를 알지 못함과 비록 알지라도 수습하지 않는 것은, 온갖 고통에 의해서 핍박받는 윤회 속의 함령(含靈)이 된다.'고 설한 까닭이다."[77]

또 바람의 진실에 대해 꽁뚤 왼땐갸초는 『쌈모낭된낭제(金剛身論釋)』에서 이렇게 설명하고 있다:

"모든 생사와 열반의 근원이 되는 생명의 바람은 원초의 불괴명점(不壞明点)이다. 이 생명의 바람은 명(命)이며, 짧은 아(A) 자의 본성으로 존재하고, 능전(能詮)의 말과 소리들이 여기에서 발생한다.

77 『쌍뒤께족쌔빠(密集生圓次第注疏)』, p.167.

호흡(呼吸)·누분(漏分)[78]·시각(時刻)[79]·응시풍식(應時風息)[80] 등도 여기에서 발생하며, 모든 모음과 자음 등의 문자도 여기서 발생한다. 그러므로 가히 설할 수 없을지라도 모든 언설들의 근본이 된다.

그러므로 『잠뻴챈죄(稱誦文殊名號)』에서, '아(A)는 모든 자음과 모음들 가운데 최승이며, 승의(勝義)이며, 진어(眞語)이다. 여기서는 [사대원소와 같은] 대종(大種)의 발생이 없으며, 언설을 여의었다. 모든 능전(能詮)의 최승인(最勝因)이며, 모든 언사를 명료하게 한다.'고 설하였다.

이것을 문자에 의거해서 말하면, 모든 모음과 자음의 근본이 아(A) 자이며, 바람에 의거해서 설하면, 인체의 십풍(十風)의 근본인 지명풍이 아(A) 자의 모양이며, 지혜에 의거해서 설하면, 그 불변의 대락의 [지혜]를 아(A) 자라고 설함으로써, 일체법의 근본 또는 기초가 되는 생명의 바람이 대지명풍(大持命風)으로 부르는 그 아(A) 자인 것이다. 그러므로 이것으로부터 생사와 열반의 일체법이 출현한다."[81]

세 번째, 바람의 종류와 작용에 대해서는 현밀의 두 가지 논설이 있으나, 여기서는 밀교의 십풍(十風)을 위주로 설명하고자 한다. 이 열 가지 생명의 바람은 근본오풍(根本五風)과 지분오풍(支分五風)을 말한다.

먼저 근본오풍과 그의 작용과 거처 등을 알아보면, 위의 『쌈모낭된낭제』에서는 이렇게 설명하고 있다:

---

78 누분(漏分)은 옛날 인도에서 1각(刻)을 60누분(漏分)으로 나눈 시간을 말하며, 1누분(漏分)은 6호흡이 된다.

79 시각(時刻)은 하루 밤낮을 60각(刻)으로 나눈 시간을 말한다.

80 응시풍식(應時風息)은 하루 밤낮 동안 인체에서 출입하는 호흡의 수를 말하며, 하루간의 호흡 수는 21,600번이 된다.

81 『쌈모낭된낭제(金剛身論釋)』, p.140.

"이 금강신이 형성될 때 최초로 하얀 보리심(白精)과 붉은 보리심(赤精)이 화합한 가운데 들어온 아뢰야식에 의지하는 행(行, 의지작용)의 말나식(末那識)의 움직임으로부터 대지명풍(大持命風)이라 부르는, 모든 유정들의 몸과 의식과 체온의 의지처가 되는 명(命)이라 부르는 것이 생성된다. 이것은 다섯 글자 가운데서 모양이 범어의 짧은 아(A) 자의 모습이며, 오대원소 가운데서 허공 원소의 자성이다.
여기서 발생하는 하행풍(下行風)은 오대원소 가운데서 땅 원소의 자성이며, 다섯 글자 가운데서 리(Ḷi) 자의 모양이다.
상행풍(上行風)은 오대원소 가운데서 불 원소의 자성이며, 다섯 글자 가운데서 리(Ṛi) 자의 모양이다.
등주풍(等住風)은 불과 함께 머물며, 오대원소 가운데서 바람 원소의 자성이며, 다섯 글자 가운데서 이(I) 자의 모양이다.
편행풍(遍行風)은 오대원소 가운데서 물 원소의 자성이며, 다섯 글자 가운데서 우(U) 자의 모양이다.
이와 같이 시설하는 이유는, 모든 바람들의 근본이 되는 대지명풍이 대공(大空)의 다섯 문자의 자성이며, 나머지 바람들은 그 덕성에서 발생하기 때문이다."[82]

이 근본오풍(根本五風)의 작용과 거처 등에 대한, 경론의 논설들을 간추려 설명하면 다음과 같다.

① 지명풍(持命風)은 티베트어로 쏙진룽(Srog ḥdzin rluṅ)이며, 범어는 쁘라나그라하(Prāṇa-graha)이다. 이 바람에 대하여 모두 풀이하면, 몸의 털

82 『쌈모낭된낭제(金剛身論釋)』, pp.140~141.

끝에 이르기까지 몸의 위아래 일체에 걸쳐서 널리 분포할지라도, 모든 맥들의 근본인 아와두띠(中脈)를 따라 그 대부분이 수직으로 머물며, 아뢰야식과 서로 의존하며 머문다.

이동하는 도리는, 평소에는 이것의 일부가 응시풍식(應時風息, 하루간의 호흡)에 섞여서 흐르는 모양으로 움직이며, 임종의 때에는 본격적으로 하루 밤낮 사이에 21,600번 일어나 흐른다. 그래서 『쌍와뒤빠(秘密集會續)』에서, "허공의 주존(主尊)인 비로자나불의 자성으로 부르는 이 생명의 바람은, 임종 시에 아와두띠를 통해서 바깥으로 빠져나간다."고 하였다.

생존 시의 지명풍의 작용은, 자아를 확립하고, 모든 분별의 기억들을 산출한다. 다시 말해, 이 지명풍이 염오식(染汚識)을 일으키는 것이다. 만약 이 바람이 아와두띠에서 다른 곳으로 흐르게 되면, 혼절과 정신착란과 죽음을 야기한다. 기본 단계에서는 죽음의 소멸과정을 통해서 자연적으로 심장으로 철수함으로써 죽음이 일어나게 한다.

이 업풍(業風)은 무분별의 지혜풍식(智風)과 함께 섞여서 존재하며, 색깔은 색이 없는 색인 하늘과 같은 청색[또는 흰색]과 같다고 『속석(續釋)』에서 설하였다.

이상을 정리하면, 색깔은 흰색이며, 비로자나불[또는 악쇼브야]의 자성이며, 허공 원소의 바람이며, 수명을 지탱한다. 이동 경로는 두 비공을 통해서 천천히 아래로 흐르며, 하루 동안의 횟수는 5,400이며, 이 바람이 흐를 때 식멸업[83]을 성취한다.

② 하행풍(下行風)의 티베트어는 투르쎌룽(Thur sel rluṅ)이며, 범어는 아

---

83 식멸업(熄滅業)은 질병과 재난과 귀신 등의 재앙을 소멸시키는 행위를 말한다. 원만차제에서 지명풍을 수습해서 이 식업(息業)을 성취한다.

빠나(Apāna)이다. 이 생명의 바람은 배꼽 아래의 3맥이 합하는 쑴도(三合處, 단전)와 생식기에 존재하며 아래로 흐른다.
작용은, 대소변과 남녀의 정혈 등을 비롯한 맑고 무거운 물질들을 배출하고 억제한다. 주로 해라맥(海螺脈) 속에 머물며, 본성은 대락의 지혜를 일으키는 질료이다. 만약 다른 곳으로 흐르게 되면, 소변이 불통되는 등 대부분 하반신 질병을 일으킨다.
요점을 정리하면, 색깔은 황색이며, 보생여래의 자성이며, 땅 원소의 바람이며, 배설을 담당한다. 이동 경로는 두 비공을 통해서 무겁게 급히 흐르며, 하루 동안의 횟수는 5,400이며, 이 바람이 흐를 때 증익업(增益業)[84]을 성취한다.

③ 등주풍(等住風)의 티베트어는 냠내룽(mÑam gnas rluṅ)이며, 범어는 싸마나(Samāna)이다. 불과 함께 머무는 이 생명의 바람은 심장 앞쪽의 맥인 화숙맥(華宿脈, sNar ma)에서 발생하며, 맥의 한 끝이 위장에 들어간다.
작용은, 음식물을 소화시키고, 청탁(清濁)의 물질을 분리하고, 음식물의 영양소를 전신에 보내 몸을 활성화시키고, 탁질(濁質)들을 배출시킨다. 만약 다른 곳으로 흐르게 되면, 가슴과 배가 막히고, 설사가 발생하는 등의 불편함이 생긴다.
요점을 정리하면, 색깔은 녹황색이며, 불공성취여래의 자성이며, 바람 원소의 바람이며, 소화와 뚬모(배꼽 불)의 발생을 담당한다. 이동 경로는 왼쪽 비공을 통해서 거칠게 위로 향해 흐르며, 하루 동안의 횟수는

---

84 증익업(增益業)은 복덕과 수명과 재부 등을 왕성하게 하는 것으로, 하행풍(下行風)을 닦아서 이 증업(增業)을 성취한다.

5,400이며, 이 바람이 흐를 때 주살업(誅殺業)[85]을 성취한다.

④ 상행풍(上行風)의 티베트어는 겐규룽(Gen rgyur rluṅ)이며, 범어는 우다나(Udāna)이다. 이 생명의 바람은 심장 동남간의 오른쪽 젖꼭지 방면의 맥인 상설맥(象舌脈)에서 발생하며, 인후에 머물면서 음식물을 목구멍으로 받아들인다.
작용은, 팔다리의 움직임과 말과 노래를 비롯한 언어와 발성을 담당한다. 만약 다른 곳으로 흐르면 머리의 어지러움 등의 상반신 질병들을 대부분 일으킨다.
요점을 정리하면, 색깔은 적색이며, 아미타불의 자성이며, 불 원소의 바람이며, 언어를 담당한다. 이동 경로는 오른쪽 비공을 통해서 무겁게 곧장 흐르며, 하루 동안의 횟수는 5,400이며, 이 바람이 흐를 때 회유업[86]을 성취한다.

⑤ 편행풍(遍行風)의 티베트어는 캽제룽(Khyab byed rluṅ)이며, 범어는 브야나(Vyāna)이다. 이 생명의 바람은 심장의 오른쪽 맥으로 라싸나와 연결된 담황맥(淡黃脈, Ser skya) 안을 흐르며, 전신에 걸쳐서 분포한다.
작용은, 몸의 기력과 펴고 오므리고, 올리고 내리는 등의 힘을 발출한다. 만약 다른 곳으로 흐르게 되면, 몸의 팔다리가 굳어지고 못 쓰게 되는 등의 질병들을 일으킨다.
요점을 정리하면, 색깔은 백색(또는 청색)이며, 아축불[또는 비로자나불]의

---

85 주살업(誅殺業)은 태우고, 매장하는 등의 방법으로 원적을 죽이는 것으로, 등주풍(等住風)을 닦아서 주업(誅業)을 성취한다.

86 회유업(懷柔業)은 천신과 귀신야차 등을 회유해서 복종시키는 것이며, 상행풍(上行風)을 닦아서 성취한다.

자성이며, 물 원소의 바람이며, 몸의 굴신과 움직임 등을 담당한다. 이 바람은 임종의 때를 제외하고는 비공으로 흐르지 않는다고 하였다.

또한 지분오풍(支分五風)의 작용과 거처 등은 다음과 같다.

① 용풍(龍風, Nāga-vāyu)은 달리 룽규와(流行風)라고 한다. 견갑골의 오른쪽 방면의 맥인 귀숙맥(鬼宿脈, rGyal) 안을 관통해서, 그 맥의 한 끝을 타고 눈으로 들어간 뒤, 바깥 사물을 인식하는 등의 작용을 한다.

② 구풍(龜風, Kūrma-vāyu)은 달리 룽남빠르규와(勝行風)라고 한다. 심장 뒤편의 맥인 승리(勝利, rGyal ba) 안을 관통해서, 그 맥의 한 끝을 타고 귀로 들어간 뒤, 소리를 듣는 등의 작용을 한다.

③ 합개풍(蛤蚧風, Kṛkila-vāyu)은 달리 양닥빠르규와(正行風)라고 한다. 견갑골 왼쪽 방면의 맥인 알람뿌샤(Alampusha) 안을 관통해서, 그 맥의 한 끝을 타고 코에 들어간 뒤, 냄새를 맡는 등의 작용을 한다.

④ 천수풍(天授風, Devadatta-vāyu)은 달리 룽랍뚜규와(極行風)라고 한다. 심장의 왼편의 맥인 에다(Eḍa, 羊) 안을 관통해서, 그 맥의 한 끝을 타고 혀에 들어간 뒤, 맛을 아는 등의 작용을 한다.

⑤ 재왕풍(財王風, Dhanañjaya-vāyu)은 달리 룽응에빠르(決行風)라고 한다. 왼편 젖꼭지 방면의 맥인 꾸할라(Kuhāla) 안을 관통해서, 그 맥의 한 끝을 타고 목젖과 모든 몸의 털구멍에 들어간 뒤, 하얀 보리심(白精)을 위로 끌어올리고, 부드럽고 거친 감촉 등을 느끼게 한다. 육신이 죽어서 버려질

때까지 머물면서 몸의 견고한 땅 원소가 흩어지지 않도록 작용한다.
그리고 이 지분오풍을 원만차제에서 닦게 되면 오신통(五神通)을 얻게 된다.

참고로, 여기서 지분오풍의 명칭을 용풍(龍風) 등으로 설한 것은 『예시도제꾼뒤(智金剛總集續)』에 의한 것이며, 룽규와(流行風) 등은 『낸조르첸뾔귀(大瑜伽續)』에 의한 것이다.

네 번째, 바람의 이동에 대하여 설명하면, 여기에는 비공을 통해 밖으로 흐르는 외풍(外風)과 몸의 맥륜을 통해 흐르는 내풍(內風) 2가지가 있다.

먼저 비공을 통해서 외부로 흐르는 풍식(風息)에 대하여 알아보면, 이것을 시분과 연계해서 『쏘자뤼기남쌔(藏醫人體結構論)』에서 간결하게 이렇게 설명하고 있다:

"비공으로 흐르는 풍식은, 꽁뚤 왼땐갸초의 『쎼자꾼캽(知識總彙)』에서, '외부로 흐르는 업풍(業風)의 근간은 배꼽의 짜끄라에서 좌우의 두 맥도를 경유해서 비공으로 출현하는 것이다.
오른쪽 비공에서 흐르는 태양풍식(太陽風)은 세력이 점감하는 모양으로 흐르므로 독풍(毒風)이라 한다. 이것은 방편의 자성이자, 어금강(語金剛)의 본질이다. 매일 오른쪽 비공에서 흐르는 이 태양 풍식의 횟수는 10,462.5회이다.
왼쪽 비공에서 흐르는 태음풍식(太陰風)은 세력이 점증하는 모양으로 흐르므로 감로풍(甘露風)이며, 이것은 지혜의 본성이자, 신금강(身金剛)의 본질이다. 매일 왼쪽 비공에서 흐르는 이 태음 풍식의 횟수는 10,462.5회이다.

코 가운데로 평등하게 흐르는 지혜풍식(智風)은 그 횟수가 675회이며, 바깥의 라후(羅睺)처럼 강력한 힘을 가지므로 라후의 바람으로, 허공과 같이 분류해서 허공의 바람으로, 아와두띠(中脈)로 들어가기에 지혜의 바람이라고 부른다. 이 풍식의 본성은 방편과 반야가 둘이 아닌 의금강(意金剛)의 본질이다.

또한 좌우의 두 비공에서 땅·물·불·바람·허공의 다섯 원소의 바람이 각각 360회씩 흐름이 1포충(ḥPho chuṅ, 小轉氣)이며, 그 전체를 합한 1,800회를 1포첸(ḥPho chen, 大轉氣)이라 부른다. 하루 밤낮에 흐르는 이 12포첸(大轉氣)을 합하면 풍식의 횟수가 21,600회이며, 이 가운데서 지혜풍식이 675회이다. 이 또한 12포첸의 하나의 사이마다 56.4회씩이며, 1포충(小轉氣)의 하나하나 사이마다 11.4회씩이 발생한다. 이것을 요약하면, 한 풍식의 32분의 1이다.'라고 설함과 같다.

또한 시분(時分)의 주기와 배대하면, '4초에 1풍식이 흐르며, 1분에 15풍식이, 1시간에 900풍식이, 하루 동안에 21,600풍식이 흐른다. 이 가운데서 지혜 풍식이 하루 24시간 동안에 675회가 흐르며, 1시간마다 지혜풍식이 28.25회[87]가 흐른다. 1달 30일 동안에 지혜풍식이 22시간 30분간 흐르며, 1년 360일 동안에 지혜풍식이 11일 40초간을 흐른다. 이와 같이 100년 동안에 전체의 풍식이 777,600,000회가 있으며, 이 가운데서 지혜풍식이 24,300,000회가 있다. 이것을 일수로 계산하면 1,125일이 되므로 3년 1달 15일의 시간이 된다. 이것을 티베트 달력(藏曆)으로 환산하면, 3년 2달 2일 이상이 되므로 이것을 석 달로 친다.

이 지혜풍식의 반이 밖으로 흐르게 되면 죽음의 징조 등이 일어나게 되고, 유가행자가 요가 수행력으로 지혜풍식을 아와두띠 안으로 거두어

87 정확히는 28.12회이다.

들이면, 불사의 금강신을 성취하게 된다.

또 100년간의 지혜풍식을 전부 합하면 3년 3달이 되며, 존재하는 모든 업풍들을 지혜풍식으로 변화시키면 성불을 하게 되는 것이다. 그러므로 티베트에서 로쑴촉쑴(三年三分, 3년 3개월)[88]에 지금강불(持金剛佛)을 성취한다는 것 또한 이 뜻이다.'라고 『쎄자꾼캽』에서 설하였다."[89]

다음은 짜끄라의 맥판과 관절 맥륜으로 흐르는 내풍(內風)을 인체의 4대 짜끄라를 기준으로 설명하고자 한다.

이 또한 『시륜경(時輪經)』과 『희금강(喜金剛)』 등에서 설하는 짜끄라의 맥판의 수효가 같지 않아서 일률적이지 않다. 그러나 하루 밤낮에 비공으로 흐르는 풍식의 수가 21,600회이듯 각각의 짜끄라에 흐르는 풍식도 21,600회가 되므로 전체적으로는 같다.

이 내풍(內風)의 흐름에 대해 롱뙬라마는 『릭진데뇌밍기남당(持明藏異名論)』에서 이렇게 설명하고 있다:

"먼저 배꼽 짜끄라(臍輪)에 있는 64맥판 하나의 끝에서 337.5회의 풍식이 흐르는 시간을 1각(刻, dByu gu)으로 부른다. [그러므로 64맥판 전체를 흐르면 64각(刻)으로 1주야 풍식의 전체 횟수가 21,600이 된다.]

정수리 짜끄라(頂輪)에 있는 32맥판의 하나의 끝에서 337.5의 2배수인 675회의 풍식이 흐르는 시간을 1시(時, Chu tshod)로 부른다. [그러므로 32맥판 전체를 흐르면 32시(時)로 1주야 풍식의 전체 횟수가 21,600이 된다.]

---

88 로쑴촉쑴(三年三分)은 티베트불교에서 폐관 수행의 기간을 말하며, 정확히는 3년 3개월 3일 3식경(食頃)이다. 또 일식경(一食頃)은 한 차례의 식사 시간을 말한다. 이것은 100년간의 지혜의 풍식을 합한 기간이다.

89 『쏘자뤼기남쌔(藏醫人體結構論)』, pp.116~118, 툽땐푼촉, 북경: 민족출판사, 1999, China.

인후 짜끄라(喉輪)에 있는 16맥판의 하나의 끝에서 337.5의 4배수인 1,350회의 풍식이 흐르는 시간을 1전(轉, ḥPho ba)으로 부른다. [그러므로 16맥판 전체를 흐르면 16전(轉)으로 1주야 풍식의 전체 횟수가 21,600이 된다.]

심장 짜끄라(心輪)에 있는 8맥판의 하나의 끝에서 337.5의 8배수인 2,700회의 풍식이 흐르는 시간을 1단(段, Thun tshod)으로 부른다. [그러므로 8맥판 전체를 흐르면 8단(段)으로 1주야 풍식의 전체 횟수가 21,600이 된다.]

그러므로 배꼽 짜끄라(臍輪)에서 1주야에 21,600회의 풍식이 흐르듯이, 동시에 정수리와 인후와 심장 짜끄라의 맥판들 속에서도 1주야에 21,600회의 풍식이 각각 흐르는 것이다. 여기서의 1주야는 오늘 새벽의 여명에서 다음 날 여명이 밝기 전까지를 말한다."[90]

또한 내풍(內風)이 각각의 짜끄라들을 순환하는 법에 대해 제쭌 닥빠썌둡은 『쌍데직쑴림니끼티(密集勝樂怖畏二次第釋)』에서 이렇게 설명하고 있다:

"배꼽의 두 맥판 속에서의 흐름이 완결되면, 정수리의 두 맥판에서 흐르기 시작하고, 정수리의 두 맥판의 흐름이 완결되면, 인후의 두 맥판에서 흐르기 시작하고, 인후의 두 맥판의 흐름이 완결되면, 심장의 한 맥판에서 두 번째 맥판으로 흐른다."[91]

다섯 번째, 생명의 바람의 역할에 대해서 앞에서 이미 말한 바와 같이, 이 미세한 바람들이 의식과 결합해서 윤회와 해탈의 모든 업들을 짓게 된다.

---

90 『릭진데뇌밍기남당(持明藏異名論)』, p.233.

91 『쌍데직쑴림니끼티(密集勝樂怖畏二次第釋)』, p.257.

먼저 생사윤회의 업을 짓는 법에 대해 위의 같은 논에서 이렇게 설명하고 있다:

"그렇다면, 생명의 바람이 세간의 범부들에게 윤회의 업을 짓게 하는 도리는 어떠한가? 업과 번뇌의 힘에 의해서 하나의 생사에서 다른 하나의 생사로 전전하며 유전하는 것이 윤회이며, 그것을 생명의 바람이 수행하는 것이다.

다시 말해, 유정이 사멸할 때 땅 원소는 물 원소로, 물 원소는 불 원소로, 불 원소는 바람 원소로, 바람 원소는 밝은 마음(현명)으로, 밝은 마음은 한층 밝은 마음(증휘)으로, 한층 밝은 마음은 정광명에 가까운 마음(근득)으로, 정광명에 가까운 마음은 대광명(大光明)의 마음으로 은멸하며, 그 대광명이 곧 죽음의 정광명(淨光明)이다. 그 또한 [각각의 마음을 지탱하는] 바람의 흐름이 앞에서 뒤로 갈수록 점점 약해지는 것을 통해서 일어나는 것이다. (중략)

또한 탄생할 때에도 죽음의 정광명에서 정광명에 가까운 마음(근득) 등이 발생하는 것은, 생명의 바람의 흐름이 앞에서 뒤로 갈수록 점점 거칠어지는 것을 통해서 일어나는 것이다. 이와 같이 미세한 바람이 80자성의 분별의 마음과 번뇌들을 일으키고, 그것이 업을 축적해서 윤회에 태어나게 되는 것이다. 그러므로 탄생과 죽음의 차례도 바람의 작용으로 있게 되는 것이다. 이것은 [밀교에서 설하는] 비공통적 윤회의 생기순서에 의거한 것이다.

또한 공통적 윤회의 생기순서는 무명의 힘으로 업을 쌓고, 그 힘에 의해서 생사에 윤회하는 것은 위와 같은 것이다. 만약 이 업풍(業風)을 윤회의 성립 원인으로 인정할 때는, 이것이 무명의 조연(助緣)이 되는 것을 통해 윤회가 성립됨을 말하는 것이 된다."[92]

다음 해탈을 얻게 하는 작용을, 위의 같은 논에서 이렇게 설명하고 있다:

"근본사풍(根本四風, 편행풍을 제외한 4가지 바람)에 대하여 금강염송(金剛念誦)을 닦음으로써, 식멸(熄滅)·증익(增益)·회유(懷柔)·주살(誅殺) 등의 사업(四業) 등을 비롯한 8가지 공통성취(共通成就)를 얻게 하며, 극도로 미세한 풍심(風心)에서 환신(幻身)을 일으킴으로써, 최승실지(最勝悉地)를 얻게 하는 원인으로 작용하기 때문이다."[93]

뿐만 아니라, 오근(五根)으로 흐르는 지분오풍(支分五風)을 닦음으로써 오신통(五神通)을 성취하게 된다고 하였다.

여기서 추가하여 몇 가지 더 밝히면, 『능엄경』의 25원통(圓通) 가운데에 나오는 지지보살(持地菩薩)의 지편삼매[94]·화두금강(火頭金剛)의 화광삼매[95]·

92 『쌍데직쑴림니끼티(密集勝樂怖畏金剛二次第釋)』, pp.257~258.

93 『쌍데직쑴림니끼티(密集勝樂怖畏金剛二次第釋)』, p.259.

94 지지보살의 지편삼매(地遍三昧)에 대해 "비사부(毘舍浮)여래께서 정수리를 만지면서 '심지(心地)를 평탄히 하면 온 세계의 땅이 평탄하여진다.' 말씀하시니, 저의 마음이 열리어 몸에 있는 미진(微塵)이 세계를 조성한 미진과 평등하여 차별이 없음을 보았으며, 미진의 자성(自性)이 서로 저촉되지 아니하며, 내지 도병(刀兵)도 저촉함이 없었으며, 저는 법의 성품에서 무생법인(無生法忍)을 깨달아 아라한이 되었으며, 지금은 회심하여 보살지위에 참여하였으며, 여래께서 묘련화(妙蓮華)의 불지견지(佛知見地)를 말씀하심을 듣잡고, 제가 먼저 증명하여 상수(上首)가 되었나이다. 불이 원통을 물으시니, 저의 생각에는 몸과 세계의 두 미진이 평등하여 차별이 없으며 본래 여래장으로서 허망하게 진이 생긴 줄을 체관(諦觀)하여, 진이 스러지고 지가 원만해지는 것이 제일이 되겠나이다."라고 『능엄경』에서 설하였다.

95 화두금강의 화광삼매(火光三昧)에 대해 "저는 항상 생각하니, 오랜 겁 전에 탐욕의 성품이 많았나이다. 불이 출세하시니, 이름이 공왕(空王)이시라. 음욕이 많은 사람은 맹렬한 불더미가

월광동자(月光童子)의 수편삼매[96] 등은 십편처[97]를 닦아서 얻는 것이다.

여기서 지편삼매(地遍三昧)를 얻는 법을 예로 들어 말하면, 꽁뚤 왼땐갸

된다고 말씀하시면서, 저로 하여금 백해(百骸)와 사지(四肢)의 차고 더운 기운을 두루 관하라 하시었나이다. 신기한 광명이 속으로 엉기면서, 음란한 마음이 변화하여 지혜화(智慧火)가 되었으며, 그때부터 여러 불이 저를 불러 화두(火頭)라 하였사오니, 저는 화광삼매(火光三昧)의 힘으로 아라한을 이루고, 큰 서원을 발하여, 부처님들이 성도하실 적마다 저는 역사(力士)가 되어 마원(魔怨)을 항복받나이다. 불이 원통을 물으시니, 저의 생각에는 신심의 난촉(暖觸)을 관하여 걸림 없이 유통하며, 모든 누(漏)가 소멸하고 큰 보염(寶燄)을 내어 무상각(無上覺)에 오름이 제일이 되겠나이다."라고 하였다.

96 월광동자의 수편삼매(水遍三昧)에 대해 "제가 생각하니 지난 옛적 항하사겁 전에, 불이 세상에 출현하시니 이름이 수천(水天)이시라, 보살들로 하여금 수관(水觀)을 수습하여 삼마지(三摩地)에 들라 하시더이다. 몸 안에 있는 수성(水性)이 서로 침탈함이 없음을 관하니 처음에 체타(涕唾)로부터 진액(津液)과 정혈(精血)과 대소변리(大小便利)까지를 궁진하매, 신중에 흐르는 수성이 동일하며, 신중의 물이 세계외의 부당왕찰(浮幢王刹)에 있는 향수해(香水海)들로 더불어 평등하여 차별이 없는 줄로 보았나이다. 제가 그때 처음 이 관을 성취하니 다만 물이 보일 뿐이고 몸이 없어지지 못하였으며, 몸이 비구가 되었으므로 실중(室中)에서 좌선(坐禪)할 적에, 저의 제자가 창을 뚫고 실중을 보니, 맑은 물만이 방에 가득하고 다른 것은 보이지 아니하매, 어린 것이 소견이 없어, 와력(瓦礫)을 물에 던져 소리를 내고는 힐끔힐끔 돌아보며 갔더이다. 제가 정(定)에서 나오니 가슴이 아픈 것이 마치 사리불이 위해귀(違害鬼)를 만난 것 같으므로, 스스로 생각하되, 나는 이미 아라한도를 열어, 오래전부터 병연(病緣)을 여의었는데, 오늘 어째서 가슴이 아픈가. 장차 퇴실하려는 것이 아닌가 하였나이다. 그때 동자가 앞에 와서 지낸 일을 말하기에 [네가 다시 물을 보거든 문을 열고 물에 들어가서 와력을 제거하라] 하였더니, 동자가 알아듣고 뒤에 정에 들었을 적에, 또 물이 보이는데 와력이 완연하거늘 문을 열고 제거하였고, 그 뒤에 정에서 나오니 몸이 그전과 같더이다. 그로부터 한량없는 불을 만났으며, 산해자재통(山海自在通)여래 때에 이르러 비로소 몸이 없어지고, 시방세계의 향수해로 더불어 성(性)이 진공(眞空)에 합하여, 둘도 없고 차별도 없었으며, 지금 여래에게 동진(童眞)이란 이름을 얻어 보살회에 참여하였나이다. 불이 원통을 물으시니, 저의 생각에는 수성이 한결같이 유통함으로써 무생법인을 얻어, 보리(菩提)를 원만함이 제일이 되겠나이다."라고 하였다.

97 십편처(十遍處)에서 편처(遍處)는 삼매에 자재함을 얻은 유가사가 선정의 힘에 의거해, 사대(四大) 등을 목표로 삼아 그것을 원하는 대로 자유롭게 변화시키되, 미치지 않는 곳이 없음을 말한다. 예를 들면, 청편처(青遍處)는 청색을 대상으로 삼아 선정에 들면 일체가 청색으로 변화되는 것이다. 십편처(十遍處)는 4가지 근본색(根本色)과 관련된 청편처(青遍處)·황편처(黃遍處)·적편처(赤遍處)·백편처(白遍處) 넷과 사대(四大)와 관련된 지편처(地遍處)·수편처(水遍處)·화편처(火遍處)·풍편처(風遍處) 넷과 허공과 관련한 공편처(空遍處)·의식과 관련한 식편처(識遍處)를 합한 10가지이다.

초는『쌈모낭된낭제(金剛身論釋)』에서 이렇게 설명하고 있다:

"오신통(五神通)과 십편처정(十遍處定)이 발생하는 원인은 오풍(五風)의 색깔과 모양을 닦음에 달린 것이다. 편처정(遍處定)을 닦는 방법으로 바라밀다승에서 모든 현상계를 지대가 덮음을 수습함으로써 지편처정(地遍處定)을 얻는다고 설한 것 등은 속성도가 아니다. 진언승에서 과위를 수행의 도로 삼음으로써, 땅 원소의 바람의 색깔과 모양인 황색과 사각형을 마음에 안치한 뒤, 그 바람에 몰입해서 삼매의 견고함을 얻게 되어 땅의 명현(明顯)[98]을 일으키게 될 때, 그것이 지편처정을 얻은 것이라고 설하였다. 그러므로 여타의 것들 또한 그와 같이 알라. 오신통을 성취하는 법 또한 아사리 아난다가르바(Ānandagarbha, 喜藏) 등의 논서들을 통해서 알도록 하라고 함과 같이 화광삼매 등도 그렇게 얻는 것이다."[99]

끝으로, 생사와 해탈의 근본이 되는 생명의 바람에 대해『쌍와뒤빠(秘密集會續)』에서는 이렇게 설명하고 있다:

"그와 같이 생명의 바람과 마음 2가지는 하나의 뜻에 본질이 둘이다. 마음의 본성은 기억하고 밝음이며, 바람의 본성은 움직임과 착란의 실체이다.
이 둘을 표현하는 비유는, 마음은 다리가 없으나 눈이 있는 자와 같고, 바람은 눈이 없는 말과 같다. 그 둘이 친구가 되어 사방을 다니듯이, 의식은 바람에 의지해서 이동하고, 다섯 감관의 문 등을 통해서 일체로 나

98 의식이 땅의 색깔과 모양으로 화현해서 나타나는 것을 말한다.

99 『쌈모낭된낭제(金剛身論釋)』, p.168.

아가며, 마음의 인(因)과 바람의 연(緣)이 만나서 모든 생사의 업을 짓게 된다. 만약 다리가 없는 자가 눈이 없는 말과 분리되면 출행하지 못하듯이, 도위(道位)의 유가 수행에서 아와두띠 안에서 바람의 제어를 수습할 때, 말이 없는 자와 같이 마음도 바람이 없음으로 해서 유동이 없어지고, 마음은 다스려져 감능하게 된다. 눈 없는 말과 같이 동요시키는 바람은 마음이 없이는 출행이 불가능해져서 그것에 자재함을 얻게 되며, 이때 진실로 자기의 참모습을 보게 된다. 바람과 마음이 스스로 고요하고 밝은 것이 붓다이다. 그러므로 바람을 제어하는 유가 수행을 애중히 여기라."

인체의 명점(明点) 형성

깨달음과 희열을 산출하는 질료인 하얀 보리심(白精)과 붉은 보리심(赤精) 둘과 극도로 미세한 풍심(風心)이 결합한 흰 겨자씨 크기의 빛방울(명점)이 심장의 아와두띠 속에 있는 극소의 공간 속에 존재하며, 이것을 생명의 의지처인 불괴명점(不壞明点)이라 부른다.

그 뒤 하얀 보리심의 일부가 정수리 짜끄라 속으로 들어가 머무는 것을 함(Haṃ)[100]이라 부르며, 이것이 몸의 다른 부분에 존재하는 모든 하얀 보리심들을 직접 또는 간접적으로 생장시킨다. 심장 속의 붉은 보리심의 일부가 배꼽 짜끄라 속으로 들어가서 머무는 것을 뚬모(배꼽불)라 부르며, 이것이 몸의 다른 부분에 존재하는 모든 붉은 보리심들을 직접 또는 간접적으로 생장시킨다.

---

100 원문에는 히(Hi)로 되어 있으나 함(Haṃ)의 오기이다.

집과 같은 역할을 하는 몸의 짜끄라(脈輪)들 속에는 명점(明点)의 일부가 다 존재할지라도, 하얀 보리심들을 생장시키는 본처는 정수리의 짜끄라이며, 붉은 보리심을 생장시키는 본처는 배꼽의 짜끄라이다. 심장의 짜끄라는 하얀 보리심과 붉은 보리심을 균등하게 생장시키는 장소이다.

이 하얀 보리심과 붉은 보리심은 어느 때 필요로 하는 때에 생기는 것이며, 항아리에다 물을 채우듯이 존재하는 것이 아니라고 하였다.

이와 같이 자궁에 탁태한 뒤에, 거친 육신의 삶을 받는 것을 기본의 화신(化身)이라 부른다.

【해설】

먼저 명점(明点)의 의미를 설명하고, 차례로 명점의 종류와 적백의 두 보리심과 뚬모(배꼽 불)에 대하여 설명한 뒤, 마지막에 명점과 성불의 관계를 설명하고자 한다.

먼저, 우리말로 공점(空点) 또는 원점(圓点) 등으로 옮기는 빛 방울을 뜻하는 명점의 티베트어는 틱레(Thig le)이며, 범어는 띨라까(Tilaka) 또는 빈두(Bindu)이다. 이 명점은 밀교에서 희열의 정수 또는 종자를 뜻하는 정액의 뜻으로, 더 깊은 의미로는 몸 안에 불변의 안락과 지혜를 낳는 장엄의 보리심을 상징한다.

온몸의 맥도 속에는 명점 또는 보리심이 들어 있으며, 이 모든 명점들의 원천은 심장 안에 존재하는 미씩빠틱레(Mi śigs paḥi thig le)라 부르는 불괴명점(不壞明点)이다.

이러한 명점의 본질에 대해 쎄르똑 린뽀체는 『도제텍빠쌀람템깨(密乘地道行相寶階)』에서 이렇게 설명하고 있다:

"'풍심(風心)의 둘과 적정(赤精)과 백정(白精)의 둘을 합한 넷이 융까르 (흰 겨자씨) 크기의 작은 빛 방울 속에 하나로 결합한 것이 띨라까(Tilaka)의 본질이다.'라고 하였듯이, 이 심장의 불괴명점을 달리 [본래로 타고난] 구생(俱生)의 명점과 지혜의 명점 등으로 부른다. 나머지 명점들은 모두 여기에서 파생된다."[101]

이 적백의 두 명점을 밀교에서 특별히 보리심으로 부르는 이유에 대해 꽁뚤 왼땐갸초는 『쎼자꾼캽(知識總彙)』에서 이렇게 설명하고 있다:

"적백의 두 명점(明点)을 보리심이라 부르는 의미는 무엇인가? 이 보리심에는 [닦지 않은 상태인] 인위(因位)와 [깨달음을 열어가는] 도위(道位)와 [도과를 얻은 단계인] 과위(果位)의 3가지가 있다.

이 가운데서 인위의 보리심은 모든 유정들의 마음의 흐름 속에 원초부터 존재하는 처음도 끝도 없는 무시무종(無始無終)의 보리심이다.

도위의 보리심에는 보통의 보리심과 비의(秘義)의 보리심 2가지가 있다. 보통의 보리심은 [바라밀다승을 뜻하는] 인승(因乘)에서 알려진 [세속과 출세간의] 이제(二諦)의 보리심이다. 비의의 보리심은 모든 장애를 여읜 채 본초부터 존재하는 청정한 질료인 그 보리심이, 금강신(金剛身)이 모든 장폐를 입지 않고 머무르게 봉인하고 있음으로, 만일 이 보리심이 녹게 되면 연기의 힘에 의해서 [현교에서 말하는] 이제의 보리심이 마음의 흐름에 출생하므로, 이 적백의 두 명점 또한 보리심이다.

이 2가지 보리심 가운데서 후자가 수승한 것이다. 전자는 [몸에 의존하는] 능의(能依)의 마음 한 가지뿐인 까닭에 불퇴와 불변의 보리심이 되지 못

101 『도제텍빼쌀람템깨(密乘地道行相寶階)』, p.138.

한다. 비의의 보리심은 [마음이 의존하는] 소의(所依)의 육체와 능의(能依)의 마음의 2가지 보리심인 까닭에 그 둘을 성취하는 것이다.

과위의 보리심은 지금강불(持金剛佛) 그 자체이다.

요약하면, 배꼽과 정수리에 아(A) 자와 함(Haṃ) 자의 본성으로 각각 존재하는 적백의 두 보리심이, 윤회의 단계에서는 자아(自我)라는 이름과 언설에 의해서 법아(法我)와 인아(人我)의 2가지 모양(相)을 일으킬지라도, 육체의 긍경(급소)을 파지해서 [배꼽의 아(A) 자가] 불타서 [머리의 함(Haṃ) 자가] 녹아 흐르는 인연의 힘으로 2가지 무아(無我)의 지혜가 자생적으로 발생하게 된다.

그리하여 여래의 위안인 색신과 지금강불의 위안인 법신의 자아가 없는 자아를 성취한 뒤, 다른 곳으로 나아감이 없이 모든 유정들을 위해서 여래의 사업을 영원히 수행하는 부처님의 지위를 성취한다고 『도제텡와(金剛鬘)』에서 설하였다."[102]

두 번째, 인체에 있는 명점의 종류에는, 장소에 의거해서 이름을 붙인 명점과 수행의 측면에서 분류한 여러 가지 명점들이 있다.

먼저 머무는 장소에 의해서 이름을 붙인 사명점(四明点)에 대해 제쭌 닥빠쌔둡은 『쌍데직쑮림니끼티(密集勝樂怖畏二次第釋)』에서 이렇게 설명하고 있다:

"그러므로 그 명점이 머무는 장소에 의해서 분류하면, 수면·꿈·각성·선정의 네 단계를 일으키는 4가지 명점(明点)이 있다.

심장과 성기 끝에 있으면서 수면 단계를 일으키는 수면명점(睡眠明点)

---

102 『쎼자꾼캅(知識總彙)』, pp.840~841.

과 인후와 음부에 있으면서 꿈의 단계를 일으키는 몽환명점(夢幻明点) 과 정수리와 배꼽에 있으면서 각성의 단계를 일으키는 각성명점(覺醒明点)과 배꼽과 음부에 있으면서 네 번째 [선정(禪定)의] 단계를 일으키는 선정명점(禪定明点)들이다.

이것을 일으키는 법이 있다. 그 장소들로 생명의 바람이 모여들면 수면 등의 네 단계를 일으키기 때문이다."[103]

이 뜻을 부연하면, 다르마 린첸은 『찌끼틱레씬디(春光明点備忘錄)』에서 이렇게 설명하고 있다:

"그러므로 마음의 의지처는 명점(明点)이다. 대역경사 마르빠(Marpa. 1012~1097)로부터 전승되는 가르침에서, 하루 밤낮은 잠에 들고 들지 않는 때의 둘로 나누어지고, 수면에 들어가서도 꿈이 있고 없음의 둘로 나누어지며, 이 가운데서 꿈이 없는 숙면의 단계에서는 마음의 의지처인 적백의 두 보리심이 심장에 머물므로 심장에서 마음을 파지하고, 꿈을 꾸는 때는 그 둘이 인후에 머물므로 인후에서 마음을 파지한다. 잠에 들지 않는 때는 거의 배꼽에 머물므로 배꼽에서 마음을 파지한다. 남녀가 성교할 때는 그 둘이 머리에 머물게 된다고 하였다.

그러나 깔라짜끄라(시륜속)에서는, 심장과 인후에 명점(明点)이 머무는 시기는 앞과 같으나, 다른 둘은 순서가 바뀌어서 수면에 들지 않는 때에는 머리에, 남녀가 성교하는 때에는 그 둘이 배꼽에 머문다고 하였다."[104]

---

103 『쌍데직쑴림니끼티(密集勝樂怖畏金剛二次第釋)』, p.393.

104 『찌끼틱레씬디(春光明点備忘錄)』, p.24.

__ 〈도표 13〉 사위(四位)와 명점의 위치를 참조할 것.

다음에 수행의 측면에서 분류하는 명점은 다음의 다섯 가지이다.

① 근본의 무희론명점(無戱論明点)은 무시이래로 파괴됨이 없이 존재하는 자기 마음과 법·보·화 삼신(三身)의 본체를 무희론명점이라 부른다.

② 착란의 무명명점(無明明点)은 자기 마음이 생명의 바람과 적백의 두 보리심에 의해서 착란을 당하여, 내심(內心)과 외경(外境)을 둘로 보는 착각을 일으킴이 무명명점이다.

③ 진언명점(眞言明点)은 변계소집(遍計所執)과 사명온(四名蘊)에서 생성된 범속한 관념을 다스리기 위해서 임시로 만든 다스림 법을 말한다.

④ 풍명점(風明点)은 의타기(依他起)에 의한 마음의 동요를 다스리는 법으로 생명의 바람을 제어하는 것을 말한다.

⑤ 실체명점(實體明点)은 적백의 두 보리심과 같이 물질로 존재하는 것이 실체명점이다.

이상의 다섯 가지 명점들에 대하여 좀 더 설명하면 다음과 같다.

① 무희론명점에 대해 뻰조르 된둡은 『나로최둑쎌된(那若六法明燈)』에서 이렇게 설명하고 있다:

"무희론명점(無戱論明点)은 자기 마음과 함께 태어난 구생의 지혜이다. 머무는 장소는 지명명점(持命明点)이며, 『쌍와뒤빠(秘密集會續)』에서, '지명(持命)의 보리심은 심장 가운데에 있는 혈액의 정화이며, 붉은 소금알갱이 크기 가운데 있는, 콩알의 반쪽이 서로 붙은 모양의 빛 방울 가운데 억념의 마음이 머문다.'고 설하였다.

이 억념하는 마음의 참 모습은 본질이 비어 있고, 자성이 광명이며, 무애한 성품이다. 이 셋이 [법·보·화] 삼신(三身)의 본성으로 존재하는 것이 근본의 무희론명점이다. 곧, 비어 있음과 무희론은 법신이며, 광명은 보신이며, 무애 자재한 능력은 화신의 본성이다."[105]

② 착란의 무명명점(無明明点)은, 그 무희론명점이 자기의 참된 성품을 알지 못하고, 내심(內心)과 외경(外境)의 2가지 착란을 일으킴이 무명명점이다.

다시 말해, 근본의 무희론명점이 생명의 바람(風)과 결속하고, 적백의 두 정(精)과 화합해서 하얀 보리심은 능취(能取)의 마음을, 붉은 보리심은 소취(所取)의 대상을 일으키는 것이 무명(無明)이며, 이것을 명점으로 부르는 것은 윤회가 다할 때까지 그것 역시 소멸하지 않기 때문이다. 그러므로 나머지 명점들은 모두 여기에 속하나 수행의 편의상 별도로 구분한 것이다.

③ 진언명점(眞言明点)은, 사명온(四名蘊)[느낌의 쌓임(受蘊)·헤아림의 쌓임(想蘊)·궁굴림의 쌓임(行蘊)·의식의 쌓임(識蘊)]에서 비롯된 명색(名色)의 둘을 고집하는 범속한 관념을 다스리기 위해, 부정한 신·구·의 셋을 본존의 청정한 색신(色身)으로, 청정한 말씀으로, 청정한 마음으로 닦는 본존의 자긍상(自矜相)의 수습과 진언의 염송과 마음의 수습 등을 진언명점이라 부른다.

④ 풍명점(風明点)은, 소연연[106]·증상연[107]·무간연[108] 세 가지 의타기(依他起)에 의해서 의식의 동요가 일어나는 것은 바람(風)의 움직임에 의한 것

---

105 『나로최둑쌜된(那若六法明燈)』, pp.100~101.

106 소연연(所緣緣)은 심식(心識)으로 하여금 대상의 인식을 일으키게 하는 바깥 연(外緣)을 말한다. 다시 말해, 바깥의 소리와 모양을 반연(攀緣)한 뒤에 일어나는 갖가지 마음을 말한다.

107 증상연(增上緣)은 다른 법을 일으키는 데 직접적 힘이 되는 연(緣)을 말하며, 직접 힘을 주는 여력(與力) 증상연과 방해가 되지 않는 부장(不障) 증상연의 둘이 있다.

108 무간연(無間緣)은 마음과 마음작용(心所法)에 반응하여 단절됨이 없이, 앞의 것이 소멸함과 동시에 새로운 마음과 심소법(心所法)을 일으키는 연(緣)을 말한다.

이다. 그러므로 이 바람의 움직임을 제멸하기 위해서 생명의 바람을 제어하는 것이 풍명점이다.

그 방법은 원만차제의 어적(語寂)의 단계에서, 심장의 첨단에 있는 진언명점[109]과 얼굴의 첨단에 있는 광명명점[110]과 성기의 첨단에 있는 실체명점[111] 셋을 수습하는 것이다.

⑤ 실체명점(實體明点)은, 몸의 정혈(精血)과 여기에서 발생하는 몸의 6계(六界)·14가지 청탁의 물질·36가지 탁질 등을 말한다. 또 실체명점을 수습하는 것을 말하기도 한다.

끝으로, 모든 명점의 근본이 되는 심장의 불괴명점(不壞明点) 가운데 존재하는 적백의 두 보리심에 대해서는 죽음의 정광명을 해설할 때 이미 설명하였다.

그 의미를 보완하는 뜻에서, 꽁뚤 왼땐갸초의 『쌈모낭된낭제(金剛身論釋)』의 설명을 빌리면 다음과 같다:

"하얀 보리심(白精)은 아와두띠(中脈)의 상부의 첨단에 존재하며, 그 모양은 얼굴을 아래로 향한 함(Haṃ) 자의 본성이며, 크기는 겨자씨 크기이며, 색깔은 희고 윤택하며, 투명하고 눈부시며, 위광이 혁혁하다. 비유하면, 맑은 수정구와 같이 광명이 빛난다. 이것이 어디에서 생기는가? 아버지로부터 얻는 것이며, 아버지의 모든 하얀 보리심(白精)들 가

---

109 진언명점(眞言明点)은 몸 안의 생명의 바람을 아와두띠 안으로 거두어 넣기 위해서 심장 짜끄라에 있는 불괴명점(不壞明点)을 주시해서 닦는 금강염송(金剛念誦)을 말한다.

110 광명명점(光明明点)은 얼굴의 첨단에 있는 명점을 주시해서 생명의 바람을 아와두띠 안으로 거두어 넣는 것을 말한다.

111 실체명점(實體明点)은 자신과 업유가녀(業瑜伽女)의 적백의 두 보리심이 만나는 장소에서 그것을 요동하지 못하게 구속하여 바람을 아와두띠 안으로 거두어 넣는 것을 말한다.

운데서 최상이다. (중략)

붉은 보리심(赤精)은 배꼽 아래 3맥이 합하는 쑴도(三合處)에 존재하며, 색깔은 붉고 뜨거우며, 밝게 빛난다. 비유하면, 마면산(馬面山)의 불과 같다. 이 마면산의 불은 바다의 둘레에 있는 바위산인 말 얼굴 모양의 입에서 타오르는 붉고 뜨거운 화염을 말하며, 이 타오르는 불길이 바닷물이 외부로 흐르지 못하게 막는다. 이 불은 마구화(馬口火) 또는 마면화(馬面火)로 알려졌다. 이 붉은 보리심(赤精)의 모양은 짧은 아(A) 자이며, 아쌔(A śad)[112]라 또한 부르며, 범어의 란짜(Lañca)체의 쌔(Śad)가 위로 향한 것과 같다."[113]

이처럼 하얀 보리심(白精)은 달의 성품인 까닭에 색깔이 희고, 반야의 자성인 뚬모(배꼽 불)와 연결된 까닭에 진주알처럼 빛나며, 감로의 정화를 머금어서 윤택하며, 맥도에 희열을 일으키는 방편과 대락의 본성이다. 그러한 까닭에 성취자 끄리스나빠다(Kṛṣṇapāda)는 그의 『찌끼틱레(春光明点)』에서 하얀 보리심(白精)을 바싼따(basanta, 春光)로, 붉은 보리심(赤精)을 띨라까(tilaka, 明点)로 각각 불렀다.

붉은 보리심(赤精)은 태양의 성품인 까닭에 붉은 색이며, 불의 본성인 까닭에 따뜻한 감촉이며, 지혜의 본성인 까닭에 체험이 희열이며, 반야바라밀의 본성인 까닭에 성품이 비어 있는 4가지 특성을 지닌다고 하였다.

세 번째, 뚬모의 거처를 꽁뚤 왼땐갸초는 『쎼자꾼캽(知識總彙)』에서 이렇게 설명하고 있다:

---

112 아쌔(A śad)의 모양은 젓가락과 같이 머리는 굵고 아래는 점차로 가늘게 생겼다.

113 『쌈모낭된낭제(金剛身論釋)』, p.177.

"인위의 단계에서 뚬모(배꼽 불)가 머무는 장소는, 대부분의 딴뜨라 전적에서 배꼽에 존재한다고 하였다. 『잠뻴섈룽(文殊敎誡)』에서는 비밀부위에, 『도제닝델(金剛心釋)』에서는 그 두 곳에 있다고 설하고 있을지라도 상위한 것이 아니다. 『도제닝델』에서, '물과 하늘의 달 영상처럼'이라고 해서, 하늘의 달처럼 뚬모의 실질은 배꼽에 있으며, 물 속의 달 영상처럼 뚬모의 영상이 비밀부위에서 일어난다고 설하므로 배꼽과 비밀한 곳의 양쪽에 다 있는 것이다."[114]

이 타오르는 뚬모의 본성에 대하여 위의 같은 논에서 이렇게 설명하고 있다:

"미진(微塵)의 거친 색법(色法)을 초월하여 청정하고 무애하며, 갖가지 삼매에 머무는 정심(定心)의 실제적 경계로 체험하며, 풍유가(風瑜伽) 등의 도력을 소유하게 되며, 온(蘊)·처(處)·계(界)의 습기를 불태우고, 사희(四喜)와 사공(四空)을 일으키며, 지혜의 불을 생기하는 증상연(增上緣)이 된다. 이것은 외부의 불이 아닐지라도 유가의 가피력에 의해서 불길과 같이 열을 일으킨다.

이 뚬모의 타오름의 정도는, 들고·머물고·녹이는 셋에 의해서 타오름도 대중소의 차이가 있다. 이것의 본성 또는 실체는, 뚬모의 불길이 타오르며 일으키는 희열의 인연으로 발생하는 지혜가 그것이다. 이 뚬모를 분별을 다스리는 법으로 설할 지라도, 지혜가 분별을 실제로 제압하는 것이며, 단지 그 열기에 의해서는 분별을 제압하지 못한다.

이 뚬모의 지혜 또한 무분별·안락·명징 3가지 면이 있다. 여기서 무분별의 지혜는, 뚬모의 타오르는 광명에 의해서 바람의 움직임과 심식(心

---

114 『쎼자꾼캽(知識總彙)』, p.841.

識)이 바깥 사물로 들어감을 막음으로써, 바깥으로 치닫는 분별들을 소멸한 뒤 무분별에 안주함을 말한다.

안락의 지혜는, 뚬모의 타오름에 의해서 머리의 보리심이 녹아 흐르는 희열의 표출인 안락의 지혜를 발생시킴을 말한다.

명징의 지혜는, 이원의 모든 분별들을 아와두띠 안에서 소멸시킴으로써, 안락과 공성 또는 명징과 공성이 합일한 쌍운(雙運)의 지혜가 마음의 소연차제인 [현명·증휘·근득의] 세 광명의 순차와 역순의 법에 따라서 발생하는 것이다."[115]

마지막으로, 밀교에서 보리심으로 부르는 인체의 명점들이 녹아서 발생하는 구생대락의 지혜와 성불의 관계를, 다르마 린첸은 『찌끼틱레씬디(春光明点備忘錄)』에서 이렇게 설명하고 있다:

"무상유가 딴뜨라에서 원만차제의 수행 핵심은, 정수리의 보리심이 녹으면서 발생하는 구생희(俱生喜)와 공성이 합일한 공락무별(空樂無別)의 삼매라고, 성취자 싸라하(Sarahā)를 비롯한 준거가 되는 인도의 모든 빤디따와 성취자들이 이구동성으로 주장하였다.

이 정수리의 보리심을 용해시키는 방법으로 풍유가(風瑜伽)와 뚬모(배꼽불)의 수습 등을 허다히 설하고 있을지라도, 그 전부가 뚬모에 거두어진다. 이 또한 깔라짜끄라의 육지유가(六支瑜伽)에 의하면, [쏘르뒤(Sor sdud)라 부르는] 수섭(收攝)과 선정(禪定)의 2가지 법에 의해서 아와두띠(中脈)를 정화한 뒤, [쏙쫄(Srog rtsol)이라 부르는] 쁘라나아야마(調風)[116]에 의해서

115 『쎼자끈캽(知識總彙)』, pp.841~842.

116 깔라짜끄라에서 설하는 이 쁘라나아야마(Prāṇa-āyāma, 調風)의 의미는, 좌우의 두 맥도 속을

유동하는 바람을 아와두띠 안으로 넣고, 그 바람을 파지해서 견고하게 하고, [제댄(隨念, rJes dran)이라 부르는] 수념(隨念, rJes dran)의 단계에서 바람의 힘으로 뇌 속의 보리심이 녹으면서 불변의 안락이 발생하고, 그 뒤에 [낙공무별(樂空無別)의] 삼매의 지분을 얻게 되며, 21,600의 불변의 안락을 완전히 성취하는 그 순간에 성불하는 것이다."[117]

흐르는 생명의 바람을 저지해서 아와두띠 안으로 넣은 뒤 그 흐름을 끊는 것을 말한다.

117 『찌끼틱레썬디(春光明点備忘錄)』, p.27.

제4장

기본의 삼신을 정화하는 법

생기와 원만차제의 대상

이와 같이 바르도의 유정이 자궁에 탁태한 뒤 생을 받는 과정들은, 범속한 자신을 본존의 몸으로 일으켜서 닦는 생기차제(生起次第)에서 탄생을 화신으로 변화시키는 법과, 범속한 자신을 실제로 본존의 몸으로 변화시키는 원만차제(圓滿次第)에서 청정환신(淸淨幻身)과 부정환신(不淨幻身)을 거친 차원의 변화신(變化身)으로 인식하거나, 이전의 옛 몸에 머물면서 범부들의 눈앞에 나타남과 모양이 같은 것이며, 또한 생기와 원만차제의 정화 대상들이다. 그러므로 생기와 원만 두 차제의 정화 대상에는 차이가 없다.

【해설】

특별히 아늣따라 요가딴뜨라((無上瑜伽續)의 생기와 원만차제에서 삶과 죽음, 바르도의 3가지 구조를 바르게 이해한 뒤, 그것을 정화의 대상으로 삼아서 수습하는 이유에 대해 쎄르똑 린뽀체는 『도제텍빠쌀람템깨(密乘地道行相寶階)』에서 이렇게 설명하고 있다:

"그와 같이 [닦지 않은 상태인] 기본의 생사와 바르도의 셋을 결택하는 법에는 이유가 있다. 이 삶과 죽음, 바르도 셋이 물의 물결처럼 하나가 하나를 파괴하는 도리로, 그 흐름이 끊어지지 않고 돌고 도는 법에 의해서, 생사에 유전하는 참모습을 여실히 아는 것이다. 이것에 의해 그 정화 대상의 흐름을 끊는 도에 견고한 정진을 일으키고, 각각의 정화 대상의 근본이 무엇인가를 바로 인식해서 닦음으로써, [그것을 깨끗이 하는] 능정(能淨)의 도를 닦는 효과를 증가시키고, 몸과 마음을 성숙시켜 위없는 해탈도를 얻게 하는 데에 목적이 있다."[1]

그러므로 생기차제의 정화 대상은 곧 사물에 대한 범속한 인식과 탐착이며, 수행의 핵심은 생사와 바르도의 구조와 일치하게 올바른 관점과 견해를 새롭게 일으켜서 닦는 것이다. 만약 이것을 제대로 이해하지 못하고 닦으면 좋은 결과를 얻지 못한다.

이러한 생기차제의 핵심을 캘카 응아왕빤댄(1806~?)은 『쌍첸귀시남샤(秘密四續行相闡明)』에서 이렇게 설명하고 있다:

"생기차제의 비공통적 끊어버림의 대상은 범속한 지각과 탐착이다. 여기서 범속한 지각은 감각기관과 의식 위에 나타나는 물질세간과 유정세계가 아니며, 의식 위에 범속한 세간과 유정으로 나타나는 그것이다. 이 범속한 지각을 다스리는 법은, 그것을 청정한 본존의 만다라와 본존과 성중들의 나타남으로 인식하는 것이며, 범속한 탐착을 다스리는 법[2]은, 청정한 본존의 만다라와 본존의 자긍상(自矜相)[3]을 닦는 것이다. 이

---

1 『도제텍빠쌀람템께(密乘地道行相寶階)』, p.91.

2 여기서 '본존의 만다라와 본존과 성중들'은 원문의 '뗀당뗀빠(rTen daṅ brten pa)'의 옮김이다.

3 자긍상(自矜相)은 범속한 육신을 본존의 청정한 불신(佛身)으로 관상(觀想)으로 변형시켜 닦

또한 자긍상을 닦음이 몸체가 되고, 청정한 지각[인식]을 닦음이 지분이 된다."[4]

이 범속한 지각의 근본에 대해 쎄창 로쌍빤댄(1738~1811)은 『간댄둡타(格魯教派史略)』에서 이렇게 설명하고 있다:

"이 물질세간과 유정세계를 범속하게 지각[인식]하고 탐착하는 근본은, 세간과 유정을 실재하는 것으로 인식하고, 실재로 집착하는 데에 귀결된다.

간댄[겔룩빠]의 이전구결(耳傳口訣)의 법주인 쎄랍갸초(般若海)의 『뎀촉께림(勝樂生起次第)』에서, '범속한 지각과 탐착의 근본은 제법을 실재하는 것으로 인식하고, 실재하는 것으로 집착함이다. 자아를 실재하는 것으로 고집함으로써 육신과 재물과 권속과 친구들 모두를 내 것이다.'라 여긴다고 함으로써, 이것이[범속한 지각과 탐착이] 실재에 대한 집착을 일으키는 근본으로 설함과 같이, 이 범속한 육신을 실재로 집착하는 마음으로는 설령 자신을 본존의 색신(色身)으로 일으킬지라도 윤회의 근본을 끊는 데는 효과가 없다.

그러므로 공성에 대한 확고한 견해를 얻은 뒤, 현분(現分, 육신)을 본존의 형상으로 일으키게 되면, 정견(正見)의 분상에서 공성을 수습하게 됨으로써 지혜의 자량을 쌓게 되고, 현분(육신)을 본존의 색신으로 일으킴으

음으로써, 수행자의 범속한 지각과 집착을 정화하는 수행을 말한다.

4 『쌍첸귀시남샤쎌제(秘密四續行相闡明)』(로쌍공갠 8권), p.112, 캘카 응아왕빤댄, Drepung Loseling Educational Society, Drepung Loseling, 1996, Mundgod, India.

로써 복덕의 자량을 쌓게 된다."[5]

생기차제의 내용

여기서 생기차제는, 자연적으로 발생하는 평범한 죽음과 바르도, 탄생의 셋을 대상으로 삼아서 정화하는 것이다. 정화 방법도 그 셋과 순서와 과정이 일치하게 자연적 죽음을 다르마까야(法身)로 바꾸는 법과, 자연적으로 생기는 바르도의 의생신(意生身)을 쌈보가까야(報身)로 바꾸는 법과, 불가피한 재탄생을 니르마나까야(化身)로 바꾸는 법을 그 행법의 지분들과 함께 닦아서, 몸과 마음에서 범속한 죽음과 바르도와 탄생의 셋을 정화한 뒤, 그 셋과 내용과 모양이 일치하는 과위(果位)의 부처님의 삼신(三身)을 실현하는 것이다.

【해설】

여기서 생기차제(生起次第)는 티베트어 께림(bsKyed rim)과 범어 우뜨빳띠끄라마(Utpattikrama)의 옮김이다. 글 뜻은 사유를 통해서 범속한 자신을 청정한 본존(本尊)으로 변화시킨 뒤, 그것을 세밀하게 관조하고, 그 영상(影像)이 흩어지지 않게 닦는 사마타(止)와 위빠사나(觀)의 수행을 말한다.

다시 말해, 정화의 대상인 범속한 탄생과 죽음, 바르도 셋과 그 과정이 일치하게 법·보·화 삼신을 닦는 유가행법을, 원만차제와 같이 풍(風)·맥(脈)·명점(明点) 셋을 닦지 않고 단지 관념으로 판별하고, 마음 위에 떠올려서 닦

5 『간댄둡타(格魯教派史略)』(藏文文選: 10), pp.196~197, 쎄창 로쌍빤댄, 북경: 민족출판사, 1998, China.

는 차제인 까닭에 그렇게 말하는 것이다.

이러한 생기차제의 특성에 대해 양짼 가왜로되는 『응악끼쌀람남샥(密乘地道行相入門)』에서 이렇게 설명하고 있다:

> "닦아 얻은 수행의 힘으로 생명의 바람을 아와두띠 속에 넣고·머물고·녹이는 셋을 실제로 행하지 못할지라도, 자기 수행의 결과인 원만차제로써 몸과 마음을 성숙시키는 유가행자가, 탄생과 죽음, 바르도 셋과 전적으로 내용이 일치하게 새로운 관념으로 새록새록 분별해서 닦는 반열에 머무는 그 유가가 생기차제의 내용이다."[6]

이 생기차제도 세분하면, 거친 생기차제와 미세 생기차제 둘이 있으며, 그것을 완성한 표준적인 척도가 각각 있다.

먼저 거친 생기차제는, 물질세간에 해당하는 만다라와 그 만다라에 의존하는 본존과 성중들의 전체 모습을 마음 위에 떠올릴 때, 크기가 미세하지 않을지라도 서로 뒤섞임이 없이 분명하게 나타나고, 동시에 마음의 가라앉음과 들뜸[7]이 없이 명징하게 선정에 들어가는 거친 형태의 유가를 말한다.

---

6 『응악끼쌀람남샥(密乘地道行相入門)』(로쌍공갠 8권), p.58, 양짼 가왜로되, Drepung Loseling Educational Society, Drepung Loseling, 1996, Mundgod, India.

7 가라앉음(沈沒, laya)은 마음이 대상을 파지하는 힘이 느슨해서 명료하게 인식하지 못함이니, 비록 명징(明澄)함이 있을지라도 대상을 잡음이 분명하지 못하면 가라앉음이다. 이것은 혼몽(昏懜)과 같지 않다. 혼몽은 침몰의 원인이 되는 것으로 용수 보살의 『집경론(集經論)』에서, "혼몽이란 무엇인가? 어리석음의 일부가 되는 마음의 불감능성(不堪能性)이자, 모든 번뇌와 수번뇌(隨煩惱)들과 조력하는 작용자이다."라고 설하였다.
들뜸(掉擧, audhatya)은 이십수번뇌(二十隨煩惱)의 하나로 마음이 들떠 움직이는 것을 말한다. 위의 『집경론』에서, "들뜸이란 무엇인가? 탐애하는 모양(相)을 좇는 탐욕의 일부가 되는 적정하지 못한 산란한 마음으로 사마타(止)를 장애하는 작용을 말한다.고 하였다.

이와 같은 선정 상태에서 자신이 원하는 만큼 한 달 또는 일 년 등을 자유롭게 머물 수 있게 되면, 거친 생기차제가 완성된 것이다.

다음 미세 생기차제는, 좁쌀알같이 작은 겨자씨 크기 안에 만다라와 본존과 성중들의 전체 모습을, 한순간에 뒤섞임이 없이 분명하게 떠올릴 수 있는 세밀한 관조와 견고한 선정을 닦는 미세유가를 말한다.

이와 같은 세밀한 관조와 견고한 선정을 통해서 어느 날, 본존 만다라가 눈앞에 실제로 나타나서 흩어지지 않고 머물게 되면, 그때 미세유가가 완성된 것이다.

이 미세유가를 성취하는 데 걸리는 기간에 대해 제 린뽀체라 부르는 쫑카빠는 『응악림첸모(密宗道次第廣論)』에서, "또는 삼등지[8]를 사전에 닦아 얻음으로써 6개월 또는 1년 사이를 닦도록 하라."고 해서, 1년이 채 걸리지 않는다고 하였다. 그러나 실제로 대부분의 수행자들에게 있어서 그처럼 쉬운 일이 아니며, 참회를 비롯한 온갖 방편과 노력을 경주한 끝에 비로소 얻게 되는 것이다.

여기서 미세유가를 성취한 예를 하나 들면, 쏘걀 린뽀체는 『티베트의 지혜』에서는 다음과 말하고 있다.

> "빠뚤 린뽀체는 오랫동안 높은 수준의 요가와 심상(心像) 수행을 했지만, 어려움에 봉착하게 되었다. 신의 만다라 가운데 어떤 것도 그의 마음속에 분명하게 떠오르지 않았다. 그러던 어느 날 그가 도 켄쩨를 찾아갔더니, 스승은 노천에 불을 피워놓고서 그 앞에서 차를 마시고 있었다.

---

8 삼등지(三等持)는 무상유가의 모든 생기차제에서 닦는 3가지 선정인 초행등지(初行等持)·사업최승등지(事業最勝等持)·단장최승등지(壇場最勝等持)를 말한다.

티베트에서 전통적으로 마음 깊이 헌신하는 스승을 보면, 존경의 표시로 땅에 엎드려 오체투지(五體投地)를 한다. 빠뚤 린뽀체가 멀리서 오체투지하기 시작하자 도 켄쩨는 그를 알아보고 위협적으로 빈정댔다. '이 늙은 개야, 용기가 있다면 이리로 와봐.' 도 켄쩨는 무척 인상적인 스승이었다. 긴 머리에 더러운 옷, 아름다운 말을 타고 다니기 좋아하는 그의 정열 때문에 무사처럼 보였다. 빠뚤 린뽀체가 계속 오체투지하면서 자신에게 다가오자 도 켄쩨는 온갖 험담을 퍼부으면서 그에게 돌을 던지기 시작했다. 빠뚤 린뽀체기 가까이 다가갈수록 그는 더 큰 돌을 던졌다. 마침내 근처까지 오자, 그는 때리고 발로 차기 시작했다.

빠뚤 린뽀체가 정신을 차렸을 때, 그는 전혀 다른 의식 상태에 놓여 있었다. 그가 그렇게 심상화하려고 애썼던 만다라들이 자연스럽게 눈앞에 떠올랐다. 도 켄쩨의 저주와 모욕 하나하나는 빠뚤 린뽀체의 마음에 마지막까지 남아 있던 개념의 찌꺼기들을 말끔히 걷어내 버렸다. 그리고 그가 던진 돌 하나하나는 그의 몸에 있는 에너지 센터와 미세한 채널들을 열어젖혔다.

그 후 2주일 동안이나 만다라의 비전이 그를 떠나지 않았다고 한다."[9]

이렇게 미세 생기차제가 구경에 이르면, 몸과 마음에 경안(輕安)을 얻음으로써 표준적 사마타(止)를 성취하게 되고, 나아가 본존의 색신과 종자진언(種子眞言)을 외부로 발산시키고, 안으로 거두어들임을 반연하는 위빠싸나(觀) 또한 얻음으로써 특별한 지관쌍운(止觀雙運)을 얻게 된다. 그래서 사부(四部) 딴뜨라에서는 별도로 사마타와 위빠사나의 수습을 말하지 않는다.

---

9 『티베트의 지혜』, pp.264~265, 쏘갈린뽀체 지음, 오진탁 옮김, 민음사, 1999, 서울, Korea.

생기차제에서 이처럼 견고한 선정과 세밀한 관조를 닦는 목적도, 우리들이 평범하게 맞이하는 기본의 탄생과 죽음, 바르도 셋을 과위의 삼신으로 바꾸기 위한 견고한 토대를 마련하는 데에 있다.

이 뜻을 쎄르똑 린뽀체는 『도제텍빠쌀람템개(密乘地道行相寶階)』에서 이렇게 설명하고 있다:

> "자기 수행의 결과인 원만차제에서 비유와 승의광명의 마음의 흐름을 성숙시키는 그것과, 미래에 일어나는 죽음의 정광명과 그 과정이 일치하게 나(我)와 나의 것(我所)으로 어리석게 고집하는 근본인 거칠고 미세한 [다섯 가지 쌓임인] 오온(五蘊) 등의 일체가 비어 있음을 관찰해서 수습하는, 제일차제의 유가가 죽음을 법신으로 바꾸는 도의 내용이다.
> 자기 수행의 결과인 원만차제의 청정과 부정환신 두 가지 마음의 흐름을 성숙시키는 그것과, 미래에 얻게 되는 바르도와 그 과정이 일치하게 자기 마음을 본존의 색신과 지물(持物)과 종자진언과 허공의 나다(소리) 가운데서, 어떤 적절한 하나의 모습으로 사유하여 닦고 익히는, 제일차제의 유가가 바르도를 보신으로 바꾸는 도의 내용이다.
> 자기 수행의 결과인 원만차제의 두 가지 환신을 거친 화신으로 인식하는 마음의 흐름을 성숙시키는 그것과, 미래에 얻게 되는 탄생과 그 과정이 일치하게 공락불이(空樂不二)의 지혜의 대상이 되는 바깥 사물들이, 과위의 지금강불의 몸으로 나타남을 마음으로 관찰해서 닦고 익히는, 제일차제의 유가가 탄생을 화신으로 바꾸는 도의 내용이다."[10]

이 생기차제에서 원만차제로 넘어가는 경계를, 양짼 가왜로되는 『응악끼쌀

---

10 『도제텍빠쌀람템개(密乘地道行相寶階)』, p.92.

람남샤(密乘地道行相入門)』에서는 이렇게 설명하고 있다:

> "수행의 힘으로 생명의 바람을 아와두띠 속에 용해시켜서 발생하는 구생대락의 지혜가 어느 때 마음의 흐름 속에 일어나면, 생기차제에서 원만차제로 넘어간 것이다."[11]

이때 또한, "그와 같은 공성과 대락의 지혜를 얻음과 동시에 무상유가 딴뜨라의 가행도(加行道)를 얻는다."고 『도제텍빼쌀람템깨(密乘地道行相寶階)』에서 말하고 있다.

원만차제의 내용

원만차제란, 자연적인 죽음과 바르도와 탄생의 3가지 법과 내용이 일치하는 행법에 의해서 실제로 그 셋을 정화하는 것이다.
여기서 죽음의 정광명과 내용이 일치하는 것은, 신적(身寂)·어적(語寂)·심적(心寂)·환신(幻身)·유학쌍운(有學雙運)들 단계에서의 밝은 마음(현명)·한층 밝은 마음(증휘)·정광명에 가까운 마음(근득) 셋과 원초의 빛인 죽음의 정광명이다.
바르도의 몸과 내용이 일치하는 것은 3번째 차제의 부정환신(不淨幻身)과 유학쌍운 단계에서의 청정환신(淸淨幻身)이다.
탄생과 내용이 일치하는 것은 정부정(淨不淨)의 환신들이 이전의 옛 몸에 머물면서 범부들의 눈앞에 나타나는 것이다.

---

11 『응악끼쌀람남샤(密乘地道行相入門)』, p.61.

【해설】

이 원만차제(圓滿次第)는 달리 구경차제(究竟次第)라고도 부른다. 이것은 티베트어 족림(rdZogs rim)과 범어 쌈빤나끄라마(Sampanna-krama)와 니스빤나끄라마(Niṣpan na-krama)의 옮김이다.

이것은 단지 관념으로 자신을 붓다로 닦는 것이 아니라, 자기 수행의 힘으로 몸의 풍·맥·명점 셋의 비요를 파지해서, 실제로 범속한 육신을 본존의 몸으로 변화시키는 수행 단계를 말한다.

이러한 원만차제의 뜻을 양짼 가왜로되는 『응악끼쌀람남샥(密乘地道行相入門)』에서 이렇게 설명하고 있다:

> "[생기차제를 마친 유가행자가 자기 몸의 비요를 파지한 뒤] 수행의 힘으로 생명의 바람을 아와두띠 속에 넣고·머물고·녹이는 셋을 실행함으로써 일어나는 유학(有學) 딴뜨라(續)의 유가를 말한다."[12]

그리고 본문에서 말하는 원만차제의 순서는 구햐싸마자(秘密集會續)를 해설한 성용수(聖龍樹)의 전승인 『쌍뒤림응아(密集五次第)』에 의한 것이다.

여기서는 원만차제의 단계를 어적(語寂)·심적(心寂)·환신(幻身)·광명(光明)·쌍운(雙運)의 오차제(五次第)로 구분하고 있으나, 다른 논전에서는 신적(身寂)을 추가해서 육차제(六次第)로 세밀히 구분해서 설하는 경우도 있다. 그러나 내용에 있어서는 차이가 없다. 왜냐하면, 어적(語寂) 속에 신적(身寂)을 포함하고 있기 때문이다.

이제 이 오차제에다 신적을 추가한 육차제를 차례로 해설한 뒤, 그렇게 닦아야 하는 필요성을 설명하고자 한다.

---

12 『응악끼쌀람남샥(密乘地道行相入門)』, p.61.

먼저 원만차제에서 사용하는 용어들인 어적(語寂) 등에 말하는 '적(寂)' 자는 티베트어 엔빠(dBen pa)의 옮김이며, 본뜻은 벗어남(脫離)·멀리 떠남(遠離)·고요함(寂靜) 등이다. 그러므로 이것은 범부의 몸·말·뜻 셋을 통해서 보고 듣고 깨닫고 아는 등의 범속한 지각과 집착의 번뇌에서 완전히 벗어나 청정해짐을 뜻한다.

첫째, 신적(身寂)의 뜻은, 생기차제의 마지막 단계에서 몸 안의 생명의 바람을 아와두띠 속으로 넣고 용해시켜서 구생의 희열과 공성의 지혜를 닦고, 출정(出定)한 뒤에는 세간의 현상들을 본존의 모습으로 체득하는 유학 단계의 유가를 말한다.

이러한 신적의 뜻을 양짼 가왜로되는 『응악끼쌀람남샥(密乘地道行相入門)』에서 이렇게 설명하고 있다:

> "선정의 상태에서 생명의 바람을 아와두띠 속에 용해시킴으로 발생하는 공성과 대락의 지혜를 닦고, 선정에서 일어난 후득(後得)의 상태에서도 모든 현상들을 공성과 대락의 법인(法印)으로 날인함으로써, 백부족(百部族) 등을 비롯한 성중의 모습으로 나타나는 유가가 원만차제의 신적이다.
>
> 신적(身寂)이라 부르는 이유가 있다. 적(寂)의 성립 근거인 자기의 상속(몸과 마음)에 귀속되는 온(蘊)·계(界)·처(處) 등을 원만차제의 공성과 대락의 법인(法印)으로 날인해서, 범속한 지각과 탐착으로부터 벗어나게 하고, [업보의 육신이] 청정한 본존의 모습으로 출현하는 유가인 까닭에 그와 같이 말한다."[13]

13 『응악끼쌀람남샥(密乘地道行相入門)』, p.62.

이와 같이 신적의 수행도 닦는 법에 따라 분류하면, 백부족(百部族)의 신적·오부족(五部族)의 신적·삼부족(三部族)의 신적·일부족(一部族)의 신적 4가지가 있다.

먼저 백부족(百部族)의 신적은, 5가지 쌓임인 오온(五蘊)을 붓다의 몸으로 일으킬 때, 물질의 쌓임인 색온(色蘊)이 비로자나불로 출현함과 같이 오불(五佛)로 출현하고, 네 원소(四大)는 땅 원소의 본성인 붓다로짜나(佛眼佛母)를 비롯한 네 불모(佛母)로 출현하고, 여섯 감관(六根)은 눈 감관(眼根)의 자성인 지장보살을 비롯한 여섯 명의 남성보살로 출현하고, 다섯 외경(五境)은 색진(色塵)의 자성인 색금강모(色金剛母)를 비롯한 다섯 여성보살로 출현한다.

이들 하나하나는 다시 오부족으로 나누어짐으로써, 다섯 가지 쌓임(五蘊)은 25부족으로, 사대원소는 20부족으로, 여섯 감관(六根)은 30부족으로, 다섯 외경(五境)은 25부족으로 확대된다. 이것을 합하면 모두 100부족이 됨으로써 이것을 백부족의 신적이라 부른다.

오부족(五部族)의 신적은, 사대원소와 의식을 합한 오대(五大)로 분류해서 닦는 것을 말한다. 이 경우 땅 원소는 비로자불의 부족으로, 물 원소는 보생여래의 부족으로, 불 원소는 아미타불의 부족으로, 바람 원소는 불공성취불의 부족으로, 의식은 아축불의 부족으로 각각 닦는다.

삼부족(三部族)의 신적은, 육신을 몸·말·뜻 삼금강(三金剛)으로 나누어서 닦는 것을 말한다. 이 경우 신금강(身金剛)은 비로자나불의 부족이 되며, 보생여래는 신금강 부족에 포함된다. 어금강(語金剛)은 아미타불의 부족이 되며, 불공성취불은 어금강 부족에 포함된다. 의금강(意金剛)은 아축불의 부족으로 닦는다. 지금강불은 의금강 부족에 포함된다.

일부족(一部族)의 신적은, 위의 몸·말·뜻 삼금강도 지금강불 하나에 귀속됨으로써, 신적의 마지막 단계에서는 삼금강을 하나로 모은 지금강불 하나만을 닦는 것을 말한다.

이 신적의 수습이 구경에 도달하여 다음 단계인 어적(語寂)으로 넘어가는 경계를, 쎄르똑 린뽀체는 『도제텍빠쌀람템개(密乘地道行相寶階)』에서 이렇게 설명하고 있다:

"생명의 바람이 일어나고·들어가고·머무는 셋의 각자의 고유한 소리인 [옴·아:·훔] 세 문자의 금강염송(金剛念誦)을 닦는 것에 의해, 심장 짜끄라를 묶고 있는 위아래의 매듭들이 풀리면서, 위아래에 있는 모든 생명의 바람들이 심장의 아와두띠 안으로 소멸하고, 이로 말미암아 밝은 마음(현명)의 지혜가 일어나는 그때가 신적에서 어적(語寂)으로 넘어간 것이다."[14]

두 번째, 어적(語寂)은 일상의 언어 또는 말이 평범하게 일어나고·들어가고·머무는 셋을 금강염송(金剛念誦)과 [티베트어로 쏙쫄(Srog rtsol, 延命)이라 부르는] 쁘라나아야마(調風)의 행법을 통해 생명의 바람과 진언을 하나로 결합한 뒤, 바깥 대경을 붙잡는 모든 허망한 분별들을 파괴하는 유학 단계의 유가를 말한다.

이러한 어적의 뜻을 양짼 가왜로되는 『응악끼쌀람남샥(密乘地道行相入門)』에서 이렇게 설명하고 있다:

"어적(語寂)이라 부르는 이유가 있다. 언어의 근원인 극도로 미세한 바람이 범속하게 흐르는 것에서 벗어나게 한 뒤, 생명의 바람과 진언을 차

14 『도제텍빠쌀람템개(密乘地道行相寶階)』, p.169.

별 없는 하나로 화합시키는 유가인 까닭에 그와 같이 말한다."[15]

특히 어적의 수습을 금강염송이라 부르는 것은, 몸·말·뜻 삼금강의 상징인 옴·아:·훔 세 문자와 생명의 바람이 일어나고·들어가고·머무는 셋의 고유한 소리와 분리되지 않게 하나로 만드는 불이의 유가이기 때문이다.

또 그것을 쁘라나아야마(調風)라 부르는 것은, "그 유가의 수습에 의지해서 쁘라나(Prāṇa, 壽·命)를 뜻하는 라싸나(右脈)와 랄라나(左脈) 안을 흐르는 생명의 바람을 아야마(Āyāma, 늘리다)함이니, 곧, 아와두띠 안으로 들여보내기 때문이다."라고 『도제텍빼쌀람템깨(密乘地道行相寶階)』에서 말하였다.

이러한 어적의 핵심은 몸의 세 첨단으로 부르는, 심장의 첨단과 얼굴의 첨단과 비밀의 첨단을 닦아서, 생명의 바람을 아와두띠 안으로 소멸시켜 [공성의 깨침을 뜻하는 공·극공·대공·일체공의] 사공(四空)을 일으키는 데에 있다.

다시 말해, 기본의 오지(五智)와 오풍(五風)의 본성이 되는 극도로 미세한 생명의 바람이 명점의 모양으로 바뀐 것을, 아와두띠 하부의 끝인 비밀(성기)의 첨단에서 명점(明点)으로 닦고, 심장의 첨단(맥륜의 중심)에서 짧은 아(A) 자로 닦고, 얼굴의 첨단에서 광명명점(光明明点)이라 부르는 옴·아:·훔 셋의 진언의 소리로 닦아서, 몸 안의 모든 생명의 바람들을 아와두띠 안으로 들여보내는 것이다.

처음, 심장의 첨단을 닦는 법은, 심장의 짜끄라 가운데 있는 아와두띠 속의 불괴명점(不壞明点)을 짧은 아(A) 자와 함께 닦는 것으로, 심장의 첨단에서 진언명점(眞言明点)을 닦는 쁘라나아야마라 부른다.

이것을 닦는 법을 쎄르똑 린뽀체는 『도제텍빼쌀람템깨(密乘地道行相寶

15 『응악끼쌀람남샥(密乘地道行相入門)』, p.63.

階)』에서 이렇게 설명하고 있다:

> "심장 안에 여덟 맥판으로 이루어진 내륜(內輪)·중륜(中輪)·외륜(外輪) 셋 가운데서, 바깥 바퀴(外輪)에는 밝은 마음(현명)을 상징하는 하얀색의 범어 12모음(母音)을 구슬처럼 배열하고, 가운데 바퀴(中輪)에는 한층 밝은 마음(증휘)을 상징하는, 마(Ma) 자와 [끄싸(Kṣa)][16]를 제외한 붉은색의 33자음(子音)을 배열하고, 안쪽 바퀴(內輪)에는 정광명의 가까운 마음(근득)을 상징하는 검은색의 리(Ṛ)·리-(Ṝ)·리(Ḷ)·리-(Ḹ) 4모음(母音)을 배열하고, 모든 글자들 머리에는 공점(空点)이 장식되어 있음을 명료하게 관조한 뒤, 다시 그 중심에 있는 불괴명점과 짧은 아(A) 자에 마음을 집중하는 것이다."[17]

이렇게 닦아 익혀서 심장을 묶고 있는 맥의 매듭이 풀리면, 비로소 지명풍과 하행풍을 하나로 화합시킬 수 있게 된다. 만약 심장에서 이 둘을 화합시킬 수 있으면, 나머지 짜끄라들에서도 역시 이 둘을 화합시킬 수 있을 뿐만 아니라, 나머지 짜끄라들의 매듭도 풀림으로써, 몸 안의 모든 생명의 바람들이 아와두띠 속으로 들어가게 된다.

다음, 얼굴의 첨단을 닦는 법은, 극도로 미세한 바람이 명점의 형태로 바뀐 것을, 옴·아:·훔 세 글자의 고유한 소리와 배합해서 코끝에서 금강염송을 닦는 것을, 얼굴의 첨단에서 광명명점(光明明点)을 닦는 쁘라나아야마(調風)라 부른다.

---

16 『도제텍빼쌀람템개(密乘地道行相寶階)』, p.176.

17 끄싸(Kṣa)를 넣는 경우는 범어의 모음과 자음을 50개로 계산하는 경우이다.

이것을 닦는 법을 위의 『도제텍빼쌀람템깨(密乘地道行相寶階)』에서 이렇게 설명하고 있다:

> "얼굴의 첨단에서 광명명점의 쁘라나아야마(調風)인 금강염송을 그같이 닦는 법이 있다. [심장의] 진언명점에 견고한 선정을 제대로 얻게 될 때, 불괴명점에 마음을 집중한 뒤 그로부터 일어나는 모양으로 생명의 바람이 일어나고·들어가고·머무는 셋의 고유한 소리가 세 글자의 소리로 일어나는 것을 마음으로 듣는 모양으로 얼굴의 첨단에서 금강염송을 행하기 때문이다."[18]

이렇게 불괴명점을 닦아서 발생하는 내면의 소리를 세 글자와 배합하는 법을, 제쭌 닥빠썌둡은 『쌍데직쑴람니끼티(密集勝樂怖畏二次第釋)』에서 이렇게 설명하고 있다:

> "여기서 생명의 바람이 일어나고·들어가고·머무는 셋을 세 글자의 배합하는 법이 있다. 생명의 바람이 [불괴명점] 안으로 들어가는 고유한 소리가 옴 자의 소리로, 머무르는 고유한 소리가 아: 자의 소리로, 밖으로 일어나는(나오는) 고유한 소리가 훔 자의 소리로 발생함을 사유해서, 심장의 불괴명점으로 들어가고·일어나고·머무는 셋을 행하기 때문이다."[19]

마지막, 비밀(성기)의 첨단을 닦는 법은, 자신과 수인모(手印母)의 아와두띠

---

18 『도제텍빼쌀람템깨(密乘地道行相寶階)』, pp.176~177.

19 『쌍데직쑴람니끼티(密集勝樂怖畏二次第釋)』, p.119.

하단이 서로 만나는 곳에서 하얀 보리심(白精)과 붉은 보리심(赤精)을 닦는 것으로, 실체명점(實體明点)을 닦는 쁘라나아야마라 부른다.

이것을 닦는 법을 4대 뻰첸라마는 『쌍뒤께족쌔빠(密集生圓次第注疏)』에서 이렇게 설명하고 있다:

> "[여기에는] 자신과 업인모(業印母) 둘이 교합해서 생기는 보리심을, 아와두띠 하부의 두 끝이 만나는 곳에서 움직임이 없도록 파지하는 것을 실체명점(實體明点)의 수습이라 부르는 것과 자신과 지인모(智印母)의 아와두띠 하부의 두 끝이 만나는 곳에서 명점을 대상으로 삼아 닦는 2가지가 있다.
>
> 이와 같이 닦는 것은 생명의 바람을 단지 아와두띠의 하단으로 거두어들이기 위한 것이 아니다. 이미 신적(身寂)의 단계에서 수렴되었기 때문이다. 그러므로 비밀의 첨단에서 실체명점을 닦는 목적은, 앞의 2가지 쁘라나아야마(調風)에 의해서 이전에 심장 안으로 거두어들이지 못한 것을 수렴시키는 뛰어난 효과를 발휘함으로써, 심장의 매듭을 푸는 최상의 방법이 되기 때문이다."[20]

이렇게 어적의 단계에서 심장의 불괴명점을 닦아서 생명의 바람이 실제로 불괴명점 안으로 소멸하게 되면, 사대원소가 은멸하는 현상과 알음이의 쌓임인 식온(識蘊)이 은멸하는 신기루와 연기 등의 현상이 발생하게 된다.

이와 같은 현상들이 일어나기 전에, 금강염송을 통해서 생명의 바람을 제어하게 되면, 그로 말미암아 6개월에 걸쳐서 단계적으로 몇 가지 현상들을 경험하게 된다.

---

20 『쌍뒤께족쌔빠(密集生圓次第注疏)』, p.185.

이렇게 몸 안에서 경험하는 현상들에 대해 위의 『쌍뒤께족쌔빠(密集生圓次第注疏)』에서 이렇게 설명하고 있다:

"거친 생기차제와 미세 생기차제를 마치고 신적을 닦는 그 유가행자가 금강염송을 닦음으로써, 한 달마다 각기 다른 증험이 몸 안에서 일어난다.

첫 달에는, 하루 밤낮의 총 21,000횟수의 생명의 바람들이 더하고 모자람이 없이 균등하게 흘러서 사대가 조화를 이룸으로 말미암아, 몸에 의지하는 공덕들이 일어나기 쉽게 된다.

둘째 달에는, 하루 밤낮의 21,000횟수의 생명의 바람을 8등분할 때, 심장의 8맥판에서 각각 2,700횟수가 균등하게 흐름으로써, 몸에 의지하는 공덕들이 자라난다.

셋째 달에는, 몸 안의 짜끄라를 형성하는 맥도들을 분명하게 본다.

넷째 달에는, 맥도 안에서 생명의 바람들이 흐르는 법과 그 색깔을 명료하게 보게 된다.

다섯째 달에는, 생명의 바람들이 아와두띠 안으로 들어간 뒤, 심장의 불괴명점 속으로 소멸하기 시작한다.

여섯째 달에는, 심장 짜끄라의 매듭들이 완전하게 풀린 뒤, 심적의 첫 번째 깨달음을 얻게 된다."[21]

이와 같이 인체의 바람을 완전히 제어함으로써 발생하는 공덕에 대해 위의 『쌍뒤께족쌔빠(密集生圓次第注疏)』에서 이렇게 설명하고 있다:

---

21 『쌍뒤께족쌔빠(密集生圓次第注疏)』, p.189.

"그와 같이 생명의 바람을 수습해서 구경에 도달한 표상이 있다. [원만차제의 어금강(語金剛)의 수행에서] 생명의 바람이 일어나고·들어가고·머무는 3가지 고유한 소리가 삼금강의 소리로 일어나는 어만(語慢)[22]으로 변화하고, 바깥 삼천대천세계의 모든 바람들을 자기 몸 안으로 넣고 가두며, 자기 몸 안의 바람으로 삼천대천세계를 가득 채우고, 바깥과 내부의 두 바람을 화합시키며, 바람 원소의 바람, 불 원소의 바람, 물 원소의 바람, 땅 원소의 바람들을 파지할 때, 차례로 하늘을 날고, 불과 물이 해치지 못하며, 괴력의 소유자일지라도 움직이지 못한다.

지분오풍의 금강염송이 구경에 도달하면, 여섯 감관(六根) 각각에다 다른 감관의 알음이(識)를 능히 이동[23]시키는 일들이 일어나게 된다."[24]

이 어적에서 심적(心寂)으로 넘어가는 경계를, 쎄르똑 린뽀체는 『도제텍빠쌀람템깨(密乘地道行相寶階)』에서 이렇게 설명하고 있다:

"안과 밖의 2가지 방편에 의지해서 심장 짜끄라의 매듭이 완전히 풀리고, [전신을 감싸는] 편행풍(遍行風)의 일부와 함께 근본오풍과 지분오풍들이 모두 심장의 불괴명점 속으로 은멸하는 밝은 마음(현명)의 지혜가 일어나는 때가 어적에서 심적으로 넘어간 것이다."[25]

세 번째, 심적(心寂)은 죽음의 은멸차제와 같이 내외의 방편에 의지해서, 근

---

22 어만(語慢)은 범속한 언어를 부처님의 어밀(語蜜)로 변화시키는 수행을 말한다.

23 여섯 감관인 육근(六根)을 호용하는 것을 말한다. 만일 눈에 있는 명점(明点)과 풍(風)을 귀로 이동시키는 경우, 귀가 눈처럼 사물을 보게 된다.

24 『쌍뒤께족쌔빠(密集生圓次第注疏)』, p.189.

25 『도제텍빠쌀람템깨(密乘地道行相寶階)』, p.169.

본오풍을 비롯한 모든 생명의 바람들이 심장의 불괴명점 안으로 은멸함으로써 발생하는 밝은 마음(현명)의 지혜에서 정광명에 가까운 마음(근득)이 일어나는 유학 단계의 유가를 말한다.

이러한 심적의 뜻을 양짼 가왜로되는 『응악끼쌀람남샤(密乘地道行相入門)』에서 이렇게 설명하고 있다:

> "심적(心寂)이라 부르는 이유가 있다. 윤회와 열반의 모든 근원인 마음과 분별의 운반체인 생명의 바람으로부터 완전히 벗어난 뒤, 대락과 공성이 분리되지 않는 실체로 출현하는 유가인 까닭에 그와 같이 말한다."[26]

일반적으로 성불하는 데에는 현교와 밀교를 막론하고 마음의 본성 또는 마음의 진실을 깨닫는 것이 필수이다. 이 뜻을 『섭진실경(攝眞實經)』에서, "선남자여, 싸마히따(Samāhita, 定, 等引)로써 자기 마음을 낱낱이 깨달으라."고 하셨으며, 『대일경(大日經)』에서도, "보리(覺)는 자기 마음을 여실하게 깨우치는 것이다."라고 하였다. 이와 같이 심적은 한 생에서 번뇌와 소지장이 정화된 이정(二淨)의 색신과 법신을 함께 얻어 즉신성불하는 데 기초가 되는 법성의 광명을 구현하는 중요한 유가 수행이다. 왜냐하면, 이 심적의 구경인 비유광명(譬喩光明)을 의지해서 부처님의 색신에 해당하는 부정환신(不淨幻身)을 성취한 뒤, 다시 법신에 해당하는 승의광명과 화합해서 청정환신(淸淨幻身)을 얻은 다음, 미세한 소지장마저 남김없이 소멸하기 때문이다.

이 심적을 닦는 법은, 도위의 단계에서 유가행자가 업인모(業印母)[27]와

---

26 『응악끼쌀람남샤(密乘地道行相入門)』, p.64.

27 래갸(Las rgya)라 부르는 업인모(業印母)는 업과(業果)에 의해서 생긴 머리칼과 젖가슴 등을

지인모(智印母)[28]라 부르는 두 수인모(手印母) 가운데 어떤 하나를 의지해서 3가지 현명[현명·증휘·근득]의 지혜를 얻는 것이다.

이 뜻을 쎄르똑 린뽀체는 『도제텍빠쌀람템깨(密乘地道行相寶階)』에서 이렇게 설명하고 있다:

"표준적 심적을 일으키기 위해서는 외적 조건인 수인모(手印母)의 쁘라나야야마(調風)와 내적 인연인 제식[29]과 릴진[30]의 [생명의 바람과 명점을 심장으로 거두는] 섭수차제(攝受次第)와 전신을 감싸는 편행풍(遍行風)에 집중하는 금강염송의 유가를 반드시 닦아야 한다.
『오차제명등』에서 '들어가고·머물고·일어남과 제식(隨融)의 유가를 언제나 밤낮으로 닦아야 한다.'고 설함과 『예시도제꾼뛰(智金剛總集續)』에서, '그와 같이 우유와 참깨는 제대로 휘젓고 짜는 행위가 없이는 버터와 기름이 나오지 않듯이, 진언과 수인모를 실제로 닦는 금강저와 연화의 결합이 없이는 3가지 의식[현명·증휘·근득의 마음]을 실현하지 못한다.' 고 설하였다."[31]

이렇게 닦아 얻은 심적의 3가지 의식인 밝은 마음(현명)과 한층 밝은 마음(현

실제로 갖춘 여성을 말한다.

28 예갸(Ye rgya)라 부르는 지인모(智印母)는 업에 의해서 생겨난 머리칼과 젖가슴 등을 실제로 갖춘 실제의 여성이 아니라, 유가사가 마음으로 상상해서 만든 가공의 여성을 말한다.

29 제식(rJes gshig, 隨融)은 원만차제에서 부정환신을 청정환신으로 바꾸는 선정의 하나이다. 다시 말해, 강물 또는 연못의 얼음이 녹는 비유처럼 점차로 환신을 정광명 속으로 수렴하는 것이 제식(隨融)이다.

30 릴진(Ril ḥzin, 全攝)은 『밀집오차제(密集五次第)』 등에서 말함과 같이, 거울 위의 입김이 엷어지는 비유처럼 일시에 환신을 정광명 속으로 수렴하는 것이 릴진(全攝)이다.

31 『도제텍빠쌀람템깨(密乘地道行相寶階)』, p.187.

명)과 정광명에 가까운 마음(근득)의 특성에 대해서는 이미 '1장 죽음의 은멸 차제'에서 설명하였다.

한 가지 덧붙이면, 내면유가의 수습이 높은 단계에 이르지 못한 상태에서, 단지 경문의 언구에 이끌려서 남녀의 교합유가를 실천하는 것은 자신과 남을 파괴하는 행위에 불과하다. 이러한 위험성을 경책하기 위하여 『헤루까 응왼중(呬嚕迦現生續)』에서 "[내면]유가를 닦음이 없이 유가행법인 수인모를 섭렵함과 지혜가 없이 지혜를 가장하는 것은, 지옥에 들어가는 길임을 의심할 필요가 없다."고 하였다.

그뿐만 아니라, 『쌍뒤림응아쌜된(密集五次第明燈)』에서도 이렇게 경계하고 있다.

> "모든 윤회와 열반의 본성이 비어 있음을 아는 공성과 배합함이 없이, 단지 남녀의 이근(二根)을 교합하여 생기는 보리심을 배출하지 않은 희열만을 닦는 것은, 윤회(有)의 근본인 [외경과 내심을] 실집(實執)하는 무명을 전혀 파괴하지 못한다. 그래서 희열을 누리는 만큼 그 실집이 불러오는 윤회도 점점 크게 자란다. 마치 목마른 자가 신기루를 마실 물로 착각한 뒤 빠져 들어감과 같다."

이 심적에서 환신(幻身)으로 넘어가는 경계를, 양짼 가왜로되는 『응악끼쌀람남샥(密乘地道行相入門)』에서 이렇게 설명하고 있다:

> "심적에서 환신(幻身)으로 넘어가는 법이 있다. 방금 말한 바의 심적의 구경인 비유광명에서 일어날 때, 생명의 바람이 미동하고, 반대 순서의 정광명에 가까운 마음(근득)을 얻음과 동시에, 강물에서 물고기가 뛰어오르는 모양으로 그 비유광명의 운반체가 되는 오광명풍이 직접적 원

인(近取因)이 되고, 비유광명의 마음이 함께 돕는 조연(助緣)이 되는 것에 의해, 상호(相好)를 갖춘 환신을 실제로 업보의 거친 이숙신(異熟身)으로부터 별도로 얻는 것이다."[32]

네 번째, 환신(幻身)은 글자 그대로 환상(幻相) 또는 환영(幻影)과 같은 몸으로 티베트어 귤뤼(sGyu lus)와 범어 마야까야(Māyākāya)의 옮김이다.

이 환신은 심적의 비유광명에서 발생하며, 미세한 풍심(風心)만으로 성취하되, 아름다운 상호(相好)를 갖추나, 미세한 번뇌가 남아 있는 무지개와 같은 불가사의한 몸을 얻는 유학 단계의 유가를 말한다.

이 환신과 비슷한 종류로는, 꿈속의 몸인 몽신(夢身)과 바르도의 몸인 의생신(意生身)과 정광광으로 생기한 청정환신(清淨幻身) 등이 있다.

이러한 환신의 뜻을 양짼 가왜로되는 『응악끼쌀람남샥(密乘地道行相入門)』에서 이렇게 설명하고 있다:

"환상(幻相)과 같은 12가지의 십이환유(十二幻喻)로 상징되는 극도로 미세한 풍심(風心)만으로 만들어진 본존의 몸인 까닭에 그와 같이 말한다. 그 몸이 번뇌장이 완전히 정화되지 않은 몸이기에 부정환신(不淨幻身) 또는 유루의 지혜신(智慧身)이라 부른다."[33]

이 환신이 성립하는 근거와 실체에 대해 쎄창 로쌍빤댄은 『간댄둡타(格魯教派史略)』에서 이렇게 설명하고 있다:

---

32 『응악끼쌀람남샥(密乘地道行相入門)』, pp.65~66.

33 『응악끼쌀람남샥(密乘地道行相入門)』, p.68.

"그러면 환신의 비공통적 성립의 근거가 무엇인가 하면, 유정들에게 본래로 존재하는 극도로 미세한 풍심(風心)의 2가지가 환신의 근거(바탕)이다. 『쌍뒤림응아쩰된(密集五次第明燈)』에서, '그 요체는 환신을 무엇으로 얻는가 하는 성립의 근거로 원시신(原始身)[34]을 인정하기 때문이다.'라고 설함과 또 같은 논에서, '유정의 이름을 붙이는 근거인 원시신은 단지 풍심으로 된 몸을 말하며, 이것으로부터 체성이 다른 무신(無身)을 나타낸다.'고 설함과 같이, 유정의 몸에는 거친 단계의 몸과 미세한 원시신의 2가지가 있다.

전자는 [업으로 받은] 이숙온(異熟蘊)의 거친 육체이며, 후자는 극도로 미세한 풍심과 그와 같이 업의 결과[형태]로 발생한 바르도의 몸과 [착란의 결과로 발생하는] 꿈의 몸과 같은 따위들이다. 여기서 단지 풍심(風心)이라 일컫는 그 마음은 감관의 알음이(根識)가 아니며 오직 뜻 알음이(意識)이며, 생명의 바람도 근본사풍(根本四風)과 지분오풍(支分五風)들 따위가 아니라, 거칠고 미세한 지명풍(持命風) 가운데서 극도로 미세한 지명풍[35]이라 하였다.

그러므로 환신의 근본이 되는 원시신(原始身)은 심장의 불괴명점(不壞明点) 속에 존재하는 극도로 미세한 그 지명풍이며, 원시심(原始心)은 그것에 의지하는 극도로 미세한 뜻 알음이(意識)이다."[36]

---

34 티베트어로 뉵매뤼(gÑug maḥi lus)라 부르는 원시신(原始身)은 단지 풍심(風心)의 둘 가운데서 극도로 미세한 풍(風)을, 뉵매쎔(gÑug maḥi sems)이라 부르는 원시심(原始心, gÑug maḥi sems)은 극도로 미세한 심(心)을 가리킨다. 왜냐하면, 이 둘이 불가분리의 상태에 있으면서 생사와 해탈의 2가지 업을 짓기 때문에 원시라 한다.

35 이것은 심장의 불괴명점(不壞明点) 속에 있는 극도로 미세한 지명풍을 말한다. 여기에서 거친 지명풍이 발생하며, 거친 지명풍에서 나머지 근본사풍이 발생한다.

36 『간댄듑타(格魯教派史略)』, pp.216~218.

이와 같은 미세한 환신이 소유하는 11가지 뛰어난 특점에 대해 쎄르똑 린뽀체는 『도제텍빠쌀람템깨(密乘地道行相寶階)』에서 이렇게 설명하고 있다:

"그와 같이 일으킨 환신의 존재, 그대가 가진 공덕의 특별함을 내세움이 있다. ① 질료의 특별함이니, 심적의 구경인 비유광명의 풍심(風心)만으로 오직 만든다. ② 때의 특별함이니, 심적의 구경인 반대 순서의 정광명에 가까운 마음(근득)이 일어남과 동시에 성취한다. ③ 장소의 특별함이니, 유가사가 만드는 관계로 심장의 불괴명점 안과 바깥의 어떤 곳에서든 마음대로 건립한다. ④ 형질의 특별함이니, 단지 풍심(風心)만으로 이루어져, 해맑고 걸림이 없는 무지개 몸이다. ⑤ 색깔의 특별함이니, 성립의 근거가 미세한 지명풍이 위주가 됨으로써 몸빛이 희다. ⑥ 모습의 특별함이니, 어떤 만다라의 본존과 모습이 같다. ⑦ 보는 법의 특별함이니, 환신을 얻지 못하면 그 누구도 보지 못한다. ⑧ 광명이 발산되는 특별함이니, 몸의 광명이 무변한 세계를 밝게 비춘다. ⑨ [다섯] 대경을 누리고 즐기는 특별함이니, 몸의 감관과 알음이(識)를 갖추고 지분오풍(支分五風)을 구비한다. ⑩ 당기는 힘(引發力)의 특별함이니, 광명의 상태에서 당기는 힘이 발생한다. ⑪ 공덕의 특별함이니, 그 생에서 성불하고, 허공 창고를 여는 힘을 얻고, 모든 부처님들로부터 관정을 받으며, 도위 단계의 상호(相好)로 장엄한다. ⑫ 12가지 환(幻)으로 상징하는] 비유의 특별함이다."[37]

앞에서 말한 12가지 환상의 비유(比喩)에 대해 위의 같은 책에서 이렇게 설명하고 있다:

---

37 『도제텍빠쌀람템깨(密乘地道行相寶階)』, pp.198~199.

"십이환유(十二幻喩)의 차별은 다음과 같다. ① 환상(幻相)처럼 단지 풍심(風心)만으로 만들어져 몸의 크고 작은 지분들 역시 풍심에 지나지 않는다. ② 물속의 달처럼 하나의 본체가 교화 대상의 기원에 따라 어디든지 출현한다. ③ 허깨비처럼 뼈와 살이 뭉쳐진 몸뚱이를 여윔으로써 사람의 그림자와 같다. ④ 신기루처럼 한순간에 이동한다. ⑤ 꿈과 같아, 꿈속에서 '나는 이것을 하리라'고 생각하는 자아의 집착을 일으킬 때의 근거인 꿈속의 몸과 같다. ⑥ 메아리처럼 업보의 몸과 같이 하나에 흐름에 속할지라도 별개로 나타난다. ⑦ 건달바의 도시처럼 물질세계와 유정이 완전하게 출현한다. ⑧ 마술처럼 하나임에도 불구하고 여럿으로 보인다. ⑨ 무지개처럼 몸빛이 오색이며, 일체에 걸림이 없고, 빛깔이 가지런히 출현한다. ⑩ 거친 몸뚱이 속에 있음이 구름 틈새에 있는 번갯불과 같다. ⑪ 물거품처럼 광명의 상태에서 문득 솟아난다. ⑫ 거울의 영상처럼 몸의 크고 작은 지분들을 다 갖춤이 거울 속에 나타나는 금강살타의 모습과 같다."[38]

이상은 부정환신에 대한 비유이며, 청정환신에 대한 비유는 『쌍뒤림응아쌜된(密集五次第明燈)』에서, "이들은 유학환신(有學幻身)을 표현하는 비유법이며, 무학환신(無學幻身)에다 배합할 때는 6가지 내지 10가지 비유로써 그 단계에 일치하게 조합한다."고 하였다.

이 밖에도 환신의 단계에서 배우고 익혀야 하는 많은 과정들이 있음으로 자세히 알 필요가 있다. 이 뜻을 쎄창 로쌍빤댄은 『간댄둡타(格魯教派史略)』에서 이렇게 설명하고 있다:

---

38 『도제텍빠쌀람템깨(密乘地道行相寶階)』, pp.198~199.

"그와 같은 환신의 15가지 특점과 십이환유(十二幻喩)로 그같이 표현하는 도리와 삼신(三身)의 배합과 구종화합(九種和合)의 수습과 선정환신(禪定幻身)과 몽경환신(夢境幻身) 등을 여법하게 닦는 도리와 꿈을 파지하고, 정화하고, 꿈의 단계에서 세간과 출세간의 해탈을 닦는 도리와 바르도의 환신을 어떻게 파지하며, 그것을 정화하는 도리와 정환신(正幻身)과 수순환신(隨順幻身) 등의 차별들을 여기서는 자세히 설명하지 못하니, 『쌍뒤림응아쌜된(密集五次第明燈)』 등을 통해서 알도록 하라."[39]

그리고 이 부정환신이 존재하는 기간은, 환신을 처음 성취하는 순간부터 다음 단계인 승의의 정광명을 얻기까지이다.

이 환신을 닦는 법은, 도위 단계에서 유가행자가 적절한 수인모(手印母)를 의지해서 정광명에 가까운 마음(근득)의 지혜를 얻는 것이다.

이것을 쎄창 로쌍빤댄은 『간댄둡타(格魯教派史略)』에서 이렇게 설명하고 있다:

"그와 같이 [신적·어적·심적인] 삼적(三寂)의 안과 밖의 쁘라나아야마(調風)[40]에 의지해서, 세속환신(世俗幻身)[41]을 일으키는 생명의 바람들이 임

---

39 『간댄둡타(格魯教派史略)』, pp.223~224.

40 안과 밖의 쁘라나아야마(調風)에서의 안은 예갸(智印母)를, 밖은 업인모(業印母)를 말한다.

41 환신이 비록 거친 형상을 벗어난 미세한 몸일지라도 어디까지나 색법에 귀속되는 까닭에 속제(世俗)인 것이다. 다시 말해, "어느 때 정수리의 보리심이 완전히 용해되어서 불변의 희락으로 완전히 바뀌는 그때, 육체의 정화[명점]들의 전부가 소진됨으로써 보리심도 또한 존재하지 않고, 소의(所依)와 능의(能依)의 관계도 소멸됨으로써 똥쑥(sToṅ gzugs, 空像)의 금강신이 무지개처럼 발생한다. (중략) 그러므로 여기서 똥쑥(空像)[공(空)의 영상]의 자성이 없는 공성은 승의제일지라도 똥쑥(空像)은 또한 속제인 것이다.라고 『도제텍빼쌀람템개(密乘地道行相寶階)』에서 설함과 같다.

종 때처럼 심장으로 은멸해서, 심적의 구경인 비유광명의 운반체인 오광명풍(五光明風)이 직접적 원인이 되고, 그 광명의 마음이 조연(助緣)이 되는 것에 의해서, 옛 몸으로부터 별도로 환신을 일으키는 것이다.
그러나 이것은 번뇌장을 소멸하지 못한 부정환신(不淨幻身)일지라도, 그때 범부의 바르도를 파괴해서 보신의 몸과 화합을 실제로 성취한 까닭에, 도위(道位)의 보신과 수순지혜신(隨順智慧身)과 수순금강신(隨順金剛身)을 얻는다."[42]

이 환신에서 정광명(淨光明)으로 넘어가는 경계를, 쎄르똑 린뽀체는 『도제텍빠쌀람템깨(密乘地道行相寶階)』에서 이렇게 설명하고 있다:

"부정환신이 삼행[43] 가운데 어떤 하나를 6개월 정도를 실천하는 것에 의해서, 정광명을 얻게 되는 표상들을 보게 된다. 그때 안과 밖의 두 방편을 닦음으로써 밝은 마음(현명)과 한층 밝은 마음(현명)과 정광명에 가까운 마음(근득)이 정광명과 함께 발생한다. 그때 정광명과 구생대락(俱生大樂)으로 공성을 실제로 깨닫게 되면, 환신에서 네 번째 차제인 승의

---

42 『간댄둡타(格魯教派史略)』, pp.221~222.

43 삼행(三行)은 희론행(戱論行)·무희론행(無戱論行)·대무희론행(大無戱論行) 셋을 말한다. 여기서의 행(行)은 특별히 명비(明妃)의 애락(愛樂)과 모든 오욕공(五欲供)의 본성을 여실히 아는 것을 통해 그것을 행하고 누림으로써, 안으로 낙공삼매(樂空三昧)가 특별하게 타올라서 수행에 특수한 효과를 발휘하는 까닭에 행이라 부른다. 희론행은 업인모(業印母)와 가면(假面)과 옷가지 등을 지닌 원만차제의 유가사가 몸짓과 화답 등을 행하는 희론이 있음으로써 희론행이라 한다. 그 유가사가 몸짓과 화답 등을 사용하는 희론의 여읨으로써 무희론행이라 한다. 모든 외적인 희론의 행위들을 버리고 오직 지인모(智印母)와 합일의 선정에 들어감과 수면의 광명을 호지함을 겸수해서 공락무별(空樂無別)의 지혜를 동시에 닦는 것을 대무희론행이라 한다.

광명으로 넘어간 것이다."[44]

다섯 번째, 정광명(淨光明)은 반야와 공성을 닦은 모든 수행들의 마지막 결과인 구경의 광명이자 법성의 광명을 말한다. 이 정광명의 특성에 대해서는 '1장 죽음의 은멸차제'를 참고하기 바란다.

이 정광명의 뜻을 양짼 가왜로되는 『응악끼쌀람남샥(密乘地道行相入門)』에서 이렇게 설명하고 있다:

"정광명이라 부르는 이유가 있다. [공성을 체득하는 마음인] 유경(有境)의 구생대락(俱生大樂)으로 외경의 제일의제(第一義諦)의 정광명을 실현하는 것을 통해서 속제(俗諦)의 희론[분별]들을 남김없이 소멸하는 지혜인 까닭에 그와 같이 말한다."[45]

이러한 정광명도 그 내용에 따라서 세분하면, 번뇌장을 비로소 제멸하는 정광명과 번뇌장을 이미 소멸한 정광명과 소지장을 비로소 제멸하는 정광명과 소지장을 이미 소멸한 정광명들로 나눌 수 있다.

이 정광명을 닦는 법은, 환신을 성취한 수행자가 제식(隨融)과 릴진(全攝)이라 부르는 2가지 선정과 자신을 삼중살타(三重薩埵)를 닦는 것 등에 의해서 성취한다.

이것을 쎄창 로쌍빤댄은 『간댄둡타(格魯教派史略)』에서 이렇게 설명하고 있다:

---

44 『도제텍빼쌀람템깨(密乘地道行相寶階)』, pp.208~209.

45 『응악끼쌀람남샥(密乘地道行相入門)』, p.70.

"앞에서 설명한 세 번째 차제의 환신을 실현한 수행자가, 자기의 몸과 말과 뜻의 셋과 모든 유정들의 몸·말·뜻 셋을 차별 없이 일체화하는 구중살타(九重薩埵)를 닦는 유가를 배양하고, 제식(隨融)과 릴진(全攝) 2가지 선정의 섭수차제(攝受次第)를 의지해서 닦은 뒤, 마지막에 정광명에 가까운 마음(근득)이 은멸하는 그때 부정환신이 하늘에 무지개가 사라지듯이 소멸함과 구생대락에 의해서 공성을 통견하는 네 번째 차제의 정광명을 실현함과 대승의 견도(見道)를 얻음과 번뇌장을 실지로 제멸하는 무간도(無間道)가 마음의 흐름에 일어나는 것이 동시에 발생한다."[46]

위에서 말하는 구중살타(九重薩埵)는 곧 삼중살타(三重薩埵)를 말한다. 이 삼중살타와 2가지 선정을 닦는 법에 대해 쎄르똑 린뽀체는 『도제텍빠쌀람템깨(密乘地道行相寶階)』에서 이렇게 설명하고 있다:

"환신을 얻은 수행자 또한 이 단계에서 [제식(隨融)과 릴진(全攝)의] 2가지 선정의 대상인 섭수차례(攝受次例)[47]를 거듭거듭 닦아서, 생명의 바람과 보리심을 심장으로 거두어들인 다음, 승의광명을 실현하는 뛰어난 방편의 핵심으로, 환신의 수행에 2가지 선정의 섭수차례를 설명한 이유도 그것이다.

---

46 『간댄둡타(格魯教派史略)』, pp.228.

47 섭수차제(攝受次第)에는 릴진(全攝)과 제식(隨融) 둘이 있다. 릴진은, 전신을 광명으로 변화시켜 심장 안으로 넣은 뒤 법성광명을 실현하는 것이다. 방법은 먼저 머리부터 아래로 거두고, 발에서부터 위로 거두고, 오른쪽과 왼쪽, 앞과 뒤도 그와 같이 빛으로 변화시켜 심장 안으로 넣는 것이다. 제식(隨融)은 물질세간과 유정들을 광명의 덩어리로 변화시켜 자기 심장으로 거두어들인 뒤, 자기 몸 또한 앞의 릴진과 같이 광명으로 변화시켜 심장 안으로 거두어들이는 선정의 수습을 말한다.

2가지 선정을 닦을 때 삼중살타(三重薩埵)를 닦는 법이 있다. 환신을 얻은 수행자의 몸·말·뜻 셋과 모든 유정들의 몸·말·뜻 셋의 본성을 차별 없는 하나로 융합해서 삼금강(三金剛)으로 닦는 법은, 몸·말·뜻의 서언살타(誓言薩埵) 셋과 그들의 심장에 차례로 종자진언 [옴·아:·훔] 셋을 안치해서 닦는 것이 몸·말·뜻의 지혜살타(智慧薩埵)이며, 세 문자의 명점 가운데 짧은 아(A) 자를 닦는 것이 몸·말·뜻의 삼매살타(三昧薩埵)이기 때문이다.

『비밀집회속』에서 '붓다가 만다라 가운데 머묾이라. 자기 몸에다 비로자나불을 안치하라. 심장에 옴 자를 사유하고, 진언을 뜻 알음이(識)로 닦는다.'고 하였으며, 또한, '붓다가 만다라 가운데 머묾이라. [자기 몸을] 금강부동불(金剛不動佛)로 닦는다. 심장에 훔 자를 닦은 뒤, 마음을 명점으로 변화시켜 안치한다. 붓다가 만다라 가운데 머묾이다. [자기 몸을] 아미타불(無量光佛)로 닦는다. 심장의 아: 자를 사유하고, 금강명점(金剛明点)로 변화시켜 안치한다.'고 하였다."[48]

이 승의광명과 비유광명의 차이와 부정환신과 청정환신의 차이와 그 필요성에 대해 쎄창 로쌍빤댄은 『간댄둡타(格魯教派史略)』에서 이렇게 설명하고 있다:

"승의광명이 번뇌장을 일시에 파괴하고, 소지장을 멸하는 힘이 강력하기에, 사전에 바라밀다승이 삼무수겁에 걸쳐 쌓는 [성불의] 자량을 대체하는 부정환신을 반드시 얻어야 한다.

뿐만 아니라, 이 비유광명의 마음보다 더 미세한 마음이 [닦지 않은 상태

---

48 『도제텍빠쌀람템개(密乘地道行相寶階)』, p.211.

인] 기본 단계에서는 있지 않고, 도위 단계에서 분별의 개념과 [외경과 내심을 보는] 세속의 이집(二執)이 소멸하여 승의광명이 실현되면, 이전의 비유광명보다 그 마음이 더욱 미세하게 된다. 그와 같이 되는 데는 사전에 공성을 개념적으로 깨치는 비유광명과 그의 운반체인 생명의 바람으로 이루어진 부정환신을 성취해서, 그 풍심의 둘이 점점 더 미세하게 되면, 승의광명과 청정환신의 본질이 되기 때문이라고 선현들이 말하였다."[49]

이 비유광명과 부정환신이 승의광명과 청정환신으로 바뀌는 법을, 쎄르똑 린뽀체는 『도제텍빼쌀람템깨(密乘地道行相寶階)』에서 이렇게 설명하고 있다:

"비유광명으로 정화한 미세한 생명의 바람으로 얻은 부정환신은 승의광명을 실현될 때 청정하게 되고, 승의광명으로 정화한 생명의 바람으로 성취된 청정환신은 [청정환신의 상태에서 다시] 승의광명을 실현할 때 다시는 [윤회세계로] 돌아가지 않는다."[50]

이 부정환신을 승의광명으로 정화해서 청정환신을 얻는 법을, 꽁뚤 왼땐갸초는 『쎼자꾼캽(知識總彙)』에서 이렇게 설명하고 있다:

"앞에서 설명한 그 부정환신이 정광명의 상태로 들어가게 되면, 극도로 미세한 그 생명의 바람이 무루(無漏)의 바람으로 바뀌어서 색신을 얻는 직접적 원인이 되고, 그것과 본성이 하나인 극도로 미세한 그 마음이 무

49 『간댄둡타(格魯教派史略)』, pp.228~229.

50 『도제텍빼쌀람템깨(密乘地道行相寶階)』, p.216.

루의 마음으로 바뀌어서 법신의 직접적 원인이 된다. 그러므로 이 색신과 법신 두 몸의 동류의 원질에 집중하는 삼매를 닦음으로써, 미세한 소지장을 소멸하는 최고로 빠른 힘을 구비하게 된다."[51]

이 정광명으로부터 다음 차제인 쌍운(雙運)으로 넘어가는 경계를, 『도제텍빠쌀람템깨(密乘地道行相寶階)』에서 이렇게 설명하고 있다:

"그 승의광명에서 반대 순서로 일어나면서 정광명에 가까운 마음(근득)을 얻음과 동시에 다섯 번째 차제인 쌍운(雙運)으로 넘어간 것이다."[52]

여섯 번째, 쌍운(雙運)은 『쌍뒤림응아쌜된(密集五次第明燈)』에서, "속제와 승의의 차별을 낱낱이 안 뒤, 무릇 바르게 상합한 것을 유가낫다(쌍운)라 말한다."고 함과 같이, 속제(俗諦)에 속하는 환신과 승의의 진실인 정광명의 마음 둘을 불이의 일미(一味)로 결합하는 유학과 무학 단계의 유가를 말한다.

처음 유학쌍운(有學雙運)을 성취한 뒤 무학쌍운(無學雙運)에 이르기까지의 수행과정을 간략히 설명하면 다음과 같다.

먼저 정광명으로부터 쌍운의 청정환신(清淨幻身)을 성취하는 법을, 쎄창 로쌍빤댄은 『간댄둡타(格魯教派史略)』에서 이렇게 설명하고 있다:

"그러면 그와 같은 쌍운의 몸을 어떻게 얻는 것인가? 이미 설명한 승의광명의 운반체인 오광명풍(五光明風)이 직접적 원인(近取因)이 되고, 정광명의 마음이 조연(助緣)이 되는 것에 의지해서, 승의광명이 소멸하고

51 『쎼자꾼캽(知識總彙)』, pp.225~226.

52 『도제텍빠쌀람템깨(密乘地道行相寶階)』, p.216.

반대 순서의 정광명에 가까운 마음(근득)을 얻음과 동시에 청정환신을 성취하고, 아라한의 지위를 얻고, [보살이지(菩薩二地)인 이구지(離垢地)에 들어가고], 대승의 수도(修道)를 증득하고, 윤회세계가 다할 때까지 동류의 흐름이 끊어지지 않는 진정한 금강신(金剛身) 넷을 함께 성취하는 것이다.

그렇지만, 이것은 단지 번뇌장만을 소진시킨 단덕쌍운[53]을 성취한 것으로, 쌍운의 근본인 증덕쌍운[54]을 얻지 못한 까닭에, 그것을 무애쌍운(無碍雙運)이라고 부르지 않는다. 그와 같은 단덕쌍운을 최초로 얻은 그 청정환신으로 다시 정광명을 실현하여 대락의 지혜로써 공성에 일념으로 안주하는 그때, 쌍운의 근본인 증덕쌍운 또는 유학쌍운(有學雙運)을 증득하는 것이다."[55]

그러므로 정광명으로부터 바로 생기한 청정환신에는 쌍운의 지분이 되는 속제의 환신은 있으나 승의의 정광명이 없는 까닭에, 정식 유학쌍운이라 부르지 않고, 단지 번뇌장만을 소멸할 단덕쌍운이라 부르는 것이다. 다시 말해, 이 단덕쌍운은 정광명이 소멸하는 순간 성취됨으로써, 이 청정환신에는 정광명의 지혜가 실제로 있지 않기 때문이다.

그 뒤 단덕쌍운에서 속제의 환신과 승의의 정광명이 결합한 유학쌍운인 증덕쌍운(證德雙運)으로 들어가는 법에 대해 양짼 가왜로되는 『응악끼쌀람남샥(密乘地道行相入門)』에서 이렇게 설명하고 있다:

---

53 단덕쌍운(斷德雙運)은 번뇌장을 끊음에 의해서 진정한 청정환신의 쌍운을 얻은 것을 말하며, 이것은 보통쌍운(普通雙運)이다.

54 증덕쌍운(證德雙運)은 청정환신과 승의광명의 둘이 하나로 융합한 쌍운으로, 이것이 수승쌍운(殊勝雙運)이다.

55 『간댄둡타(格魯教派史略)』, p.232.

"그 단덕쌍운(斷德雙運)이 다시 공성에 일념으로 머무는 싸마히따(等引)의 구생광명의 지혜를 얻게 될 때, 청정한 몸인 청정환신과 청정한 마음인 승의광명 둘이 하나의 본질이 되는 쌍운의 핵심인 증덕쌍운을 얻은 것이다."[56]

그 뒤 유학쌍운에서 구경의 무학쌍운을 성취하기 위해서는, 유학쌍운을 얻은 수행자가 소지장을 끊기 위해서 2가지 선정의 섭수차제 등을 반복해서 닦음으로써, 어느 때 수행을 구경에 이르게 하는 외적 인연을 만날 때, 삼행(三行)을 닦음으로써 반달 또는 한 달, 육 개월 안에 무학쌍운에 들어가게 된다.

이러한 수행과정을 쎄창 로쌍빤댄은 『간댄둡타(格魯教派史略)』에서 이렇게 설명하고 있다:

"그와 같은 유학쌍운이 희론행(戲論行)·무희론행(無戲論行)·대무희론행(大無戲論行) 셋 가운데서 어떤 하나에 의지해서, 공락무별(空樂無別)의 지혜가 크게 자라남으로써 [현명·증휘·근득의] 삼공(三空)을 실현하고, 닦음의 구경인 승의광명이자 수도의 금강유정(金剛喩定) 또는 최후유제[57]의 무간도(無間道)를 실현한 뒤, 제이찰나(第二刹那)에 미세한 소지장을 남김없이 끊어 없애, [번뇌와 소지장의] 모든 더러움을 여읜 승의광명의 다르마까야(法身)와 아름다운 상호(相好)를 갖춘 삼보가까야(報身) 그 둘의 자성이 하나가 되어 차별 없는 무학쌍운의 칠지화합(七支和合)의 지금강불의 지위를 증득하고, 그 순간부터 교화 대상들을 위해 백억의 화신

56 『응악끼쌀람남샥(密乘地道行相入門)』, p.74.

57 최후유제(最後有際)는 성불 직전의 단계를 말한다.

을 윤회가 다할 때까지 현시하되, 자연성취의 교화사업으로 윤회세계가 존재할 때까지 그 화신이 끊임없이 들어간다.

그와 같이 『쌍뒤림응아쎌된(密集五次第明燈)』에서, '원만차제의 도행(道行)을 수행한 그 마지막에 무학쌍운을 성취하는 법은, 앞에서 설한 바와 같이 안과 밖의 2가지 현증(現證)을 통해서 여명광명(黎明光明)을 증득해서 법신의 구경에 도달할 때, 유학쌍운의 환상과 같은 몸이 무학쌍운의 몸으로 바뀌고, 윤회세계가 존재할 때까지 그 법신과 색신의 둘로부터 움직임이 없이 안주한다.'고 설하였다."[58]

이와 같이 난해한 원만차제를 오차제(五次第)로 정해서 닦는 필요성에 대해 4대 빤첸라마의 『쌍뒤께족쌔빠(密集生圓次第注疏)』에서 이렇게 간추려 설명하고 있다:

"이것을 위하여 특별한 교화의 대상인 보석과 같은 뿌뜨갈라(人)를 탁세의 단명한 한 생에서 성불케 하는 방법에는, 먼저 [현밀의] 공통의 가르침들로 몸과 마음을 정화한 다음, 몸과 마음을 [밀교의] 법 그릇이 되게 하는 관정과 서언을 통해서 법기를 이룬 뒤에, 심신의 흐름을 성숙시키는 생기차제와 성숙을 해탈시키는 원만차제들에는 순서가 정해져 있으며, 원만차제도 역시 오차제의 순서가 정해져 있다. 앞에 앞의 것을 먼저 성취함이 없이는 뒤에 뒤의 것이 발생하지 않기 때문이다.

그 또한 무학쌍운을 얻기 위해서는 [5번째 차제인] 유학쌍운의 성취가 선행돼야 한다. 왜냐하면, 그것을 위해서는 그와 동류의 요인이 되는 방편과 반야의 자성이 합일한 유학쌍운의 성취가 먼저 이루어져야 하기 때

58 『간댄둡타(格魯教派史略)』, pp.234~235.

문이다.

이 [5번째 차제의] 유학쌍운의 성취에는 승의광명과 청정환신의 성취가 선행되어야 한다. 왜냐하면, 쌍운을 실현하는 요인들인 이 둘을 얻음이 없이는 쌍운을 일으킬 요소가 없기 때문이다.

4번째 차제의 승의광명을 얻기 위해서는 3번째 차제의 환신(幻身)의 성취가 선행되어야 한다. 왜냐하면, 이 4번째 차제의 승의광명과 반려가 되는 광대무변한 복덕의 섭수를 통해서 공성을 새롭게 깨달은 뒤에, 변계소집과 구생의 번뇌장 2가지를 동시에 파괴하는 것을, 이 3번째 차제의 환신이 [대승보살이] 삼무수겁(三無數劫)에 걸쳐 쌓는 복덕을 대신하기 때문이다.

이와 같은 환신을 얻기 위해서는 [2번째 차제의] 심적(心寂)의 구경인 비유광명의 성취가 선행되어야 한다. 왜냐하면, 바르도의 몸과 같은 부정환신의 성취에는, 임종 시와 똑같이 인체의 모든 생명의 바람들이 심장의 불괴명점으로 소멸됨이 먼저 이루어져야 하기 때문이다.

이 심적의 구경을 얻기 위해서는 [1번째 차제의] 어적(語寂)에서 닦는 3가지 쁘라나야마(調風)의 유가로써 심장의 맥의 매듭을 완전히 풀어야 한다. 왜냐하면, 심장의 매듭이 완전히 풀림이 없이는 인체의 생명의 바람들이 임종 시와 같이 심장 안으로 전부 들어가지 않기 때문이다.

이 어적의 3가지 쁘라나야마로써 심장의 매듭을 풀기 위해서는 신적(身寂)의 미세유가(微細瑜伽)가 선행되어야 한다. 왜냐하면, 미세유가에서 아와두띠(中脈)의 하단과 나머지 짜끄라들 속으로 생명의 바람을 거두어들임이 먼저 이루어져야 하기 때문이다.

이 원만차제의 신적의 성취에는 생기차제에서 현교와 밀교의 공통의 도들로 심신의 흐름을 정화하는 것이 먼저 이루어져야 하기 때문이다."[59]

간혹 티베트 밀교에서 말하는 닦음이 없이 성불하는 가르침인 무수성불(無修成佛)을 오해한 뒤, 중국 선종의 가르침과 같다고 주장하는 이들이 있다.

그러나 중국 선종에서 단지 마음을 깨치는 것으로 성불한다는 돈오돈수(頓悟頓修)의 논설은, 무상유가에서 삼신을 한몸에 증득해서 붓다가 되는 즉신성불(卽身成佛)의 법과는 그 원리에 있어서 전혀 다른 것이다.

이 뜻을 다르마 린첸은 『찌끼틱레씬디(春光明点備忘錄)』에서 이렇게 설명하고 있다:

"여기서 원만차제를 건립함에 있어서 단지 공성 하나만으로는 부족하다. 왜냐하면, 공성의 깨달음은 성문승에도 있기 때문이다. 공성과 본존유가(本尊瑜伽) 2가지로도 역시 원만차제를 건립하지 못한다. 왜냐하면, 이 둘은 사부(事部)·행부(行部)·유가부(瑜伽部)의 하위의 세 딴뜨라에도 있기 때문이다. 이 둘의 위에 풍유가(風瑜伽)를 첨가하더라도 역시 원만차제를 얻지 못한다. 왜냐하면, 이 셋은 하위의 세 딴뜨라에도 있기 때문이다.

그러므로 여기서 육체의 [짜끄라의] 긍경(급소)을 파지한 뒤 일으키는 [구생대락(俱生大樂)과] 공성의 깨달음을 원만차제로 규정하는 것이다."[60]

이렇게 원만차제에서 설하는 공락무별(空樂無別)의 깨달음에 대해 위의 같은 논에서 이렇게 설명하고 있다:

---

59 『쌍뒤께족쌔빠(密集生圓次第注疏)』, pp.155~157.

60 『찌끼틱레씬디(春光明点備忘錄)』, p.10.

"그와 같이 풍·맥·명점 셋을 설하는 목적은, 그들의 실상을 올바르게 파악한 뒤 그것의 긍경(급소)을 파지해서, [공성과 대락이 하나인] 공락무별의 원만차제의 깨달음을 산출하는 데에 있다.
여기서의 공성은 [사물이 비어 있음을 말하는] 외경공성(外境空性)과 [외경이 비어 있음을 아는 그 마음 역시 비어 있음을 뜻하는] 유경공성(有境空性) 두 가지 가운데서 라뜨나까라쌴띠(Ratnākaraśānti, 寶寂)의 주장처럼 외경무아(外境無我)와 같은 것이다.
또한 안락에도 많은 종류가 있으니, 법상승(法相乘)에 말하는 몸의 경안락(輕安樂)과 [호흡을 관찰하는] 수식(數息)의 수습에 의해서 발생하는 사마타(止)의 안락과 하위의 딴뜨라들에서 설하는 생명의 바람의 흐름을 차단하는 쁘라나야마(調風)의 안락들은 여기서는 추구하지 않는다. 왜냐하면, 여기서의 안락은 [희(喜)·승희(勝喜)·수희(殊喜)·구생희(俱生喜)] 사희(四喜) 가운데의 구생의 안락인 것이다.
풍유가(風瑜伽)와 금강염송과 뚬모(배꼽 불)를 수련하는 힘에 의해서, 배꼽의 붉은 보리심의 열기가 타오르고, 정수리의 하얀 보리심이 녹아내림으로써 몸 알음이(身識)의 감각에 안락이 발생하고, 그것이 [잇달아 다른 것을 일으키는] 무간연(無間緣)이 되어 마음에 희열 또는 안락이 일어나게 된다. 이것이 외경무아를 깨달은 뒤에 안락과 공성의 둘이 허공처럼 섞여서 서로 합일할 때, 공락무별(空樂無別) 또는 공락쌍운(空樂雙運)의 원만차제라고 부른다."[61]

---

61 『찌끼틱레쎈디(春光明点備忘錄)』, pp.23~24.

죽음을 정화하는 법

원만차제의 도들에 의해서 탄생과 죽음과 바르도 셋을 실제로 정화하는 법은 다음과 같다.

원만차제의 유가행자가 그 성품을 가히 둘로 나누지 못하는 극도로 미세한 풍심(風心)의 일부이자, 온갖 유형의 삶의 흐름 속에서 일관되게 이어지는 극도로 미세한 마음이 범속한 죽음의 정광명으로 바뀌는 것을 삼매의 힘으로 차단한 뒤, 그것과 내용이 일치하는 [깨달음을 열어가는 단계인] 도위(道位)의 비유와 승의 2가지 광명과 [구경의 지위인] 과위(果位)의 정광명의 법신으로 변화시키는 것이 죽음을 정화하는 법이다.

【해설】

임종의 단계에서 발생하는 자연적인 죽음의 정광명과 화합하여 법신을 성취하는 방법에 대해 이미 '1장 모자광명의 화합'에서 한 차례 설명하였지만, 그 의미의 중대성을 감안해서 다시 설명하고자 한다.

이것을 꽁뚤 왼땐갸초는 『쎄자꾼캅(知識總彙)』에서 이렇게 설명하고 있다:

"여기서 처음의 상근은, 임종 시에 사대원소와 거칠고 미세한 광명과 분별들이 모두 은멸해서 [공·극공·대공·일체공의] 사공(四空)의 내적·외적 경계와 현상들이 나타날 때, 이전에 광명을 인지할 때의 릴진(全攝)과 제식(隨融)의 깨달음 따위 등의 행법과 화합을 꾀한다.

특별히 [현명·증휘·근득의] 세 광명과 [4번째의] 정광명이 출현할 때, 스승께서 지시한 대로 공성의 정견 위에 마음을 안치한다.

죽음의 정광명의 단계에서 풍심(風心)이 심장의 아와두띠 안으로 은멸하게 되면, 이원의 희론[분별]들이 소멸해서 구름이 없는 청명한 하늘과 같은 광경이 출현하게 된다. 이때 생전에 뛰어난 수행 체험을 한 사람에게는 마치 친숙한 사람을 만나거나 또는 나그네가 고향으로 돌아감과 같은 친밀한 느낌이 일어난다.

비록 그것을 인식해서 삼매에 들어갈지라도 사전에 법의 의혹이 제거된 정견 위에 안주해서 보호하지 못하면 그 실상을 깨닫지 못하게 된다. 그러므로 생시에 공성의 정견을 결택한 그것을 대락과 합일하여 닦는 아들광명 또는 도위의 광명을 근수해야 한다. (중략) 어찌되었든, 지금부터 각성의 단계에서 생명의 바람을 아와두띠 안으로 수렴해서 [공·극공·대공·일체공의] 사공(四空)을 수습하고, 수면광명과 화합할 수 있게 되면, 바람의 힘에 의해서 임종의 단계에서 모자광명의 화합을 행할 수가 있다. 만약 화합하게 되면 그 뒤에 오는 바르도의 출현도 의심할 필요가 없이 인지하게 된다. 그러므로 이것은 바르도를 인지하는 방법에서도 최고이다.

[거친 25원소들의] 소멸차제가 완결된 뒤 하얀 보리심(白精)과 붉은 보리심(赤精)이 상합하고, 풍·맥·명점과 마음의 힘과 [몸의] 정화(精華)들이 전부 심장의 아와두띠 안으로 거두어짐으로써, 밝음과 공성과 안락의 삼매가 일어나게 된다. 그때 일체의 장애들이 지혜의 바람에 의해서 소멸되고, 뚬모(배꼽 불)의 불에 의해서 태워지고, 보리심이 청정한 명점(明点)으로 바뀌게 된다.

도위의 광명을 수습한 유가행자는 이전에 닦아 익힌 힘에 의해서, 최승의 아와두띠 안에서 모든 장애와 착란의 세력들을 파괴하고, 라후(羅睺)의 금강지혜가 내심을 일으키는 해(붉은 보리심)와 외경을 일으키는 달(하얀 보리심)의 종자의 현행들을 전부 집어삼키는 그 단계에서 닦는 것이다.

다시 말해, 앞에서 설한 단계에서 광명에 의지해서 명징과 안락의 무분별을 전적으로 수행한 그것이, 그때 깨달음의 광명의 자성으로 바뀌는 힘에 의해서 일순간에 번뇌와 소지의 장애를 파괴하고, 복덕과 지혜의 자량을 구족하는 것이다. 그리하여 재물의 신이 재물을 향유함과 같이 크게 자재함을 얻어서 안락을 보신으로, 밝음을 화신으로, 무분별을 법신으로 설하는 선대들의 『밀집오차제교도(密集五次第教導)』에서의 설명과 같은, 삼신(三身)의 본성으로 성불하는 것이 금강신(金剛身)과 금강심(金剛心)의 거짓 없는 연기이다. 여기서 그 깨달음의 지혜가 삼신과 별개가 아닐지라도 근원적으로 죽음의 정광명을 법신으로 성취하므로 그것을 설시한 것이다."[62]

중유를 정화하는 법

원만차제의 유가행자가 그와 같이 일관되게 이어지는 극도로 미세한 생명의 바람(風)이, 죽음의 정광명의 자연적인 운반체가 되어 바르도의 몸을 만드는 것을 삼매의 힘으로 차단한 뒤, 바르도와 그 내용이 일치하는 부정환신(不淨幻身)과 유학쌍운(有學雙運)과 무학쌍운(無學雙運)의 청정환신(淸淨幻身)으로 변화시키는 것이 바르도를 정화하는 법이다.

【해설】

비록 생시에 원만차제를 성취하지 못할지라도 죽음의 과정에서 다시 환신

---

62 『쎼자꾼캅(知識總彙)』, p.853.

을 생기해서 바르도에서 성불할 수 있다.

이것을 꽁뚤 왼땐갸초는 『쎄자꾼캽(知識總彙)』에서 이렇게 설명하고 있다:

"두 번째 중근은, 첫 번째 바르도의 그 정광명이 6계(六界)를 갖춘 모든 유정들에게 임종 시에 출현할지라도, 가르침의 심요를 제대로 닦지 못해서 그 실질을 알지 못하거나, 비록 알지라도 거기에 안주하지 못하는 까닭에, 오정화(五精華)의 화합체(불괴명점)가 각각 분리되고 소멸해서, 의식이 그의 운반체인 지명풍과 함께 몸의 아홉 구멍 가운데 어떤 하나를 통해서 밖으로 빠져나가며, 몸과 마음이 분리되자마자 바르도의 의생신(意生身)으로 찰나에 화생하는 것이 바르도의 이름을 붙이는 실질적 바탕이다.

이것의 특성은 앞에서 말한 바와 같으며, 그 단계에서 대부분의 유정들은 바르도의 4가지 공포의 소리와 바르도의 3가지 두려운 험로 따위의 나쁜 마음과 습기 자체의 착란으로부터 생겨난 무서운 환영들에 의해서 핍박받게 된다. 그러나 복덕을 심은 유정에게는 그러한 환영이 일어나지 않는 대신, 천신들이 영접하고 공경하여 공양을 올리는 등의 상서로운 광경들이 출현함과 더불어 평화롭게 죽음을 맞이한다.

이것을 수행도로 삼기 위해서는 바르도의 본질을 반드시 알아야 한다. 그러므로 업의 신통력을 갖추는 등의 6가지 특성을 통해서 바르도의 실체를 알도록 하라. 또한 좋고 나쁨의 모든 현상들이 일어날지라도, 성문의 학처(學處)와 대승의 발심과 밀교의 생기차제와 유가의 정견 등에 대해, 자신이 평소 닦아 익힌 그 행법에다 마음을 안치토록 하라. 단지 그것을 상기하는 것만으로도 바르도의 공포에서 해탈하고, 그 해악들로부터 자연히 벗어나게 된다.

그래서 멋대로 일어나는 착란의 환영들로부터 한순간도 휘달림이 없이, 정신이 마음의 본연의 상태를 지킴으로써 의식이 힘을 얻어서 생명의 바람을 제어하게 된다. 그때 바르도의 환영들이 황망하게 일어나는 것을 해탈의 길로 바꾼다. 그래서 애초부터 그와 같은 체험이 생겨나도록 닦고 익히는 것이 중요한 것이다. 그러므로 지금부터 [생시를] 바르도의 단계로 상정해서 [각자 수행의] 행법과 화합해서 닦도록 한다. 특별히 공포와 고통이 내습하는 등의 환영의 해침이 일어나면, 그것을 바르도의 착란으로 사유해서 법성의 상태에 들어가거나, 또는 실제가 아닌 환상으로 여겨서 냉철하게 수습토록 한다. 자주자주 바르도에 6가지 결정된 현상들이 실재하는지 아닌지를 관찰하는 것을 통해서 바르도의 정화를 지금부터 힘써 닦는 것이다.

이렇게 바르도를 인지해서 닦는 것은 다른 수행에 비해서 매우 중요하다. 성취자 나로빠(Nāropa)도, '생명의 바람과 마음이 화합한 이 바르도의 몸은 보신과 내용이 일치하는 것으로, 원초부터 존재하는 최상의 몸이다. 마음 또한 주간의 의식 상태보다 꿈속에서 7배가 더 밝고, 꿈속보다 바르도에서 7배가 더 밝고, 다른 상태로 바뀌는 것도 훨씬 쉽다. 바르도의 마음이 몸이란 의지처가 없어서 억념과 의도를 굳게 지키기가 어려우나, 만일 [바르도의 가르침을] 기억해서 가지게 되면 행로에 어려움이 없다. 바르도에서는 단지 한 차례 닦는 것만으로 해탈을 한다.'고 말하였다.

그렇지만, 근기가 뛰어난 뿌뜨갈라(人)이면 이와 같은 도리에 의존할 필요가 없다. 아르야 데와의 『쬐뒤된마(集行明燈論)』와 『잠뻴섈룽(文殊教誡)』 등의 다른 논전들에서는 이와는 달리, 죽음 끝에 바르도가 발생하는 대용으로 거기에서 환신(幻身)의 보신을 성취해서 그 몸체에서 성불하도록 설하였다. 이 도리는 임종차제의 세 광명을 인지해서 그 광명에 전적으로 안주한 뒤, 반대 순서의 세 광명의 발생이 가까워지면 환신으로 일으키는 법을 기억해서, 한순간에 본존의 몸인 [나타남과 비어 있음이 하나인] 현공일여(現空一如)의 환신을 일으키는 것이다. 거기서 다시 그 환신을 승의광명으로 정화해서 부정한 윤회의 바르도부터 영원히 해탈하는 것이다."[63]

탄생을 정화하는 법

그와 같은 환신을 얻게 되면 바르도를 근본적으로 파괴하게 되고, 또 그 힘으로 업과 번뇌에 의해 자궁에 몸을 받는 탄생 또한 파괴한 뒤, 바르도의 유정이 자궁에서 생을 받는 것과 내용이 일치하게 환신이 이전의 옛 몸에 머물면서, 법을 설하면서 최상의 도를 얻기 위해 정진하는 것이 탄생을 정화하는 법이다.

그러므로 탄생과 죽음과 바르도 셋을 실제적으로 파괴하는 근본은, 환신의 직접적 원인이 되는 심적(心寂)의 마지막인 [정광명에 가까운 마음인] 비유광명(譬喩光明)이다. 이것이 죽음을 실제로 파괴하는 힘에 의해서 바르도와 탄생을 자력으로 파괴하기 때문이다.

【해설】

탄생을 정화하는 뜻에는 두 가지가 있다. 하나는 본문에서와 같이 도위 단계에서 탄생을 정화하는 법과 두 번째 바르도에서 해탈하지 못한 하근과 범부들의 탄생을 정화하는 법이다.

---

63 『쎼자꾼캽(知識總彙)』, pp.853~854.

여기서 바르도에서 해탈하지 못하고 탄생을 화신으로 바꾸는 법을, 위의 『쎄자꾼캅(知識總彙)』에서 이렇게 설명하고 있다:

"두 번째 [법성의] 바르도에서 해탈하지 못한 유정들은 길게는 49일을, 짧게는 7일 이하의 기간을 유랑하게 된다. 또한 그 바르도의 유정이 몸이 없는 까닭에 크게 낙심한 뒤, [색온을 제외한] 사명온(四名蘊)의 유랑하는 의식이 생명의 바람과 습기에 지배를 당해 스스로를 지키지 못한 채, 탄생의 장소를 찾아 돌아다니고, 향기를 음식으로 취하고, 자궁을 구함으로 말미암아 몸 안의 오풍(五風)이 요동하고, 오독(五毒)이 모인 착란을 일으키는 마음의 인연으로 말미암아, 오광명(五光明)의 해탈의 길[64]과 좋고 나쁜 따위의 육도세계의 자궁과 [태(胎)·난(暖)·습(濕)·화(化)의] 4가지 탄생처의 광경들이 일어나게 된다. 그때 생전에 닦고 익힌 수행법들의 요체를 인식해서, 기본의 청정한 광명의 길로 주저함이 없이 들어가도록 하며, 혹여 인연에 연계되어 탄생을 취하게 되면, 그 자궁과 들어가려는 의지를 차단하는 선정을 닦도록 한다.

그래도 막을 수 없으면 자궁을 선택하는 법에 대하여 『탑람칙째마(方便道歌)』에서 '4번째 자궁을 선택하는 법은, 생사와 꿈의 바르도를 정화함이 부족해서, 바르도에서 깨달음을 얻지 못하면, 자궁을 선택하는 가르침을 실행하라. 또한 이와 같이 발원하라. 서방의 극락세계 또는 연화정토에 신통으로 태어나는 강렬한 염원을 일으키도록 하라. 또한 인간의 자궁에 들어갈지라도 전륜성왕과 바라문과 중생의 이락을 행할 수 있는 복덕을 두루 갖춘 좋은 몸을 나는 얻으리라고 크게 발원하라. 이것에 의해서 생각하는 그곳으로, 투석기에서 발사된 돌처럼 날아가서 의심

---

64 오광명(五光明)의 해탈의 길은 바르도의 첫 주에 출현하는 오종성불의 다섯 광명을 말한다.

할 여지없이 그곳에 태어나게 된다. 이것이 보살이 의식이 깨어 있는 상태에서 자궁에 들어가는 것이라 말한다. 그 몸으로 이 가르침을 다시 수행함으로써 한 생 한 몸으로 성불하게 된다.'고 설함과 같이, 좋은 육신의 의지처에서 도(道)의 미완의 부분들을 계속해서 닦으며, 탄생을 갖가지 변화신으로 전용해서 성불하는 데에 노력하는 것이다."[65]

한 생에서 성불하는 원리

그와 같은 비유광명에서 환신(幻身)을 성취할 때 바르도를 근원적으로 파괴하는 것이니, 바르도의 몸을 일으키는 극도로 미세한 생명의 바람이 환신으로 변화되었기 때문이다. 만약 바르도를 근원적으로 파괴하게 되면 업과 번뇌에 의한 탄생을 받지 않는 까닭에, 환신을 성취하게 되면 그 생에서 성불하는 것은 당연하다.

【해설】

한 생에서 성불하는 법에 대해 이미 앞에서 여러 차례 설명한 상태이나, 아눗따라 요가딴뜨라의 가르침을 총결하는 의미에서 부연하면, 다르마 린첸은 『찌끼틱레씬디(春光明点備忘錄)』에서 이렇게 설명하고 있다:

"또한 [까귀빠의 개조인] 마르빠 로짜와(Marpa. Lo tsā ba)를 계승하는 후예들의 가르침에서, '견고한 생기차제의 터전 위에서, 생명의 바람과 뚬모와 [원만차제를 구경에 이르게 하는] 삼행(三行)의 셋을 통달하면 그 생에서

65 『셰자꾼캅(知識總彙)』, pp.854~855.

성불하며, 이 셋을 통달하지 못하면 그 생에서 성불하지 못할지라도, 차후에 발생하는 죽음의 정광명을 파지하는 대용으로 생시에 깊은 잠과 공성을 화합해서 수습한다. 만약 여기서 좋은 결과를 얻으면, 임종 시에 범부의 죽음이 멋대로 발생하지 않고, 정광명을 인지해서 죽음을 법신으로 바꿀 수 있게 된다.

또 차후의 바르도의 대용으로, 생시에 꿈의 가르침을 수습해서 꿈을 파지토록 한다. 그것을 파지하게 될 때 바르도의 가르침과 화합하여 닦음으로써, 차후에 실제로 바르도를 파지해서 범부의 바르도를 헛되게 버림이 없이 보신으로 바꿈을 알게 되거나 또는 그때 크게 유용하다.

현재 생기차제를 견고하게 닦음으로써 바르도의 모든 현상들이 본존의 몸으로 나타나고, 이것에 의해서 [내생의 부모에 대한] 탐착과 분노의 마음을 파괴하고, 태생 따위의 탄생의 문들을 파괴한 뒤 사생(四生)을 취하지 않고, 바르도의 상태에서 나머지 도의 지분들을 수습해서 성불하게 되는 것이다. 또한 바르도에서 성불하지 못한 채 어느 한곳의 탄생을 통해서 성불하길 바라는 자는, 포와(意識轉移)와 동죽(奪舍)의 교계를 수습하는 것이다. 이것이 헤바즈라(喜金剛續) 등의 의취이다.'라고 그 전승자들이 설하였다."[66]

위에서 설명한 내용들을 해설하는 많은 전적들이 있으나 글이 번다해짐을 우려해 여기서는 적지 않는다. 그 대신 제 린뽀체로 부르는 쫑카빠 로쌍닥빠(善慧稱)와 그의 양대 제자인 갤찹제라 부르는 다르마린첸(寶法)과 캐둡제라 부르는 겔렉뺄쌍(吉祥賢善)의 성스러운 삼부자

---

66 『찌끼틱레씬디(春光明点備忘錄)』, pp.26~27.

(三父子)의 어록과 그들의 법맥을 전승하는 선현들의 어록들을 통해 서 자세히 살펴보도록 하라.

(三父子)의 어록과 그들의 법맥을 전승하는 선현들의 어록들을 통해 서 자세히 살펴보도록 하라.

회향시

이 도리가 제이의 부처인 쫑카빠 삼부자와
그 전승자들의 말씀대로 기록한 것일지라도
혹여 선현의 의취에 미달하는 그 허물들을
스승과 본존과 선현들께 진실로 참회합니다.

이것의 선업으로 자타의 모든 유정들이
생기와 원만의 심오한 유가의 행법으로
부정한 생사와 중유를 삼신으로 바꾸는
이 길상한 묘도를 속히 통달하여지이다!

__ 이 논서는 긴나빠(Gyin na pa, 懶翁)로 불리는 양짼 가왜로되(dByaṅs can dGaḥ baḥi blo gros, 1740~1827)가 선대 조사들의 어록에서 발췌해서 자신을 위한 비망록으로 기록한 것이다.

부록

1. 『시이꾸쑴랍쌜된메(因位三身行相明燈)』 원문

귀의의 찬시

성스러운 문수사리보살님께 정례합니다.

정화의 대상인 삶과 죽음, 바르도의 거친 생철을
정화의 방법인 생기와 원만 두 차제의 연금술로,
정화의 결실인 법보화 삼신으로 바꿈에 자재하신
쌍운(雙運)의 바즈라다라(持金剛佛)님께 예배합니다.

제1장 죽음(死有)의 은멸차제

여기서 가장 높고 견줄 바 없는 아눗따라 요가딴뜨라(無上瑜伽)의 심오한 비밀법문에 의해서, 다섯 가지 더러움이 치성하는 오탁악세(五濁惡世)의 짧은 한 생애에서, 일곱 가지 덕성을 하나로 모은 칠지화합(七支和合)의 쌍운(雙運)의 바즈라다라(持金剛佛)의 몸을 성취하는 지름길인 [범속한 자신을 본존의 몸으로 일으키는] 생기차제(生起次第)와 [범속한 자신을 실제로 본존의 몸으로 변화시키는]

원만차제(圓滿次第)의 두 법을 통달함에 있어서, 그 정화의 대상인 [본래부터 누구에게나 기본적으로 있는] 인위(因位)의 삼신(三身)인 다르마까야(法身)·쌈보가까야(報身)·니르마나까야(化身)의 세 구조를 바르게 아는 것이 더없이 중요하다.

그러므로 여기서 생기와 원만 두 차제의 정화 대상인 탄생과 죽음, 그리고 바르도(中有)의 세 구조를 설명하고자 한다.

곧, [죽음이 일어나는 과정을 설명한] 죽음의 은멸차제(隱滅次第)와 [죽음 뒤의 바르도의 세계를 설명한] 바르도(中有)의 성립차제(成立次第)와 [바르도의 상태에서 육도세계(六道世界)에 다시 태어나는] 생유(生有)의 몸을 받는 도리이다.

먼저 [최초의 인간들이 살기 시작한] 현겁(賢劫)의 초기에 남섬부주(南贍部洲)에 탄생한 인간들은 모두가 [매개체가 없이 스스로 탄생하는] 화생(化生)으로 태어나고, 수명이 무량하고, 몸의 기관들이 완전하고, 광명이 온몸을 감싸고, [여래에 버금가는] 아름다운 상호(相好)를 갖추고, 거친 음식인 단식(段食)에 의지하지 않고, [색계(色界)의 천신처럼 삼매의 즐거움(禪悅)과 법의 기쁨(法喜)으로 사는] 희열식(喜悅食)을 하고, 갖가지 신통으로 하늘을 날아다니는 등의 7가지 특성을 완전히 갖추었다.

여기서 [씹어 먹는] 단식을 즐기던 과거세의 습기가 되살아난 까닭에, 거친 음식을 먹음으로써 그 잔해가 대소변이 되고, 그것을 배출하는 문으로 남녀의 기관 등이 나타났다.

과거세에 성교하던 습기가 남아 있던 두 사람이 서로를 연모하여 음행을 함으로써, 자궁에 생명이 잉태되고, 점차로 [화생에서 모태에서 태어나는] 태생(胎生)의 인간으로 바뀌었다.

여기서 땅·물·불·바람의 4가지 원소인 사대(四大)에다 미세한 인체를 구성하는 세 요소인 맥(脈)과 명점(明点)을 더한 육계(六界)와 또는 아버지로부터 받은 뼈·골수·정액 셋과 어머니로부터 받은 살·피부·피 셋을 합한 육계(六界)를 구비한 생명체를 가리켜서 특별히 남섬부주의 태생의 인간이라 부른다.

또한 아눗따라 요가딴뜨라(無上瑜伽)의 가르침을 처음부터 닦아서 탁세의 짧은 한 생에서 반드시 성불하는 인간이면, 이와 같은 육계를 구비한 남섬부주의 태생의 인간으로 알려졌다.

이러한 남섬부주 인간의 몸에는 [등골뼈를 따라 위아래로 길게 뻗쳐 있는] 중앙의 아와두띠(中脈)와 [왼쪽의 큰 맥도인] 랄라나(左脈)와 [오른쪽의 큰 맥도인] 라싸나(右脈)의 근본삼맥(根本三脈)과 여기에서 파생된 72,000가지의 수많은 맥도(脈道)들이 존재한다.

임종 시에는 이들 72,000의 맥도들 속에 내재하는 모든 생명의 바람(風)들이 좌우의 두 맥도 속으로 모여들고, 이 두 맥도 속에 모여진 생명의 바람들 또한 아와두띠 속으로 들어가 소멸한다.

다시 말해, 이 아와두띠(中脈)의 [심장을 경계로 해서] 상부와 하부의 생명의 바람들도 최후에는, 심장 짜끄라(心輪)의 꽃잎(脈瓣)들 중앙에 있는 중맥(中脈) 가운데, [공성과 희열의 결정체이자 구생지혜(俱生智慧)를 산출하는 요소인] 남성의 하얀 보리심(白精)과 여성의 붉은 보리심(赤精)이 마치 종지의 주둥이가 맞붙는 모양으로 존재하는 [생명의 거점인 불괴명점(不壞明点)의] 중앙에 있는, [그 성품을 둘로 나누지 못하는] 극도로 미세한 풍심(風心)의 하나가 되는 불멸의 지명풍(持命風) 속으로 들어가 소멸하는 것을 통해 임종하게 된다.

만약 몸의 어느 부분엔가 이 극도로 미세한 생명의 바람을 제외하고서, 의식의 의지처가 되는 여타의 생명의 바람들이 조금이라도 남아 있으면 죽음이 일어나지 않는다.

인체를 구성하는 물질의 쌓임인 색온(色蘊)·느낌의 쌓임인 수온(受蘊)·헤아림의 쌓임인 상온(想蘊)·궁굴림의 쌓임인 행온(行蘊)·의식의 쌓임인 식온(識蘊)이 뭉쳐진 오온(五蘊)과 땅·물·불·바람의 네 가지 원소인 사대(四大)와 눈·귀·코·혀·몸·뜻의 여섯 감관인 육근(六根)과 모양·소리·향기·맛·닿음의 다섯 대경인 오경(五境)과 [법계의 참모습을 아는] 법계체성지(法界體性智)·[사물을 거울처럼 비춰보는] 대원경지(大圓鏡智)·[윤회와 열반의 법들의 본래 같음을 아는] 평등성지(平等性智)·[사물의 고유한 차별상을 아는] 묘관찰지(妙觀察智)·[모든 사업을 자연스레 이룰 줄 아는] 성소작지(成所作智)의 기본의 오지(五智) 등을 합한 인체의 25가지 거친 원소들이 소멸하는 과정을 통해서 죽음이 일어나며, 소멸하는 과정은 다음과 같다.

먼저 물질의 쌓임인 색온(色蘊)의 부류에 속하는 다섯 원소들인, 물질의 쌓임과 사물을 거울처럼 비춰보는 지혜와 땅 원소와 눈 감관과 마음에 귀속되는 내색(內色)들이 동시에 소멸하며, 각자의 은멸(隱滅)하는 현상은 다음과 같다.

첫째, 물질의 쌓임(色蘊)이 소멸하는 외적 현상은 몸의 지분들이 예전에 비하여 줄어들고, 몸이 쇠잔해지고, 근력이 없어지는 것이다.

둘째, 기본의 대원경지(大圓鏡智)는 거울 속에 영상이 나타남과 같이 모든 바깥 사물들을 일시에 분명하게 지각하는 지혜를 말한다. 이것이 소멸하는 외적 현상은 눈의 초점이 풀리고 흐릿해지는 것이다.

셋째, 땅 원소(地大)가 소멸하는 외적 현상은 몸이 크게 건조해지고, 몸의 지분들이 풀어지며, 몸이 땅 밑으로 가라앉는 것과 같은 느낌이 일어나는 것이다.

넷째, 눈 감관(眼根)이 소멸하는 외적 현상은 눈을 감거나 뜨지 못하는 것이다.

다섯째, 마음에 귀속되는 내색(內色)이 소멸하는 외적 현상은 몸의 광택이 죽고, 기력이 고갈됨이다.

이들 다섯 원소들이 모두 은멸하는 내적 현상은, 아지랑이와 같은 마치 봄날에 강변 모래밭에 햇살이 박히면 물이 출렁거림과 같은 현상이 의식 가운데 일어나는 것이다.

그 뒤 느낌의 쌓임인 수온(受蘊)의 부류에 속하는 다섯 원소들의 은멸이 동시에 일어난다.

첫째, 느낌의 쌓임(受蘊)이 소멸하는 외적 현상은 감관 알음이(根識)에 수반하는 괴로움(苦)과 즐거움(樂)과 비고비락(非苦非樂)의 3가지 느낌을 몸 알음이(身識)가 깨닫지 못하는 것이다.

둘째, 기본의 평등성지(平等性智)는 괴로움과 즐거움과 비고비락의 3가지 느낌을 동시에 억념하는 지혜를 말한다. 이것이 소멸하는 외적 현상은 의식에 수반되는 괴로움과 즐거움과 비고비락의 3가지 느낌을 기억하지 못하는 것이다.

셋째, 물 원소(水大)가 소멸하는 외적 현상은 침과 땀과 소변과 피와 정액들이 대부분 말라버림이다.

넷째, 귀 감관(耳根)이 소멸하는 외적 현상은 안과 바깥의 소리를 듣지 못하는 것이다.

다섯째, 마음에 귀속되는 내부의 소리(內聲)가 소멸하는 외적 현상은 귀 안에서 일어나는 웅~ 하는 소리를 듣지 못하는 것이다.

이들 다섯 원소들이 모두 은멸하는 내적 현상은, 마치 연기가 자욱하게 깔린 가운데 굴뚝에서 연기가 솟아나옴과 같거나, 푸른 연기가 뭉글뭉글 피어오르는 것과 같은 현상이 의식 가운데 일어나는 것이다.

그 뒤 헤아림의 쌓임인 상온(想蘊)의 부류에 속하는 다섯 원소들의 은멸이 동시에 일어난다.

첫째, 헤아림의 쌓임(想蘊)이 소멸하는 외적 현상은 부모와 친족 등의 의미를 기억하지 못하는 것이다.

둘째, 기본의 묘관찰지(妙觀察智)는 친척 등의 이름을 일일이 기억하는 지혜를 말한다. 이것이 소멸하는 외적 현상은 부모를 비롯한 친족들의 이름을 기억하지 못하는 것이다.

셋째, 불 원소(火大)가 소멸하는 외적 현상은 몸의 열기가 식어서 음식물을 소화하는 힘이 없어지는 것이다.

넷째, 코 감관(鼻根)이 소멸하는 외적 현상은 코로 공기를 들어마심이 약해지고, 배출은 거칠고 길어져서 숨이 쌓이는 것이다.

다섯째, 마음에 귀속되는 내면의 향기(內香)가 소멸하는 외적 현상은 코가 향기의 좋고 나쁨을 전혀 맡지 못하는 것이다.

이들 다섯 원소들이 은멸하는 내적 현상은, 밤하늘에 반짝이는 반딧불과 같고, 굴뚝에서 뭉글뭉글 솟아나는 연기 속에 박혀 있는 빨간 불티와 같으며, 솥 뒤편의 그을음에서 빨간 불티가 튀어 오르는 것과 같은 현상이 의식 가운데 일어나는 것이다.

그 뒤 궁굴림의 쌓임인 행온(行蘊)의 부류에 속하는 다섯 원소들의 은멸이 동시에 일어난다.

첫째, 궁굴림의 쌓임(行蘊)이 소멸하는 외적 현상은 몸의 행위인 움직임 등이 멈추는 것이다.

둘째, 기본의 성소작지(成所作智)는 세간의 바깥일과 필요한 일들을 기억하는 지혜를 말한다. 이것이 소멸하는 외적 현상은 바깥일과 필요한 일들을 전혀 기억하지 못함이다.

셋째, 바람 원소(風大)가 소멸하는 외적 현상은 [직접 생명을 유지하는] 지명풍(持命風)을 비롯한 몸 안의 열 가지 바람(十風)이 각자의 위치에서 심장으로 이동하고, 호흡이 끊어짐이다.

넷째, 혀 감관(舌根)이 소멸하는 외적 현상은 혀가 부풀고 오므라들며, 혀뿌리가 시퍼렇게 변하는 것이다.

다섯째, 마음에 귀속되는 내미(內味)가 소멸하는 외적 현상은 6가지 맛을 전혀 알지 못하는 것이다.

또한 이때 몸 감관(身根)과 촉감이 함께 소멸하게 되며, 이것이 소멸하는 외적 현상은 거칠고 미세한 감각을 전혀 느끼지 못하는 것이다.

이들 다섯 원소들이 은멸하는 내적 현상은, 촛불의 타오름과 같은 마치 촛불이 꺼지려 할 때 불꽃의 떨림과 같은 현상이 의식 가운데 일어나는 것이다.

또한 땅·물·불·바람의 4가지 원소들 가운데서 앞의 원소가 뒤의 원소로 은멸하는 법은, 앞의 원소가 각자의 감관 알음이(根識)를 지탱하는 힘을 거두어들임으로써, 뒤의 원소의 힘이 뚜렷하게 드러나는 것을 가리켜서 앞의 원소가 뒤의 원소로 소멸한다고 말하는 것이며, 앞의 원소가 뒤의 원소 안으로 녹아드는 것이 아니다.

다시 말해, 땅의 원소가 물의 원소로 은멸한다는 것은, 땅 원소의 바람이 의식[눈 알음이(眼識)]을 지탱하는 힘을 상실해서, 의식[귀 알음이(耳識)]을 지탱하는 물 원소의 바람의 힘이 뚜렷하게 드러남으로써, 마치 앞의 원소의 힘이 뒤의 원소로 옮겨감과 같은 현상이 발생하는 것이다. 그래서 땅의 원소가 물의 원소에 소멸하였다고 말하는 것이며, 보통의 땅 원소가 보통의 물 원소에 실제로 녹아드는 것이 아니다. 여타의 원소들도 그와 같은 것임을 알라.

이들 4가지 원소들이 소멸한 다음에는, [범속한 마음에 해당하는] 80자성(八十自性)의 분별의 마음과 [성냄에서 비롯된] 33자성의 밝은 마음인 현명(顯明)과 [탐욕에서 비롯된] 40자성의 한층 밝은 마음인 증휘(增輝)와 [무지에서 비롯된] 7자성의 정광명에 가까운 마음인 근득(近得)과 [원초의 빛인] 죽음의 정광명(淨光明)이 모여진 의식의 쌓임이라 부르는 식온(識蘊)의 다섯 부류의 마음들이 차례로 나타난다.

이 80자성으로 이루어진 거친 분별의 마음과 그의 운반체인 생명의 바람(風) 2가지는, 하얀 광명이 비치는 33자성의 밝은 마음(현명)에 앞서서 반드시 소멸하게 된다. 왜냐하면, 그것과 밝은 마음은 인식의 경계가 같지 않고, 거칠고 미세함의 현격한 차이로 말미암아, 밝은 마음 상태에서는 그와 같은 거친 의식이 존재하지 않기 때문이다.

그러므로 이 80자성의 분별의 마음이 그의 운반체인 생명의 바람과 함께 33자성의 밝은 마음으로 은멸을 시작할 때, 마치 촛불의 타오름과 같은 현상이 의식 가운데 일어난다.

이 80자성의 분별이 33자성의 밝은 마음(현명)으로 은멸해서 밝은 마음이 발생하는 현상은, 마치 청명한 가을날에 달빛이 충만한 밤하늘과 같은, 매우 투명하고 텅 빈 고요함 속에 하얀 광명이 비치는 광경이 의식 속에 일어난다.

이와 같은 현상이 일어나는 원인은, 심장 위쪽의 라싸나(右脈)와 랄라나(左脈)의 두 맥도 속에 있는 모든 생명의 바람들이 아와두띠(中脈)의 상단으로 모여드는 힘에 의해서, 정수리 짜끄라(頂輪)를 묶고 있는 한 겹의 매듭이 풀리면서 그 안에 존재하는 아버지로부터 받은, 머리를 아래로 향한 범어 함(Haṃ) 자의 모양을 한 하얀 보리심(白精)이 물의 성질인 까닭에 아래로 내려오면서, 좌우의 두 맥도인 랄라나와 라싸나가 심장을 여섯 겹의 매듭으로 묶은 지점까지 도달하는 과정에서, 하얀 달빛이 비치는 그와 같은 현상이 의식 속에 일어나는 것이며, 외부에서 달빛 등의 광명이 비치는 것이 아니다. 또한 이것을 밝은 마음(현명)과 [공성의 깊이를 표시하는 사공(四空) 가운데] 공(空)이라 부른다.

그 뒤 33자성의 밝은 마음과 그의 운반체인 생명의 바람이 40자성의 한층 밝은 마음(증휘)으로 은멸해서 한층 밝은 마음이 발생할 때, 마치 청명한 가을하늘에 햇빛이 충만함과 같은, 앞서보다 더욱 투명하고 텅 빈 고요함 속에 붉은 광명 또는 오렌지 빛이 비치는 광경이 의식 가운데 일어난다.

이것이 일어나는 원인은, 심장 아래쪽 좌우의 두 맥도인 랄라나와 라싸나 속에 있는 모든 생명의 바람들이 중맥인 아와두띠의 하단으로 모여드는 힘에 의해서, 성기 짜끄라(寶珠輪)와 배꼽 짜끄라(臍輪)를 묶고 있는 한 겹의 매듭들이 차례로 풀리면서, 배꼽 짜끄라 가운데에 있는 어머니로부터 받은 범어의 짧은 아(A) 자의 모양으로 존재하는 붉은 보리심(赤精)이 불의 성질인 까닭에 위로 올라가면서, 좌우의 두 맥도가 심장을 여섯 겹의 매듭으로 묶은 지점까지 도달하는 과정에서 그와 같은 현상이 의식 가운데 일어나는 것이며, 외부에서 햇빛 등의 광명이 비치는 것이 아니다. 또한 이것을 한층 밝은 마음(증휘)과 [공성의 깊이를 표시하는 사공(四空) 가운데] 극공(極空)이라 부른다.

그 뒤 40자성의 한층 밝은 마음과 그의 운반체인 생명의 바람이 함께 7자성의 정광명에 가까운 마음(근득)으로 은멸해서 정광명에 가까운 마음이 발생하는 초반에는, 청명한 가을하늘에 짙은 어둠이 덮이듯이 텅 빈 고요함 속에 흑광이 나타난다.

그 원인은 중맥 안의 상부의 생명의 바람과 하부의 생명의 바람들이 심장 안의 아와두띠(中脈) 속으로 모여드는 힘에 의해서, 심장을 감싸고 있는 좌우의 두 맥이 꼬여서 생긴 여섯 매듭이 풀리면서, 상부의 하얀 보리심(白精)은 내려오고 하부의 붉은 보리심(赤精)은 올라가서 심장 속의 아와두띠 가운데 있는, 마치 작은 종지를 맞붙여 놓은 것과 같은 모양으로 존재하는 [생명의 거점인] 불괴명점(不壞明点) 속으로 들어간 뒤, 서로 만남으로써 그와 같은 현상이 일어나는 것이며, 외부에서 암흑 등의 광경이 발생하는 것이 아니다. 이것을 정광명에 가까운 마음(근득)과 [공성의 깊이를 표시하는 사공(四空) 가운데] 대공(大空)이라 부른다.

이 7자성의 정광명에 가까운 마음의 초반에는 의식이 경계를 인식함이 일어나나, 후반에는 의식이 경계를 전혀 기억하지 못하는 혼절과 같은 암흑 속에 빠지게 된다.

그 뒤 극도로 미세한 풍심(風心)에서 홀연히 발생하였던 이전의 모든 생명의 바람과 마음들이 소멸되고, 본초부터 존재하는 기본의 극도로 미세한 풍심에서 기억이 소생하는 그때까지, 정광명에 가까운 마음의 후반의 상태인 의식이 없는 상태가 지속된다.

그 뒤 극도로 미세한 풍심의 기억이 소생해서, [원초의 빛인] 죽음의 정광명이 비로소 출현한다.

여기서 [의식의 쌓임(식온)을 구성하는 3가지 부류의 마음 상태를 설명하면] 허망한 분별의 움직임과 은멸 사이에서 발생하며, 청명한 가을 밤하늘에 달빛이 충만함과 같은 텅 빈 고요함 속에 하얀 광명만이 비칠 뿐, 여타의 거친 이원(二元)의 분별들이 전혀 일어나지 않는 의식의 상태가 33자성의 밝은 마음(현명)의 모습이다.

허망한 분별의 움직임과 은멸의 사이에서 발생하며, 청명한 가을하늘에 햇빛이 충만함과 같은 텅 빈 고요함 속에 붉은 광명만이 비칠 뿐, 여타의 거친 이원의 분별들이 전혀 일어나지 않는 의식의 상태가 40자성의 한층 밝은 마음(증휘)의 모습이다.

허망한 분별의 움직임과 은멸 사이에서 발생하며, 청명한 가을하늘에 짙은 어둠이 덮임과 같은 텅 빈 고요함 속에 흑암만이 비칠 뿐, 여타의 거친 이원의 분별들이 전혀 일어나지 않는 의식의 상태가 7자성의 정광명에 가까운 마음(근득)의 모습이다.

이 정광명에 가까운 마음이 죽음의 정광명(淨光明)으로 은멸해서 [원초의 빛인] 정광명의 마음이 발생할 때, 정광명에 가까운 마음의 후반의 의식 없는 마음이 깨어나서 거친 이원의 분별들이 전혀 일어나지 않는, 청명한 가을하늘을 물들이는 달빛과 햇빛과 어두움의 3가지 영향을 멀리 벗어나서, 마치 여명의 하늘빛과 같은 텅 빈 고요함 속에 극도로 투명한 광명인, 공성을 깨닫는 싸마히따(等引, Samāhita)의 광명과 같은 것이 발생한다.

그와 같이 발생하는 원인 또한, [심장의 아와두띠 속으로 들어온] 하얀 보리심(白精)과 붉은 보리심(赤精) 둘이 불괴명점(不壞明点) 속에 있는 본래의 하얀 보리심과 붉은 보리심 속으로 각각 녹아들고, 아와두띠 속의 모든 생명의 바람들 또한 극도로 미세한 지명풍(持命風) 속으로 녹아듦으로써, 처음부터 본래로 존재하는 극도로 미세한 풍심(風心)이 실현되어 그와 같은 광명이 발생하는 것이며, 바깥 하늘이 그와 같은 것이 아니다. 이것을 모든 분별이 소멸된 죽음의 정광명과 [공성의 깊이를 표시하는 사공(四空) 가운데] 일체공(一切空)이라 부르며, 이것이 진정한 죽음이다.

이것이 본초부터 존재하는 기본의 법신(法身)인 다르마까야(Dharma-kāyā)이며, 그 비고 고요한 상태가 기본의 자성신(自性身)인 쓰와바와까야(Svabhāva-kāyā)이며, 그것을 경계로 삼는 지혜의 마음을 가리켜서 기본의 지혜법신(智慧法身)인 즈냐다르마까야(Jñādharma-kāyā)라 부른다.

이 원초의 빛인 죽음의 정광명 상태에 보통 사람들은 대략 3일 동안을 머물게 되며, 그 뒤 하얀 보리심(白精)과 붉은 보리심(赤精)이 몸 밖으로 흘러나오는 현상이 나타난다. 그러나 질병으로 기력이 완전히 말라버린 사람에게는 비록 며칠 동안 그렇게 머물지라도 하얀 보리심과 붉은 보리심이 나오는 현상이 나타나지 않는 경우도 있다.

한편 유가행자는 깨달음이 높고 낮은 차별의 힘에 의해서, 정광명을 법신과 화합시켜 싸마디(三昧)에 머묾으로써, 그 기간의 길고 짧음이 일정하지 않다고 하였다.

이 밝은 마음(현명)과 한층 밝은 마음(증휘)과 정광명에 가까운 마음(근득)과 원초의 빛인 정광명의 마음이 은멸하는 법 또한, 앞의 마음의 힘이 소멸되어 뒤의 마음의 힘이 뚜렷하게 나타나는 것을 가리켜서, 앞의 마음이 뒤의 마음으로 은멸한다고 부르는 것이며, 앞의 마음이 뒤의 마음의 성품이 되는 것은 아니다.

여기서 청명한 가을하늘을 비유로 든 것은, 여름철에 내린 비로 땅위에 떠다니는 먼지들이 깨끗이 씻기고, 구름의 가림을 완전히 벗어나는 2가지를 갖추어서 하늘이 극히 청명하게 되는 것이 가을철이기 때문이다.

거친 장애들이 없어진 그 하늘이 비어서 고요함과 같이, 공성의 깊이를 표시하는 사공(四空) 역시 의식 위에 일어나는 거친 분별들이 소멸한 다음, 텅 빈 고요한 경계가 발생하는 그 둘의 모양새가 같아서 비유와 의미를 접합한 것이다. 그러므로 그 단계에서 실제로 그러한 하늘 등의 광경이 발생하는 것이 아니다.

그러면 33자성의 밝은 마음 이전의 80자성의 분별의 마음과 그의 운반체인 생명의 바람이 함께 은멸하고 나면, 그다음의 밝은 마음과 한층 밝은 마음과 정광명에 가까운 마음의 세 단계에서는 함께 소멸하는 바람이 없을 것으로 생각할지 모르나, 통상 생명의 바람에는 거친 것과 미세한 것이 허다하게 존재하는 까닭에, 거친 생명의 바람들이 은멸하고 난 뒤에도 미세한 생명의 바람들이 몸 안에 남아 있다.

그러므로 미세한 생명의 바람들이 의식을 단독으로 지탱하는 기간은, 거친 생명의 바람들이 밝은 마음으로 은멸한 다음부터 정광명에 가까운 마음이 죽음의 정광명으로 은멸할 때까지이다.

공성의 깊이를 표시하는 사공(四空)의 단계에서 그 앞의 마음들의 경계와 의식에 비하여, 뒤의 마음들의 경계와 의식이 더욱더 미세하게 바뀌는 힘에 의해서, 의식 위에 거친 세속의 경계가 사라지고 텅 빈 고요한 경계가 발생하는 것이며, 공성을 경계로 삼는 것은 아니다.

그러므로 [생기(生起)와 원만차제(圓滿次第) 등의] 도를 닦지 않은 범부들에게는, 그 단계에서 오로지 그것을 실재하는 것으로 보는 외에 비실재로 보는 인식이 일어나지 않는다.

이 단계의 사공(四空)이 모든 유정들의 죽음의 과정에서 전부 일어나므로, 죽음의 단계에서 공성을 깨닫게 되면 어려움이 없이 해탈한다는 것은 정리가 아니다. 왜냐하면, 수행이 없는 범부들은 원초의 빛인 죽음의 정광명이 나타남을 불확실하게 경험하는 것이지, 확실한 지혜로써 그것을 체험하는 것이 아니기 때문이다.

원초부터 존재하는 이 죽음의 정광명이 어머니의 광명이며, 깨달음을 열어가는 도위(道位)의 수면과 각성의 단계에서 수행의 힘으로 발생하는 깨달음의 광명들은 아들의 광명이다. 이 둘을 죽음의 정광명 단계에서 융합해서 닦는 것을 또한 모자광명(母子光明)의 화합이라고 부른다.

그렇다면, 이 죽음의 정광명이 일반적으로 진실광명인 것인가? 유가행자가 모자광명(母子光明)을 화합해서 정견상에 안치하는 것이 진실광명이며, 그와 같지 않고 범부에게 자연적으로 발생하는 죽음의 정광명은, 단지 거친 이원의 분별들이 그친 것에다 정광명의 이름을 붙인 것으로 진실광명이 아니다.

일반적으로 광명에는 두 가지가 있다. 미세한 공성(空性) 그 자체를 말하는 경광명(境光明)과 그것을 깨닫는 지혜인 유경광명(有境光明)이다.

이들 임종의 차제는 아눗따라 요가 딴뜨라(無上瑜伽)의 생기차제와 원만차제에서 죽음을 법신으로 바꾸는 행법과 [정광명에 가까운 마음인] 비유광명(譬喻光明)과 [죽음의 정광명인] 승의광명(勝義光明)을 얻기 위한 주된 정화의 대상이다. 그러므로 이들을 정확하게 숙지하는 것이 무엇보다 중요하다.

제2장 바르도(中有)의 성립차제

그 죽음의 정광명의 마음이 전혀 움직임이 없이 그렇게 얼마 동안 머문 끝에, 자기 내부에서 움찔하는 충격에 의해서 가벼운 움직임이 일어난다. 이것이 발생하는 때가 죽음의 정광명에서 일어나기 시작한 것이며, 그 사이 극도로 미세한 풍심(風心)이 심장 속의 [생명의 거점인 불괴명점(不壞明点) 가운데 있는 공성과 희열을 산출하는 요소인] 하얀 보리심(白精)과 붉은 보리심(赤精)이 분리된 작은 틈새로부터 밖으로 멀리 뛰쳐나온 뒤, 옛 몸을 버리고 바르도의 의생신(意生身)을 성취한다.

그와 동시에 심장 속의 하얀 보리심은 아래로 내려가서 성기를 통해 밖으로 배출되고, 붉은 보리심은 위로 올라가서 코를 통해 바깥으로 나온다.

이 죽음의 정광명의 운반체가 되는 [땅·물·불·바람·허공의 다섯 원소의 결정체인 극도로 미세한] 오광명풍(五光明風)이 바르도의 몸(風身)을 만드는 직접적 원인(近取因)이 되고, 바르도의 마음의 조연(助緣)이 되며, 죽음의 정광명의 마음이 바르도의 몸을 만드는 조연이 되고, 바르도의 마음의 직접적 원인이 되는 것에 의해서, 장차 태어나게 되는 그 세계의 유정의 모습을 취한 바르도의 바람의 몸을 이전의 몸(업보로 받은 죽은 몸)에서 떨어져 나와 실제로 성취하는 것이다.

그때 밝은 마음(현명)과 한층 밝은 마음(증휘)과 정광명에 가까운 마음(근득)이 앞에서 설명한 차례와는 달리 반대로 일어나니, 정광명에 가까운 암흑의 마음(근득)이 발생하고, 죽음의 정광명이 소멸하고, 바르도가 성취되는 이 셋이 동시에 일어난다.

왜냐하면, 대승의 『아비달마집론(阿毘達磨集論)』과 소승의 『구사론(俱舍

論)』과 미륵 보살의 『유가사지론(瑜伽師地論)』 등의 많은 논전에서, 죽음이 완결되는 순간인 사유(死有)의 소멸과 바르도의 성취 두 가지는 저울대의 오르내림과 같이 동시적이라고 설하였으며, 바르도는 [매개체가 없이 홀연히 태어나는] 화생(化生)인 까닭에, 몸의 기관과 지분들을 모두 일시에 성취하기 때문이다.

그러므로 바르도를 성취하는 순간의 마음은 반대 순서의 정광명에 가까운 마음이며, 그로부터 한층 밝은 마음이, 그로부터 밝은 마음이, 밝은 마음에서 범속한 마음인 80자성의 분별의 마음들이 차례로 발생하며, 그와 동시에 바르도의 유정은 새로운 탄생의 장소와 [음식으로] 향기를 구하는 일 등으로 사방으로 다니게 된다.

이들이 발생하는 것은 앞 장에서 설명한 임종의 차례와는 반대이며, 정광명에 가까운 마음에서 [물질의 쌓임이 소멸하는 내적 현상인] 아지랑이 현상에 이르기까지의 여러 가지 소멸 현상들이 차례로 일어난다.

피와 살 등의 물질로 이루어진 거친 육신을 떠나서 단지 생명의 바람[오광명풍]만으로 이루어진 극도로 미세한 의생신(意生身)의 바르도를 가리켜서, 기본의 보신(報身)과 심향(尋香)이라 부른다.

그러면, 그와 같은 바르도가 실재한다는 비유로는 어떠한 것이 있는가? 현재 우리들이 잠 속에 들면, 수면 단계의 4가지 현상(아지랑이·연기·반딧불·촛불의 떨림)과 사공(四空, 공·극공·대공·일체공)이 임종의 때와 같이 [뚜렷하게 발생하지 않고] 단지 있다는 정도로 짧게 일어난 뒤에 수면의 광명이 발생한다. 이 수면의 광명에서 일어날 때 꿈속의 몸인 몽신(夢身)이 발생하며, 그로부터 일어나면 몽신이 성취되고, 꿈속의 단계에서 갖가지 활동들을 하게 된다.

수면에서 깨어나고자 할 때는 꿈속의 그 [오대원소의 정수로 이루어진 극도로 미세한] 바람의 몸(風身)이 거울 위의 입김이 가장자리부터 엷어져 가운데로 모여 사라지듯이, 심장으로 모여든 뒤에 옛 몸[수면에 든 몸]의 심장 속 아와두띠(中脈) 속에 존재하는, [그 성품을 둘로 나누지 못하는] 극도로 미세한 풍심(風心) 속으로 은멸한 뒤에 잠에서 깨어나게 되고, [각성의 단계에서] 갖가지 활동들을 하게 된다.

그와 같은 바르도의 [5가지 신체적] 특성은, 몸의 감각기관들이 완전하며, 화생(化生)인 까닭에 몸의 크고 작은 지분들을 일시에 갖추며, 극도로 미세한 몸인 까닭에 금강석에 의해서도 파괴되지 않으며, 어머니의 자궁과 같은 생을 받는 장소를 제외한 수미산 등의 어떠한 물체들도 걸림 없이 통과할 수 있으며, 업력(業力)에서 생긴 신통력에 의해서 한순간에 원하는 대로 날아갈 수 있으며, 부처님들조차 가히 제지하지 못하는 것이다.

소승의 『구사론』에서 "한번 어떤 세계의 바르도의 몸을 얻고 나면, 반드시 거기에 태어나며, 다른 유정의 몸으로 바꾸지 못한다."고 설하고 있으나, 대승의 『아비달마집론』에서는, "어떤 세계의 바르도를 성취할지라도, 반드시 거기에 태어나지 않고, 다른 유정의 몸을 받음도 있다."고 설하였다. 그러나 대소승의 두 아비달마론(阿毘達磨論)의 논설 또한, 바르도의 상태에서 아라한을 성취하는 중반열반(中般涅盤)이 있음을 설하므로, 일률적으로 반드시 생유(生有)를 받는다는 주장은 인정할 수 없다.

바르도의 5가지 다른 이름은, 뜻으로 태어나는 의생(意生), 모태 등의 탄생 장소에 몸을 던지는 투생(投生), 향기를 음식으로 먹는 식향(食香), 죽음과 탄생 사이의 존재를 뜻하는 중유(中有), [육도세계 등의 어떤 생명체를 반드시 실현하는] 현성유(現成有) 등으로 부른다고 『구사론(俱舍論)』에서 설하였다.

바르도의 수명은 길어야 7일간이다. 그러나 탄생의 조건들을 갖추게 되면, 바르도를 성취하더라도 곧바로 재탄생에 들어가는 경우도 있으므로, 꼭 정해진 것은 아니다.

만약 7일 동안에 탄생의 조건들을 구비하지 못하면, 7일의 마지막에 작은 죽음을 한 번씩 겪으면서, 그 바르도의 몸을 다시 얻어 머물게 된다. 그와 같이 해서 49일이 지나면 반드시 탄생의 조건을 갖추어서 태어나게 된다고 『유가사지론(瑜伽師地論)』「본지분(本地分)」에서 설하였다.

바르도의 유정이 7일마다 한 번씩 작은 죽음을 겪는 도리는, 바르도의 몸인 풍신(風身)은 마치 거울 위의 입김이 가장자리부터 엷어져 가운데로 모이듯이, 몸의 위아래로부터 차례로 심장으로 모여든 뒤, 바르도 상태에서 80자성의 분별의 마음과 그의 운반체인 생명의 바람이 함께 은멸한 뒤, 바르도의 임종의 네 현상과 사공(四空)이 단지 있다는 정도의 짧은 순간에 일어나서, 죽음의 정광명이 발생한다.

그다음 죽음의 정광명의 운반체인 극도로 미세한 생명의 바람이 직접적 원인이 되어서, 반대로 일어나는 정광명에 가까운 마음을 얻음과 동시에 바르도의 의생신(意生身)을 예전처럼 성취하는 것이다. 바르도의 몸에 그러한 작은 죽음들이 발생할지라도 그것은 바르도 자체에 속한다.

특히 바르도의 유정이 비록 자기의 옛 몸을 볼지라도 업의 고리가 끊어진 힘에 의해서, 이전의 그 몸이 자기의 몸이라는 생각과 그 속에 들어가고자 하는 욕구가 일어나지 않는다고 『유가사지론』「본지분」에서 설하였다.

일부에서 바르도의 수명 한도를 7일로 말한 것은, 육도세계 각각의 하루를 기준으로 한 것이라고 주장하는 것은 타당하지 못하다. 만약 그와 같다면,

지옥의 유정과 상계의 천신으로 태어나는 그 바르도의 유정들은 그들 세계의 7일간을 머물러야 하는 것이므로, 수천 년의 많은 시간 동안 탄생의 조건을 갖추지 못한 채 바르도 상태에 머물게 됨을 인정하는 것이어서 크게 모순이 생기기 때문이다.

사자의 의식이 몸을 떠나는 차별상은 다음과 같다. 지옥에 태어나게 되면 그 의식이 항문에서 떠나고, 아귀로 태어나면 입에서 떠나고, 축생으로 태어나면 요도에서 떠나고, 인간으로 태어나면 눈에서 떠나고, [거친 형상에 세속의 욕망을 누리는 낮은 하늘인] 욕계(欲界)에 태어나면 배꼽에서 떠나고, 야차로 태어나면 코에서 떠나고, 둡빠하(天神持明)와 인비인(人非人)으로 태어나면 귀에서 떠나고, [아름다운 육신에 삼매의 희열을 누리는 높은 하늘인] 색계(色界)에 태어나면 미간에서 떠나고, [모든 형상조차 여의고 순수한 의식만으로 존재하는 가장 높은 하늘인] 무색계(無色界)에 태어나게 되면 그 의식이 정수리에서 떠난다고 『쌈부따 딴뜨라(八品續)』 등에서 설하였다.

그렇다면, 『유가사지론』 「본지분」 등에서, "몸을 버리게 되면 심장에서 그 의식이 떠난다."고 설함과 어긋나지 않는가? 어긋나지 않는다. 몸 안에서 의식이 떠나게 되면 처음 심장에서 떠나는 것일지라도, 그 뒤 몸 밖으로 나올 때에는 각각의 문을 통해서 나온다고 설하고 있기 때문이다.

또 『구사론』에서, "앞에서 말한 순서대로 죽으면 발과 배꼽과 심장에서 그 의식이 사멸한다."고 설하는 것과 『구사론석(俱舍論釋)』에서, "나쁜 세계에 태어나게 되면 발에서, 인간으로 태어나게 되면 배꼽에서, 천신으로 태어나거나 아라한이 죽으면 심장에서 그 의식이 멎는다."고 말한 것은 어떠한 뜻인가? 그것은 그들 장소에서 의식이 멎는다는 뜻으로 주석에서 말한 그대로, 발 등의 그 장소에서 몸의 감관(身根)이 정지하는 힘에 의해서 의식이 멎는 도리를 단지 표현한 것일 뿐, 그들 장소에서 의식이 바깥으로 빠져나감을 말한 것이 아니다. 그러므로 앞서의 설과 어긋나지 않는다.

바르도의 유정들이 보는 법에 대해 "바르도의 유정은 같은 부류를 보며, 청정한 하늘눈으로 본다."고 『구사론』에서 설하였다. 이것은 업의 힘으로 얻는 하늘눈은 깨끗지 못하며, 수행의 힘으로 얻은 하늘눈은 청정한 것임을 말한 것이다. 『구사론석』에서는 "상계의 높은 바르도의 유정은 하계의 낮은 바르도의 유정들을 본다."고 설하였다.

남섬부주의 인간으로 태어나는 바르도의 유정은 크기가, 다섯 살 내지 여섯 살 난 어린아이의 몸과 같다고 『구사론석』에서 설하고 있지만, 하나같이 일률적인 것은 아니라고 하였다.

지옥 등의 나쁜 세계(三惡道)에 태어나는 바르도의 유정은 검정 담요를 펴놓은 것과 같거나, 또는 밤에 어둠이 덮인 것과 같으며, 하늘 등의 좋은 세계(三善趣)에 태어나는 바르도의 유정은 흰 담요를 펴놓은 것과 같거나, 밤에 달빛이 덮인 것과 같은 모양을 한다고 『유가사지론』 「본지분」에서 설하였다.

지옥에 태어나는 바르도의 유정은 불에 그슬린 검은 나무토막과 같고, 아귀로 태어나는 바르도의 유정은 푸른 물빛과 같고, 축생으로 태어나는 바르도의 유정은 연기의 빛깔과 같고, 욕계의 천신과 인간으로 태어나는 바르도의 유정은 금색과 같고, 색계에 태어나는 바르도의 유정은 흰색과 같다고 『입태경(入胎經)』에서 설하였다.

어떤 세계에 태어나는 바르도의 유정은 그 세상에서의 전유(前有, 本有]의 육신 혹은 형상을 취한다고 『구사론』에서 설하였다.

존재의 네 단계인 사유(四有)는 탄생을 위하여 모태에 들어가는 제일 찰나가 생명이 시작되는 순간인 생유(生有)이며, 그 두 번째 찰나에서 죽음이 완결되는 순간인 사유(死有)가 성취되기까지의 중간이 보통 본유(本有)라고 부르는 전유(前有)이며, 죽음의 최후 찰나 또는 죽음의 정광명을 경험하는 때가 사유(死有)이고, 사유와 생유 둘 사이의 존재가 바르도(中有)이다.

간혹 이 전유(前有)라는 글자에 착각을 일으켜서, 그 바르도의 유정이 전생의 몸의 모습을 취한다고 주장하거나, 후생의 몸의 모습을 취한다고 말하는 것을 본 뒤에, 앞의 3일 반은 전생의 모습을, 뒤의 3일 반은 후생의 모습을 취한다고 주장하는 것은 근거 없는 억설이라고 쫑카빠의 『람림첸모(菩提道次第廣論)』에서 설하였다.

그러므로 전유(前有)에서의 과거는, 후생의 사유(死有)를 기준으로 한 과거인 것이지, 바르도를 기준으로 한 과거가 아니다. 또한 『구사론』에서, "전유(前有)에서 생기는 몸의 모습"이라고 하는 생김의 단어는 미래를 뜻하는 것으로서 과거동사가 아닌 까닭이다.

어떤 계취(界趣)에 태어나는 그 유정의 모습을 말함에 있어서, 그와 같다면 몸의 기관이 결여된 유정은 그 바르도의 몸도 역시 감각기관을 갖추지 못한다고 말하는 것은 잘못이다. 왜냐하면, 눈 등이 없는 것은 탄생의 장소에 생을 의탁하고 난 뒤 중간에 생기는 것이며, 경론의 어디에서도 바르도의 신체기관이 결여를 설하지 않은 까닭이며, 어떤 세계에 태어나는 유정의 모습을 단지 설명한 것을 가지고서 바르도의 유정 전체가 같아야 한다고 주장하는 것은 더욱 잘못된 것이다.

바르도의 유정이 걷는 모양의 차별은, 하늘에 태어나는 바르도는 위로 향해서 걷고, 인간에 태어나는 바르도는 곧게 걷고, 나쁜 세계에 태어나는 바르도의 유정은 머리를 거꾸로 해서 걷는다고 『유가사지론』「본지분」에서 설하였다.

[거친 형상에 세속의 욕망을 누리는 낮은 하늘인] 욕계와 [아름다운 형상에 삼매의 희열을 누리는 높은 하늘인] 색계의 두 곳에 태어나는 유정들은 반드시 바르도를 거쳐야 하지만, 크고 작은 2가지 무간업(無間業)을 지은 유정에게는 바르도가 없다고 말하는 것은 정리가 아니라고 쫑카빠의 『람림첸모(菩提道次第廣論)』에서 설하였다.

그러나 [모든 형상조차 여의고 순수한 의식만으로 존재하는 가장 높은 하늘인] 무색계(無色界)에 태어나는 경우에는 중유가 없으며, 어느 곳이든 그 유정이 임종하는 장소에서 바로 무색의 이름을 붙이는 바탕인 [느낌의 쌓임·헤아림의 쌓임·궁굴림의 쌓임·의식의 쌓임의 정신적 요소들인] 사명온(四名蘊)을 성취하는 것이다.

무색계에 태어나는 유정은 죽음의 정광명 상태에서 무색정(無色定)을 실현해서, 죽음의 정광명으로부터 반대로 일어나는 정광명에 가까운 마음(근득)이 발생하지 않는다. 왜냐하면, 그와 같은 정광명에 가까운 마음은 바르도의 마음이기 때문이다. 이 무색계는 욕계와 색계로부터 장소가 별도로 있는 것이 아니다.

특별한 바르도의 유정인 [해탈을 위해 마지막 한 생만을 남겨둔] 최후유(最後有)의 일래보살(一來菩薩)이 도솔천에서 운명한 뒤, 어머니의 자궁에 들어가는 바르도는, 동자의 상호를 갖추고, 눈부신 광명이 십억의 사대주를 비춘다고 『구사론석』과 나가보디(龍覺)의 『쌍뒤둡탑남샥(密集成就安立次第)』에서 설하였다.

그렇다면, [석가모니불의 전신인] 일체의성취보살(一切義成就菩薩)이 [여섯 개의 어금니를 가진] 육아백상(六牙白象)을 탄 모습으로 어머니의 자궁에 들어갔다는 것과 어긋나는 것이 아닌가? 그 주장처럼 꼭 인정해야 하는 것은 아니다. 어머니의 꿈과 상응하게 단지 그렇게 설한 것일 뿐, 인간으로 태어나는 바르도가 축생의 모습을 취한다는 것은 준거가 되는 많은 논전들의 설과 어긋나기 때문이다. 소승의 교설에서 그와 같이 논하는 것이며, 대승의 교설에서는 단지 모양을 설명한 것으로 이해할 뿐이다.

이 바르도(中有)의 구조는 아눗따라 요가딴뜨라(無上瑜伽)의 생기차제(生起次第)에서 바르도를 보신으로 바꾸는 법과, [원만차제(圓滿次第)에서] 청정환신(淸淨幻身)과 부정환신(不淨幻身)의 정화 대상인 까닭에 그것을 자세히 숙지하는 것이 무엇보다 중요하다.

제3장 생유(生有)의 형성차제

바르도의 유정이 모태에 태어나는 법은 다음과 같다. 그 바르도가 어머니 자궁에서 생을 맺는 데에는 반드시 3가지 알맞은 조건을 갖추고, 3가지 거슬리는 조건을 여의어야 한다고 『입태경(入胎經)』에서 말하였다.

여기서 3가지 알맞은 조건을 갖춤이란, 어머니가 병이 없고 월경이 있는 때와 심향(尋香, 바르도의 유정)이 생을 갈구해서 자궁에 들기를 원함과 남녀가 서로 성교하는 3가지 조건을 만나는 것이다.

3가지 거슬리는 조건을 여윔이란, 어머니 자궁의 모양이 보리와 같이 가운데가 갈라졌거나, 개미의 허리처럼 가늘거나, 낙타의 입처럼 생겼거나,

풍(風)·담즙(膽汁)·연액(涎液) 3가지에 의해서 자궁이 막히는 등 자궁의 결함이 있거나, 부모 가운데의 어느 한쪽에서 부정(父精)과 모혈(母血)이 나오지 않거나, 혹은 나올지라도 앞뒤로 방출되거나, 동시에 방출되더라도 어느 한편이 부패되었거나 하는 등 정혈(精血)의 결함이 있거나, 그 바르도의 심향(尋香)이 부모의 자식으로 태어나는 업을 쌓지 못하였거나, 혹은 그 남녀가 그의 부모가 될 업을 짓지 못하는 등 업의 결함이 없는 3가지 거슬리는 조건을 반드시 여의는 것이다.

비록 『비나야경(毘奈耶經)』에서 6가지 인연을 반드시 갖추어야 한다고 설하고 있을지라도 그 의미는 같다.

그와 같이 자궁에 들어오는 3가지 알맞은 조건을 갖추고, 3가지 거슬리는 조건을 여읜 그 바르도의 유정이, 부모가 교합하는 것을 환상처럼 보고서 자신도 성교하고자 하는 욕정에 이끌려, 아들로 태어나게 되면 어머니를 애모해서 아버지가 떠나주길 바라며, 딸로 태어나게 되면 아버지를 애모해서 어머니가 떠나주길 바라는 욕망이 일어나게 된다.

그 뒤 애착하는 쪽을 포옹하고자 들면, 업력에 의해서 몸의 다른 부분은 보이지 않고, 단지 남녀의 어느 한쪽의 성기만이 보이므로 분노하게 된다. 그리고 이 애착과 분노 2가지가 죽음의 원인이 되어 자궁 속에 들어가게 된다.

그리고 『유가사지론』「본지분」에서는 그 바르도의 유정이 부모가 단지 누워 있음에도 불구하고 정혈에 착란을 일으켜서 교합하는 것으로 본다고 하였으며, 『구사론석』에서도 역시 교합하는 것으로 본다고 하였다.

남녀가 성교하여 몸을 섞게 되면 두 성기가 마찰하는 힘에 의해서 [음부에 존재하며 대소변과 정액 등을 배출시키는] 아래로 내려가는 하행풍(下行風)이 위로 상승하여 단전에 해당하는 쑴도(三合處)에 있는 보통의 뚬모(배꼽 불)들을 태우는 열기에 의해서, 몸 안의 하얀 보리심(白精)과 붉은 보리심(赤精)들이 녹은 뒤 72,000의 맥도를 타고 내려옴으로써 심신에 희열이 솟아나고 크게 만족하게 된다.

그때 성교가 절정에 이르면 마지막에 짙은 정액이 나오고, 그 뒤 부모로부터 정(精)과 혈(血)이 한 방울씩 반드시 나오게 된다. 이 최후의 두 정혈(精血)이 어머니의 자궁 속에서 화합하여, 마치 끓인 우유에 생기는 얇은 꺼풀과 같은 그 가운데에 죽은 바르도의 의식이 들어가게 된다.

그 바르도의 의식이 몸 안으로 들어가는 법도, 아버지의 입 혹은 머리의 숫구멍, 어머니의 음문 셋 가운데의 어느 하나를 통해서 들어간다.

이때 바르도의 의식이 72,000의 맥도를 타고 내려오는 깨달음과 희열을 산출하는 요소인 명점(明点)과 결합하여, 바르도 상태에서의 80자성의 분별의 마음과 유동하는 바람들이 은멸한 뒤에, 밝은 마음(현명)과 한층 밝은 마음(증휘)과 정광명에 가까운 마음(근득)이 차례로 일어나며, 바르도의 죽음의 정광명도 앞장에서 거친 육신을 버릴 때에 설명한 것보다도 그 시간이 극히 짧아서 발생과 동시에 은멸하는 모양으로 일어난다.

그때 [물질의 쌓임(색온)이 소멸하는 현상인] 아지랑이에서부터 정광명 사이의 현상들이 차례로 일어나며, 그 정광명과 동분의 마지막 광명이 부모의 정혈이 화합한 그 가운데에 들어가서 생을 받음과 동시에 정광명에 가까운 마음이 발생한다. 이 정광명에 가까운 마음의 제일찰나(第一刹那)가 생명이 시작되는 순간인 생유(生有)라는 이름을 얻는 근본이자, 모태에 최초로 생을 맺는 마음이다.

그로부터 정광명에 가까운 마음의 제이찰나(第二刹那) 이하와, 그로부터 한층 밝은 마음이, 그로부터 밝은 마음이 차례로 일어나고, 그로부터 80자성의 분별의 마음들이 그의 운반체인 거친 생명의 바람들과 함께 발생한다.

이 밝은 마음(현명)의 운반체인 미세한 생명의 바람으로부터 거친 의식의 의지처가 되는 특별한 능력을 지닌 바람 원소가 일어나며, 거기에서 그와 동일한 능력의 불 원소가, 역시 그와 동일한 능력의 물 원소가, 역시 그와 동일한 능력의 땅 원소들이 차례로 발생한다.

바르도의 의식이 어디를 통해서 몸속으로 들어오는가? 나가보디(龍覺)의 『쌍뒤둡탑남샥(密集成就安立次第)』에서는 비로자나의 문인 정수리를 통해서 들어온다고 하였으며, 『돔중(勝樂生起)』과 『도제텡와(金剛鬘)』에서는 아버지의 입을 통해서 들어온다고 하였다. 그러므로 처음에 바르도의 유정이 아버지의 입 또는 숫구멍으로 들어와서 아버지의 성기를 통해서 나온 뒤, 어머니의 음문으로 들어가서 자궁 속의 정혈이 화합한 그 가운데 죽은 바르도의 의식이 생을 맺는 것이다.

또한 『구사론석』에서는 어머니의 음문을 통해서 들어간다고 설하였다. 그러므로 그와 같이 어머니의 음문과 아버지의 입 또는 숫구멍 세 곳이 어머니의 자궁에 들어가는 문임을 알라.

이것은 태생의 인간으로 태어나는 바르도의 유정이 자궁에 들어가는 법에 따른 것이며, 통상 바르도는 걸림이 없는 존재여서 들어가는 문으로 구멍이 필요하지 않다. 왜냐하면, 철광석을 쪼개면 그 속에서도 벌레가 나온다고 『구사론석』에서 설하였으며, 또 단단한 바위와 갈라지지 않은 돌멩이 속에도 생명체가 존재하기 때문이다.

어머니의 자궁에서 사람 몸이 점차로 자라나는 과정은 다음과 같다. 이 자궁은 어머니 위장의 아래와 대장의 위에 있다고 『입태경』에서 설하였다.

여기서 [첫 주의 수정(受精)의 상태인 응락(凝酪)이라 부르는] 깔랄라(Kalala, 凝酪)는 끓인 우유의 얇은 꺼풀과 같은 것이 표면을 둘러싸고, 그 안은 매우 묽다. 여기서 거친 사람 몸이 형성되니, 죽음에 이르기까지의 거칠고 미세한 몸들이 사대원소로부터 만들어진다. 땅 원소의 바람은 몸을 지탱하고, 물 원소의 바람은 몸이 흩어지지 않게 수렴하고, 불 원소의 바람은 부패를 막고 성숙시키며, 바람 원소의 바람은 몸을 발달시킨다.

[제2주의 막포(膜疱)라 부르는] 아르부다(Arbuda, 膜疱)는 응락이 일주일이 경과하면 새로운 생명의 바람이 일어나고, 그 바람의 힘에 의해서 성숙되어 막포(膜疱)로 바뀐다. 그 상태는 안과 바깥이 둘 다 요구르트와 같이 축축하고 태의(胎衣)를 입게 된다.

[제3주의 혈육(血肉)이라 부르는] 뻬씨(Peśi, 血肉)는 막포가 일주일이 경과하면 새로운 생명의 바람이 일어나고, 그 바람의 힘에 의해서 성숙되어 혈육(血肉)으로 바뀐다. 비록 살이 생겼으나 누름을 견디지 못한다.

[제4주의 견육(堅肉)이라 부르는] 가나(Ghana, 堅肉)는 혈육이 일주일이 경과하면 새로운 생명의 바람이 일어나고, 그 바람의 힘에 의해서 성숙되어 견육(堅肉)으로 바뀌며, 그 살이 윤택하고 누름을 견딘다.

[제5주의 지절(支節)이라 부르는] 쁘라쌰라와(Praśārava, 支節)는 견육이 일주일이 경과하면 새로운 생명의 바람이 일어나고, 그 바람의 힘에 의해서 성숙되어 지절(支節)로 바뀐다. 두 넓적다리와 두 어깨와 머리 모양의 다섯 돌기가 분명하게 나온다.

이 태내의 다섯 단계는 나가보디(龍覺)의 『쌍뒤둡탑남샥(密集成就安立次第)』에서 설한 것이다. 한편 『구사론석』과 『입태경』에서는 누르누르뽀(Nur nur po)와 메르메르뽀(Mer mer po)와 그다음 셋의 순서로 설하고 있으며, 『유가사지론』 「본지분」에서는 메르메르뽀와 누르누르뽀의 바뀐 순서로 설하고 있을지라도, 그 명칭의 순서가 같지 않은 점을 제외하곤 그 의미는 어긋나지 않게 설하고 있다.

제4주의 기간에 깨달음과 희열을 산출하는 요소인 하얀 보리심(白精)과 붉은 보리심(赤精)이 깨끗하고 무거운 청탁(淸濁)의 두 물질로 분화된다. 다시 말해, 하얀 보리심에서 아버지로부터 받은 몸 안의 3가지 보배인 정액과 뼈와 골수가 생성되고, 붉은 보리심에서 어머니로부터 받은 몸 밖의 3가지 보배인 살과 피부와 피가 생성된다.

바르도의 의식이 최초로 의탁했던 부모의 정혈(精血)이 엉킨 장소가 뒤에 심장이 되고, 그곳에 극도로 미세한 풍심(風心)의 둘과 하얀 보리심과 붉은 보리심의 넷이 결합한 흰 겨자씨 크기의 둥근 점[불괴명점(不壞明点)] 속에 바르도의 의식이 혼절한 뒤, 그곳에서 아와두띠(中脈)가 생겨나고, 그 좌우에서 라싸나(右脈)와 랄라나(左脈) 둘이 생겨나와 아와두띠를 세 번씩 감고 있는 매듭 모양으로 형성된다.

그 뒤 우다나(Udāna)라 부르는 상행풍(上行風)이 위로 이동하고, 아빠나(Apāna)라 부르는 하행풍(下行風)이 아래로 이동하는 힘에 의해서, 아와두띠·라싸나·랄라나 3맥이 위아래로 자라나, 마치 머리와 하부의 둘은 가늘고, 가운데는 불룩한 물고기 모양과 같게 된다.

그다음 다섯 돌기가 차례로 생겨나고, 그 뒤 머리와 팔다리의 몸의 다섯 부분이 생겨나고, 그 다음 머리털과 손발톱과 몸의 털 등과, [눈 등의] 감각기관들과 남녀의 성기와 입에서 출입하는 호흡과 혀와 턱 등의 8가지 발음기관(發音器官)들과 바깥의 사물을 향해서 움직이는 완전한 기억의 의식들이 차례로 발생한다.

그와 같이 모태에 착상한 뒤에, 남아인 경우에는 어머니의 오른쪽 허파 아래에서 등을 돌려 척추로 향해서 웅크린 자세를 취하고, 여아인 경우는 어머니의 왼쪽 허파의 아래서 전면을 향해서 웅크린 자세로 자리를 잡는다.

태아가 자궁에 머무는 기간에 대해서, 『입태경』에서는 38주를 채우고서 출생한다고 설하였으므로 266일이 되며, 『유가사지론』「본지분」에서는 여기에다 4일을 더해서 270일을 채우고서 태어난다고 설하였다. 그리고 『돔중』에서는 10개월째에 밖으로 나오는 유정이 있음을 설하였다. 이 셋은 모두 완전한 9개월에다 10일을 더하므로 일치하는 것이다. 이 『입태경』과 『유가사지론』「본지분」에서 설하는 1일은 완전한 하루며, 1달은 4주(28일)를 한 달로 계산한 것이다.

이 35주째에 몸의 구성요소들인 온(蘊)·계(界)·처(處)와, 팔다리, 손발가락, 머리털, 손발톱 등과, 발성기관인 혀와 턱, 바깥의 사물을 인식하는 완전한 기억의 의식들이 완비된다.

36주째에는 자궁에 있는 것을 불쾌하게 여겨서 바깥으로 나오고자 하며, 37주째에는 자궁에 대하여 냄새나고 더럽다는 생각을 일으키고, 마지막 38주째에는 과거의 업으로부터 발생하는, '지분(支分)'이라 부르는 바람이 일어나서, 그 자궁 속의 유정을 머리는 거꾸로, 두 손은 오므리게 해서 자궁 안에서 산문(産門)으로 향하게 만든다.

그 뒤 과거의 업으로부터 발생하는, '시선을 아래로 향함'이란 바람이 일어나서, 머리를 아래로 발을 위로 한 모양의 자궁 속의 유정을 산도로 밀어냄으로써, 38주 끝에는 바깥으로 나와서 사람들의 눈앞에 모습을 드러낸다.

그 뒤 동년(童年)·소년(少年)·청년(青年)·장년(壯年)·노년(老年)의 인생의 다섯 주기가 차례로 발생한다.

최초로 심장의 아와두띠·라싸나·랄라나 셋과 동쪽에 쑴꼬르마(Sum skor ma)라 부르는 삼전맥(三轉脈)과 남쪽에 되마(ḥDod ma)라 부르는 구욕맥(具欲脈) 둘을 합한 다섯 맥도가 동시에 생겨난다.

그 뒤 아와두띠와 함께 존재하는 뒤댈마(bDud bral ma)라 부르는 이마맥(離魔脈)과 서쪽에 킴마(Khyim ma)라 부르는 가녀맥(家女脈), 북쪽에 뚬모(gTum mo)라 부르는 맹렬맥(猛烈脈) 세 맥도가 동시에 생겨나며, 이것을 심장에 생긴 최초팔맥(最初八脈)이라 부른다.

그 뒤 사방의 4맥에서 2맥씩 분화해서 간방의 4맥[쑥끼짜(見色脈)·디이짜(臭香脈)·로이짜(嘗味脈)·렉재짜(感觸脈)]을 이룬 뒤, 비로소 심장의 근본팔맥(根本八脈)을 형성한다.

그 뒤 이 근본팔맥에서 각각 3맥씩 분화되어 도합 24맥을 형성하고, 다시 여기서 3맥씩 분화되어 도합 72맥을 형성한다. 다시 여기서 각각 1,000맥들이 분화되어 총 72,000의 맥도를 형성한다.

처음 모태에 탁생한 첫 달에는, 쁘라나 그라하(Prāṇa-graha)라 부르는 생명을 지탱하는 극도로 미세한 지명풍(持命風)에서 거친 지명풍이 발생하며, 이때 자궁 속 생명체의 생김새는 물고기 모양과 같다.

둘째 달에는, 이 거친 지명풍에서 아빠나(Apāna)라 부르는 아래로 내려가는 바람인 하행풍(下行風)이 발생하며, 이때 자궁 속의 생명체는 다섯 돌기가 불거져 나와 거북이 모양과 같게 된다.

셋째 달에는, 이 하행풍에서 싸마나(Samāna)라 부르는 배꼽 부위에 머무는 등주풍(等住風)이 발생하며, 이때 자궁 속 생명체는 상부가 조금 굽어져서 멧돼지 모양과 같게 된다.

넷째 달에는, 이 등주풍에서 우다나(Udāna)라 부르는 위로 올라가는 상행풍(上行風)이 발생하며, 이때 자궁 속의 생명체는 상부가 조금 발달해서 사자의 모양과 같게 된다.

다섯째 달에는, 이 상행풍에서 브야나(Vyāna)라 부르는 몸 전체를 감싸는 편행풍(遍行風)이 발생하며, 이때 자궁 속의 생명체는 소인(小人)의 모습을 하게 된다고 하였다.

여섯째 달에는, 눈으로 흐르는 바람인 룽규와(rLuṅ rgyu ba)라 부르는 유행풍(流行風)과 땅 원소가 발생한다.

일곱째 달에는, 귀로 흐르는 룽남빠르규와(rLuṅ rnam par rgyu ba)라 부르는 승행풍(勝行風)과 물 원소가 발생한다.

여덟째 달에는, 코로 흐르는 룽양닥빠르규와(rLuṅ yaṅ dag par rgyu ba)라 부르는 정행풍(正行風)과 불 원소가 발생한다.

아홉째 달에는, 혀로 흐르는 룽랍뚜규와(rLuṅ rab tu rgyu ba)라 부르는 극행풍(極行風)과 바람 원소가 발생한다.

열째 달에는, 몸의 혈규로 흐르는 룽응에빠르규와(rLuṅ ṅes par rgyu ba)라 부르는 결행풍(決行風)과 허공 원소가 발생하며, 그때 몸 안의 공간(內腔)이 형성된다.

비록 모태에서는 [인체의 10가지 생명의 바람인] 십풍(十風)이 형성될지라도, 거기서는 코로 들고나는 숨쉬기를 하지 않으며, 뒤에 출산하자마자 코로 숨을 쉬게 된다고 하였다.

깨달음과 희열을 산출하는 질료인 하얀 보리심(白精)과 붉은 보리심(赤精)의 둘과 극도로 미세한 풍심(風心)이 결합한 흰 겨자씨 크기의 빛 방울(명점)이 심장의 아와두띠 속에 있는 극소의 공간 속에 존재하며, 이것을 생명의 의지처인 불괴명점(不壞明点)이라 부른다.

그 뒤 하얀 보리심의 일부가 정수리 짜끄라 속으로 들어가 머무는 것을 함(Haṃ)이라 부르며, 이것이 몸의 여타 부분에 존재하는 모든 하얀 보리심들을 직접 또는 간접적으로 생장시킨다. 그리고 심장 속의 붉은 보리심의 일부가 배꼽 짜끄라 속으로 들어가서 머무는 것을 뚬모(배꼽 불)라고 부르며, 이것이 몸의 여타 부분에 존재하는 모든 붉은 보리심들을 직접 또는 간접적으로 생장시킨다.

집과 같은 역할을 하는 몸의 짜끄라(脈輪)들 속에는 명점(明点)의 일부가 다 존재할지라도, 하얀 보리심들을 생장시키는 본처는 정수리의 짜끄라이며, 붉은 보리심을 생장시키는 본처는 배꼽의 짜끄라이다. 심장의 짜끄라는 하얀 보리심과 붉은 보리심을 균등하게 생장시키는 장소이다.

이 하얀 보리심과 붉은 보리심은 어느 때 필요로 하는 시기에 생기는 것이며, 항아리에다 물을 채우듯이 존재하는 것이 아니라고 하였다.

이와 같이 자궁에 탁태한 뒤에, 거친 육신의 삶을 받는 것을 기본의 화신(化身)이라 부른다.

제4장 기본의 삼신(三身)을 정화하는 법

이와 같이 바르도의 유정이 자궁에 탁태한 뒤 생을 받는 과정들은, 범속한 자신을 본존의 몸으로 일으켜서 닦는 생기차제(生起次第)에서 탄생을 화신으로 변화시키는 법과, 범속한 자신을 실제로 본존의 몸으로 변화시키는 원만차제(圓滿次第)에서 청정환신(淸淨幻身)과 부정환신(不淨幻身)을 거친 차원의 변화신(變化身)으로 인식하거나, 이전의 옛 몸에 머물면서 범부들의 눈앞에 나타남과 모양이 같은 것이며, 또한 생기와 원만차제의 정화 대상들이다. 그러므로 생기와 원만 두 차제의 정화 대상에는 차이가 없다.

여기서 생기차제는, 자연적으로 발생하는 평범한 죽음과 바르도, 탄생의 셋을 대상으로 삼아서 정화하는 것이다. 정화 방법도 그 셋과 순서와 과정이 일치하게 자연적 죽음을 다르마까야(法身)로 바꾸는 법과, 자연적으로 생기는 바르도의 의생신(意生身)을 쌈보가까야(報身)로 바꾸는 법과, 불가피한 재탄생을 니르마나까야(化身)로 바꾸는 법을 그 행법의 지분들과 함께 닦아서, 몸과 마음에서 범속한 죽음과 바르도와 탄생의 셋을 정화한 뒤, 그 셋과 내용과 모양이 일치하는 과위(果位)의 부처님의 삼신(三身)을 실현하는 것이다.

원만차제란, 자연적인 죽음과 바르도와 탄생의 3가지 법과 내용이 일치하는 행법에 의해서 실제로 그 셋을 정화하는 것이다.

여기서 죽음의 정광명과 내용이 일치하는 것은, 신적(身寂)·어적(語寂)·심적(心寂)·환신(幻身)·유학쌍운(有學雙運)들 단계에서의 밝은 마음(현명)·한층 밝은 마음(증휘)·정광명에 가까운 마음(근득) 셋과 원초의 빛인 죽음의 정광명이다.

바르도의 몸과 내용이 일치하는 것은 3번째 차제의 부정환신(不淨幻身)과 유학쌍운 단계에서의 청정환신(淸淨幻身)이다.

탄생과 내용이 일치하는 것은 정부정(淨不淨)의 환신들이 이전의 옛 몸에 머물면서 범부들의 눈앞에 나타나는 것이다.

원만차제의 도들에 의해서 탄생과 죽음과 바르도 셋을 실제로 정화하는 법은 다음과 같다.

원만차제의 유가행자가 그 성품을 가히 둘로 나누지 못하는 극도로 미세한 풍심(風心)의 일부이자, 온갖 유형의 삶의 흐름 속에서 일관되게 이어지는 극도로 미세한 마음이 범속한 죽음의 정광명으로 바뀌는 것을 삼매의 힘으로 차단한 뒤, 그것과 내용이 일치하는 [깨달음을 열어가는 단계인] 도위(道位)의 비유와 승의 두 가지 광명과 [구경의 지위인] 과위(果位)의 정광명의 법신으로 변화시키는 것이 죽음을 정화하는 법이다.

원만차제의 유가행자가 그와 같이 일관되게 이어지는 극도로 미세한 생명의 바람(風)이, 죽음의 정광명의 자연적인 운반체가 되어 바르도의 몸을 만드는 것을 삼매의 힘으로 차단한 뒤, 바르도와 그 내용이 일치하는 부정환신(不淨幻身)과 유학쌍운(有學雙運)과 무학쌍운(無學雙運)의 청정환신(淸淨幻身)으로 변화시키는 것이 바르도를 정화하는 법이다.

그와 같은 환신을 얻게 되면 바르도를 근본적으로 파괴하게 되고, 또 그 힘으로 업과 번뇌에 의해 자궁에 몸을 받는 탄생 또한 파괴한 뒤, 바르도의 유정이 자궁에서 생을 받는 것과 내용이 일치하게 환신이 이전의 옛 몸에 머물면서, 법을 설하면서 최상의 도를 얻기 위해 정진하는 것이 탄생을 정화하는 법이다.

그러므로 탄생과 죽음과 바르도 셋을 실제적으로 파괴하는 근본은, 환신의 직접적 원인이 되는 심적(心寂)의 마지막인 [정광명에 가까운 마음인] 비유광명(譬喩光明)이다. 이것이 죽음을 실제로 파괴하는 힘에 의해서 바르도와 탄생을 자력으로 파괴하기 때문이다.

그와 같은 비유광명에서 환신(幻身)을 성취할 때 바르도를 근원적으로 파괴하는 것이니, 바르도의 몸을 일으키는 극도로 미세한 생명의 바람이 환신으로 변화되었기 때문이다. 만약 바르도를 근원적으로 파괴하게 되면 업과 번뇌에 의한 탄생을 받지 않는 까닭에, 환신을 성취하게 되면 그 생에서 성불하게 되는 것은 당연하다.

위에서 설명한 내용들을 해설하는 많은 전적들이 있으나 글이 번다해짐을 우려해 여기서는 적지 않는다. 그 대신 제린뽀체로 부르는 쫑카빠 로쌍닥빠(善慧稱)와 그의 양대 제자인 걜찹제라 부르는 다르마 린첸(寶法)과 캐둡제라 부르는 겔렉뻴쌍(吉祥賢善)의 성스러운 삼부자(三父子)의 어록과 그들의 법맥을 전승하는 선현들의 어록들을 통해서 자세히 살펴보도록 하라.

2. 인용도서

1. 『간댄둡타(格魯教派史略, 藏文文選: 10)』(dGe ldan grub mthaḥ), 세창 로상뻴댄(bSe tshaṅ Blo bzaṅ dpal ldan), 북경 민족출판사, 1998, China.
2. 『귀라마랍쎌멜롱(寶性論眞性明鑑釋)』(Theg chen rgyud bla maḥi de kho na ñid rab gsal me loṅ), 괴로짜와 슈누뻴(ḥGos lo tsā ba gshon nu dpal), edited by Klaus-Dieter Mathes, 2003, Publications of the Nepal Research Centre, kathmandu, Nepal.
3. 『까르마빠재남(歷代嘎瑪巴傳)』(Karmapa sku phreṅ mdzad rnam), 댄마잠양(lDan ma ḥjam dbyaṅs), 감숙 민족출판사, 1997, 청해, China.
4. 『꾼뛰남쌔니외(阿毘達磨集論日光釋), 藏族十明文化傳世經典叢書:噶擧系列 第12券』(Chos mṅon pa kun btus kyi ṭī ka rnam bśad ñi maḥi ḥod zer), 부뙨 린체둡(Bu ston Rin chen grub), 청해 민족출판사, 2001, 서녕, China.
5. 『꾼쌍라매샐룽(普賢上師口訣)』(Kun bzaṅ bla maḥi shal luṅ), 뻴뚤 직메최끼왕뽀(dPal sprul ḥJigs me chos kyi dbaṅ po), Cho chod Publication, 2000, New Delhi, India.
6. 『나로최둑이체공갠(那若六法信解莊嚴), 로쌍공갠(Blo bzaṅ dgoṅs rgyan) 19권』(Nāro chos drug gi zin bris yi ches dgoṅs rgyan) 응울추라마 최쌍(dṄul chu bla ma Chos bzaṅ), Drepung Loseling Educational Society, Drepung Loseling, 1996, Mundgod, India.
7. 『나로최둑쎌된(那若六法明燈), 藏密氣功』(Nāro chos drug gsal sgron), 뺀조르 된둡(dPal ḥbyor don grub), 사천 민족출판사, 1995, 사천, China.
8. 『낭빼따쬐꾼뛰(佛教見行集論)』(Naṅ paḥi lta spyod kun btus), 달라이 라마, Institute of Buddhist Dialectics, 1996, Dharamsala, H.P. India.
9. 『대반야경(大般若經卷五百七十六:第八那伽室利分)』, 新修大藏經 第07冊 No.0220, CBETA 電子佛典, 2006.
10. *The Stages of Death*, Jeffrey Hopkins, Snow Lion Publications, 1987, Ithaca, New York, USA.

11. 『델빠시닥씬디(四家合注備忘錄), 로쌍공갠(Blo bzaṅ dgoṅs rgyan) 56권』(ḥGrel pa bshi sbrags kyi dzin bris), 아꺄용진 가왜로되(Akyā yoṅs ḥdzin dGaḥ baḥi blo gros), Drepung Loseling Educational Society, Drepung Loseling, 2000, Mundgod, India.

12. 『뎀촉뫈람(勝樂祈願文), 로쌍공갠(Blo bzaṅ dgoṅs rgyan) 14권』(Chos spyod byaṅ grol sgo ḥbyed), 쫑카빠(Tsoṅ kha pa), Drepung Loseling Educational Society, Drepung Loseling, 1996, Mundgod, India.

13. 『도응악쑹랍닝뽀(密呪寶典)』(mDo sṅags gsuṅ rab sñiṅ po), 中華敦都多傑佛學會, 2004, 高雄, Taiwa.

14. 『도제낸졸마포와(金剛瑜伽母破瓦)』(*THE COLLECTED WORKS ON VAJRA YOGINI SAKYAPA TRADITION* VOLUME-1), Sachen International, Guru Lama, KTM, Nepal.

15. 『도제텍빼쌀람템깨(密乘地道行相寶階), 로쌍공갠(Blo bzaṅ dgoṅs rgyan) 21권』(rDo rje theg paḥi sa lam them skas), 쎄르똑 로쌍출팀갸초(gSer tog Blo bzaṅ tshul khims rgya mthso), Drepung Loseling Educational Society, Drepung Loseling, 1996, Mundgod, India.

16. 『둥까르칙죄첸모(東噶藏學大事典)』, 둥까르 로쌍틴래(東噶.洛桑赤列), 2002, 중국장학출판사(中國藏學出版社), 북경, China.

17. 『뒤좀최중(杜鈞教史)』(bDud ḥjoms chos ḥbyuṅ), 뒤좀 예시도제(bDud ḥjoms Ye śe rdo rje), 사천 민족출판사, 1996.11, 성도, China.

18. 『뒤코르림니델람(時輪二次第道入), 로쌍공갠(Blo bzaṅ dgoṅs rgyan) 15권』(Dus ḥkhor rim gñis bde lam), 갤찹 다르마린첸(rGyal tshab Dar ma rin chen), Drepung Loseling Educational Society, Drepung Loseling, 1996, Mundgod, India.

19. 『람대(道果法, Lam ḥbras)상편, 薩迦派系列叢書 第20』, 싸첸 꾼가닝뽀(Sa chen Kun dgaḥ sñiṅ po), 북경: 민족출판사, 2004, China.

20. 『람림첸모(菩提道次第廣論)』(Lam rim chen mo), 쫑카빠(Tsoṅ kha pa), 청해 민족출판사, 1985, 서녕, China.

21. 『뤼캄니매녠뽀(經藏醫藥部分集成)』(Lus kham ñi maḥi gñen po), 까르마틴래(Karma ḥphrin las) 편찬, 서장 인민출판사, 1988, 서장, China.

22. 『릭진데뇌밍기남당(持明藏異名論), 로쌍공갠(Blo bzaṅ dgoṅs rgyan) 8권』(Rig dzin sde snod miṅ gi rnam graṅs), 롱될라마 응악왕로쌍(Kloṅ rdol bla ma Ṅag dbaṅ blo bzaṅ), Drepung Loseling Educational Society, Drepung Loseling, 1996, Mundgod, India.

23. 『맨악닝기공빠(教誡極密意王續)』(Man ṅag sñiṅ gi dgoṅs pa rgyal baḥi bkaḥ rgyud), 닝마귄붐(舊密十萬續, 응아빠 Ṅa pa), 참닥괸빠(mTsham brag dgon pa)의 목판 영인본, Butan.

24 『묘법연화경현찬(妙法蓮華經玄贊卷第八)』, 규기(窺基), 新修大藏經 第34冊 No.1723, CBETA 電子佛典, 2006.

25. 『밀승지도선설(密乘地道善說), 샹뙨갸초쑹붐 4권』(Shaṅ ston rgya mtsho gsuṅ bum), 샹뙨 뙨빠갸초(Shaṅ ston. bsTan pa rgya mtsho), 감숙 민족출판사, 2004, 감숙성, China.

26. 『바르도쌍왜귀(中有秘密續)』(Bardo gsaṅ baḥi rgyud), 닝마귄붐(舊密十萬續, 응아빠 Ṅa pa), 참닥괸빠(mTsham brag dgon pa)의 목판 영인본, Butan.

27. 『바르도찌된쌜제(中有總義明鑑)』(Bardo spyiḥi don tham chad rnam par gsal byed pa dran paḥi me loṅ), 쩰레나촉(Tse le sna tshogs), 까북마니비린딩(Ka sbug maṇibirinḍiṅ), 여타 미상(未詳).

28. 『바르도퇴돌(中有聞法解脫)』(Bardo thos grol chen mo), 까르마 링빠(Karma Gliṅ pa) 발굴, 상깡텐마 출판사, 2002, 청해, China.

29. 『반야심경찬(般若心經贊)』, 新修大藏經 第33冊 No.1711, CBETA 電子佛典, 2006.

30. 『빼마까탕(蓮花遺敎)』(Padma bkaḥ thaṅ), 떼르첸 우갠링빠(gTer chen Urgyan gliṅ pa) 발굴, 사천 민족출판사, 1993.10, 성도, China.

31. 『보리도차제광론의난명해(菩提道次第廣論疑難明解)』(Lamrim chen moḥi dkaḥ gnad mdud grol), 차리 깰쌍톡메(Cha ris sKal bzaṅ thogs med), 감숙 민족출판사, 2005, 난주, China.

32. 『섭대승론석(攝大乘論釋卷三)』, 바수반두(世親 菩薩), 新修大藏經第31冊 No.1595, CBETA 電子佛典, 2006.

33. 『쌈모낭된낭제(金剛身論釋), 藏族十明文化傳世經典叢書:噶擧系列第20券』(Zab mo naṅ don snaṅ byed), 꽁뚤 왼땐갸초(Koṅ sprul Yon tan rgya mtsho), 청해 민족출판사, 2001, 서녕, China.

34. 『쌍데직쑴람니끼티(密集勝樂怖畏二次第釋)』(gSaṅ bde bjigs gsum rim gñis kyi ḥkhrid), 제쭌 닥빠쌔둡(rJe btsun Grags pa bśad sgrub), Sera Mey, 1998, Mysore, India.

35. 『쌍뒤께족쌔빠(密集生圓次第注疏), 로쌍공갠(Blo bzaṅ dgoṅs rgyan) 48권』(gSaṅ ḥdus bskyed rdzogs bśad pa) 로쌍최끼걜챈(Blo bzaṅ chos kyi rgyal mtshan), Drepung Loseling Educational Society, Drepung Loseling, 1996, Mundgod, India.

36. 『쌍첸귀시남샥(秘密四續行相, 로쌍공갠 Blo bzaṅ dgoṅs rgyan) 8권』(gSaṅ chen rgyud bshi rnam gshag), 캘카 응아왕빤댄(Khal kha Ṅag dbaṅ dpal ldan), Drepung Loseling Educational Society, Drepung Loseling, 1996, Mundgod, India.

37. 『샹빠까귀라랍남타르(香巴嘎擧先賢傳)』(Śaṅs pa bkaḥ brgyud bla rabs kyi rnam thar), 남카쌈둡걜챈(Nam mkhaḥ bsam grub rgyal mtshan), 서장 장문고적출판사, 1996, 서장, China.

38. 『쎄자꾼캅(知識總彙)』(Śes bya kun khyab), 꽁뚤 왼땐갸초(Koṅ sprul Yon tan rgya mtsho), 북경: 민족출판사, 2002. 3, China.

39. 『쏘자뤼기남쌔(藏醫人體結構論)』(gSo bya lus kyi rnam bśad), 툽땐푼촉(Thub bstan phun tshogs), 북경: 민족출판사, 1999, China.

40. *Yoga of the Guhyasamājatantra*, Alex Wayman, Motilal Banardass Publishers, 1999. New Delhi, India.

41. 『유가사지론(瑜伽師地論)』, 미륵 보살, 新修大藏經 第30冊 No.1579, CBETA 電子佛典, 2006.

42. 『윰된쎌왜된메(般若經義明燈, 뺀첸 쏘남닥빼쑹붐』(Pan chen bsod nam grags paḥi gsuṅ ḥbum ga pa), 뺀첸 쏘남닥빠, Drepung Loseling Library Society, Drepung Loseling, 2006, Mundgod, India.

43. 『응악끼쌀람남샥(密乘地道行相入門, 로쌍공갠 Blo bzaṅ dgoṅs rgyan) 8권』(gSaṅ ḥdus sṅags kyi sa lam rnam gshag ḥjug ṅogs), 양짼 가왜로되(dByaṅs can dGaḥ baḥi blo gros), Drepung Loseling Educational Society, Drepung Loseling, 1996, Mundgod, India.

44. 『응악림첸모(密宗道次第廣論)』(sṄags rim chen mo), 쫑카빠(Tsoṅ kha pa), The Corporate Body of the Buddha Educational Foundation, 2001, Taipei, Taiwan.

45. 『응왼죄남쌔(俱舍論精解)』(mṄon mdzod ḥgrel pa rnam bśad), 까르마빠 왕축도제(dBaṅ phgyug rdo rje), Vajra Vidya Library, 2003, Varanasi, India.

46. 『죄델찌조(俱舍論廣釋), 藏族十明文化傳世經典叢書:噶擧系列第13券』(mṄon mdzod ḥgrel pa dpyid ḥjo), 까르마빠 미꾀도제(Mi bskyod rdo rje), 청해 민족출판사, 2001, 서녕, China.

47. 『죄델타르람(俱舍論要解), 雪域十明精髓大全 6권』(mṄon ḥgrel thar lam gsal byed), 겐된둡빠(dGe ḥdun grub pa), 민족출판사, 2003, 북경, China.

48. 『지장본원경(地藏本願經利益存亡品第七)』, 新修大藏經 第13冊 No.0412, CBETA 電子佛典, 2006.

49. 『쬐뒤된마(集行明燈論)』(sPyod pa bsdus paḥi sgron ma), Ārya deva, Edited by Janardan Shastri Pandey, 2000, Central Institute of Higher Tibetan Studies, Sarnath, Varanasi, India.

50. 『찌끼틱레씬디(春光明点備忘錄), 로쌍공갠(Blo bzaṅ dgoṅs rgyan) 15권』(rDzogs rim dpyid kyi thig leḥe zin bris), 걜찹 다르마린첸(rGyal tshab Darma rin chen), Drepung Loseling Educational Society, Drepung Loseling, 1996, Mundgod, India.

51. 『최중캐빼가뙨(智者喜宴)』(Chos ḥbyuṅ mkhas paḥi dgaḥ ston), 빠오쭉락텡와(dPaḥ bo

gtsug lag phreṅ ba), Vajra Vidya Library, 2003, Varanasi, India.

52. 『최응왼뒤빠델빠(阿毗達磨攝論釋 · 하권)』, Ācārya Anuruddha(不滅), Sempa Dorjee 옮김, 1996, Central Institute of Higher Tibetan Studies, Sarnath, Varanasi, India.

53. 『포와쎄르기고제(意識轉移廣注), 로쌍공갠(Blo bzaṅ dgoṅs rgyan) 33권』(rNam śes ḥpho baḥi gser gyi sgo ḥbyed), 쫑카빠(Tsoṅ kha pa), Drepung Loseling Educational Society, Drepung Loseling, 1999, Mundgod, India.

54. *Peaceful Death, Joyful Rebirth*, Tulku Thondup, Shambala, 2005, Boston, USA.

55. 『티베트의 지혜』, 쏘걀린뽀체 지음, 오진탁 옮김, 민음사, 1999, 서울, Korea.

56. 『현양성교론섭사품(顯揚聖教論攝事品)』, 아상가(無著 菩薩), 新修大藏經 第31冊 No.1602, CBETA 電子佛典, 2006.

3. 사진 자료 및 도표 모음

〈사진 1〉 바즈라다라(Vajradhāra, 持金剛佛)

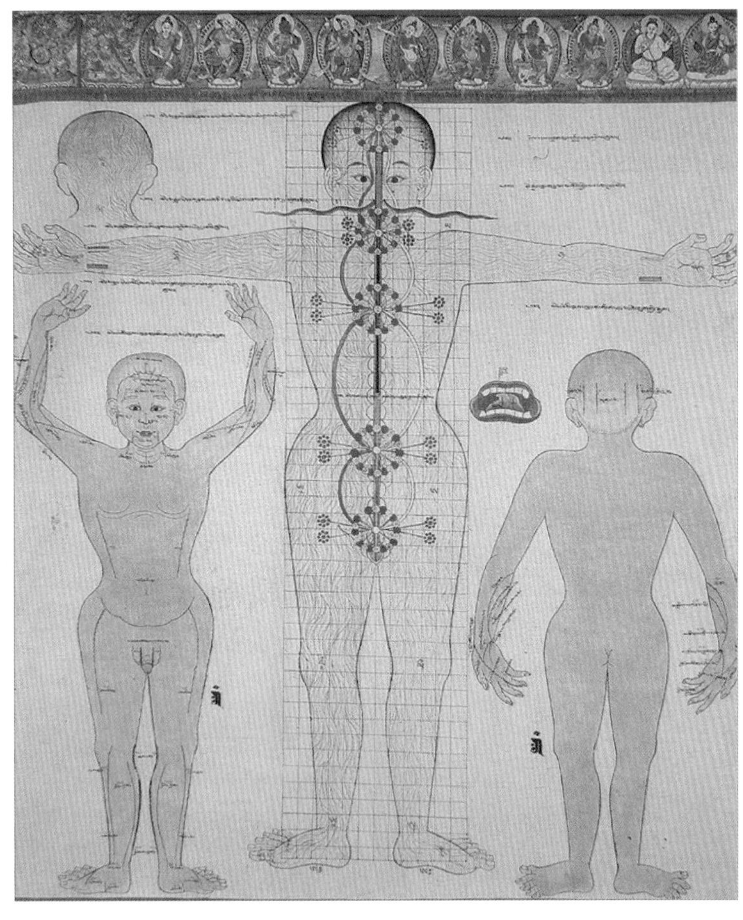

〈사진 2〉 인체의 맥륜도

Tibetan Medical Thangka(People's Publising House of Tibet, 1994, China)에서 전재함.

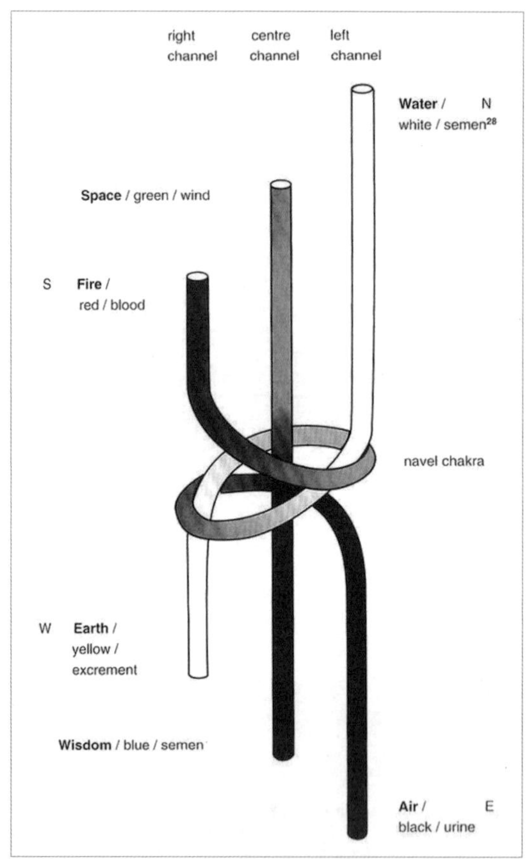

〈사진 3〉 근본삼맥(根本三脈)의 구조

Martin Brauen의 The Mandala(Serindia Publications, 1997, London)에서 전재함.

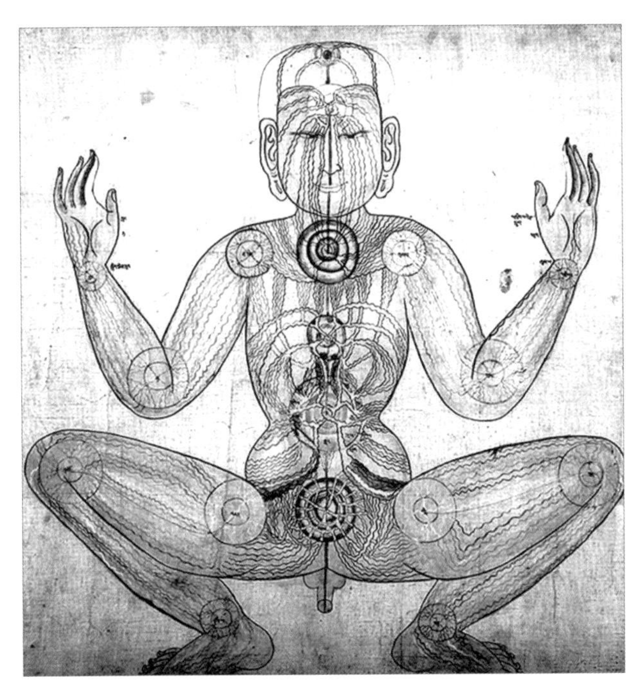

〈사진 4〉 배꼽의 십이궁(十二宮)과 12관절맥륜

Martin Brauen의 The Mandala(Serindia Publications, 1997, London)에서 전재함.

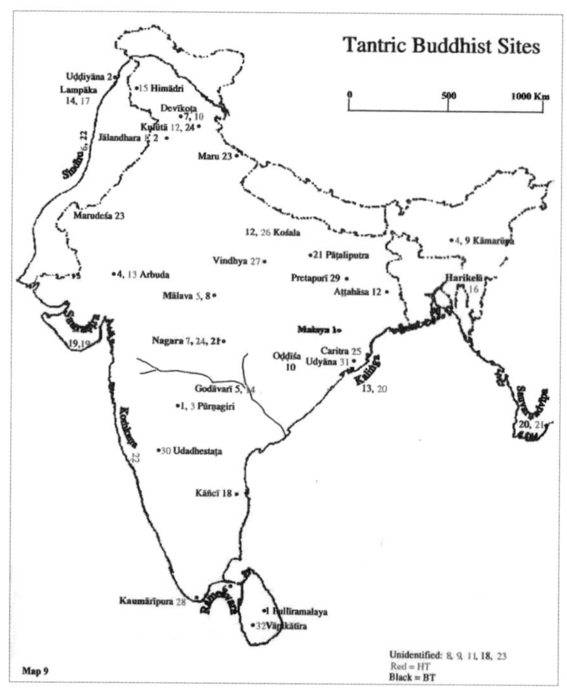

〈사진 5〉24 성역도(聖域圖)

JNRC Vol. XII, 2001 (United Graphic Printers, 2001, Kathmandu)에서 전재함.

〈사진 6〉 태내오위도(胎內五位圖)

Tibetan Medical Thangka(People's Publising House of Tibet, 1994, China)에서 전재함.

〈도표 1〉 오온(五蘊)의 25원소들의 은멸 내용

은멸 순서	오온(五蘊)	오지(五智)	사대(四大)	육근(六根)	오경(五境)
1단계	색온(色蘊)	대원경지(大圓鏡智)	지대(地大)	안근(眼根)	내색(內色)
2단계	수온(受蘊)	평등성지(平等性智)	수대(水大)	이근(耳根)	내성(內聲)
3단계	상온(想蘊)	묘관찰지(妙觀察智)	화대(火大)	비근(鼻根)	내향(內香)
4단계	행온(行蘊)	성소작지(成所作智)	풍대(風大)	설근(舌根)신근(身根)	내미(內味) 내촉(內觸)
5단계	식온(識蘊)	법계체성지(法界體性智)	공대(空大)•	의근(意根)	법처(法處)••

• 몸의 공대는 내색(內色)에 포함되며, 무위법의 공대는 소멸이 없다.

•• 법처(法處)는 위의 내색(內色) 등에 포함된다.

〈도표 2〉 사대의 은멸 현상

단계	은멸하는 원소	외적인 현상	내적인 현상(비유)
1단계	지대가 물 원소로	보지 못함 땅의 꺼짐	아지랑이의 일렁임
2단계	수대가 불 원소로	내외의 소리를 듣지 못함	푸른 연기의 솟아남
3단계	화대가 풍 원소로	냄새를 맡지 못함	밤하늘의 반딧불 또는 빨간 불티의 튀어 오름
4단계	풍대가 허공으로 또는 의식으로	호흡의 끊김, 맛을 모름, 감촉의 소멸	등불(촛불)의 떨림

_ 풍대가 허공 또는 의식을 은멸하는 것은 의식이 허공에 속하기 때문.

〈도표 3〉 의식의 은멸 과정

단계	은멸하는 마음	내적인 현상(비유)	내적 현상의 원인
5단계	80자성의 분별이 33분별의 현명의 마음으로(거친 의식)	등불 또는 촛불의 타오름	정수리의 하얀 보리심이 심장으로 하강할 때 생기는 현상
	33분별의 현명의 출현(미세 의식)	가을밤에 달빛이 비침(白光)	
6단계	현명의 은멸과 40분별의 현명증휘의 마음의 출현(미세 의식)	가을하늘에 햇빛이 비침(赤光)	배꼽의 붉은 보리심이 심장으로 상승할 때 생기는 현상
7단계	현명증휘의 은멸과 7분별의 현명근득의 마음의 출현(미세 의식)	가을하늘에 짙은 어둠이 내림(黑光)	하얀 보리심과 붉은 보리심이 심장에서 만날 때 생기는 현상
8단계	현명근득의 은멸과 죽음의 정광명의 출현 (법성의 광명)	여명의 하늘 빛(투명한 빛)	하얀 보리심과 붉은 보리심이 심장에서 용해될 때 생기는 현상

〈도표 4〉 임종의 사광명(四光明)과 사공(四空)과 사희(四喜)

사광명(四光明)	사공(四空)	사희(四喜)	발생 장소
현명(顯明, Āloka)	공(空, Śūnya)	희(喜, Ānanda)	머리
현명증휘(顯明增輝, Ālokābhāsa)	극공(極空, Atyanta-śūnya)	승희(勝喜, Pramānanda)	인후
현명근득(顯明近得, Ālokopalabdhi)	대공(大空, Mahā-śūnya)	수희(殊喜, Viramānanda)	배꼽
정광명(淨光明, Prabhāsvara)	일체공(一切空, Sarva-śūnya)	구생희(俱生喜, Sahajānanda)	음부

〈도표 5〉 근본삼맥(根本三脈)의 위치

맥의 이름	별명	위치	상단	하단	운반물	색깔
중맥(中脈, Avadhūtī)	우치의 맥	중앙	미간	성기의 끝	풍	청색(바깥) 적색(안쪽)
우맥(右脈, Rasanā)	분노의 맥	우측	우측비공	성기의 끝	혈액	적색
좌맥(左脈, Lalanā)	탐욕의 맥	좌측	좌측비공	성기의 끝	정액	백색

〈도표 6〉 근본삼맥의 맥의 매듭

인체의 다섯 곳	중맥(中脈)을 감는 맥	감은 횟수	중맥(中脈)을 감는 맥	감은 횟수
정수리	우맥(右脈)	우로 1회	좌맥(左脈)	좌로 1회
인후	우맥(右脈)	우로 1회	좌맥(左脈)	좌로 1회
심장	우맥(右脈)	우로 3회	좌맥(左脈)	좌로 3회
배꼽	우맥(右脈)	우로 1회	좌맥(左脈)	좌로 1회
생식기	우맥(右脈)	우로 1회	좌맥(左脈)	좌로 1회

〈도표 7〉 심장팔맥(心臟八脈)

팔맥의 이름	형성 시기	이동하는 풍(風)	발생처	작용	방향
쑴꼬르마 (三轉脈)	근본삼맥의 형성 뒤	땅 원소의 풍	중맥	지계(地界)의 생장	동
되마(欲女脈)	근본삼맥의 형성 뒤	물 원소의 풍	중맥	수계(水界)의 생장	남
킴마(家女脈)	최초오맥의 형성 뒤	불 원소의 풍	중맥	화계(火界)의 생장	서
뚬모(猛烈脈)	최초오맥의 형성 뒤	풍 원소의 풍	중맥	풍계(風界)의 생장	북
쑥끼짜(見色脈)	쑴꼬르마의 형성 뒤	풍과 정혈	쑴꼬르마	시각	동남
디이짜(臭香脈)	되마의 형성 뒤	풍과 정혈	되마	후각	남서
로이짜(嘗味脈)	킴마의 형성 뒤	풍과 정혈	킴마	미각	서북
렉재짜(感觸脈)	뚬모의 형성 뒤	풍과 정혈	뚬모	촉각	북동

_ 둥까르 로쌍틴래의 『뵈끼까르착릭빠』의 자료를 인용 번역한 것임.

〈도표 8〉 인체의 6맥륜(脈輪)

맥륜의 이름	위치	맥판수	모양/색상	방향
대락륜(大樂輪) Mahāsukha-Cakra	정수리	32	삼각형 / 백색	하향
수용륜(受用輪) Saṃbhoga-Cakra	인후	16	원형 / 적색	상향
법륜(法輪) Dharma-Cakra	심장	8	원형 / 백색.청색	하향
변화륜(變化輪) Nirmāṇa-Cakra	배꼽	64	삼각형 / 잡색	상향
호락륜(護樂輪) Guhya-Cakra	음부	32	원형 / 적색	하향
희선륜(喜旋輪)	성기	8	삼각형 / 백색	상향

_ 이 외에도 작은 짜끄라로 미간의 6맥판의 풍륜(風輪)과 인후와 심장 사이의 3맥판의 화륜(火輪)의 2가지가 더 있다.

〈도표 9〉 깔라짜끄라의 6맥륜(脈輪)

맥륜의 이름	위치	맥판 수	색상	원소	문자	비고
정륜(頂輪)	정수리	4	녹색	허공	A	지혜명점(智慧明点)
액륜(額輪)	이마	16	흑색	풍	YA	
후륜(喉輪)	인후	32	적색	불	RA	어명점(語明点)
심륜(心輪)	심장	8	백색	물	VA	의명점(意明点)
제륜(臍輪)	배꼽	64	황색	땅	LA	지혜명점 신명점(身明点)
비밀륜(秘密輪)	음부	32	잡색	수미산	MA	어명점(語明点)
보주륜(寶珠輪)	성기	8	백색			의명점(意明点)

〈도표 10〉 근본오풍(根本五風)

풍의 이름	형성 시기	발생 장소	오종성불	거처	색상	태아의 모양
지명풍(持命風) Prāṇa-graha	첫째 달	미세 지명풍	아축불	심장	청색 백색	물고기
하행풍(下行風) Apāna	둘째 달	거친 지명풍	보생불	음부	황색	거북이
등주풍(等住風) Samāna	셋째 달	하행풍	불공성취	배꼽	녹색	멧돼지
상행풍(上行風) Udāna	넷째 달	등주풍	아미타불	인후	적색	사자
편행풍(遍行風) Vyāna	다섯째 달	상행풍	비로자나	머리 전신	백색	소인

〈도표 11〉 지분오풍(支分五風)

오풍의 이름 (본서)	다른 이름 (타서)	형성 시기	발생 장소	이동처	색상	작용
룽규와 (流行風)	용풍(龍風) Nāga-vāyu	6째 달	편행풍	눈	황색	지대의 생장
룽남빠르규와 (勝行風)	구풍(龜風) Kūrma-vāyu	7째 달	룽규와	귀	청색	수대의 생장
양닥빠르규와 (正行風)	합개풍(蛤蚧風) Kṛkila-vāyu	8째 달	룽남빠르규와	코	적색	화대의 생장
룽랍뚜규와 (極行風)	천수풍(天授風) Devadatta-vāyu	9째 달	양닥빠르규와	혀	녹색	풍대의 생장
룽응에빠르 (決行風)	재왕풍(財王風) Dhanañjaya-vāyu	10째달	룽랍뚜규와	전신	백색	혈규의 뚫음

〈도표 12〉 오풍과 오온과 오지와 오불의 관계

오풍(五風)	오온(五蘊)	오지(五智)	오불	종성
지명풍(持命風, Prāṇa) Tib. 쏙진(Srog ḥdzin)	식(識) vijñāna	대원경지(大圓鏡智)	아축불	금강부
하행풍(下行風, Apāna) Tib. 투르쎌(Thur sel)	수(受) vedanā	평등성지(平等性智)	보생불	보생부
상행풍(上行風, Udāna) Tib. 겐규(Gyen rgyu)	상(想) samjñā	묘관찰지(妙觀察智)	아미타불	연화부
등주풍(等住風, Samāna) Tib. 남내(mÑam gnas)	행(行) samskāra	성소작지(成所作智)	불공성취	갈마부
편행풍(遍行風, Vyāna) Tib. 갑제(Khyab byed)	색(色) rūpa	법계체성지(法界體性智)	비로자나	여래부

_ 경론에 따라 법계체성지가 아축불이 되고, 대원경지가 비로자나불이 되기도 함.

〈도표 13〉사위(四位)와 명점의 위치

사위(四位)	구햐싸마자(秘密集會續)	깔라짜끄라(時輪金剛續)
수면의 단계	심장과 성기 끝	심장
꿈의 단계	인후와 음부	인후와 음부
각성의 단계	정수리와 배꼽	배꼽
선정의 단계	배꼽과 음부	배꼽과 성기의 중심

4. 용어 모음

겨자씨 : 티베트불교에서 사귀(邪鬼)와 원적(怨敵)을 구축하는 의식에 사용하는 좁쌀알 크기의 유채 씨앗으로 융까르(Yuṅ kar)라 부른다. 특히 밀교 수행에서 심장 등에 존재하는 명점(明点)의 크기를 비유할 때 많이 쓴다.

관절 짜끄라(脈輪) : 인체의 크고 작은 관절에 형성된 짜끄라를 말한다. 몸의 12개의 대관절에는 30맥판의 대관절 짜끄라가 하나씩 있으며, 손발가락 등의 60개의 소관절에도 6맥판의 소관절 짜끄라가 하나씩 있다.

관정(灌頂, Abhiṣeka) : 관정의 의미는 제자의 머리에 지혜의 감로수를 부어서 심신의 죄업을 씻고, 생기와 원만차제의 도를 닦을 수 있도록 권위를 수여하는 것을 말한다. 십지(十地)와 오도(五道)의 과위의 공덕을 얻을 수 있도록 제자의 법 그릇에 지혜의 감로수를 넣어주며, 아뢰야식에 종자를 뿌려서 도과(道果)를 얻게 하는 습기를 심어주며, 신·구·의 3가지 장애의 더러움을 씻어서 도업을 닦을 수 있도록 만들며, 딴뜨라를 청문하고 사유하고, 강설하고 수행할 수 있는 권한을 얻음으로써 권위를 수여함이다.

광명명점(光明明点) : 수행자의 범속한 언어의 문(語門)을 본존의 청정한 어금강(語金剛)으로 변화시키기 위해서 닦는 원만차제의 어적(語寂) 수행의 하나이다. 요점은 얼굴의 첨단에서 미세한 생명의 바람을 명점의 형태로 상정한 광명명점을 소연해서 생명의 바람을 아와두띠(中脈) 안으로 거두어 들이는 금강염송(金剛念誦)을 말한다.

공락무별(空樂無別) 또는 낙공쌍운(樂空雙運) : 무상유가(無上瑜伽) 딴뜨라의 원만차제에서 추구하는 궁극의 경지를 표현하는 용어이다. 뚬모(배꼽 불)라 부르는 배꼽의 붉은 보리심(赤精)이 타오르는 열기로 정수리의 하얀 보리심(白精)이 녹으면서 발생하는 몸의 희열에다 외경무아(外境無我)를 깨닫는 공성의 지혜를 결합하여, 희열과 공성의 둘이 허공처럼 화합한 구생대락(俱生大樂)의 지혜를 말한다.

괴취견(壞聚見) : 신견(身見) 또는 유신견(有身見)을 말하며, 흔히 살가야견(薩迦耶見)으로 음역한다. 5가지 쌓임인 오온(五蘊)은 본래 순간순간 변멸하는 성품으로 일시적인 화합체에 불과해서 거기에는 나(我)와 나의 것(我所)이 전혀 존재하지 않는데도 불구하고 그것을 자아(自我)로 집착하는 오염된 지혜를 말한다.

구루 빠드마쌈바와(Paḍmasambhava, 蓮花生) : 오늘날 파키스탄의 쓰와트(Swāt) 계곡을 중심으로 번창하였던 오장나국(五仗那國)의 인드라부띠 왕의 양자로 성장하였다. 그는 자설에서 "부모가 없이 바다 속의 연꽃에서 탄생하였다."고 밝히고 있듯이, 중생계를 교화하기 위해 아미타불의 화신으로 인간으로 화생하였다. 그는 당시(8세기) 인도에 유행하였던 진언밀교를 티베트에 전수하여 티베트 밀교의 기초를 닦았다. 특히 그가 전파한 족첸(大圓滿) 딴뜨라는 닝마빠(古派)를 통해서 쇠퇴함이 없이 오늘날까지 잘 전승되고 있다. 뿐만 아니라, 그는 티베트에 수많은 비장경전과 성물들을 은닉해서 후대의 중생들을 이롭게 하고, 여래의 교법이 지상에 장구히 머물도록 기원한 것으로 유명하다. 그는 티베트 교화사업을 마친 뒤에도 열반에 들지 않고 육신 그대로 우갠이라 부르는 자신의 정토인 연화광(蓮花光) 세계로 돌아갔다.

구생희(俱生喜, Sahajānanda) : 뇌 속의 하얀 보리심(白精)이 용해되어 배꼽을 통과해서 성기에 도달하는 사이에 발생하는 희열을 말한다.

구의관정(句義灌頂) : 4가지 관정의 마지막으로 신·구·의 삼문(三門)의 공통적 장애를 정화하고, 유학(有學)과 무학(無學)의 쌍운의 지금강불을 얻게 가지하는 관정이다.

구풍(龜風, Kūrma-vāyu) : '지분오풍(支分五風)' 참조.

근득(近得, Ālokōpalabdhi)의 마음 : 7자성의 정광명에 가까운 마음인 근득이 발생하는 원인은, 심장의 여섯 겹의 매듭이 풀리면서 상부의 하얀 보리심(白精)은 내려오고 하부의 붉은 보리심(赤精)은 상승해서, 심장 속의 아와두띠(中脈) 가운데 있는 마치 작은 종지가 맞붙어 있는 것과 같은 불괴명점(不壞明点) 속으로 들어간 뒤, 서로 만남으로써 그와 같은 현상이 일어난다. 마치 가을하늘에 어둠이 덮이는 것과 같은 암흑의 상태가 의식 위에 발생하는 것이다. 이것은 사공(四空) 가운데 대공(大空, Mahā-śūnya)이라 부르는 정광명에 근접한 깨달음의 상태이다.

근본삼맥(根本三脈) : 인체에 존재하는 72,000의 맥도들 가운데서 가장 근본이 되는 아와두띠(Avadhūtī, 中脈)와 라싸나(Rasanā, 右脈)와 랄라나(Lalanā, 左脈)의 3가지 맥도를 말한다.

① 아와두띠(中脈)는 척추의 앞쪽 가까이 있으며, 지명풍(持命風)이 머무는 명맥(命脈)이며, 전신의 생명의 바람들이 여기에 모여들면 법신의 정광명이 발생한다. 이 청색의 아와두띠(中脈)는 ⓐ 수직으로 뻗쳐 있어 속빈 파초의 줄기와 같고, ⓑ 상단은 뇌막 위와 두개골 아래서 휘어져 미간으로 비스듬히 뻗쳐 있고, 하단은 남녀의 성기 끝에 닿고, ⓒ 안은 붉고 윤택하고 밝게 빛나며, ⓓ 부드럽고 연함이 마치 연꽃잎과 같은 4가지 특징이 있다.

② 라싸나(右脈)는 아와두띠의 오른쪽에 있으며, 정액과 약간 혼합된 혈액이 주로 흐르는 어맥(語脈)이며, 생명의 바람과 함께 작용하여 의식으로 하여금 외경을 붙잡게 한다.

③ 랄라나(左脈)는 아와두띠의 왼쪽에 있으며, 혈액과 혼합된 정액이 주로 흐르는 신맥(身脈)이며, 생명의 바람과 함께 작용하여 외경을 붙잡은 의식을 안으로 들어오게 한다.

근본오풍(根本五風) : 인체에 존재하는 21,600 종류에 달하는 생명의 바람들 가운데 근본이 되는 지명풍(持命風)·하행풍(下行風)·등주풍(等住風)·상행풍(上行風)·편행풍(遍行風)의 5가지 풍(風)을 말한다. 이 근본오풍에서 지분오풍(支分五風)과 인체의 내오대(內五大) 등이 발생하며, 오종성불(五種姓佛) 또는 오선정불(五禪定佛)의 자성이 된다.

근본팔맥(根本八脈) : 심장 짜끄라(心輪)를 형성하는 팔맥(八脈)을 말하며, 여기서 각각 세 맥(脈)씩 분화하여 24맥(脈)을 형성한 뒤, 계속 분화하여 인체의 72,000 맥도를 형성하게 된다. 그래서 심장의 팔맥을 근본팔맥이라 부른다. 여덟 맥도 동쪽의 쑴꼬르마(三轉脈), 남쪽의 되마(具欲脈), 서쪽의 킴마(家女脈), 북쪽의 뚬모(猛烈脈)의 네 맥과 동남간의 쑥끼짜(見色脈), 서남의 디이짜(臭香脈), 서북의 로이짜(嘗味脈), 동북의 렉재짜(感觸脈)의 네 맥을 합한 팔맥을 말한다.

금강승(金剛乘, Vajrayāna) : 진언비밀승(眞言秘密乘)·방편승(方便乘)·지명승(持明乘) 등과 함께 밀교를 통칭하는 용어이다. 금강승의 뜻을 『님빼메똑(掌掬花)』에는 "그것을 금강승이라 부르는 것은, 대승을 남김없이 거두어 모은 것이 육바라밀이며, 또 그것을 거두어 모은 것이 방편과 반야이며, 또 그것을 거두어 모아서 일미(一味)를 이룬 것이 보리심이며, 그것을 또한 모은 것이 금강살타(金剛薩埵)의 삼마지이며, 그것이 바로 금강이며, 금강이 또한 그것이며, 수레가 또한 그것이므로 금강승인 것이며, 진언승(眞言乘)이라 부른다."라고 한다.

깔빠(Kalpa, 劫) : 음역하여 겁파(劫波)라고 하며, 줄여서 겁(劫)이라 한다. 뜻은 대시(大時) 또는 장시(長時)로 번역되는 장원한 시간을 뜻하는 용어이다. 이 겁(劫)의 시간적 기준은 계산법에 따라서 여러 가지 학설들이 존재한다.

깜까니(Kaṁkani, 懺罪儀式) : 금강부동불(金剛不動佛, 阿閦佛)에 의지해서 일체의 죄업과 장애를 정화하는 의식이다. 정화진언은 "나모 라뜨나 뜨라 야야, 옴 깜까니 깜까니, 로짜니 로짜니, 뜨로따니 뜨로따니, 뜨라싸니 뜨라싸니, 쁘라띠하나 쁘라띠하나, 쌀와 까르마 빠람빠라 니메 쌀와 싸뜨와 난짜 쓰와하"이다. 이 진언을 정수와 모래 등에 21번 염송한 뒤, 사자에게 뿌려준다.

꾼다르마(Kun dar ma, 遍動脈) : 명맥(命脈) 또는 심맥(心脈)인 아와두띠(中脈)를 비유하는 말이다. 아와두띠에서 인체의 모든 정혈(精血)과 기맥(氣脈)과 생명의 바람(風)들이 발생함으로써 편(遍)이며, 이 맥이 전신에 미침으로써 동(動)이라고 한다.

나로육법(納若六法) : 인도의 성취자 나로빠(Nāropa)가 밀교 수행법을 6가지로 분류한 것으로, 뚬모(gtum mo, 臍輪火)·외쌜(ḥod gsal, 淨光明)·귤뤼(sgyu lus, 幻身)·바르도(bar do, 中有)·포와(ḥPho ba, 意識轉移)·동죽(groṅ ḥjug, 奪舍)을 말한다. 이것은 헤바즈라(喜金剛續) 등의 모(母)딴뜨라에서 설하는 뚬모(臍火)와 구햐쌈마자(密集金剛續) 등

의 부(父)딴뜨라에서 설하는 환신(幻身)과 광명(光明)의 3가지 근본과, 모(母)딴뜨라인 댄시(四座續)에서 설하는 포와(轉移)와 동죽(奪舍)과 바르도(中有)의 3가지 지분을 합한 6가지 수행결(修行訣)을 말한다.

내풍(內風) : 비공을 통해서 밖으로 흐르는 대신에 인체의 요처에 있는 짜끄라(脈輪)의 맥판과 관절 짜끄라로 흐르는 풍식(風息)을 말한다. 하루 동안에 비공으로 흐르는 풍식의 수가 21,600이듯이 각각의 짜끄라에 흐르는 풍식도 역시 21,600회가 된다.

단말마(斷末魔) : 임종 시에 나타나는 육체가 분해되는 고통을 말한다. 『죄델찌조(俱舍論廣釋)』에서, "신체의 일부가 쇠잔해서 죽는 것이 말마(末魔, Marma)이다. 끊는다는 것은, 물의 원소 등에 의해서 불과 풍의 원소 일부 또는 전체가 극도의 혼란을 일으키므로, 칼로 쪼개는 것과 같은 참을 수 없는 느낌이 발생하는 것이 마치 칼로 자름과 같은 것이며, 나무를 쪼개는 것과 같은 것은 아니다. 또한 사지를 절단함과 같이 회피할 길이 없으므로 해지절(解支節)이라 한다."고 한다.

대락지(大樂支) : 바즈라다라(持金剛佛)가 소유하는 7가지 덕성의 하나이며, 전신의 생명의 바람들이 아와두띠(Avadhūtī, 中脈) 속에 용해되어 발생하는 불변의 희열을 누림을 말한다.

대비편만지(大悲遍滿支) : 바즈라다라(持金剛佛)가 소유하는 7가지 덕성의 하나이며, 무연(無緣)의 대자비로 중생을 교화함에 영원히 게으름이 없음을 말한다.

동죽(Groṅ ḥjug, 奪舍) : 무상유가 딴뜨라의 중요한 수행법의 하나인 동죽은 나로육법의 하나로 널리 알려져 있다. 이것은 『도제댄시(金剛四座續)』에서 유래하며, 자기의 의식을 타인의 몸 또는 사람과 동물의 시체 속으로 전이시키는 행법으로, 구루 빠드마쌈바와에 의해서 닝마빠에 전승되고, 신밀(新密)에서는 까귀빠를 창시하는 마르빠에 의하여 티베트에 전해졌으나 현재에는 끊어진 것으로 보인다.

둥짼마(海螺) : 싼쓰끄리뜨어의 썅키니(Śaṅkhinī, 海螺)의 역어로, 근본삼맥(根本三脈)이 배꼽 아래서 하나로 합하는 쑴도(Sum mdo, 三合處, 丹田)에 해당하는 장소의 이름이다. 이 이하의 맥을 해라맥(海螺脈)이라고 한다. 이것은 모든 맥들을 하나의 하얀 맥도에 모은 상태로 아래로 내려가고, 구생의 대락을 생기하는 까닭에 그렇게 부른다.

등주풍(等住風, Samāna) : 이 생명의 바람(風)은 배꼽 부위에 존재하며, 음식물을 소화시키고, 청탁(淸濁)을 분리하고, 음식물의 정화(精華)를 전신에 보내서 몸을 활성화시키고, 탁질(濁質)들을 배출시킨다. 녹황색이며, 불공성취불의 자성이며, 바람 원소의 바람이며, 소화를 담당한다.

딴뜨라의 사행(四行) : 원만차제에서 증득한 경계를 완숙시키기 위하여 닦는 딴뜨라의 4가지 광행(狂行)을 말한다.

① 비밀행(秘密行)은 원만차제를 마친 유가행자가 자신의 명비(明妃)와 함께 시림(尸林) 등에 머물면서, 탐욕을 대락과 화합해서 집착함이 없이 수용하며, 분노를

공성과 화합해서 비실재로 수행하며, 우치를 정광명과 화합해서 무분별로 안치하고, 일체의 분별을 지혜와 화합해서 닦는다. 이때 신통과 변화 등을 타인에게 나타내 보인다.

② 명지금계행(明智禁戒行)은 나체의 상태에서 본존의 뼈 장식품들을 몸에 걸치고, 자신의 명비(明妃)와 함께 마음을 유희하면서 선악과 취사의 모든 세간의 분별들을 초월하여, 제법의 법성의 상태에 머물면서 신·구·의 3가지 행위들을 닦는 것을 말한다.

③ 집회행(集會行)은 시장과 집회 장소와 하천한 집 등의 온갖 곳을 다니며 노래와 가무 등을 행하면서, 무집착의 행위와 무분노의 행위와 무분별의 행위와 무외의 행위를 통해서 무애행(無碍行)을 닦는 것을 말한다.

④ 무변승행(無邊勝行)은 일체의 견해에서 초월하며, 죽음과 번뇌 등을 떠나 사마(四魔)로부터 초월하며, 모든 수레(乘)들이 하나임을 깨달아 소승에서 초월하며, 그와 같이 모든 집착에서 초월하여 일체로부터 자재한 승리를 얻음을 말한다.

똥쑥(sToṅ gzugs, 空身) : 깔라짜끄라 딴뜨라 등에서 설하는 환신(幻身)의 개념이다. 즉 정수리의 보리심이 완전히 용해되어 불변의 희락으로 완전히 바뀌는 때, 육체의 명점들이 전부 소진되므로 보리심도 존재하지 않고, 소의(所依)와 능의(能依)의 관계도 소멸되므로 똥쑥(空像, 空身)의 금강신이 무지개처럼 발생한다. 그러므로 똥쑥은 공성의 측면에선 자성이 없는 승의제일지라도 세속의 측면에서는 미묘한 형상을 취하므로 속제라고 한다.

뚬모(gTum mo, 臍火) : 뚬모(배꼽 불)는 범어의 짠달리(Caṇḍāli)의 옮김이다. 이것은 배꼽의 짜끄라(脈輪) 속에 범어 अ자(字)의 도치형인 짧은 아 자(阿字, A)의 형태로 존재하는 불의 본성인 붉은 보리심(赤精)이 불처럼 타오르는 것을 말한다. 『찌끼틱레씬디(春光明点備忘錄)』에서, "수미산 남쪽 바다의 바깥에 있는 마면산(馬面山)에서 타오르는 불이 바닷물을 태워 말리듯이, 이 배꼽의 뚬모가 타올라서 머리의 보리심이 녹아내리면서 구생희(俱生喜)가 발생할 때, 외경과 내심의 이원의 분별을 파괴한다."고 하였다.

릴진(Ril ḥzin, 全攝)과 제식(rJes gshig, 隨融) : 원만차제의 수행에서 환신(幻身)과 정광명을 합일시켜 쌍운(雙運)의 환신을 성취하는 2가지 선정(禪定)을 말한다. 즉 『쎄자꾼캽(知識總彙)』에서, "승의광명을 실현하기 위해서 [세 첨단을 수습하는] 3가지 수습행과 2가지 선정의 법을 통해서 극도로 미세한 풍심(風心)을 광명에 안주시켜야 한다. 2가지 선정은 『림응아(五次第)』와 『쬐뒤(集行明燈論)』에서 설한 것과 같이, 거울 위에 불어 넣은 입김이 소멸하는 비유로서 일시에 섭수하는 릴진과 강물 또는 호수의 물 위에 얼음이 녹아내리는 비유로 차례로 섭수하는 제식이다. 이 2가지 선정에 의해서 환신을 정광명 속에 진입시킨 뒤 다시 역순의 환신을 생기하는 것이, 그 유학(有學)의 환신의 몸체에서 무학(無學)의 환신을 실현하는 것이다. 『대일경(大日經)』에서, '무지개와 같은 이 몸은, 이것을 수습함으로써 성취한다.' 고 설함과 같다."고 하였다.

맥(脈, nāḍī) : '풍(風)·맥(脈)·정(精)' 참고.

맥륜(脈輪, Cakra) : 인체의 삼맥인 중맥(中脈)과 좌우의 두 맥(脈)이 결합한 장소에 형성된 신경총을 말한다. 이것을 짜끄라로 부르는 것은 맥륜(脈輪)의 맥판(脈瓣) 혹은 꽃잎이 마치 수레바퀴와 같은 모양을 하고 있기 때문이다. 『쌈모낭된낭제(金剛身論釋)』에서, "여기서 짜끄라(Cakra, 脈輪)로 부르는 뜻은, 맥판의 모양이 수레바퀴와 같기 때문이며, 그것의 긍경(급소)을 파지하여 제어함으로써 범부의 사위(四位)의 착란을 없애기에 그렇게 부르는 것이며, 또 바퀴를 굴려서 괴리의 방면을 파괴하는 작용이 법과 일치하므로 짜끄라로 부른다."고 하였다.

명맥(命脈) : 아와두띠(中脈)를 말한다. 이유는 명맥의 하부의 첨단에서 보리심을 배출하고, 구생의 희락을 수여하며, 또 정수리의 함(Haṃ) 자에서 배꼽의 아(A) 자 사이의 맥도 속에 육신의 지명풍이 거주함으로써, 모든 업과 지혜의 바람들이 이 아와두띠에 의지해서 발생한 뒤 사람 몸을 존립시키는 까닭에 명맥이라 한다.

명점(明点, Tilaka) : 우리말로 명점(明点) 또는 공점(空點), 원점(圓點) 등으로 번역된다. 티베트어는 틱레(Thig le)이며, 범어는 띨라까(Tilaka)이다. 이 띨라까의 의미는 희열의 정수 또는 종자를 뜻하는 정액을 말하며, 인체에 불변의 대락의 지혜를 낳는 까닭에 보리심이라고 부른다. 인체에는 무수한 명점들이 존재하는데 그 근본은 심장에 존재하는 불괴명점(不壞明点)이다.
이 명점을 무상유가에서는 보리심이라고 부른다. 왜냐하면, 명점의 수습을 통해서 대락과 공성이 결합의 구경의 불지(佛地)에 도달하기 때문이다. 그러므로 딴뜨라의 경궤에서, "아아! 나의 이 연꽃(女陰)은 일체의 안락이 머무는 곳, 의궤대로 공경하고 친근하는 이가 있다면, 내가 그의 면전에 머문다. (중략) 대락(大樂)의 세존께서는 스스로, 이 연꽃 속에 항상 머무신다. 어리석은 자들은 이것을 버림으로써, 그들에게는 최승의 실지가 없다."고 함과 같이 밀교의 깨달음은 전적으로 이 밀의의 보리심[명점]에 의지하는 것이다.

모자광명(母子光明) : 본초부터 중생의 마음의 흐름 속에 존재하는 인위(因位)의 죽음의 정광명을 어머니의 광명이라 하며, 도위(道位)의 단계에서 증득하는 법성의 광명들은 아들의 광명이라 한다. 그리고 이 둘을 죽음의 정광명의 단계에서 화합해서 닦는 것을 모자광명의 화합이라 부른다.

몽신(夢身) : 임종의 정광명에서 바르도의 의생신(意生身)이 발생하듯이, 수면 시에 발생하는 수면광명에서 꿈의 단계로 진입할 때 발생하는 의생신인 꿈의 몸을 몽신이라 한다. 이것은 주로 주간의 현상에 대한 착란과 습기에서 생기는 것으로, 무상유가에서 바르도의 의생신과 함께 주요한 정화의 대상이다.

무간도(無間道) : 자신이 머무는 수행 단계의 장애들을 실제로 끊는 정대치(正對治)를 얻어서, 수행의 결과인 지혜를 직접 일으키는 데에 다른 것이 방해하지 못하는 무애도(無碍道)를 말한다.

무명명점(無明明点) : 본지(本智)의 무희론명점(無戱論明点)이 자기의 본성을 알지 못하고 이원(二元)의 착란을 일으킴이 무명명점이다. 다시 말해, 근본의 무희론명점이 요동하는 생명의 바람과 결속하고, 적백의 두 보리심과 화합해서 하얀 보리심은 능취(能取)의 마음을, 붉은 보리심은 소취(所取)의 대경을 발생시키는 것이 무명(無明)이며, 이것을 명점이라 부르는 것은 윤회가 다할 때까지 그것도 역시 소멸하지 않기 때문이다. 그러므로 여타의 명점들은 모두 여기에 속하나 수행의 편의상 별도로 구분한다.

무루식(無漏食) : 번뇌를 낳고 삼계를 유지시키는 유루식(有漏食)과는 달리 번뇌를 멸하고 삼계를 단절시키는 성자의 음식인 법희(法喜)와 선열(禪悅)의 음식 등을 말한다. 그러므로 『대승본생심지관경』(無垢性品第四)에서, "범부는 유루식에 의지해서 머물고, 성자는 온전히 무루식에 의지한다. 유루와 무루의 성자와 범부들 또한, 모두 음식에 의지하여 머물지 않음이 없다. (중략) 단(段)·촉(觸)·사(思)·식(識)이 4가지 음식이 되니, 이들 모두는 유루의 세간음식이며, 오직 [무아(無我)와 공성(空性)을 증오하는] 법희와 선열식이 있으니, 이것이 성현(聖賢)이 먹는 바이다."라고 설하였다.

무상유가(無上瑜伽) : 보통 밀교의 4가지 분류법에서 최상위의 가르침으로 범어 아눗따라요가딴뜨라(Anuttara-yoga-tantra)의 번역이다. 나머지 하위의 딴뜨라인 끄리야딴뜨라(Kriyā-tantra, 事續)와 짜르야딴뜨라(Caryā-tantra, 行續), 유가딴뜨라(Yoga-tantra, 瑜伽續)의 셋과는 달리, 생기와 원만차제를 수행을 통해서 인체의 풍(風)·맥(脈)·정(精)의 셋을 제어해서 한 생에서 불지(佛地)를 실현하는 유가인 까닭에 무상유가라 한다.

무색정(無色定, arupi-samāpatti) : 여기에는 공무변처정(空無邊處定), 식무변처정(識無邊處定)·무소유처정(無所有處定)·비유비비유처정(非有非非有處定)의 4가지가 있으며, 이것은 무색계(無色界) 중에서 색온(色蘊)을 제외한 나머지 사명온(四名蘊)을 소연하여 일심전주해서 닦는 선정을 말한다. 여기에 태어나는 유정은 죽음의 정광명의 상태에서 무색정(無色定)을 실현해서 그곳에 탄생하므로 바르도가 없다.

무자성지(無自性支) : 바즈라다라(持金剛佛)가 소유하는 7가지 덕성의 하나이며, 마음이 무루의 안락의 본성에 머물면서 공성을 증오함을 나타낸다.

무희론명점(無戱論明点) : 자심(自心)과 함께 태어난 구생의 지혜를 달리 부르는 용어이다. 『쌍와뒤빠(秘密集會續)』에서, "지명(持命)의 보리심은 심장의 가운데에 있는 혈의 정화이며, 붉은 소금알갱이의 크기 가운데 있는 광명의 명점이, 콩알 반쪽이 서로 붙은 모양 가운데에 '억념의 마음이 머문다.'라고 설함과 같이, 이 억념하는 마음의 본질 또한 본성이 비어 있으며, 자성이 광명이며, 무애한 성품이다. 이 셋이 삼신(三身)의 본성으로 존재하는 것이 근본의 무희론명점이다. 또한 공성과 무희론은 법신이며, 광명은 보신이며, 무애 자재한 능력은 화신의 본성이라 설하였다.

바르도(bardo, 中有) : 범어 안따라바와(Antarābhava)의 옮김인 이 바르도는 중간 또는 사이를 의미하는 말이다. 사유(死有)와 생유(生有)의 사이에 존재하는 중음(中陰)의 세계를 말한다. 이것은 죽음의 정광명 다음에 업의 착란으로 일어나는 세계로 밀교의 중요한 수행법의 하나이다.

바르도(中有)의 명칭 : 이 중유는 부모의 정혈(精血)과 습기(濕氣)와 온기(溫氣) 등에 의지함이 없이 단지 의식만으로 태어나는 까닭에 의생(意生)이며, 육도의 탄생을 구하는 본성인 까닭에 투생(投生)이며, 향기를 음식으로 취하므로 심향(尋香)이며, 사유와 생유의 중간에 위치하므로 중유(中有)이며, 고통의 본질인 몸으로 태어남을 반드시 실현하므로 현성유(現成有)라 한다.

바르도의 사공포(四恐怖) : 바르도(中有)의 상태에서 업의 착란으로 사자가 겪는 의식의 상태를 말한다. 곧, ① 땅 원소의 바람이 역류하는 탓에 산이 무너지고 집 아래 깔리는 광경, ② 물 원소의 바람이 역류하는 탓에 급류에 휩쓸리거나 바닷물 속에 잠기는 광경, ③ 불 원소의 바람이 역류하는 탓에 거대한 불길 속에 몸이 타는 광경, ④ 풍 원소의 바람이 역류하는 탓에 폭풍에 날려가는 무서운 광경들을 말한다.

바르도의 육부정상(六不定相) : 바르도(中有)의 상태에서 업의 착란으로 사자가 겪는 불안정한 의식 상태를 말한다. 곧, ① 주거부정(住居不定)이니, 산꼭대기나 평원이나 빈집 등에 잠깐씩 머문다. ② 처소부정(處所不定)이니, 탑과 다리 등에 잠깐씩 의지한다. ③ 행위부정(行爲不定)이니, 한순간에 갖가지 행동을 한다. ④ 음식부정이니, 육도의 갖가지 음식들을 볼지라도 얻지 못한다. ⑤ 친우부정이니, 천신과 귀신 등을 가리지 않고 잠깐씩 어울린다. ⑥ 심사부정(心思不定)이니, 갖가지 고락의 감정들이 수시로 변화무쌍하게 발생한다.

반야지관정(般若智灌頂) : 사관정의 3번째 관정이며, 대락의 지혜를 제자의 몸과 마음에 발현시켜서, 의식의 더러움을 정화하고, 정광명과 법신을 얻게 가지하는 것이다.

방편승(方便乘) : 지관(止觀)의 수행을 통해 깨달음을 실현하는 현교와는 달리, 밀교에서는 인체의 맥(脈)을 타고 흐르는 생명의 바람과 깨달음의 질료인 명점(明点)을 제어함으로써, 범속한 몸과 마음에 내재하는 기본의 삼신을 과위의 삼신으로 변화시켜 신속하게 불과를 얻게 하는 비밀한 방편에 의지하는 까닭에 방편승(方便乘)이라 한다.

배꼽 불 : '뚬모' 참조.

배꼽 짜끄라(臍輪) : 배꼽에 64맥으로 형성된 맥륜(脈輪)을 말한다. 색깔은 붉거나 잡색이고, 중심은 삼각형이며, 얼굴은 위로 향한다. 이것을 변화륜(變化輪)이라 부르는 것은 대락을 발생시키는 뚬모(臍火)가 배꼽에 있기 때문이다.

보병관정(寶瓶灌頂) : 사관정 가운데 첫 번째 관정이다. 육신의 더러움을 씻고 생기차제를 수행할 수 있는 능력을 심어주고, 과위의 화신을 얻게 한다. 또 이것은 아래 7가지 개별 관정들로 구성된다.

① 화만관정(華鬘灌頂)은 어떤 종성(種姓)으로 성불하는가 하는 종성의 결정과 그 종성의 본존불의 섭화를 받도록 인연을 맺는다.

② 감로관정(甘露灌頂)은 번뇌와 소지의 2가지 장애를 소멸하고 단증(斷證)의 공덕을 갖추는 것이다.

③ 관면관정(冠冕灌頂)은 일체부주(一切部主)인 지금강불과 육계(肉髻)를 획득하는 것으로, 부처님의 색신을 성취하는 것이다.

④ 금강저관정(金剛杵灌頂)은 마음이 무이지(無二智)의 깨달음을 원만히 성취하는 것이다.

⑤ 금강령관정(金剛鈴灌頂)은 부처님이 소유한 온갖 종류의 묘음을 얻는 것으로, 여래의 어공덕(語功德)을 성취하는 것이다.

⑥ 명호관정(名號灌頂)은 단지 듣는 것만으로 온갖 장애를 맑히고, 해탈의 종자를 발아시키는 묘명(妙名)을 얻는 것이다.

⑦ 아사리관정(阿闍梨灌頂)은 지금강불의 덕화에 자재함을 얻음과 불퇴전의 종자를 성취하는 것이다.

본존유가(本尊瑜伽) : 생기차제에서 수행자의 범속한 견문각지(見聞覺知)와 집착을 다스리기 위해 닦는 수행법이다. 수행자의 몸과 말과 뜻을 본존의 신·구·의 셋으로 변형시키는 수행을 말한다.

부정환신(不淨幻身) : 죽음의 정광명 또는 원만차제의 심적(心寂)의 비유광명(譬喩光明)의 상태에서, 그의 운반체가 되는 극도로 미세한 바람을 본존의 색신으로 생기해서 얻은 보신불의 몸을 말한다.

불괴명점(不壞明点) : 심장의 아와두띠(中脈) 가운데 극도로 미세한 풍심(風心)의 둘과 하얀 보리심(白精)과 붉은 보리심(赤精) 넷이 융까르(흰 겨자씨) 크기의 작은 방울 속에 하나로 화합한 것을 말한다. 이 불괴명점을 또한 구생명점(俱生明点)과 지혜명점(智慧明点) 등으로 부르기도 하며, 여타의 명점들은 모두 여기에서 파생된다.

불멸의 아(A) : 법성이 문자로 출현할 때 아(A) 자의 모양으로 나타난다. 모든 언어와 말과 모음과 자음의 근본이 된다. 뿐만 아니라, 인체의 모든 생명의 바람에 근본인 대지명풍(大持命風)이 아(A) 자의 모양으로 존재한다. 그러므로 이것은 심장의 불괴명점과 동의어로서 모든 생사와 열반의 일체법을 출현시키는 근본이다.

붉은 보리심 : '적백의 두 명점(明点)' 참조.

브라흐마(Brahma)의 황금문(黃金門) : 정수리에 있는 범혈(梵穴)을 일컫는 말로 사자의 의식이 몸을 빠져나오는 아홉 구멍 가운데 최상이다. 이 문을 통해 나오는 의식은 무색계에 탄생하거나, 의식전이의 행법을 통해서 빠져나온 의식은 법신을 성취하거나 정토에 화생한다. 비록 색계의 사선천(四禪天)에 태어날지라도 이 문으로 나오지 못하고 미간을 통해서 나오게 된다.

비밀관정(秘密灌頂) : 네 관정 가운데 2번째 관정이며, 육신의 풍(風)·맥(脈)·명점(明点)의 셋을 가지해서, 언어의 장애를 정화하고, 세속환신(世俗幻身)과 수용신(受用身)을 얻게 한다.

쁘라타마뿌루샤(Prathamapuruṣa, 原人) : 겁초의 인간을 말하며, 불교철학에서 원인(原人)으로 번역한다. 이들은 화생(化生)으로 태어나고, 수명이 무량하고, 몸의 기관이 완전하고, 자기의 광명이 몸을 감싸고, 여래에 버금가는 상호를 갖추고, 단식(段食)에 의지하지 않고 희열식(喜悅食)을 하고, 신통으로 하늘을 날아다니는 등의 7가지 특성을 갖추었다.

쁘라나아야마(Prāṇa-āyāma, 調風) : 생명의 바람을 제어하여 자유롭게 운행함을 뜻한다. 무상유가에서의 쁘라나야마는 좌우의 두 맥도 속을 흐르는 생명의 바람을 정지시켜 중맥 안으로 넣는 것을 말하며, 하위의 딴뜨라에서의 쁘라나야마는 분별의 운반체인 생명의 바람이 유동함을 정지시킨 뒤 안에서 묶어두는 것으로 그 의미가 같지 않다.

사겁(四劫) : 우주의 순환과정을 성겁(成劫)과 주겁(住劫)과 괴겁(壞劫)과 공겁(空劫)의 넷으로 구분한 것이다. 이 사겁의 기간에 대하여 『둥까르칙죄첸모(東噶藏學大事典)』에서, "성(成)·주(住)·괴(壞)·공(空) 사겁(四劫)의 총 기간을 1대 달라이 라마로 추존하는 게뒨둡빠(dGe ḥdun grub pa)는 장닥남갤(Byaṅ bdag rnam rgyal)의 질문에 대답하여, 3,397,706,240,000,000,000라고 답하였다. 이것을 현대의 숫자로 풀이하면, 339억 7천 7백 6만 2천 4백 년이 되며, 이것을 넷으로 나눈 것이 각각의 겁의 기간이 된다. 또 각각의 겁은 20중겁(中劫)으로 이루어지고, 이 80중겁(中劫)이 모여서 1대겁(大劫)이 된다."고 설명하였다.

사공(四空, Catur-śūnya) : 공성의 깨달음을 표시하는 사공은 죽음의 과정 또는 원만차제의 단계에서, 전신의 생명의 바람들이 중맥의 상단과 하단으로 수렴되는 힘에 의해서, 뇌 속의 하얀 보리심(白精)과 배꼽의 붉은 보리심(赤精)이 녹으면서 발생하는 공성을 증득하는 4가지 깨달음의 상태를 말한다. 다시 말해, 밝은 마음인 현명(顯明)의 상태에서 증득하는 공성의 체험인 공(空, Śūnya)과 한층 밝은 마음인 증휘(增輝)에서 체험하는 극공(極空, Atyanta-śūnya)과 정광명에 가까운 마음인 근득(近得)에서 체험하는 대공(大空, Mahā-śūnya)과 정광명(淨光明)의 상태에서 체험하는 일체공(一切空, Sarva-śūnya)의 넷을 말한다.

사관정(四灌頂) : 무상유가의 4가지 관정인 보병관정(寶甁灌頂)·비밀관정(秘密灌頂)·반야지관정(般若智灌頂)·구의관정(句義灌頂)을 말한다.

사륜삼맥(四輪三脈) : '오륜삼맥(五輪三脈)' 참조.

사명온(四名蘊) : 물질의 쌓임인 색온(色蘊)을 제외한 수(受)·상(想)·행(行)·식(識) 넷으로만 이루어진 몸을 말한다.

사명점(四明点) : 마음의 의지처가 되는 인체의 명점(明点)을 머무는 장소에 따라 분류한 것이다. 여기에는 심장과 성기 끝에 있으면서 수면 단계를 일으키는 수면명점(睡眠明点)과 인후와 음부에 있으면서 꿈의 단계를 일으키는 몽환명점(夢幻明点), 정수리와 배꼽에 있으면서 각성의 단계를 일으키는 각성명점(覺醒明点), 배꼽과 음부에 있으면서 네 번째 [선정(禪定)의] 단계를 일으키는 선정명점(禪定明点)이다. 이렇게 구분하는 이유는 이들 장소에 모여들어 이 단계를 발생시키는 생명의 바람을 제어해서 이러한 단계들을 인위적으로 정화하기 위한 것이다.

사생(四生) : 생명체가 탄생하는 방식을 말한 것으로, 태생(胎生)·난생(卵生)·습생(濕生)·화생(化生)의 4가지를 말한다.

사섭법(四攝法) : 대승보살이 중생을 섭수하는 4가지 방법을 말한다. ① 보시섭(布施攝)이니, 재물과 법을 베풀어서 교화함이며, ② 애어섭(愛語攝)이니, 좋은 말로 위로해서 교화함이며, ③ 이행섭(利行攝)이니, 중생의 심원에 수순해서 유익한 일을 행함이며, ④ 동사섭(同事攝)이니, 중생의 바람에 수순해서 함께 그 원하는 바를 행해서 이익을 주는 것이다.

사식(四食) : 삼계의 유정들이 생명을 유지하는 원천인 음식의 종류를 성격에 따라 분류한 것으로 단식(段食)·촉식(觸食)·사식(思食)·식식(識食)의 4가지를 말한다.

① 단식(段食)은 향과 맛과 촉감의 세 감각기관의 대상이자, 작은 덩어리로 부수어서 삼키는 음식인 까닭에 그 같이 부른다.

② 촉식(觸食)은 애호하는 대상을 접촉함으로써 몸과 마음을 보양하는 것이다. 예를 들면, 노래와 춤 등에 심취하면 배고픔을 느끼지 못함과 같다.

③ 사식(思食)은 마음에 떠올리는 생각 자체가 몸을 보양시키는 음식이 됨을 뜻한다. 예전에 흉년이 들었을 때, 재가 가득 들어 있는 자루를 짬빠(보리가루)로 생각함으로써 생명을 유지하다가, 마침내 그 자루를 열고 재인 줄 알자마자 바로 죽었다고 함과 같다.

④ 식식(識食)은 후생의 다른 유(有)를 성취하는 뜻에서 의식이 음식과 같은 역할을 함으로써 식식이라 한다. 다시 말해, 식(識)이 몸을 지탱함으로써 무너지지 않고 머물게 된다. 만약 식이 지탱하지 않으면 죽은 자와 같아서 몸이 부패하는 까닭에 식식이라 한다.

사업(四業) : 밀교에서 행하는 4가지 교화사업을 말한다.

① 증익업(增益業)은 복덕과 수명과 재부 등을 왕성하게 하는 것으로, 별도로 닦거나 아니면 원만차제 단계에서 하행풍(下行風)을 닦아서 성취한다.

② 식멸업(熄滅業)은 질병과 재난과 귀신 등의 재앙을 소멸시키는 행위를 말한다. 별도로 닦거나 아니면 지명풍(持命風)을 닦아서 성취한다.

③ 회유업(懷柔業)은 천신과 귀신 야차 등을 회유해서 복종시키는 것으로, 별도로 닦거나 아니면 상행풍(上行風)을 닦아서 성취한다.

④ 주살업(誅殺業)은 불태우고, 매장하는 등의 방법으로 원적을 제멸하는 것으로, 별도로 닦거나 아니면 등주풍(等住風)을 닦아서 성취한다.

사업화신(事業化身) : 화신(化身)의 하나로 부처님께서 중생을 교화하기 위하여 특별히 예술가나 장인의 모습으로 나타나는 것을 말한다. 예들 들면, 음악의 신인 건달바왕을 제도하기 위해서 악사(樂士)로 변신하여 비파를 연주하는 것 등이다.

사위(四位) : 밀교의 수행 측면에서 주야의 하루를 수면위(睡眠位)·몽환위(夢幻位)·각성위(覺醒位)·선정위(禪定位) 4단계로 구분한 것을 말한다.

사유(四有) : 삶과 죽음의 순환을 4단계로 구분한 것으로, ① 생유(生有)는 탄생을 위하여 탁생하는 첫 찰나를 말하며, ② 전유(前有, 본유本有)는 그의 두 번째 찰나에서 사유(死有)가 성취되기까지의 기간이며, ③ 사유(死有)는 죽음의 최후찰나 또는 죽음의 정광명을 경험하는 때를 말하며, ④ 중유(中有)는 사유와 생유의 둘 사이의 존재인 바르도의 상태를 말한다.

사취(四取) : 온갖 번뇌를 낳는 4가지 잘못된 견해를 말한다.

① 욕취(欲取)는 외법(外法)에 속하는 욕계의 육진(六塵)을 탐착하는 번뇌에 물든 지혜이다. 천친 보살(天親 菩薩)은 『불성론(佛性論)』에서, "욕취는 욕계의 육진을 탐욕함이다"고 말하였다.

② 견취(見取)는 괴취견 등에 의지해서 생긴 갖가지 견해(見聚)들을 최고라고 집착하는 번뇌에 물든 지혜이다.

③ 계금취(戒禁取)는 살생과 같이 마땅히 끊도록 경계하고, 행실을 잘못되지 않게 금지하는 금계(禁戒)의 조목들을, 마치 죄업을 맑히고, 미혹에서 벗어나게 하고, 세간에서 벗어나게 하는 최고의 법으로 보는 번뇌에 물든 지혜이다.

④ 아어취(我語取)는 석순륜(釋遁倫)이 집선(集撰)한 『유가론기(瑜伽論記)』 권이(卷二)에서, "아어(我語)는 곧 아견(我見)이다. 그 아견이 계교하는 나(我)는 실체가 없이 단지 말만 있는 까닭에 아어(我語)라 한다. 아어(我語)를 반연하여 탐착하므로 아어취(我語取)라 한다"고 하였다. 여기서 말하는 아어(我語)는 곧 몸 안의 내법(內法)에 해당하는 선정 등의 일체법을 탐착하는 번뇌에 물든 지혜이다. 또한 『불성론(佛性論)』에서, "내법(內法)을 탐착함이 아어취(我語取)이다. 색계와 무색계의 선정[사선(四禪)과 사무색정(四無色定)]을 반연하여 내법이 성립하는 까닭에 아어(我語)이다. 이 선정을 탐착함이 취(取)이다."라고 하였다.

사희(四喜) : 원만차제에서 배꼽에 존재하는 뚬모(gTum mo, 배꼽불)가 타오르는 열기에 의해서 뇌 속의 보리심이 녹은 뒤에, 머리에서 하강하여 인후에 도달하는 사이에 발생하는 희열로 희(喜, Ānanda)라고 한다. 이 용해된 보리심이 인후에서 하강하여 심장에 도달하는 사이의 희열이 승희(勝喜, Pramānanda)이며, 이 용해된 보리심이 심장에서 하강하여 배꼽에 도달하는 사이의 희열이 수희(殊喜, Viramānanda)이다. 이 용해된 보리심이 배꼽에서 하강하여 성기의 끝에 도달하면서 발생하는 희열이 사희(四喜) 가운데의 구생희(俱生喜, Sahajānanda)이다. 또한 이것을 상강사희(上降四喜)라 부른다.

삼년삼분(三年三分) : 보통 티베트 말로 로쑴촉쑴(三年三分)이라 부르며, 티베트불교에서 폐관수행하는 기간을 말한다. 정확히는 3년 3개월 3일 3식경(食頃)이다. 일식경(一食頃)은 한 차례의 식사시간을 말한다. 이것은 100년 동안에 발생하는 전체의 풍식(風息)이 777,600,000회이며, 이 가운데서 지혜의 풍식이 24,300,000회이다. 이것을 장력(藏曆)으로 계산하면 삼년삼분이 된다.

삼신(三身)과 사신(四身) : 부처님의 몸을 3가지 측면에서 분류한 것이다. 이것을 『바르도퇴돌(中有聞法解脫)』에서, "마하무드라(大印)의 삼매를 닦도록 하십시오. 만약 닦을 줄 모른다면 그대에게 두려움을 일으키는 그 것(내심)의 본질을 여실히 관찰토록 하십시오. 실체가 전혀 없는 텅 빈 고요만이 있음을 보게 됩니다. 그것이 바로 법신(法身, Dharma-kāyā)입니다. 그 텅 빈 고요함은 그냥 비어서 없는 것이 아닙니다. 거기에는 텅 빈 고요함을 두려워하는 명징하고 투명한 의식이 있습니다. 그것이 바로 보신(報身, Saṃbhoga-kāyā)의 마음입니다. 그 텅 빈 고요함과 투명함의 둘이 서로 분리되지 않는 텅 빔의 본성은 투명하고, 투명함의 본성은 텅 비어서 조금도 분리되지 않는 밝음과 텅 빔이 하나인 생생한 의식이 지금 그대에게 본연의 상태로 존재하고 있습니다. 그것이 바로 자성신(自性身, Svabhāvavika-kāyā)입니다. 그 본성의 힘이 조금도 막힘이 없이 일체에 두루 나타나는 그것이 바로 자비의 화신(化身, Nirmāṇa-kāyā)입니다."라고 설명하였다.

삼적(三寂) : 원만차제의 수행 단계인 신적(身寂)·어적(語寂)·심적(心寂) 셋을 말한다. 여기서의 적(寂)은 범부의 신·구·의 삼문(三門)의 범속한 견문각지와 집착을 벗어나서, 본존의 청정한 신·구·의 삼금강(三金剛)을 성취함을 말한다.

① 신적(身寂)은 범부의 육신에 대한 범속한 견해와 집착을 벗어나서 여래의 금강신으로 인식하는 생기와 원만차제의 지분이며, 미세유가에 의해서 아와두띠(中脈)의 하단과 여타의 짜끄라들 속으로 생명의 바람을 거두어들임으로써 얻게 된다.

② 어적(語寂)은 인체의 세 첨단에 존재하는 명점들을 3가지 쁘라나아야마(調風)에 의해서 아와두띠 안으로 생명의 바람을 거두어들임으로써 모든 말과 언어가 여래의 어금강(語金剛)으로 출현하는 것을 말한다.

③ 심적(心寂)은 이 3가지 쁘라나아야마로써 심장의 맥의 매듭을 완전히 푼 뒤, 전신의 생명의 바람들을 심장의 불괴명점(不壞明点) 속으로 완전히 용해시켜서, 일체의 분별들이 소멸된 법신의 정광명을 발생시켜 여래의 의금강(意金剛)을 성취하는 것을 말한다. 이것은 임종 시에 죽음의 정광명이 발생하는 것과 동일한 원리이다.

삼행(三行) : 희론행(戱論行)·무희론행(無戱論行)·대무희론행(大無戱論行) 셋을 말한다. 여기서 행(行)은 특별히 명비(明妃)의 애락(愛樂)과 모든 오욕공(五欲供)의 본성을 여실히 아는 것을 통해 그것을 행하고 누림으로써, 안으로 낙공삼매(樂空三昧)가 특별하게 타올라서 수행에 특수한 효과를 발휘하는 까닭에 행이라 부른다. 희론행은 업인모(業印母)와 가면(假面)과 옷가지 등을 지닌 원만차제의 유가사가 몸짓과 화답 등을 행하는 희론이 있음으로써 희론행이라 한다. 그 유가사가 몸짓과 화답 등을 사용하는 희론의 여읨으로써 무희론행이라 한다. 모든 외적인 희론의 행위들을 버리고 오직 지인모(智印母)와 합일의 선정에 들어감과 수면의 광명을 호지함을 겸수해서 공락무별(空樂無別)의 지혜를 동시에 닦는 것을 대무희론행이라 한다.

상강사희(上降四喜) : '사희(四喜)' 참조.

상주무멸지(常住無滅支) : 바즈라다라(持金剛佛)가 소유하는 7가지 덕성의 하나이며, 여래의 사업이 영원히 단절되지 않고 행해짐을 말한다.

상행풍(上行風, Udāna) : 이 생명의 바람은 인후에 머물면서 음식물을 받아들인다. 팔다리의 움직임과 말과 노래 등의 언어와 발성을 담당한다. 색깔은 적색이며, 아미타불의 자성이며, 불 원소의 바람이며, 언어를 담당한다.

생기차제(生起次第, Utpattikrama) : 여기에는 조분(粗分)의 생기차제와 세분(細分)의 생기차제가 있으나 그 전체적 의미는, 사생(四生)의 습기를 정화하고, 범속한 견문각지(見聞覺知)에서 벗어나기 위해서, 본존의 불신과 진언과 지혜의 본성을 닦아서 본존의 청정한 신·구·의 삼금강(三金剛)을 얻기 위한 유가수습을 말한다. 또한 생사와 바르도의 세 구조를 숙지해서 기본의 삼신을 과위의 삼신으로 전용하는 도를 생기차제라 한다.

서언(誓言, Samaya) : 범어 싸마야(Samaya)의 옮김이며 음역해서 삼매야(三昧耶)라 부른다. 이것은 밀교의 관정을 받을 때 행하는 서약을 말한다. 예를 들면, 보병관정(寶瓶灌頂)의 서약에 의해서 근본과 지분의 25가지 서언을 준수하고, 비밀관정(秘密灌頂)의 서약에는 근본과 지분의 오육(五肉)과 오감로(五甘露)를 수습하고, 반야지관정(般若智灌頂)의 서약에 의해서 보리심(명점明点)을 버리지 않고, 구의관정(句義灌頂)에 의해서 5가지 특별서언을 수호하는 등이다.

성기 짜끄라(宝珠輪) : 성기 끝에 형성된 8맥판의 맥륜(脈輪)을 말한다. 이것을 또한 희선륜(喜旋輪)이라 부르며, 색깔은 희고, 얼굴은 위로 향한다.

세 가지 몸과 마음 : 밀교에선 몸과 마음의 구조를 거칠고 미세함의 차별에 의해서 다음과 같이 셋으로 구분한다. 삼중(三重)으로 형성된 육체의 구조에서, 거친 몸은 살과 뼈들로 된 육체이며, 미세한 몸은 맥(脈)·풍(風)·명점(明点)으로 형성된 미세한 육체이며, 극도로 미세한 몸은 극도로 미세한 풍심(風心)의 하나의 자성으로 존재하는 풍신(風身)을 말한다.
또한 삼중으로 형성된 마음의 구조에서, 거친 마음은 오식(五識)과 같은 것이며, 미세한 마음은 팔십자성(八十自性)의 분별의 마음과 십근본번뇌(十根本煩惱)와 이십수번뇌(二十隨煩惱)와 같은 것이며, 극도로 미세한 마음은 극도로 미세한 풍심(風心)의 하나의 자성으로 존재하는 마음이다.

수생화신(受生化身) : 화신(化身)의 하나로 부처님이 중생을 교화하기 위해서 제석천·사슴·새·나무 등의 갖가지 탄생 장소에 들어가 갖가지 생명체로 태어나서 제도

하는 것을 말한다.

수승화신(殊勝化身) : 화신(化身)의 하나로 부처님께서 일반 중생들의 눈에 팔상성도(八相成道)의 모습을 보이면서 교화하는 변화신으로 석가모니 부처님이 여기에 해당한다.

수용원만지(受用圓滿支) : 바즈라다라(持金剛佛)가 소유하는 7가지 덕성의 하나이며, 보신불의 상호와 묘덕을 갖춤을 말한다. 이것은 보신불의 오결정(五決定)이라 부르는 5가지 특점을 말한다. ① 처결정(處決定)이니, 색구경천의 밀엄찰토에서 영원히 안주한다. ② 신결정(身決定)이니, 원만한 보신불의 상호를 갖춤을 말한다. ③ 권속결정(眷屬決定)이니, 성문연각을 제외한 오직 보살대중으로 권속을 삼음을 말한다. ④ 법결정(法決定)이니, 소승의 법을 설하지 않고 단지 대승의 교법만을 설한다. ⑤ 시결정(時決定)이니, 윤회계가 다할 때까지 세간에 머무름이다.

습기신(習氣身) : 이것은 꿈의 바르도에서 발생하는 몽신(夢身)을 말한다. 또한 이것을 습기신으로 부르는 것은 금생의 갖가지 습기들이 꿈으로 나타나기 때문이다.

신적(身寂) : '삼적(三寂)' 참조.

실체명점(實體明点) : 밀교에서 몸의 실체를 구성하는 물질들을 달리 부르는 명칭이다. 여기에는 심장의 적백의 두 보리심과 여기에서 발생하는 몸의 육계(六界)와 14가지의 청탁의 물질과 36가지의 탁질 등이 포함된다. 원만차제의 어적(語寂)의 단계에서 닦는 실체명점의 수습은 자신과 업유가녀(業瑜伽女)의 적백의 두 보리심이 만나는 장소에서 그것을 요동하지 못하게 구속하여 생명의 바람을 아와 두띠 안으로 수렴하는 것을 말한다.

승의광명(勝義光明) : 밀교에서 말하는 죽음의 정광명과 원만차제의 정광명(淨光明)의 단계에서 증득하는 법성의 광명을 말한다.

심장 짜끄라(心輪) : 심장에 여덟 맥(脈)으로 형성된 맥륜(脈輪)으로 법륜(法輪)이라 부른다. 그 이유는, 심장에 있으며, 의식과 제법을 출생시키고, 맥륜의 모양이 바퀴와 같으며, 이 맥륜의 급소를 파지함으로써 수면위(睡眠位)의 정광명의 마음이 발생하며, 끊음의 대상인 번뇌와 소지장 등을 제멸하므로 심간의 법륜(法輪)이라 한다.

심적(心寂) : '삼적(三寂)' 참조.

십편처(十遍處) : 편처(遍處)는 삼매에 자재함을 얻은 유가사가 선정의 힘에 의거해, 사대(四大) 등을 목표로 삼아 그것을 원하는 대로 자유롭게 변화시키되, 미치지 않는 곳이 없음을 말한다. 예를 들면, 청편처(靑遍處)는 청색을 대상으로 삼아 선정에 들면 일체가 청색으로 변화되는 것이다. 십편처는 4가지 근본색(根本色)과 관련된 청편처(靑遍處)·황편처(黃遍處)·적편처(赤遍處)·백편처(白遍處)와 사대(四大)와 관련된 지편처(地遍處)·수편처(水遍處)·화편처(火遍處)·풍편처(風遍處)와 허공과 관련한 공편처(空遍處)·의식과 관련한 식편처(識遍處)를 합한 10가지이다.

십풍(十風) : 근본오풍(根本五風)과 지분오풍(支分五風)을 말한다. '근본오풍'과 '지분오풍' 참조.

싸만따바드라(普賢如來)**와 싸만따바드리**(普賢佛母) : 구밀(舊密)에서 설하는 원초불(原初佛)의 개념으로 법신불을 뜻한다. 곧, 법성의 2가지 측면인 체(體)와 용(用)을 각각 나타낸 것으로, 법성광명의 비어 있는 측면이 싸만따바드리(Samantabhadrī, 普賢佛母)이며, 그 법성의 광명이 막힘이 없이 빛나는 작용이 싸만따바드라(Samantabhadra, 普賢如來)이다. 이렇게 합체상으로 나타나는 것은 공성과 방편, 자비와 지혜의 불가불리의 본성을 상징한다. 이 원초불로부터 밀교의 구극의 목표인 보신의 지금강불(持金剛佛)이 출현하고, 다시 여기에서 오종성불(五種姓佛)이 출현한 뒤, 100종성의 제불보살들이 출현하여 완전한 하나의 만다라 세계를 형성한다.

쌍운(雙運, yuganadhda) : 쌍입(雙入)과 병행(竝行)의 뜻으로 사용되는 티베트어 쑹죽(Zuṅ ḥjug)의 옮김이다. 이 쌍운은 마음의 공한 면과 밝음(지혜)의 결합을 뜻하는 명공쌍운(明空雙運)과 사마타(止)와 위빠사나(觀)의 합일을 뜻하는 지관쌍운(止觀雙運) 등으로 널리 사용된다.

무상유가에서 쌍운의 뜻은, 과위의 색신과 법신의 합일체인 지금강의 경지를 실제로 증득하는 원만차제의 수행에서, 색신에 해당하는 청정환신(淸淨幻身)과 법신에 해당하는 승의광명(勝義光明) 둘을 하나로 화합해서, 과위의 바즈라다라(持金剛佛)를 실현하는 합일의 도로서 곧 공성과 대락의 합일을 말한다.

쑴도(Sum mdo, 三合處) : 배꼽 아래의 중맥(中脈)과 좌우의 두 맥(脈)의 셋이 하나로 합치는 장소로 단전에 해당한다.

아와두띠(Avadhūtī, 中脈) : '근본삼맥(根本三脈)' 참조.

어적(語寂) : '삼적(三寂)' 참조.

업풍(業風) : 태중에서 5주간에 걸쳐 발생하는 5가지 생명의 바람을 말한다. 첫 주에는 염오의 말나식에서 거친 지명풍이 발생하여, 자궁의 생명체를 휘젓고 거두어 깔랄라(凝酪)로 만들고, 2주에는 꾼내뒤빠(全攝)라 부르는 생명의 바람이 휘젓고 거두어서 아르부다(膜疱)로 만들고, 3주에서는 죄까(庫藏)라 부르는 생명의 바람이 휘젓고 거두어서 뻬씨(血肉)로 만들고, 4주에는 랍뚜제빠(大行)라 부르는 생명의 바람이 휘젓고 거두어서 가나(堅肉)로 만든다. 5주에는 양닥빠르뒤빠(正攝)라 부르는 생명의 바람이 내치고 거두어 모아서 쁘라쌰라와(支節)로 만든다.

여섯 바르도(中有) : 밀교에서 제법의 현상을 그 성격에 따라 6가지 바르도로 구분한 것이다. 곧, 법성의 바르도, 꿈의 바르도, 생사의 바르도, 수면의 바르도, 재생을 구하는 바르도, 탄생의 바르도를 말한다.

여소유(如所有)**와 진소유**(盡所有) : 여소유는 사물의 본성 또는 진실을 뜻하며, 진소유는 세간에 존재하는 일체의 사물을 뜻한다. 그러므로 이 둘은 모든 사물들의 미세하고 거친 모습을 낱낱이 관찰해서 그 실상을 여실하게 아는 중관정견(中觀正見)을 말한다.

오감로(五甘露) : 밀교의 내공(內供)의 5가지 재료인 ① 대변(大便), ② 소변(小便), ③ 인혈(人血), ④ 인육(人肉), ⑤ 정액(精液)을 말한다. 내적으로 이것은 오불(五佛)과 오온(五蘊)과 오감(五感) 등을 상징한다.

오광명풍(五光明風, rluṅ ḥod zer lṅa) : 정광명의 마음의 운반체가 되는 생명의 바람을 특별히 오광명풍이라 부른다. 이것은 바르도의 의생신(意生身)을 만드는 질료가 될 뿐만 아니라, 오대(五大)의 본성이자, 오풍(五風)의 근원이며, 오종성불(五種姓佛)의 자성이 된다.

오륜삼맥(五輪三脈) 또는 사륜삼맥(四輪三脈) : 무상유가에서 인체의 짜끄라(脈輪)에 대해 정수리와 인후와 심장과 배꼽의 짜끄라를 사대맥륜(四大脈輪)이라 말한다. 여기에 음부의 짜끄라를 더해서 오대맥륜(五大脈輪)으로 설하고, 여기에다 근본삼맥(根本三脈)을 더해서 오륜삼맥이라 한다.

오무간죄(五無間罪) : 5가지 극악한 중죄로 부모를 죽임, 아라한을 죽임, 승가의 화합을 파괴함, 악심으로 부처님 몸에 피를 내는 악업으로 모두 지옥에 떨어진다.

오성지(五聖智) : 오종성불(五種姓佛)의 지혜를 오지(五智) 또는 오성지(五聖智)라 부른다.

① 법계체성지(法界體性智)는 제9식인 암마라식(菴摩羅識)을 전변시켜서 얻는 지혜를 말한다. 여기서의 법계는 무변한 제법의 차별을, 법계체성은 곧 육대(六大)를 말한다. 그러므로 법계의 성품에 통달한 지혜를 의미한다.

② 대원경지(大圓鏡智)는 제8식(八識)인 아뢰야식(阿賴耶識)을 전변시켜 얻는 지혜이며, 제법의 현상을 거울처럼 분명히 인식하는 지혜를 의미한다.

③ 묘관찰지(妙觀察智)는 제7식(七識)인 말나식(末那識)이 전변된 지혜이며, 일체법의 본성이 차별이 없는 평등한 성품임을 아는 지혜를 말한다.

④ 평등성지(平等性智)는 제6식(六識)인 의식(意識)이 전변된 지혜이며, 제법의 현상을 바르게 관찰하여 옳고 그름 등을 판별해서 법의 의심을 끊는 지혜를 말한다.

⑤ 성소작지(成所作智)는 눈·귀·코·혀·몸의 5식(五識)을 전변시켜 얻는 지혜이다. 일체법의 좋고 나쁨의 차별상을 보지 않고, 자리이타의 모든 사업을 성취하는 지혜를 말한다.

오쇠상(五衰相) : 욕계의 천신들에게 죽음의 징조로 나타나는 5가지 상징을 말한다. ① 의복이 더러워지며, ② 화만(華鬘)이 시들고 마르며, ③ 두 겨드랑이에서 땀이 나고, ④ 몸에서 나쁜 냄새가 나며, ⑤ 자기의 자리가 싫어지는 것이다. 이러한 징조들이 발생하면 그 천신은 각자 하늘의 7일 안에 사망한다.

오육(五肉) : 밀교의 내공(內供)의 재료인 5가지 고기로 ① 상육(象肉), ② 인육(人肉), ③ 마육(馬肉), ④ 구육(狗肉), ⑤ 공작육(孔雀肉)을 말한다. 내적 의미는 오불모(五佛母)와 오대(五大)와 오독(五毒) 등을 상징한다.

오종성불(五種姓佛) : 만다라의 중심을 이루는 다섯 부처님들로 여래의 오성지(五聖智)를 각각 상징하며, 근본오풍(根本五風)에서 출생한다. 다시 말해, 지명풍(持命風)에서 식온(識蘊)을 상징하는 악쇼브야(阿閦佛)가 출생하며, 하행풍(下行風)에서 수온(受蘊)의 라뜨나쌈바와(寶生佛)가, 등주풍(等住風)에서 행온(行蘊)의 아목가씻디(不空成就佛)가, 상행풍(上行風)에서 상온(想蘊)의 아미타바(阿彌陀)가, 편행풍(遍行風)에서 색온(色蘊)의 비로자나불(毘盧遮那)이 각각 출생한다.

오차제(五次第) : 구하싸마자(Guhyasamāja, 秘密集會續)의 성용수(聖龍樹)의 소전인 『쌍뒤림응아(密集五次第)』에서 설하는 원만차제의 단계를 말한다. 여기서 원만차제를 어적(語寂)·심적(心寂)·환신(幻身)·광명(光明)·쌍운(雙運)의 오차제(五次第)로 구분하고 있으며, 여기에다 신적(身寂)을 추가해서 육차제(六次第)로 구분하는 경우도 있다.

오탁악세(五濁惡世) : 5가지 혼탁인 수명탁(壽命濁)·번뇌탁(煩惱濁)·중생탁(衆生濁)·겁탁(劫濁)·견탁(見濁)으로 더럽혀진 세상을 말한다.
① 수명탁은 악업을 크게 쌓음으로써 8만세이던 인간의 수명이 짧아져서 100년을 채우지 못하고 50세 전후로 쇠퇴하는 것을 말한다.
② 번뇌탁은 애욕을 비롯한 삼독(三毒)과 오독(五毒)이 치성하여 마음이 번뇌로 더럽혀지고 갖가지 죄업을 짓는 것을 말한다.
③ 중생탁은 견탁과 번뇌탁의 결과로 인간의 복덕이 쇠퇴하고, 생각과 행위가 더러워지고, 괴로움과 질병은 많아지는 현상을 말한다.
④ 겁탁은 기근과 질병과 전쟁 따위의 여러 가지 재앙이 일어나는 시대를 말한다.
⑤ 견탁은 정견(正見)을 버리고 상견(常見), 단견(斷見) 등의 악견이 치성하는 것을 말한다.

외쌜(ḥod gsal, 淨光明) : 죽음의 정광명 또는 원만차제에서 성취하는 승의광명(勝義光明)을 말한다.

외풍(外風) : 배꼽의 짜끄라에서 좌우의 두 맥도를 경유해서 코로 출현하는 숨을 말한다. 여기에는 그 성질에 따라 태양의 풍식(風息), 태음의 풍식(風息), 지혜의 풍식(風息) 셋이 있다.
① 태양의 풍식(風息)은 오른쪽 비공에서 흐르는 풍식을 말하며, 세력이 점감하는 모양으로 흘러서 독풍(毒風)이라 한다. 이것은 방편의 자성이자 또한 어금강(語金剛)의 본질이다. 매일 오른쪽 비공에서 흐르는 태양의 풍식의 횟수는 10,462.5회이다.
② 태음의 풍식(風息)은 왼쪽 비공에서 흐르는 풍식을 말하며, 세력이 점증하는 모양으로 흘러서 감로풍(甘露風)이라 한다. 이것은 지혜의 본성이자 또한 신금강(身金剛)의 본질이다. 매일 왼쪽 비공에서 흐르는 태음의 풍식의 횟수는 10,462.5회이다.

③ 지혜의 풍식(風息)은 양쪽 비공으로 평등하게 흐르는 지혜의 풍식을 말하며, 하루지간의 횟수는 675회이다. 바깥의 라후(羅睺)처럼 강력한 힘을 가져 라후의 풍으로, 허공과 같이 분류해서 허공의 풍으로, 아와두띠(中脈)로 들어가므로 지혜의 풍이라고 부른다. 이 풍식의 본성은 방편과 반야가 둘이 아닌 의금강(意金剛)의 본질이다.

용풍(龍風, Nāga-vāyu) : '지분오풍(支分五風)' 참조.

원만차제(圓滿次第) : 범어의 쌈빤나끄라마(Sampanna-krama)의 역어이며, 구경차제(究竟次第)라고도 부르며, 이것은 생기차제(生起次第)와 함께 무상유가 수행의 핵심이다. 대의를 요약하면, 금강신(金剛身)의 긍경(급소)을 파지함으로써 발생하는 풍(風)·맥(脈)·명점(明点)의 감능성에 의지해서, 몸 안에 사공(四空)을 실현시켜서 정광명을 증득하여 법신을 성취하고, 사희(四喜)를 생기시켜서 구생대락(俱生大樂)의 지혜를 획득해서 보신을 성취한 뒤, 이 둘을 화합하여 쌍운의 지금강불의 몸을 성취하는 유가수행을 말한다.

원시신(原始身)과 원시심(原始心) : 밀교에서 윤회와 열반의 기반으로 설명하는 극도로 미세한 풍심(風心)의 둘 가운데서 극도로 미세한 풍(風)을 원시신으로, 극도로 미세한 심(心)을 원시심이라 부른다. 왜냐하면, 이 둘은 유정의 마음의 흐름에 본래로 존재하는 여래장(如來藏)과 같은 것으로 생사와 해탈의 두 업을 짓는 까닭에 원시라고 부른다.

유루식(有漏食) : 삼계에 윤회하는 유정들이 몸과 마음을 기르고 유지시키는 4가지 음식인 단식(段食)·촉식(觸食)·사식(思食)·식식(識食)을 말한다. 이것을 유루식이라 부르는 것은 이들 음식이 번뇌를 증장하고 질병과 죽음을 유발하기 때문이다. 이러한 유루의 음식의 본질을『유가사지론(瑜伽師地論)』권제94(卷第九十四)에서, "단식을 인연하여 하나가 아닌 갖가지 부류의 병고들이 식(識)에 의지해서 숱하게 일어난다. 즐거운 느낌을 따르는 촉식을 인연하여, 바라고 구하는 고통들이 식(識)에 의지해서 갑절로 일어난다. 유루의 의회사식(意會思食)을 인연하여 갖가지 구하되 채워지지 않는 고통들이 식(識)에 의지해서 일어난다. 이와 같이 행자들은 식식(識食)에 대하여 바르게 관찰하라. 모든 음식들이 식(識)을 의지로 삼아 숱한 과환(過患)들을 일으키는 것임을"이라고 설명하였다.

육계(六界) : 밀교에서 인체의 구성요소로 파악하는 6가지 물질을 말한다. 아버지로부터 받는 내신(內身)의 세 물질인 정액과 뼈와 골수, 어머니로부터 얻은 외신(外身)의 세 물질인 살과 피부와 피이다. 또는 지·수·화·풍의 사대(四大)에다 맥(脈)과 명점(明点,)을 더한 6가지를 말하기도 한다.

육지유가(六支瑜伽) :『깔라짜끄라(時輪經)』에서 설하는 원만차제의 단계를 말한다. 수섭(收攝)·선정(禪定)·조풍(調風)·지풍(持風)·수념(隨念)·삼마지(三摩地)의 여섯 단계이다. 이 법에 의하면, 수섭과 선정 2가지 법에 의해서 아와두띠(中脈)를 정화한 뒤, 쁘라나아야마(調風)에 의해서 생명의 바람을 아와두띠 안으로 넣고, 그 바람을 집지해서 견고하게 하고, 수념(隨念)의 단계에서 생명의 바람의 힘으로 뇌 속의 보리심이 녹은 뒤에 불변의 안락이 발생하고, 그 뒤에 [낙공무별(樂空無別)의] 삼매의 지분을 얻어서 성불하는 방법이다.

음부 짜그라(秘密輪) : 음부에 형성된 32맥판의 맥륜(脈輪)을 말한다. 색깔은 붉거나 잡색이며, 얼굴은 아래로 향한다고 깔라짜끄라에서 설하였다. 이 짜끄라를 호락륜(護樂輪)이라 한다. 이것은 순차와 역순의 구생희락을 전적으로 이 비밀의 부위에서 수호하기 때문이다.

응시풍식(應時風息) : 하루 밤낮 동안 인체에서 출입하는 호흡의 수를 말하며, 하루간의 호흡수는 21,600번이다.

의생신(意生身, Mano-mayakāya) : 사자의 의식이 육체를 떠난 뒤 바르도의 상태에서 얻는 몸을 말한다. 이것은 단지 극도로 미세한 풍심(風心) 가운데서 풍(風, 오광명풍五光明風)만을 질료해서 생겨난 바람과 같은 몸인 까닭에 그렇게 말한다. 다시 말해, 색온(色蘊)으로 형성된 몸이 아닌 단지 수(受)·상(想)·행(行)·식(識)의 사명온(四名蘊)만으로 생성된 환화와 같은 몸인 까닭에 의생신이라 부르며, 밀교에서는 특별히 환신(幻身)이라 부른다.

이생무간지(利生無間支) : 바즈라다라(持金剛佛)가 소유하는 7가지 덕성의 하나이며, 윤회계가 다할 때까지 유정의 이락을 위해서 열반에 들지 않음을 말한다.

이십사맥(二十四脈) : 심장의 8맥에서 신·구·의(身口意)의 3맥씩 분화한 것이 24맥이며, 이 24맥의 장소는 외부의 이십사성역(二十四聖域)과 동일시한다.

이십사성역(二十四聖域) : 밀교에서 설하는 남섬부주의 24성역은 인체의 24처소에 있는 24맥과 동일시된다. 이 24성역에 존재하는 다까(Ḍāka, 空行)와 다끼니(Ḍākinī, 空行母)들은 인체의 24맥에도 각각 존재하며, 이들의 호념과 가지를 통해서 최고의 실지를 성취하게 된다.

21무루지(無漏智) : 지혜법신이 소유한 21공덕을 말한다. 곧, ① 37보리분법(菩提分法), ② 사무량(四無量), ③ 팔해탈(八解脫), ④ 구차제정(九次第定), ⑤ 십편처(十遍處), ⑥ 팔승처(八勝處), ⑦ 무염정(無染定), ⑧ 원처지(願處智), ⑨ 육신통(六神通), ⑩ 사무애해(四無碍解), ⑪ 사청정(四淸淨), ⑫ 십자재(十自在), ⑬ 십력(十力), ⑭ 사무외(四無畏), ⑮ 삼무호(三無護), ⑯ 삼염주(三念住), ⑰ 염무실성(念無失性), ⑱ 영단습기(永斷習氣), ⑲ 대비(大悲), ⑳ 18불공법(不共法), 일체종지(一切種智)이다.

인후의 짜끄라(喉輪) : 목 부위에 16맥으로 형성된 맥륜(脈輪)을 말한다. 이 인후의 짜끄라는 음식을 수용하고, 언어의 발성을 일으키는 까닭에 수용륜(受用輪)이라 부른다.

임종의 차제 : 몸의 구성 원소인 땅 원소가 물 원소로 은멸하고, 물은 불 원소로, 불은 바람 원소로, 바람은 의식의 부류인 현명(顯明)의 마음으로 은멸하고, 현명은 증휘(增輝)의 마음으로, 증휘는 근득(近得)의 마음으로, 근득은 정광명(淨光明)의 마

음으로 은멸하는 것을 말한다. 또한 죽음의 정광명이 일어나는 것이 실제의 죽음이다.

자성신(自性身)의 다섯 가지 공덕 : 자성신이 소유한 무량한 공덕을 5가지로 요약한 것이다. ① 무량한 공덕을 지니니, 온갖 공덕들을 포함하는 까닭에 지극히 광대하기 때문이다. ② 무수한 공덕을 지니니, 하나의 공덕도 세분하면 무수한 갈래가 있기 때문이다. ③ 불가사한 공덕을 지니니, [있고 없음 따위의] 양극단을 보는 분별론자들의 인식의 경계가 아니기 때문이다. ④ 비교하지 못하는 공덕을 지니니, 자신과 동등한 상대가 어디에도 있지 않기 때문이다. ⑤ 구경의 청정한 공덕을 지니니, 법계에 습기를 비롯한 미세한 장애도 있지 않기 때문이다.

자성신(自性身)의 다섯 가지 특성 : 자성신이 소유한 5가지 특성은 다음과 같다. ① 무위(無爲)이다. ② 십력(十力) 등의 공덕과 나누지 못한다. ③ 제법에 대한 증익(增益)과 감손(減損)의 가장자리를 떠났다. ④ 번뇌와 소지, 정장(定障) 셋에서 벗어났다. ⑤ [원초부터 자성이 청정한 까닭에 일체를 보고 앎으로써] 자성이 광명이다.

재왕풍(財王風, Dhanañjaya-vāyu) : '지분오풍(支分五風)' 참조.

적백의 두 명점(明点) 또는 적백의 두 보리심 : 각각 하얀 보리심(白精)과 붉은 보리심(赤精)을 말한다. 이 2가지 명점(明点)을 보리심이라 부르는 뜻은, 비록 거친 육체의 측면에선 이것이 부모의 정혈(精血)을 의미하는 것일지라도, 미세한 몸과 마음과 또한 극도로 미세한 몸과 마음의 차원에선 구경의 깨달음을 산출하는 질료인 까닭에 보리심이라 한다. 다시 말해, 만일 뇌와 배꼽에 존재하는 이 2가지 명점(明点, 보리심)이 용해되면, 그 내적연기(內的緣起)에 의해서 이제(二諦)의 보리가 마음의 흐름에 일어남으로써 보리심이라 한다.

전륜성왕(轉輪聖王, Cakravartin) : 사대주(四大洲)의 인간들 가운데서 가장 지복한 존재인 전륜왕은 백겁(百劫)에 쌓은 선업으로 성취한다고 하였다. 『꾼뛰남쌔니외(阿毘達磨集論明解)』에서, "국정을 법륜을 돌려서 다스리므로 전륜성왕이며, 그들이 출현하는 시기는 인간의 수명 무량수에서 8만세 사이에 출현하며, 그 이하에는 원만한 세간이 아니므로 출현하지 않는다"고 하였다.

정수리 짜끄라(頂輪) : 정수리에 있으면서 대락의 본성인 하얀 보리심(白精)이 머물고, 모양이 바퀴와 같으며, 이 맥륜의 급소를 파지하므로 선정위(禪定位)의 대락신(大樂身)의 의취가 발생하고, 소단(所斷)과 상위한 방면을 멸하므로 두정의 대락륜(大樂輪)이다.

죽음의 정광명(淨光明, Prabhāsvara) : 임종의 과정에서 미세한 의식의 하나인 무지에서 생긴 7자성의 분별로 이루어진 정광명에 가까운 마음(近得)이 은멸할 때 발생하는 최고로 미세한 의식의 상태가 죽음의 정광명이자, 법성의 광명이다.

중반열반(中般涅槃) : 바르도의 상태에서 열반에 드는 것을 말하며, 여기에는 3가지가 있다. 바르도에 탄생하자마자 열반에 드는 경우와, 바르도의 중간쯤에서 열반하는 경우와, 바르도에서 늦게 열반에 드는 경우이다.

증휘(增輝, Ālokābhāsa)의 마음 : 이 40자성의 한층 밝은 마음인 증휘가 발생하는 원인은, 심장 아래쪽 좌우의 맥도 속의 생명의 바람들이 중맥의 하단으로 모여드는 힘에 의해서, 성기와 배꼽 짜끄라(臍輪)의 매듭들이 풀리면서, 배꼽 짜끄라 가운데에 있는 범어의 짧은 아(A) 자의 모양으로 존재하는 붉은 보리심(赤精)이 불의 성질인 까닭에 위로 올라가면서, 심장의 여섯 겹의 매듭까지 도달하는 과정에서 그와 같은 현상이 의식 가운데 일어난다. 또한 이것을 사공(四空) 가운데의 극공(極空, Atyanta-śūnya)이라 부른다. 그것은 마치 가을하늘에 햇빛이 충만함과 같은, 밝은 마음인 현명(顯明)의 상태보다 더욱 투명하고 고요한 가운데 적광 또는 오렌지 빛이 비침과 같다고 하였다.

지금강불(持金剛佛, Vajradhāra) : 티베트어 도제창(rDo rje ḥchaṅ)과 범어 바즈라다라(Vajradhāra)의 역어이며, 의미는 공성(空性)과 대락(大樂)의 둘이 분리됨이 없이 하나로 합일한 대락의 지혜가 견고하여 파괴되지 않음이 마치 금강과 같이 견고함을 비유한 것이다. 이것은 밀교에서 추구하는 이상적인 붓다의 모습이자, 오불(五佛)의 덕성을 하나로 모은 합일체이다.

지명풍(持命風, Prāṇa-graha) : 십풍(十風)을 비롯한 인체의 모든 생명의 바람들의 근원이자 아와두띠(中脈) 안에 머물면서 아뢰야식과 소의(所依)와 능의(能依)의 관계를 맺는다. 생시에는 자아를 집지하고, 모든 분별의 기억들을 산출하며, 임종 시에는 아와두띠를 통해서 바깥으로 빠져나가 바르도의 의생신(意生身)과 보신 또는 환신을 성취하는 질료가 된다. 색깔은 색이 없는 색인 하늘과 같은 청색 또는 흰색과 같으며, 의식을 상징하는 아축불 또는 비로자나불의 자성이다.

지미(地味, Prithivīparvataka) : 겁초에 땅에서 땅의 정화로 꿀과 같은 지미(地味)와 이것과 같은 유묘(幼苗, Vanalatā)들을 차례로 출생하였다. 겁초의 인간들이 선열식(禪悅食)을 버리고 그것을 먹음으로써, 몸이 무거워지고, 광명이 퇴실하여 어둡게 되었으며, 업력으로 태양과 달 등이 출현하게 되었다.

지분오풍(支分五風) : 모태에서 6개월부터 10개월 사이에 근본오풍(根本五風)에서 발생하며, 시각 등의 오감(五感)을 담당하는 생명의 바람이다.

① 용풍(龍風, Nāga-vāyu)은 견갑골의 오른쪽 맥인 귀숙맥(鬼宿脈)을 관통해서 그 맥의 한 끝을 타고 눈으로 들어간 뒤, 형상을 인식하는 등의 작용을 한다.

② 구풍(龜風, Kūrma-vāyu)은 심장 뒤편의 맥인 승리(勝利)를 관통해서, 그 맥의 한 끝을 타고 귀로 들어간 뒤, 소리를 듣는 등의 작용을 한다.

③ 합개풍(蛤蚧風, Kṛkila-vāyu)은 견갑골의 왼쪽 맥인 알람뿌샤(Alampusha)를 관통해서, 그 맥의 한 끝을 타고 코에 들어간 뒤, 냄새를 맡는 등의 작용을 한다.

④ 천수풍(天授風, Devadatta-vāyu)은 심장의 왼편 맥인 에다(Eḍa, 羊)를 관통해서, 그 맥의 한 끝을 타고 혀에 들어간 뒤, 맛을 아는 등의 작용을 한다.

⑤ 재왕풍(財王風, Dhanañjaya-vāyu)은 왼편 젖꼭지면의 맥인 꾸할라(Kuhāla)를 관통해서, 그 맥의 한 끝을 타고 목젖과 모든 몸의 털구멍에 들어간 뒤, 하얀 보리심(白精)을 위로 끌어올리고, 부드럽고 거친 감촉 등을 느끼게 하고, 육신이 죽어서

버려질 때까지 머물면서, 몸의 견고한 지대가 흩어지지 않도록 작용한다.

지혜풍식(智風) : 코 가운데로 평등하게 흐르는 호흡을 말하며, 하루 동안 흐르는 횟수가 675회이다. 바깥의 라후(羅睺)처럼 강력한 힘을 가지므로 라후의 바람으로, 허공과 같이 분류해서 허공의 바람으로, 아와두띠(中脈)로 들어가기에 지혜의 바람이라고 부른다. 이 풍식의 본성은 방편과 반야가 둘이 아닌 의금강(意金剛)의 본질이다.

진언명점(眞言明点) : 범속한 어문(語門)을 본존의 어금강(語金剛)으로 변화시키기 위해서, 본존의 진언을 염송하고 수습하는 일체의 행위를 진언명점이라 부른다. 그 수행 요점은 원만차제에서 몸 안의 생명의 바람들을 아와두띠 안으로 수렴하기 위해서 심장 짜끄라에 있는 불괴명점(不壞明点) 등을 소연해서 닦는 금강염송(金剛念誦)을 말한다.

진언승(眞言乘, Mantrayāna) : 현교를 바라밀다승이라 하듯이 밀교를 부르는 명칭이다. 이 둘의 차별에 대하여 성취자 쌴띠와(Śantiba, 寂靜)는 설하길, "바라밀다승(波羅蜜多乘)과 진언승이 승의제에 대해서는 차별이 없을지라도, 속제의 깊고 넓음의 차이에서는 차별이 있다. 그와 같이 현상계의 대경들을 본존으로 수습함으로써 소연의 광대하고, 삼세의 부처님들이 말씀하신 서언들을 여법하게 수호함으로써 수승한 가피가 발생하게 되는 까닭에 도움이 광대하며, 제불보살님들이 중생의 이익을 행하고, 불국토의 청정함을 가지함과 같이 후수생(後隨生)의 작행(作行)이 광대함이다. 이 셋이 중관사(中觀師)와 유식사(唯識師)와 성문과 연각들에게는 없는 까닭에, 삼무수겁(三無數劫)과 사무수겁(四無數劫)에 통해서 성불하는 것이며, 진언승(眞言乘)에는 이것이 있음으로써 단 시간에 성불하는 큰 차별이 있다"고 하였다.

천생향도(天生香稻, Taṇḍūsaphalaśāli) : 겁초의 인류들이 지미(地味)와 유묘(幼苗)들이 사라진 뒤 음식으로 출현한 향도(香稻)를 말한다. 그 맛에 애착하므로 대소변의 오물 등이 생겨나고, 그와 함께 남녀의 기관들이 각각 돌출하게 되었다고 한다.

천수풍(天授風, Devadatta-vāyu) : '지분오풍(支分五風)' 참조.

청정환신(清淨幻身) : 죽음의 정광명 또는 원만차제의 심적(心寂)의 구경인 승의광명(勝義光明)의 상태에서 그의 운반체가 되는 극도로 미세한 풍(風)을 본존의 색신으로 생기해서 얻은 보신불의 몸을 말한다.

최초팔맥(最初八脈) : 모태에서 최초로 형성되는 인체의 팔맥(八脈)을 말한다. 즉 처음 나디(脈)가 형성될 때, 심장에서 라싸나(右脈)와 랄라나(左脈)와 아와두띠(中脈)의 3맥과, 동쪽의 쑴꼬르마(三轉맥)와 남쪽의 되마(具欲)의 둘을 합한 5맥이 동시에 형성된다. 그 뒤 서쪽의 킴마(家女)와 북쪽의 뚬모(猛勇)와 아와두띠와 함께 존재하는 뒤댈마(離魔)의 3맥이 형성된다. 이것을 심장에 처음 형성된 최초팔맥이라 부른다.

출리(出離)와 염리(厭離) : 출리는 감옥과 같은 삼계(三界)에서 영원히 벗어나 열반의 안락한 땅에 들어가 머무름을 뜻하며, 염리는 육도세계를 혐오하여 벗어나기를 원하는 것이다. 출리는 염리를 원인으로 얻어지는 결과로 십지보살의 증과를 말한다.

칠지화합(七支和合) : 밀교의 이상적 붓다인 바즈라다라(Vajradhāra, 持金剛佛)를 달리 부르는 말이다. 이것은 지금강불의 자내증(自內證)의 공덕에 의거해서 부르는 용어로 그 내용은 다음과 같다. ①수용원만지(受用圓滿支), ②화합지(和合支), ③대락지(大樂支), ④무자성지(無自性支), ⑤대비편만지(大悲遍滿支), ⑥이생무간지(利生無間支), ⑦상주무멸지(常住無滅支)의 7가지이다.

태내오위(胎內五位) : 태중에 입태한 오주간의 상태를 말한다. 차례대로 깔랄라(Kalala, 凝酪), 아르부다(Arbuda, 膜皰), 뻬씨(Peśi, 血肉), 가나(Ghana, 堅肉), 빠라쌰라와(Praśārava, 支節)이다.

태양풍식(太陽風) : 오른쪽 비공에서 흐르는 호흡을 태양풍식이라 부른다. 세력이 점감하는 모양으로 흐르므로 독풍(毒風)이라 하며, 방편의 자성이자, 어금강(語金剛)의 본질이다. 매일 오른쪽 비공에서 흐르는 이 태양 풍식의 횟수는 10,462.5회이다.

태음풍식(太陰風) : 왼쪽 비공에서 흐르는 태음풍식(太陰風)은 세력이 점증하는 모양으로 흐르므로 감로풍(甘露風)이며, 이것은 지혜의 본성이자, 신금강(身金剛)의 본질이다. 매일 왼쪽 비공에서 흐르는 이 태음풍식의 횟수는 10,462.5회이다.

팔십자성(八十自性, Aśoti-prakṛti) : 밀교에서 죽음의 과정에서 출현하는 가장 거친 의식의 형태를 말한다. 이것은 분노에서 발생한 33자성의 현명의 마음과 탐애에서 발생한 40자성의 현명증휘의 마음과 무지에서 발생한 7자성의 현명근득의 마음으로 구성되어 있으며, 이 80자성의 분별들이 차례대로 완전히 소멸할 때 임종의 정광명이 나타나게 된다.

80자성의 분별의 마음 : '팔십자성(八十自性)' 참조.

편행풍(遍行風, Vyāna) : 이 생명의 바람(風)은 머리를 비롯한 전신에 걸쳐서 분포한다. 색깔은 백색이며, 색온을 나타내는 비로자나불 또는 아축불의 자성이며, 물 원소의 바람이며, 몸의 굴신과 움직임 등을 담당한다. 이것은 임종의 때를 제외하고는 평소에는 이동하지 않는다.

포와(ḥPho ba, 意識轉移) : 무상유가 딴뜨라의 중요한 수행법의 하나인 포와는 나로육법의 하나로 널리 알려졌으며, 이것은 『도제댄시(金剛四座續)』에서 유래한다. 그러나 티베트의 닝마빠(古派)에서 전승하는 포와행법은 구루 빠드마쌈바와(蓮花生)가 직접 아미타불로부터 전수받아 전파시킨 아미타불의 의식전이법이다. 또한 포와에는 법신포와를 비롯한 6가지 종류가 있다. 그 요점은 『나로최둑냠렌쌜된(那若六法修習明燈)』에서 약설한 대로, "몸의 여덟 구멍은 윤회의 문이며, 오직 하나의 문이 마하무드라(大印)의 길이니, 여덟 구멍을 막고 하나의 문을 크게 열라. 생명의 바람(風)의 활에다 마음의 화살을 메기고 힉(Hik)의 활줄을 힘껏 당겨라. 의식을 법계의 하늘로 날리고, 보신의 몸을 꿰뚫어라. 이것의 본질은 이름이 또한 의식전이의 구결이다"고 한 것과 같다.

풍(風, vāyu)·맥(脈, nāḍī)·명점(明点, tilaka) : 무상유가 딴뜨라의 수행의 핵심이 바로 이 3가지이다. 왜냐하면, 『쌈모낭된낭제(金剛身論釋)』에서, "이 육체 또한 짜(脈)·룽(風)·틱레(明点)의 셋에 의해서 형성되고, 맥도를 행도로 삼음에 있어서는 반드시 기맥의 구조를 통달해야 함과, 육체의 맥도가 어떻게 존재하는가를 알지 못하면 풍의 흐름과 명점의 머무름을 알지 못하는 까닭과, 이 신금강(身金剛)의 질료와 원리를 깨치는 것이 바로 짜(脈)의 진실을 깨닫는 것과 연계되는 까닭과, 방편과 지혜의 딴뜨라에서 마음에서 지혜가 발현하는 것이 몸의 기맥의 작용에 의거한다"고 한 것과 같이 이 셋이 삼금강(三金剛)의 본질인 것이다.

① 풍(風, Vāyu)은 보통 인체를 구성하는 오대원소의 하나인 바람의 원소인 풍대(風大)를 의미한다. 그러나 밀교에서는 수행의 측면에서 생사의 열반의 근원이 되는 극도로 미세한 풍심(風心)의 하나로서 이 생명의 바람(風)을 이해한다. 이 극도로 미세한 지명풍(持命風)에서 인체의 21,000가지 종류의 풍들이 발생한다. 생명의 바람의 역할은, "생명과 마음을 장기간 유지하고 증장시키며, 생명을 확립시키고, 숨을 쉬게 하는 모든 것들을 수행하는 의식의 운반체가 되는 그것이 유동하는 생명의 바람의 특성이다"고 함과 같다.

② 맥(脈, nāḍī)은 "생명의 바람(風)과 명점(明点) 또는 보리심 등이 머물고 이동하고, 의식의 의지처가 되는 거점으로서 맥관(脈管)의 모양으로 서로가 연결되어 있는 몸의 일부가 되는 것이 정주하는 나디(nāḍī, 脈)의 특성이다"고 함과 같다.

③ 명점(明点, tilaka)은 명점을 의미하며, "풍심(風心)의 둘과 적백의 두 보리심의 넷이 융까르(Yuṅ kar, 흰 겨자씨) 크기의 빛 방울 속에 화합한 그것이 띨라까(tilaka, 明点)의 특성이다"고 함과 같이, 이것은 마음의 의지처가 된다.

풍명점(風明点) : 밀교에서는 의식의 동요가 일어나는 것은 생명의 바람의 움직임에 의한 것으로 관찰한다. 그래서 이 생명의 바람의 움직임을 멸하기 위해서 몸의 바람을 제어하는 것을 풍명점이라 부른다. 그 방법은 원만차제의 어적(語寂)의 단계에서, 심장의 첨단에 있는 진언명점(眞言明点)과 얼굴의 첨단에 있는 광명명점(光明明点)과 성기의 첨단에 있는 실체명점(實體明点)의 셋을 수습하여 심장의 아와두띠(中脈) 안으로 거두어 녹임으로써 성취한다.

하고사희(下固四喜) : 뇌 속의 보리심이 용해되어 성기 끝까지 하강하면서 발생하는 희열이 상강사희(上降四喜)이며, 성기 끝에 하강한 보리심이 다시 상승하여 배꼽을 거쳐 정수리에 도달하면서 발생하는 희열을 하고사희(下固四喜)라고 부른다. 이것이 위로 역류하여 하고사희의 보리심이 정수리에 도달함과 동시에 삼독(三毒)의 분별들이 소멸되고, 청정한 무분별의 지혜가 발생하게 된다.

하얀 보리심 : '적백의 두 명점(明点)' 참조.

하행풍(下行風, Apāna) : 이 생명의 바람(風)은 배꼽 아래의 3맥이 합하는 쑴도(三合處, 단전)에 존재하며, 대소변과 남녀의 정혈 등 청탁의 물질들을 배출하고 억제한다. 본성은 대락의 지혜를 일으키는 질료이다. 색깔은 황색이며, 보생여래의 자성이며, 땅 원소의 바람이다.

합개풍(蛤蚧風, Kṛkila-vāyu) : '지분오풍(支分五風)' 참조.

현명(顯明, Āloka)의 마음 : 밀교에서 식온(識蘊)의 상태를 80자성의 분별의 마음과 33자성의 밝음 마음인 현명(顯明), 40자성의 한층 밝은 마음인 증휘(增輝), 7자성의 정광명에 가까운 마음인 근득(近得), 법성의 정광명(淨光明)의 마음 다섯으로 분류할 때, 공성의 일분을 증득한 사공(四空) 가운데의 공(空, Śūnya)의 해당하는 미세한 깨달음의 마음을 말한다. 이것은 심장 위쪽의 두 맥도 속에 있는 생명의 바람들이 중맥의 상단으로 모여드는 힘에 의해서, 정수리 짜끄라(頂輪)의 매듭이 풀리면서 그 안에 존재하는 하얀 보리심(白精)이 물의 성질인 까닭에 아래로 내려오면서, 심장의 여섯 겹의 매듭까지 도달하는 과정에서 의식 가운데 일어나는 현상이다. 그것은 마치 가을날에 달빛이 충만한 밤하늘과 같이 투명하고 텅 빈 고요함 속에 백광이 비침과 같다고 하였다.

화생(化生) : 범어의 우빠빠두까(Upapāduka, 自現, 自生)의 역어로 남에게 의뢰함이 없이 스스로 출생하는 것을 말한다. 그러므로 탄생에 필요한 부모와 여타의 조건들에 의거함이 없이 그 스스로 홀연히 태어나는 것을 말한다. 그러나 인간도 예외적으로 화생으로 태어나는 경우가 있다. 예를 들면, 구루 빠드마쌈바와(蓮花生)와 부처님 당시의 한 비구를 들 수가 있다.

회공만다라(會供曼茶羅) : 수행자가 5가지 묘욕(妙欲)을 상징하는 거울, 비파, 향수, 과일, 비단 등과 갖가지 음식물들을 무루의 지혜의 감로로 가지한 뒤에 스승과 본존불과 삼보 등에게 올려서 수승한 자량을 쌓는 것을 말한다.

화합지(和合支) : 바즈라다라(持金剛佛)가 소유하는 7가지 덕성의 하나이며, 자신의 명비(明妃)와의 합체를 통해서 반야와 방편의 합일을 여의지 않음을 나타낸다.

환신(幻身, Māyākāya) : 티베트어 귤뤼(sGyu lus)의 옮김이다. 글자 그대로 환상(幻相) 또는 환영(幻影)과 같은 몸을 말하며, 달리 무지개 몸(虹身)이라고도 부른다. 이것은 범속한 인간의 몸을 기준으로 설한 것이며, 실제는 가장 미묘한 색신에 해당하는 보신의 몸체이다. 이것과 동류의 질료로 생성된 것으로 중유의 의생신(意生身)을 들 수가 있으나 꼭 같은 것은 아니다. 수행의 단계에서는 부정환신(不淨幻身)과 청정환신(淸淨幻身) 2가지가 있다.

5. 찾아보기

ㄱ

ㄴ

ㄷ

ㄹ

ㅁ

ㅂ

ㅅ

ㅇ

ㅈ

ㅊ

ㅋ

ㅌ

ㅍ

ㅎ

밀교의 성불 원리

2025년 1월 24일 초판 1쇄 발행
2025년 4월 3일 초판 2쇄 발행

역해 중암 선혜(中庵 善慧)
발행인 박상근(至弘) • 편집인 류지호 • 편집이사 양동민
책임편집 김소영 • 편집 김재호, 양민호, 최호승, 정유리 • 디자인 쿠담디자인
제작 김명환 • 마케팅 김대현, 김대우, 이선호, 류지수 • 관리 윤정안
콘텐츠국 유권준, 김희준
펴낸 곳 불광출판사 (03169) 서울시 종로구 사직로10길 17 인왕빌딩 301호
대표전화 02) 420-3200 편집부 02) 420-3300 팩시밀리 02) 420-3400
출판등록 제300-2009-130호(1979. 10. 10.)

ISBN 979-11-7261-123-1 (93220)

값 35,000원

잘못된 책은 구입하신 서점에서 바꾸어 드립니다.
독자의 의견을 기다립니다. www.bulkwang.co.kr
불광출판사는 (주)불광미디어의 단행본 브랜드입니다.